I0113317

COURS

DE

PÉDAGOGIE

THÉORIQUE ET PRATIQUE

PAR

GABRIEL COMPAYRÉ

ANCIEN ÉLÈVE DE L'ÉCOLE NORMALE SUPÉRIEURE

DOCTEUR ÈS LETTRES

AGRÉGÉ DE PHILOSOPHIE, RECTEUR DE L'ACADÉMIE DE LYON

PARIS

LIBRAIRIE CLASSIQUE PAUL DELAPLANE

48, RUE MONSIEUR-LE-PRINCE, 48

DU MÊME AUTEUR

Histoire de la Pédagogie, 1 vol. in-12, broché **3 50**
   Relié toile souple anglaise .... **4 .**
Organisation pédagogique et législation des écoles primaires.
   1 vol. in-12, broché **3 50**
   Relié toile souple anglaise .... **4 .**

COURS

DE

PÉDAGOGIE

THÉORIQUE ET PRATIQUE

8° R
15804

CONCORDANCE DES OUVRAGES
DE M. G. COMPAYRÉ

AVEC LES PROGRAMMES DES ÉCOLES NORMALES
du 10 Janvier 1889

PREMIÈRE ANNÉE

Psychologie appliquée à l'éducation.

PREMIÈRE PARTIE : *Notions théoriques.* 1 vol. in-12, br.   3 fr. »
— Relié, toile anglaise souple...................   3 fr. 50
DEUXIÈME PARTIE : *Application.* 1 vol. in-12, br......   2 fr. »
— Relié, toile anglaise souple...................   2 fr. 50

DEUXIÈME ANNÉE

Cours de morale théorique et pratique. 1 vol. in-12, br.   3 fr. »
— Relié, toile anglaise souple...................   3 fr. 50

TROISIÈME ANNÉE

Révision des Cours de psychologie et de morale de 1re et de 2e année.

Organisation pédagogique et législation des écoles primaires
(Classement des élèves; programmes; emploi du temps;
répartition des programmes d'enseignement; préparation de
la classe; discipline; législation et administration). 1 volume
in-12, broché.......................   3 fr. 50
— Relié, toile anglaise souple...................   4 fr. »
Histoire de la pédagogie (Principaux pédagogues et leurs doc-
trines; analyse des ouvrages les plus importants). 1 volume
in-12, broché.......................   3 fr. 50
— Relié, toile anglaise souple...................   4 fr. »
L'Instruction civique (Cours complet, suivi de *Notions d'éco-
nomie politique*). 1 vol. in-12, broché.............   3 fr. 50
— Relié, toile anglaise souple...................   4 fr. »
Notions d'économie politique (V. le *Cours d'instruction civique*).

Publication s'adressant aux élèves des trois années :

Cours de pédagogie théorique et pratique. 1 fort volume in-12,
broché.......................   3 fr. 50
— Relié, toile anglaise souple...................   4 fr. »

Lecture courante à l'usage des écoles primaires.

Yvan Gall, le pupille de la marine. Livre de lecture courante à
l'usage des cours moyen et supérieur. 1 vol. in-12, ill. de
220 gravures, cart.......................   1 fr. 40
[*Ouvrage couronné par l'Académie des sciences morales et politiques*].

1202-90. — Corbeil. Imprimerie Ed. Crété.

COURS

DE

PÉDAGOGIE

THÉORIQUE ET PRATIQUE

PAR

GABRIEL COMPAYRÉ

ANCIEN ÉLÈVE DE L'ÉCOLE NORMALE SUPÉRIEURE, AGRÉGÉ DE PHILOSOPHIE
DOCTEUR ÈS LETTRES,
RECTEUR DE L'ACADÉMIE DE LYON,
OFFICIER DE LA LÉGION D'HONNEUR

TREIZIÈME ÉDITION

PARIS

LIBRAIRIE CLASSIQUE PAUL DELAPLANE

48, RUE MONSIEUR-LE-PRINCE, 48

—

1897

AVERTISSEMENT

DE LA PREMIÈRE ÉDITION

Nous n'avons pas la prétention d'offrir ici au public un traité complet d'éducation : notre but est plus simple et plus modeste. Nous avons voulu seulement, en recueillant nos leçons professées aux écoles normales supérieures de Fontenay-aux-Roses et de Saint-Cloud, rédiger un manuel élémentaire de pédagogie. Dans ce vaste sujet des principes et de la pratique de l'éducation, nous n'avons retenu que les notions indispensables, celles dont ne saurait se passer tout instituteur qui élève et instruit des enfants.

Les travaux de nos devanciers ont été largement mis à profit dans cet ouvrage. La meilleure manière de les louer, c'est, comme nous le faisons, de les citer presque à chaque page. Nous avons pourtant essayé de ne leur pas ressembler, en deux points surtout, leur sécheresse ou leur prolixité.

Trop de manuels de pédagogie, en effet, ne sont que de sèches et arides nomenclatures où l'esprit formaliste règne en souverain, où il multiplie les divisions, les définitions, les distinctions de toute espèce, avec un appareil pédagogique qui semble emprunté aux anciennes logiques.

D'autre part, profitant de l'intimité des rapports qui unissent la pédagogie et les sciences philosophiques, d'autres pédagogues ont démesurément enflé les cadres de leur art ; ils y font entrer à vrai dire toute la psychologie, toute la morale, la philosophie tout entière.

Nous avons cherché un juste milieu entre ces deux excès contraires : notre pédagogie voudrait être à la fois vivante et simple. Elle ne se contente pas d'énumérer un certain nombre de règles abstraites, de formules scolaires : elle

remonte aux principes ; mais elle le fait avec le plus de discrétion possible. Dans le fatras des élucubrations modernes,
elle élague tout le superflu, pour mettre à part l'essentiel ;
elle s'en tient aux notions les plus claires et les plus pratiques.

Elle se divise d'ailleurs en deux parties bien distinctes, soit
qu'elle étudie l'enfant en lui-même, dans le développement
naturel et dans la culture scolaire de ses facultés ; soit qu'a-
bandonnant le *sujet* de l'éducation elle en examine l'*objet*,
c'est-à-dire l'enseignement et la discipline, les méthodes de
l'un, les principes et les règles de l'autre.

Dans la première partie, nous avons fait appel à tous les
observateurs de l'enfance, en contrôlant et en complétant
leurs observations par nos recherches personnelles.

Dans la seconde partie, nous avons surtout consulté les
hommes du métier, ceux qui par la pratique même ont expérimenté les méthodes d'instruction et les lois de la discipline. Nous avons par exemple dépouillé, pour en extraire
tous les conseils pratiques qui y sont comme perdus, les
volumineux et intéressants *Rapports* des Inspecteurs généraux sur la situation de l'enseignement primaire.

Assurément la meilleure des pédagogies, comme la meilleure des logiques, est encore celle qu'on se fait à soi-
même par l'étude, par l'expérience, par la réflexion personnelle. Surtout il ne s'agit pas de faire apprendre par
cœur, de faire réciter, comme le demandent encore quelques auteurs de manuels pédagogiques, un catéchisme
pédagogique. Mais, pour aider la réflexion, pour guider
l'expérience de chaque nouveau venu dans l'enseignement,
le livre n'est pourtant pas inutile, tant s'en faut, ne serait-
ce que pour exciter la pensée personnelle. C'est dans cet
esprit surtout, moins pour imposer des doctrines que pour
suggérer des réflexions, qu'a été écrit ce modeste essai.
Nous lui souhaitons de trouver le même accueil que notre
Histoire de la Pédagogie dont il est le pendant.

PREMIÈRE PARTIE

PÉDAGOGIE THÉORIQUE

COURS
DE PÉDAGOGIE
THÉORIQUE ET PRATIQUE

PREMIÈRE LEÇON

L'ÉDUCATION EN GÉNÉRAL

Origines du mot éducation. — L'éducation est le propre de l'homme. — Y a-t-il une science de l'éducation? — Éducation et pédagogie. — La pédagogie et ses principes scientifiques. — Rapports de la pédagogie et de la psychologie. — Y a-t-il une psychologie de l'enfant? — Rapports de la pédagogie avec d'autres sciences. — Diverses définitions de l'éducation. — Division de l'éducation : éducation physique, intellectuelle et morale. — Autre division fondée sur le but de l'éducation : éducation générale, éducation professionnelle. — L'éducation libérale. — Le principe de la nature. — Que faut-il entendre par la nature? — Restrictions au principe de la nature. — L'éducation œuvre de liberté. — L'éducation œuvre d'autorité. — Puissance de l'éducation et ses limites. — L'éducation et l'école. — L'éducation dans une république.

Origines du mot éducation. — « Éducation » est un mot relativement nouveau dans notre langue. Montaigne ne l'emploie qu'une fois, dans cette phrase souvent citée : « J'accuse toute violence en l'éducation d'une âme tendre qu'on dresse pour l'honneur et la liberté (1). » D'habitude il emploie l'expression d'*institution des enfants*, d'où est venu le mot d'instituteur. Dans le

---

(1) Montaigne, Essais, l. II, c. VIII.

même sens les auteurs du seizième siècle disaient volontiers *nourriture*, comme dans le proverbe bien connu : « Nourriture passe nature. »

Mais dès le dix-septième siècle « éducation » entre dans le langage courant pour désigner l'art d'élever les hommes.

L'éducation est le propre de l'homme. — C'est à l'homme en effet qu'il convient de réserver le beau mot d'éducation. Dressage suffit pour les animaux, et culture pour les plantes. L'homme seul est susceptible d'éducation, parce que, seul, il est apte à se gouverner lui-même, à devenir une personne morale. Un animal est par son instinct tout ce qu'il peut être, ou du moins tout ce qu'il a besoin d'être. Mais l'homme, pour se développer, ne peut se passer de la raison, de la réflexion, et comme à la naissance il ne possède pas lui-même ces qualités, c'est la raison des autres hommes qui l'élève.

Y a-t-il une science de l'éducation ? — Personne ne conteste plus aujourd'hui la possibilité d'une science de l'éducation. L'éducation elle-même est un art, une *habileté pratique*, qui suppose assurément autre chose que la connaissance de quelques règles apprises dans les livres, qui exige de l'expérience, des qualités morales, une certaine chaleur de cœur, une véritable inspiration de l'intelligence. L'éducation n'existe pas sans un éducateur, — pas plus que la poésie sans un poète, — c'est-à-dire sans une personne qui par ses qualités propres vivifie et applique les lois abstraites et mortes des traités d'éducation. Mais, de même que l'éloquence a ses règles, la rhétorique, de même que la poésie, a les siennes, la poétique ; de même encore, pour entrer dans un autre ordre d'idées, que la médecine, qui est un art, repose pourtant sur les théories des sciences médicales ; de même l'éducation, avant d'être un art aux mains des maîtres qui l'exercent, qui le fécondent par leur initiative, par leur dévoûment, qui y mettent chacun l'empreinte de leur esprit et de leur cœur, l'éducation est une science que le philosophe

déduit des lois générales de la nature humaine et que le
professeur induit des résultats de son expérience.

Il y a donc une science de l'éducation, science pratique, appliquée, qui a désormais ses principes, ses
lois, qui témoigne de sa vitalité par un grand nombre
de publications, en France comme à l'étranger, et qui a
aussi son nom, quoiqu'on hésite encore à le lui donner,
la *Pédagogie* (1).

Pédagogie et éducation. — C'est à tort que
trop d'écrivains confondent encore la pédagogie et
l'éducation. Il y a plus qu'une nuance entre ces deux
termes. La pédagogie est, pour ainsi dire, la théorie de
l'éducation, et l'éducation la pratique de la pédagogie.
De même qu'on peut être rhéteur sans être orateur,
de même on peut être pédagogue, c'est-à-dire connaître
à fond les règles de l'éducation, sans être éducateur,
c'est-à-dire sans posséder le talent d'élever pratiquement les enfants.

« Former un homme, dit éloquemment M. Marion, est chose
de finesse : c'est chose de péril : n'y hasardez pas l'infaillibilité
d'une géométrie bien conçue et n'en espérez point la tranquillité
suprême des démonstrations bien conduites. Il y aura lutte ; il y
aura de l'imprévu ; il y aura les brusqueries, les coups de tête,
les défaillances, les relèvements, les inerties, les miracles de la
nature active et libre : il y aura tout le va-et-vient tumultueux,
éclatant en harmonies ou dégénérant en chaos, qui est dans
l'homme comme sur la mer (2). »

Mais de ces difficultés de la pratique il ne faut
conclure ni que les règles de l'éducation n'existent pas,
ni qu'il est inutile de les connaître. En médecine aussi,
que d'imprévu, que de retours de la nature, que de
surprises qui déjouent les craintes ou trompent les
espérances ! Et cependant ce qu'on demande avant

(1) Dans ces dernières années, différents cours d'éducation générale ont été
ouverts dans nos Facultés des lettres : celui de M. Marion à la Sorbonne, de
M. Dauriac à Montpellier, de M. Egger à Nancy, de M. Thamin à Lyon, de
M. Espinas à Bordeaux. M. Espinas est le seul qui n'ait pas reculé devant le
mot propre et qui ait intitulé son cours : *Cours de pédagogie.*

(2) Cours de M. Marion sur la *Science de l'éducation,* Manuel général de
l'instruction primaire. Paris, Hachette, 1884, p. 13.

tout à un médecin, c'est de connaître à fond les principes et les règles de son art.

Ne dites donc pas que, pour élever les hommes, il ne faut ni la précision d'analyse, ni la science ; dites que tout cela ne suffit pas, parce que la nature vivante, par ses ressauts soudains, par ses chutes inattendues, par sa mobilité, par sa diversité, peut mettre en échec les calculs les mieux établis. Mais reconnaissez qu'il y a pourtant des règles, des principes, sinon infaillibles, du moins généralement efficaces. Reconnaissez aussi que ces règles sont tous les jours plus exactes, qu'avec le progrès de la science l'approximation devient de plus en plus grande.

Plus on va, plus on connaît l'enfance, plus on approfondit les lois de la nature humaine, et plus aussi les méthodes pédagogiques se perfectionnent et se rapprochent de la vérité. On dit que l'expérience est tout, la science rien ; mais qu'est donc la science elle-même, sinon l'expérience des anciens, de tous ceux qui nous ont précédés ? Ne nous laissons donc pas aller à penser avec Diesterweg que l'étude de la pédagogie est une étude superflue, qu'on naît éducateur comme on naît poète (1). Ne tombons pas dans ce préjugé de croire qu'un professeur, qu'un instituteur n'a pas plus besoin de connaître les lois théoriques de l'éducation et de l'enseignement, que nous n'avons besoin, pour bien digérer, d'avoir appris, dans un livre de physiologie, les fonctions de la digestion. En matière d'éducation, ce qui vaut mieux encore que l'inspiration, c'est l'inspiration éclairée, réglée par la science.

La pédagogie et ses principes scientifiques. — Est-ce à dire que la pédagogie soit dès à présent constituée, que de récents progrès l'aient affranchie de ces tâtonnements, de ces incertitudes que toute science traverse à ses débuts ? Nous n'allons pas si loin dans nos prétentions.

(1) Œuvres choisies de Diesterweg, traduction Guy, Hachette, 1884, p. 272.

Ce que Diesterweg disait en 1830, il est encore nécessaire de le répéter aujourd'hui, malgré de grands efforts accomplis. La coordination scientifique des préceptes et des expériences de la pédagogie est encore plutôt un vœu, une espérance, qu'un résultat acquis :

« Plût à Dieu, écrivait-il, que nous eussions fait assez de progrès pour que, je ne dis pas tous les hommes, mais seulement les hommes cultivés, fussent d'accord sur le meilleur mode d'éducation ; que nous pussions avec certitude, non seulement déterminer ce qui est bon et ce qui est mauvais, ce qui résulte de telle ou telle méthode, mais aussi en donner la raison (1) ! »

Mais si nous en sommes encore à chercher certaines solutions, nous savons du moins où ces solutions pourront être trouvées, et à quelles sources il faut puiser pour assurer de plus en plus l'exactitude des notions pédagogiques. Comme toutes les sciences pratiques, la pédagogie repose sur un ensemble de données théoriques et, pour ainsi dire, sur un support scientifique.

Rapports de la pédagogie et de la psychologie. — De même que le médecin doit connaître les organes et les fonctions du corps qu'il soigne, l'agriculteur la nature du sol qu'il laboure, le sculpteur les qualités du marbre qu'il cisèle, de l'argile qu'il pétrit ; de même le pédagogue ne saurait se passer de la connaissance des lois de l'organisation mentale, c'est-à-dire de l'étude de la psychologie.

A vrai dire, les règles pédagogiques ne sont que les lois de la psychologie appliquées, transformées en maximes pratiques et contrôlées par l'expérience.

La psychologie est le principe de toutes les sciences pratiques qui ont rapport aux facultés morales de l'homme ; mais les autres sciences issues de la psychologie ne traitent que d'une partie de l'âme humaine : la logique, de la pensée ; l'esthétique, du sentiment du beau ; la morale, de la volonté. La pédagogie seule embrasse toutes les parties de l'âme et doit recourir à la psychologie tout entière

(1) Diesterweg, op. cit., p. 54.

Y a-t-il une psychologie de l'enfant ? — Ce n'est d'ailleurs pas la psychologie générale, la psychologie de l'homme fait, qui doit seule inspirer le pédagogue. Quoi qu'on en ait dit, il y a une psychologie de l'enfant, parce qu'il y a une enfance de l'âme. Les idéalistes, comme Malebranche, devraient être seuls à prétendre que l'esprit humain n'a pas d'âge, qu'il est dès la naissance tout ce qu'il peut devenir et déjà capable de comprendre les abstractions les plus élevées. Pour un observateur impartial, il reste évident que l'esprit se développe, se forme, d'après certaines lois de croissance qui constituent précisément la psychologie de l'enfant. La psychologie, en un mot. n'est pas une géométrie invariable, établissant des théorèmes immuables ; c'est une histoire, au moins pour les premières années de la vie, une histoire qui raconte l'évolution graduelle des diverses facultés.

On a dit avec raison : C'est la psychologie de l'homme qu'il faut connaître si l'on veut former un homme ; Mais nous ajouterons : C'est la psychologie de l'enfant qu'il faut étudier si l'on veut élever un enfant.

Rapports de la pédagogie avec d'autres sciences. — Bien entendu, la pédagogie, puisqu'elle embrasse l'être humain tout entier, n'a pas seulement à s'inspirer de la psychologie. Pour traiter avec compétence de l'éducation physique et même de certaines parties de l'éducation intellectuelle et morale, la biologie en général, et plus particulièrement l'anatomie et la physiologie de l'homme, sont appelées à rendre de grands services.

De même il serait facile de prouver que la pédagogie ne peut se passer du concours de la morale et de la logique. L'éducation, en effet, tend à conduire l'homme à sa fin : or c'est la morale qui détermine la véritable fin des actions humaines, la nature intime de tout ce que nous appelons bon et désirable. D'autre part, l'éducation est la culture de la pensée et du raisonnement : or c'est la logique qui fait connaître les meilleures méthodes pour peser les connaissances, pour découvrir la vérité.

La pédagogie, ou la science de l'éducation, a donc sa méthode, qui consiste à observer tous les faits de la vie physique et de la vie morale de l'homme, ou plutôt à profiter des lois générales que la réflexion inductive a construites sur ces faits. Définissons maintenant avec plus de précision son objet et les principes qui doivent la guider.

Diverses définitions de l'éducation. — Les pédagogues sont rares, qui, comme Locke, ont écrit un beau livre sur l'éducation sans la définir, sans rassembler dans une formule unique les éléments de leur système (1). En général chaque pédagogue a sa définition personnelle, et cette diversité provient surtout de ce que dans leurs définitions la plupart ont fait entrer à tort l'indication des méthodes particulières et des moyens différents que l'éducation appelle à son aide.

Il ne sera pas sans intérêt de rappeler ici les principales définitions que recommandent soit les noms de leurs auteurs, soit l'exactitude relative de leur contenu.

Une des plus anciennes, et aussi une des meilleures, est celle de Platon :

« L'éducation a pour but de donner au corps et à l'âme toute a beauté et toute la perfection dont ils sont susceptibles. »

La perfection de la nature humaine, telle est bien en effet la fin idéale de l'éducation.

C'est dans le même sens que Kant, madame Necker de Saussure, Stuart Mill, ont donné les définitions suivantes :

« L'éducation est le développement dans l'homme de toute la perfection que sa nature comporte. »

« Élever un enfant, c'est le mettre en état de remplir le mieux possible la destination de sa vie. »

« L'éducation embrasse tout ce que nous faisons par nous-

(1) Voyez le début des *Pensées sur l'éducation.*

mêmes et tout ce que les autres font pour nous en vue de nous rapprocher de la perfection de notre nature. »

Ici c'est le but général de l'éducation qui est surtout visé. Mais le mot de perfection est un peu vague et demande quelque explication. La définition de M. Herbert Spencer répond en partie à ce besoin :

« L'éducation est la préparation à la vie complète. »

Mais la vie complète elle-même, en quoi consiste-t-elle? Les définitions des pédagogues allemands nous donnent la réponse :

« L'éducation est l'art et la science tout à la fois de guider la jeunesse et de la mettre en état, à l'aide de l'instruction, par la puissance de l'émulation et des bons exemples, d'atteindre le triple but qu'assigne à l'homme sa destination religieuse, sociale et nationale. » (Niemeyer.)

« L'éducation est l'évolution harmonieuse et égale des facultés humaines : c'est une méthode fondée sur la nature de l'esprit pour développer toutes les facultés de l'âme, pour réveiller et nourrir tous les principes de vie, en évitant toute culture partielle et en tenant compte des sentiments qui font la force et la valeur des hommes. » (Major Stein.)

« L'éducation est le développement harmonique des facultés physiques, intellectuelles et morales. » (Denzel.)

Ces définitions ont le défaut commun de ne pas mettre suffisamment en relief le caractère essentiel de l'éducation proprement dite, qui est l'action préméditée, intentionnelle, que la volonté d'un homme exerce sur l'enfant pour l'instruire et le former. Elles pourraient s'appliquer tout aussi bien au développement naturel, instinctif et fatal des facultés humaines. Sous ce rapport nous préférons les formules suivantes :

« L'éducation est une opération par laquelle un esprit forme un esprit et un cœur forme un cœur. » (Jules Simon.)

« L'éducation est un ensemble d'actions intentionnelles par lesquelles l'homme essaye d'élever son semblable à la perfection.» (M. Marion.)

« L'éducation est l'ensemble des efforts ayant pour but de donner à l'homme la possession complète et le bon usage de ses diverses facultés. » (M. Henri Joly.)

Kant demandait avec raison que l'éducation se proposât d'élever les enfants, non en vue de leur succès dans l'état présent de la société humaine, mais en vue d'un état meilleur, possible dans l'avenir, et d'après une conception idéale de l'humanité. Il faut assurément souscrire à ces hautes et nobles prétentions, sans oublier pourtant le but pratique des efforts de l'éducation. C'est dans ce sens que James Mill écrivait :

« L'éducation a pour but de faire de l'individu un instrument de bonheur pour lui-même et pour les autres. »

Définition incomplète sans doute, mais qui a le mérite de nous ramener aux réalités pratiques et aux conditions véritables de l'existence. Le mot *bonheur* est comme la traduction utilitaire du mot *perfection*. Il ne faut pas qu'un idéalisme dédaigneux nous fasse oublier que l'être humain aspire à être heureux, que le bonheur fait partie aussi de sa destination. De plus, sans méconnaître que l'éducation est surtout le développement désintéressé de l'individu, de la personne, il est bon que la définition de l'éducation nous rappelle que nous ne vivons pas seulement pour nous-mêmes, pour un perfectionnement solitaire et égoïste, que nous vivons aussi pour les autres, et que notre existence est subordonnée à celle d'autrui.

Que conclure de cette revue de tant de définitions différentes? D'abord que leurs auteurs les ont compliquées souvent par l'introduction de divers éléments étrangers à la notion précise du mot éducation, et qu'il vaudrait peut-être mieux se contenter de dire avec Rousseau, afin de s'entendre simplement sur le sens du mot : « L'éducation est l'art d'élever les enfants et de former les hommes. » Que si d'ailleurs on veut absolument comprendre, dans la définition de l'éducation, la détermination du sujet sur lequel elle agit et de l'objet qu'elle poursuit, nous en trouverons les éléments épars dans les différentes formules que nous avons citées. Il suffirait de les réunir et de dire :

L'éducation est l'ensemble des efforts réfléchis par lesquels on aide la nature dans le développement des facultés physiques (1), intellectuelles et morales de l'homme, en vue de sa perfection, de son bonheur et de sa destination sociale. »

Division de l'éducation. — L'éducation comprend diverses parties qui correspondent à la division même des facultés de la nature humaine.

Quelque opinion qu'on professe sur la nature de l'âme, soit qu'on la considère comme une substance distincte et indépendante, soit qu'on la rattache au corps comme l'effet à sa cause, la dualité du physique et du moral n'en subsiste pas moins. De là une première distinction à faire entre l'éducation du corps et l'éducation de l'esprit.

Mais l'esprit lui-même se subdivise en un certain nombre de facultés. Aussi depuis longtemps on a pris l'habitude de distinguer l'éducation intellectuelle et l'éducation morale, l'une qui cultive les diverses facultés intellectuelles et qui communique des connaissances, l'autre qui développe le cœur et la volonté, qui forme les sentiments, les habitudes, la conscience et l'énergie morale.

A vrai dire, il serait préférable, une fois entré dans cette voie, de suivre jusqu'au bout la division psychologique des facultés et de distinguer : l'éducation de l'intelligence, l'éducation des sentiments, l'éducation de la volonté.

Horace Mann, le pédagogue américain, distinguait les trois parties essentielles de l'éducation dans la page éloquente qu'on va lire :

« Par éducation j'entends beaucoup plus que la faculté de

(1) On se saurait, dans une définition de l'éducation, omettre le développement des facultés physiques. Cependant beaucoup de pédagogues les passent sous silence. Cela se comprend chez les théologiens qui, comme Dupanloup, définissent l'éducation : « L'art de préparer la vie éternelle en dérivant la vie présente. » Mais ce qui s'explique moins, c'est que M. Bain dise : « L'éducation physique, quelle que soit son importance, peut être laissée de côté. » (Science de l'éducation). De même un autre pédagogue anglais, M. James Sully, définit dans un sens trop étroit l'éducation, quand il écrit qu'elle est « la science pratique qui tend à cultiver l'esprit, sous le triple rapport des connaissances, des sentiments et de la volonté. » (Outlines of psychology. London, 1884, p. 6.)

lire, écrire et compter. Je comprends sous ce noble titre les
exercices physiques qui ont pour objet de dresser le corps, qui
en accroissent la vigueur et l'énergie, le mettent à l'abri de la
maladie, lui fournissent les moyens d'exercer une action en
quelque sorte créatrice sur les substances vierges de la nature,
de transformer un désert en champs cultivés, les forêts en vaisseaux, les carrières et les marnières en villages et en cités.
J'entends également par éducation la culture de l'intelligence,
grâce à laquelle il nous est donné de découvrir les lois augustes
et permanentes qui régissent l'univers créé, soit dans l'ordre
matériel, soit dans l'ordre moral. L'éducation enfin consiste dans
le développement des sentiments moraux et religieux qui,
avec l'aide de la nature et de la Providence, nous amènent à
soumettre nos appétits, nos penchants, nos désirs, à la volonté
suprême (1). »

Autre division de l'éducation. — La division qui
précède est fondée sur la considération du *sujet*, c'est-
à-dire des facultés de l'homme ; mais si l'on envisage
l'*objet*, le but de l'éducation, d'autres divisions s'imposent.

Autre chose est en effet l'éducation générale, essen
tielle, qui convient à tous; autre chose l'éducation
professionnelle, technique, qui prépare seulement à
une profession déterminée. A l'école normale par
exemple il ne s'agit pas seulement d'élever des hommes,
il s'agit de former des professeurs ; à l'éducation générale s'ajoute alors une éducation spéciale, l'éducation
pédagogique.

« Ces deux genres d'éducation, dit Dupanloup, l'éducation
générale et essentielle, l'éducation spéciale et professionnelle,
sont d'une égale importance pour l'homme. Elles ne sont d'ailleurs pas opposées l'une à l'autre : bien au contraire, elles se for-
tifient, se perfectionnent, s'achèvent l'une par l'autre. Négliger
l'une au profit de l'autre, ce serait les affaiblir, ce serait souvent
les ruiner toutes les deux à la fois (2). »

Éducation libérale. — Le vrai nom qui conviendrait pour l'éducation générale, essentielle, c'est le

(1) Horace Mann. *De l'importance de l'éducation dans une république.*
Paris, Hachette, 1883, p. 16.

(2) Dupanloup. *De l'Éducation.* t. I, p. 313

nom d'*éducation libérale*, bien que jusqu'ici cette
expression ait été réservée de préférence pour les
études qui préparent aux professions libérales.

Si tous les hommes sont libres, libres moralement
dans la conduite de leurs actions, libres politiquement par
leur participation au gouvernement de la société dont
ils font partie, n'est-il pas évident qu'ils ont tous droit,
quelle que soit leur condition, à une éducation libérale, qui éclaire et affranchisse leur esprit et leur
volonté? Les humanités classiques, les langues mortes
passaient autrefois pour le seul instrument de l'éducation libérale. Mais aujourd'hui les études historiques et
scientifiques, même réduites à leurs éléments les plus
simples, nous apparaissent comme des études vraiment
libératrices, qui constituent ce qu'on pourrait appeler
les humanités primaires. Même les exercices physiques
qui assouplissent le corps, et qui le préparent à devenir
plus tard l'instrument docile de l'éducation professionnelle, font en un sens partie de l'éducation libérale.

« Un homme a reçu une éducation libérale, dit M. Huxley,
quand il aura été élevé de telle sorte que son corps sera pour
lui un serviteur toujours prêt à accomplir sa volonté et à
exécuter facilement le travail dont il est capable ; quand l'intelligence de cet homme sera un instrument de logique lucide
et froid, dont toutes les parties seront en bon ordre et de force
égale, semblable en un mot à une machine à vapeur qui puisse
être appliquée à toute espèce de travail (1). »

Il n'est donc pas besoin, pour recevoir une éducation
libérale, de prétendre à une haute instruction intellectuelle. Il suffit que l'instruction élémentaire ait été
dirigée de façon à préparer le libre développement de
la raison. On peut dire en un sens que la vieille éducation des jésuites n'était pas une éducation libérale,
puisqu'elle ne tendait pas suffisamment à affranchir les
volontés et les esprits. Au contraire, tel pauvre ouvrier
donne à ses enfants une éducation libérale, s'il s'attache
à ouvrir leur intelligence, à fortifier leur énergie mo-

(1) Huxley, *Sermons laïques*, p. 40.

rale, bien qu'il ne soit pas dans ses moyens de leur apprendre autre chose que les éléments des sciences.

Le principe de la nature. — Depuis Rousseau surtout, les pédagogues répètent à l'envi que le grand principe de l'éducation, c'est la conformité aux lois de la nature. Nous ne songeons pas à y contredire. Plus on se rapprochera des besoins naturels de l'enfant, plus on tiendra compte de ses aptitudes, plus on conformera les objets et les méthodes de l'instruction au développement progressif de ses facultés, et plus on fera de l'éducation une œuvre utile, vraiment efficace, surtout si l'on prend souci, non seulement de la nature générale de l'homme, mais de la nature particulière de chaque enfant.

« L'homme, disait Diesterweg, doit devenir ce à quoi la nature le destine, et c'est à ses aptitudes qu'on reconnaît sa destination. En vain vous entreprendriez de le former aux choses auxquelles il n'est pas propre : jamais vous n'en ferez un ange, parce qu'il n'est pas né pour cela. Il ne peut ni ne doit être autre chose qu'un homme. Et chaque individu à son tour devient ce que réclament et comportent ses aptitudes. Essayez donc de faire un Mozart d'un sourd-muet ou d'un homme qui n'a pas d'oreille. »

Il ne s'agit donc plus, comme on le faisait autrefois, de lutter contre la nature, de la traiter comme une ennemie, de la combattre comme une influence empoisonnée. Il faut, au contraire, avoir confiance en elle ; sans aller pourtant jusqu'à s'abandonner entièrement à elle, comme on fait avec un ami, que l'on écoute et que l'on suit, mais auquel il est parfois nécessaire de refuser certaines concessions.

Que faut-il entendre par la nature ? — Mais si le principe de la nature est excellent, on ne saurait dissimuler pourtant qu'il est vague, qu'il prête à l'équivoque. Au fond, ce qu'on appelle la nature, c'est encore un idéal que chaque pédagogue conçoit à sa manière.

« Qu'est-ce, dit encore Diesterweg, que la conformité à la nature ? Où la trouvons-nous ? Comment la connaîtrons-nous ?

Quels hommes lui sont restés fidèles? Faut-il les chercher dans les forêts vierges de l'Amérique ou parmi les diverses peuplades de la mer du Sud, ou bien chez les nations civilisées de l'Europe? Où sont les êtres privilégiés qui ont été assez heureux pour ne jamais s'écarter des vues de la nature? »

Pour trouver la réponse à la question, il n'y a pas d'autre moyen que d'observer avec impartialité l'enfant, à l'âge où les conventions, la mode, les artifices de la société n'ont pas encore altéré sa simplicité native. Comme disait Rousseau, « étudions l'homme dans l'enfant ».

Restrictions au principe de la nature. — Quelque bonne opinion qu'on ait d'ailleurs de la nature humaine, on ne saurait songer à lui complaire en tout. M. Bain admet qu'il y a des instincts méchants, la colère, la haine, l'antipathie, la jalousie, le mépris. L'éducation doit les réprimer, les corriger, loin de les encourager et de les étendre.

De plus, ne l'oublions pas, abandonnée à elle-même, la nature ne fait que des sauvages. C'est l'éducation seule qui nous fait passer de l'état d'animal à l'état d'homme: c'est elle qui nous dépouille de notre sauvagerie naturelle, comme disait Kant.

« L'homme ne peut devenir homme que par l'éducation. Il n'est que ce qu'elle le fait. Celui qui n'est pas discipliné est sauvage. »

En d'autres termes, l'éducation a beau vouloir s'inspirer de la nature, se régler sur la nature ; elle n'en est pas moins un art, c'est-à-dire un ensemble de maximes fondées sur les expériences successives des générations humaines, un ensemble de procédés conformes à ce que le progrès et la civilisation ont peu à peu introduit d'éléments nouveaux dans la nature primitive de l'homme. Ce n'est pas l'homme en général qu'il s'agit d'élever ; c'est l'homme du dix-neuvième siècle, l'homme d'un certain pays, c'est le citoyen, c'est le Français.

Il en est de la nature en pédagogie comme du suffrage

universel en politique. Sans doute il faut obéir à la majorité, à la loi du nombre, dans les affaires sociales, comme il faut en éducation suivre la nature. Mais la majorité elle-même doit s'inspirer de la raison, de la justice, et l'éducation naturelle, elle aussi, ne doit être que le développement de la raison dans l'homme.

L'éducation œuvre de liberté. — L'éducation de l'homme n'est donc pas le dressage d'un être inerte et passif, c'est le développement d'un être libre et actif, dont on provoque l'instruction, dont on excite la spontanéité.

On a souvent comparé l'éducation à la sculpture : le but de l'éducation serait de sculpter, pour ainsi dire, les âmes humaines selon un modèle accompli. Le tort de cette comparaison est d'oublier que l'esprit n'est pas une matière inerte qui se laisse façonner comme on l'entend, qui obéisse passivement à tout ce qu'on entreprend sur elle, comme le marbre ou le bois au ciseau de l'artiste ; loin de là, l'esprit de l'enfant réagit sans cesse et mêle son action propre à celle de l'éducateur : l'éducation est une collaboration de l'élève et du maître. Parfois le collaborateur résiste par ses caprices, par une sorte d'hostilité déclarée ; plus souvent par son inertie il déconcerte le travail du maître, il ne s'y associe pas. Mais dans une éducation bien faite l'élève doit être l'allié du maître : il conspire de son côté à atteindre le but où on le conduit ; il participe par ses efforts personnels à l'éducation qu'il reçoit.

« Maître, disait éloquemment Pestalozzi(1), sois persuadé de l'excellence de la liberté, ne te laisse pas entraîner par vanité à faire produire à tes soins des fruits prématurés ; que ton enfant soit libre autant qu'il peut l'être ; recherche précieusement tout ce qui te permet de lui laisser la liberté, la tranquillité, l'égalité d'humeur. Tout, absolument tout ce que tu peux lui enseigner par les effets de la nature même des choses, ne le lui enseigne pas par des paroles. Laisse-le par lui-même voir, entendre, trouver, tomber, se relever et se tromper. Point de paroles, quand l'action, quand le fait même est possible. Ce qu'il peut

(1) *Histoire de Pestalozzi*, par R. de Guimps, p. 57.

faire par lui-même, qu'il le fasse ! Qu'il soit toujours occupé, toujours actif, et que le temps pendant lequel tu ne le gênes point soit de beaucoup la plus grande partie de son enfance. Tu reconnaîtras que la nature l'instruit mieux que les hommes. »

L'éducation œuvre d'autorité. — Kant disait avec raison qu'un des plus grands problèmes de l'éducation est de concilier la liberté de l'enfant avec la nécessité de la contrainte.

C'est la même préoccupation qui troublait Pestalozzi lorsqu'il écrivait :

« Je me trouve parfois gêne pour avoir supprimé dans l'éducation de mes enfants le ton d'autorité du maître. Où trouverai-je la limite entre la liberté et l'obéissance ?

« Il est des cas pressants dans lesquels la liberté de l'enfant ferait sa perte, et même dans les circonstances les plus favorables il est nécessaire parfois de contrarier la volonté de l'enfant. »

L'éducation n'abandonne pas la nature à elle-même : elle la surveille, elle la règle ; au besoin elle la contraint. D'une façon générale elle est œuvre d'autorité autant que de liberté ; et l'autorité acquise par un maître qui sait se faire estimer, se faire obéir, lui permettra de recourir à la persuasion plus souvent qu'à la contrainte. Plus il aura d'autorité, moins il aura besoin d'en user.

Un des maîtres de la pédagogie contemporaine, M. Buisson, a délicatement analysé les conditions de cette autorité :

« La raison d'être de l'autorité spéciale qui est déférée à un maître dans l'éducation, c'est qu'elle est le seul moyen d'assurer le développement de l'élève. Pour que le résultat soit atteint, il faut évidemment que, d'une part, le maître *puisse* efficacement contribuer à ce développement, et d'autre part qu'il le *veuille*.

« Qu'il le *puisse* d'abord, et pour cela il est nécessaire avant tout qu'il sache ce qu'il doit transmettre, qu'il ait sur l'élève l'avantage de l'expérience, d'une pleine et sereine possession des connaissances dont il communiquera les éléments.

« Ce n'est pas tout : même ce qu'il sait à fond, il faut encore qu'il apprenne à le communiquer. Donner un enseignement, faire une éducation, c'est véritablement un art qui a ses règles et ses secrets... Il y faut des conditions d'esprit, c'est-à-dire des aptitudes et des habitudes, qui permettent au maître, par exemple, s'il s'agit d'enseignement, d'exposer avec ordre et pourtant avec variété, de se tracer un plan et de le suivre sans excès de rigueur dogmatique, de savoir faire la lumière dans l'esprit des enfants, d'insister sur l'important et de sacrifier ou d'ajourner l'accessoire, etc. ; s'il s'agit d'éducation, de surveiller délicatement et de redresser plus délicatement encore les défauts de l'esprit ou du caractère, de persuader et de commander tour à tour, d'encourager à propos et juste assez pour ne pas enorgueillir, de gouverner enfin d'après des principes très fixes et cependant avec des nuances très fines ce petit peuple, d'autant plus difficile à manier qu'il est plus frêle et plus impuissant à se diriger lui-même. Il y faut aussi des conditions de caractère dont l'absence suffirait pour faire échouer l'œuvre, l'égalité d'humeur, le don de la patience, une tenue qui n'est pas tout à fait celle de la vie ordinaire, je ne sais quel mélange de gravité et d'enjouement dans le ton qui gagne immédiatement les enfants, des précautions extrêmes pour éviter les choses mêmes qui, dans le monde et dans le commerce de la vie, sont le plus acceptées ou le plus recherchées, jamais d'ironie, jamais de contradictions et de paradoxes, jamais rien qui fasse briller le maître aux dépens de l'élève, beaucoup d'indulgence et aucune trace de faiblesse, rien de nerveux, rien de brusque, une fermeté inflexible et une douceur paternelle, un grand fonds de simplicité en tout, enfin un effort en quelque sorte constant et qui doit devenir insensible avec le temps pour se rapprocher de la nature de l'enfant, vivre un peu de sa vie, se remettre à son ton, le comprendre, le supporter, l'aimer.

« Ce dernier mot nous fait passer au second ordre de conditions : il faut que le maître veuille travailler au développement de l'enfant. Ce n'est pas tant, en effet, une question de savoir que de vouloir. S'il a vraiment à cœur d'enrichir le patrimoine de la jeune âme qui lui est confiée, il y réussira infailliblement, même avec des connaissances limitées. S'il aime ses élèves, il résoudra pour ainsi dire d'intuition une foule de ces problèmes pratiques dont se compose son art ; car, on ne saurait trop le redire, l'éducation est un art qui procède bien plutôt par expérience que par formules. Il tiendra la juste mesure entre l'autorité et la liberté, il respectera l'initiative de l'enfant sans lui demander trop, sans la trop abandonner à elle-même ; il acquerra d'autant plus d'ascendant qu'il se préoccupera moins de lui-même et plus de l'enfant ; il se perfectionnera pour perfectionner son élève (1). »

(1) Dictionnaire de pédagogie, art. Éducation.

Puissance et limites de l'éducation. — Fontenelle se trompait assurément quand il disait : « Ni la bonne éducation ne fait le bon caractère, ni la mauvaise ne le détruit. » Nous estimons au contraire que l'éducation joue un grand rôle, même dans la formation des hautes vertus et des qualités supérieures de l'esprit : elle contribue à faire ou à défaire les caractères. Mais nous n'irons pourtant pas jusqu'à croire avec Locke, avec Helvétius, que l'éducation est toute-puissante. Sans doute on peut soutenir qu'elle est idéalement infinie (1). Mais en fait elle est limitée dans son action, soit par les aptitudes et les qualités naturelles des individus sur lesquels elle s'exerce, soit par le temps dont elle dispose.

Nous ne dirons donc pas avec Helvétius « que tous les hommes naissent égaux et avec des aptitudes égales, et que l'éducation seule fait les différences ». Il faut faire équitablement la part des qualités naturelles, et celle des qualités acquises que l'éducation greffe sur la nature.

Un écrivain de notre temps se trompe aussi quand il écrit : « L'éducation n'a d'action que sur les natures moyennes (2). » Il n'est point vrai que les grands hommes n'aient que la peine de naître, et nous dirions volontiers, dans un sens contraire, que l'influence de l'éducation atteint son maximum, quand la nature elle-même soumet à son action bienfaisante son plus riche contingent de forces et de facultés. L'éducation ne peut rien, si elle ne rencontre pas des germes à développer ; et c'est dans les âmes où ces germes sont le plus nombreux, le plus nourris de sève naturelle, qu'elle acquiert toute sa perfection.

Si l'on était disposé à exagérer le pouvoir de l'éducation jusqu'à croire qu'elle peut tout transformer, il faudrait se rappeler l'exemple fameux de l'éducation du Dauphin par Bossuet, l'excellence du maître, la médiocrité définitive de l'élève. Mais si, d'autre part,

(1) M. Marion, cours sur la *Science de l'éducation*, déjà cité.
(2) M. Ribot, *de l'Hérédité*, p. 486.

on était tenté de douter de l'efficacité de l'éducation nous appellerions en témoignage l'éducation du duc de Bourgogne qui, dirigée par Fénelon, développa presque toutes les vertus dans une âme où la nature semblait avoir jeté le germe de tous les vices.

Pour nier la puissance de l'éducation, il faudrait commencer par nier l'influence des habitudes qui jouent un si grand rôle dans la vie, et qui presque toutes dérivent de la façon dont nous avons été élevés. Notre esprit, comme notre caractère, dépend en grande partie de l'éducation.

« L'éducation, dit Guizot, fortifie dans l'enfance les facultés faibles ou paresseuses. Personne n'ignore le pouvoir qu'ont l'exercice et l'habitude pour rendre la mémoire plus facile, l'attention plus soutenue. Nos facultés, au lieu de s'user, s'accroissent par l'usage : les exemples des succès de la volonté qui s'applique au perfectionnement d'une qualité quelconque sont innombrables (1). »

L'Éducation et l'École. — Il est vrai que, pour justifier la puissance que nous attribuons à l'éducation, il faut franchir les limites de l'école, et entendre l'éducation dans son sens le plus large et le plus étendu. Il n'y a pas seulement, en effet, l'éducation proprement dite, celle qui provient de l'action directe des pédagogues, il y a l'éducation de la famille, et aussi celle du milieu social où l'on vit. Il y a ce qu'on a ingénieusement appelé les *collaborateurs occultes* de l'éducation, le climat, la race, les mœurs, les institutions politiques, les croyances religieuses. Il y a aussi l'éducation personnelle, celle qu'on se donne à soi-même et qui dure toute la vie.

Mais la part de l'école n'en est pas moins grande et la responsabilité du maître redoutable. L'éducation personnelle n'est guère que la continuation des bonnes habitudes prises à l'école. Quant aux influences extérieures, elles ne sont que des auxiliaires qui ne peuvent rien sans l'action essentielle d'une éducation ré-

(1) Guizot, *Conseils d'un père sur l'éducation*, dans les *Méditations et Études morales.*

gulière, ou des ennemies contre lesquelles il faut réagir par une bonne culture scolaire. Il est de plus en plus vrai de dire avec Leibnitz que « les maîtres de l'éducation tiennent dans leurs mains l'avenir du monde ».

L'éducation dans une république. — Sous un régime républicain, dans une grande démocratie, l'éducation acquiert une importance nouvelle. parce qu'il faut alors demander aux vertus, au savoir, à la liberté de chaque citoyen l'ordre, la paix, qu'autrefois le despotisme imposait à l'ignorance et à l'obéissance passive.

« Les institutions républicaines, dit Horace Mann, offrent des facilités aussi grandes aux méchants dans tous les genres de malice que elles que le phosphore et les allumettes fournissent aux incendiaires (1). »

Mais ces dangers ne découragent pas le grand philanthrope américain : d'abord parce qu'il est impossible de revenir en arrière : « On ferait reculer le soleil plutôt que de monopoliser de nouveau entre les mains du petit nombre une parcelle de cette puissance qui a été conférée aux masses. » Mais c'est aussi au nom de la dignité humaine et de ses droits qu'il convient de revendiquer le libre développement des énergies naturelles et de protester contre tout système qui prétendrait les étouffer

« Sous le despotisme, l'âme, créée pour admirer, grâce à l'intelligence, les splendeurs de l'univers, pour parcourir. à l'aide de la science, l'espace et le temps, pour s'identifier, par la sympathie, avec toutes les douleurs et toutes les joies, pour connaître son auteur et sa destinée immortelle. est repoussée à toutes les issues ; toutes les ouvertures lui sont fermées, elle est enchaînée au sol vassal où elle a vu le jour, et la terre elle-même, comme ses habitants, est desséchée par la malédiction d'une servitude commune. Dans les despotismes orientaux et africains l'âme de millions d'êtres grandit, comme les arbres d'une forêt pourraient croître dans les profondeurs d'une caverne, sans force, sans beauté, loin des haleines parfumées, dans l'ombre et l'impureté, nourris par les exhalaisons pestilen-

(1) Horace Mann, *op. cit.*, p. 39.

delles de marais stagnants, ne pouvant ni s'élever ni s'étendre, retenus par de solides barrières, forcés à se replier sur eux-mêmes et à prendre des formes bizarres et fantastiques. Les facultés de l'esprit humain, emprisonnées dans les cavernes du despotisme, se meurent ainsi au milieu d'une nuit intellectuelle plus profonde que l'obscurité d'un souterrain. Les plus pures, les plus saintes émotions sont étouffées et flétries ; les fraîches et nobles effusions du cœur se changent en haine pour le bien, en idolâtrie pour le mal, faute de lumière et d'air, faute de liberté et d'instruction. Le tort le plus grand que la société puisse éprouver est le tort moral qui résulte des tentatives de la force pour détruire les énergies de l'âme au lieu de les régler (1). »

Conclusion. — L'éducation doit donc être à la fois une excitation et une règle. Ne craignons pas d'affranchir, d'émanciper les esprits, si nous savons en même temps découvrir le secret de les modérer, de les contenir, si par une culture suffisante nous leur faisons trouver en eux-mêmes le frein nécessaire pour réformer les passions et les mauvais instincts.

Voilà pourquoi la culture du caractère est le but suprême de l'éducation. C'est en effet d'après notre caractère que nous agissons, et il vaut encore mieux bien agir que bien penser. Il est vrai que notre caractère dépend surtout de nos sentiments et de nos pensées, ou, en d'autres termes, que l'éducation morale relève en partie de l'éducation intellectuelle ; mais l'éducation morale n'en est pas moins la fin dernière de nos efforts.

Et pour l'atteindre il ne suffit pas évidemment de posséder le savoir, l'instruction, il faut y joindre les qualités, les vertus du cœur et de la volonté. On a dit qu'il s'agissait dans l'éducation de former des hommes : pour cela que les maîtres commencent par être des hommes eux-mêmes.

« Quiconque entreprend une éducation doit commencer par achever la sienne. Émile Souvestre a mis cette vérité en action. Un jeune père, en attendant la naissance d'un enfant, s'entoure de traités sur l'éducation.

(1) Horace Mann, *op. cit.*, p. 54

2.

Mais la lecture de ces ouvrages ne fait qu'accroître ses incertitudes. A la fin, il se prend à réfléchir, et, considérant l'immense action du père et de la mère, sur ce cahier qu'il avait préparé pour prendre des notes, au-dessous de ce titre : *Préceptes d'éducation*, il écrit ces deux seuls mots : *Devenir meilleur* (1). »

(1) Chauvet, *l'Éducation*, Paris, 1868, p. 73.

LEÇON II

L'ÉDUCATION PHYSIQUE

Un esprit sain dans un corps sain. — L'éducation physique pour
le bien du corps. — L'éducation physique pour le bien de l'esprit.
— L'éducation physique comme préparation à la vie professionnelle. — Principes de l'éducation physique. — Physiologie de l'enfant. — Importance des notions physiologiques. — Éducation négative et positive du corps : hygiène et gymnastique. — Hygiène
scolaire. — Principe de l'endurcissement physique. — La propreté.
— Les vêtements et l'alimentation. — Autres prescriptions de
l'hygiène. — La gymnastique en général. — Autres résultats de
la gymnastique. — La gymnastique militaire. — La gymnastique
des filles. — Programmes scolaires. — Les jeux et la gymnastique.
— Nécessité des jeux. — Les exercices physiques en Angleterre.
— Conclusion.

Un esprit sain dans un corps sain. — « Un esprit
sain dans un corps sain, telle est, dit Locke, la brève
mais complète définition du bonheur dans ce monde. »
Tel doit être aussi le double but de l'éducation. L'éducation physique ne saurait être séparée de l'éducation
intellectuelle et morale. Et cela pour deux raisons :
d'abord parce que la santé et la force du corps sont
désirables et bonnes en elles-mêmes ; parce qu'elles font
partie de cette vie complète et parfaite qui est le vœu
de la nature et le rêve de l'éducation ; ensuite parce
que le développement du corps est une des conditions,
un des moyens du développement de l'âme, parce que
la vie supérieure de l'esprit n'est possible que si elle a
pour support une vie physique robuste et saine.

L'éducation physique pour le bien du corps.
— A certaines époques on a pu croire que l'idéal était
de dédaigner le corps et même de l'humilier, de le

mater, que cette partie inférieure de notre âme n'avait
droit à aucun égard, à aucun soin, et que la perfection
humaine était en proportion de la diminution et du
déchet des forces matérielles. Le mysticisme donnait
pour but unique à la vie les perfections spirituelles,
et l'ascétisme, application pratique des théories du
mysticisme, s'acharnait après le corps, pour le réduire
par le jeûne, par les macérations, par les privations de
toute espèce, pour l'annihiler, s'il était possible, comme
la source de tout péché et de tout mal.

Nous sommes aujourd'hui revenus de ces chimères.
L'homme nous apparaît comme un tout qu'il n'est permis de mutiler dans aucune de ses parties. Pour être
inférieures en dignité aux forces de l'âme, les énergies
de l'organisme physique ne méritent pas moins d'être
respectées, d'être développées.

« Ainsi que le remarque un penseur, la première condition
du succès dans ce monde, dit M. Herbert Spencer, c'est d'être un
bon animal ; et la première condition de la prospérité nationale,
c'est que la nation soit formée de *bons animaux*. Non seulement
il arrive souvent que l'issue d'une guerre dépend de la force et
de la hardiesse des soldats, mais dans la lutte industrielle
aussi la victoire est attribuée à la vigueur physique des pro-
ducteurs (1). »

Il ne s'agit pas d'ailleurs seulement d'une question
d'intérêt positif et d'intérêt pratique : la conservation
de la santé fait partie de nos devoirs. Toute infraction
consciente aux lois de l'hygiène est un acte coupable,
et, comme le dit ingénieusement M. Herbert Spencer,
tout préjudice porté volontairement à la santé est un
péché physique.

L'éducation physique pour le bien de l'esprit.
— Ce qui n'est pas moins avéré, c'est que les intérêts
de l'esprit et les intérêts du corps sont solidaires. Le

(1) *De l'éducation*, etc., traduction française,1878, p. 223. « On commence à
s'apercevoir que le premier avantage qu'un homme puisse apporter dans la vie,
c'est que chez lui la bête soit solide. Le cerveau le mieux organisé ne lui
servira de rien, s'il ne possède pas une force vitale suffisante pour le mettre
en œuvre. »

physique et le moral n'étant, pour ainsi dire, que l'envers et l'endroit d'une même étoffe, ce serait folie de croire qu'on peut impunément altérer l'envers sans compromettre l'endroit du même coup.

Les Grecs l'avaient compris, et ils associaient le corps et l'esprit dans une éducation harmonieuse, pour faire à la fois l'homme « beau et bon ». C'est d'eux que Montaigne s'inspirait, quand il écrivait son admirable chapitre de l'*Institution des enfants* :

« Ce n'est pas assez de roidir l'âme à l'enfant ; il lui faut aussi roidir les muscles ; elle est trop pressée, si elle n'est secondée, et a trop à faire de fournir seule à deux offices. Je sçay combien ahanne la mienne en compagnie d'un corps si tendre, si sensible, et qui se laisse si fort aller sur elle. Et aperçoy souvent en ma leçon qu'en leurs escripts mes maistres font valoir pour magnanimité et force de courage, des exemples qui tiennent volontiers plus de l'espessisseur de la peau et de la dureté des os. »

Et plus loin :

« Ce n'est pas une âme, ce n'est pas un corps qu'on dresse ; c'est un homme, et il n'en faut pas faire à deux fois. Et, comme dict Platon, il ne faut pas les dresser l'un sans l'autre, mais les conduire également comme une couple de chevaux attelés à même timon. »

Les facultés morales ne s'épanouissent à leur aise que dans un corps vigoureux ; et en outre, une fois formées, elles ne s'exercent librement que si elles disposent de membres solides et agiles. La bonne constitution du corps « rend les opérations de l'esprit faciles et sûres » ; et en même temps qu'elle contribue à former l'esprit, elle est une condition nécessaire pour qu'il puisse se manifester au dehors, pour qu'il ne soit pas condamné à se replier sur lui-même, perdu dans des contemplations impuissantes.

Je sais bien qu'on rencontre parfois des intelligences de premier ordre, des volontés fortes et courageuses, unies à des corps débiles et souffreteux. Tel homme dont la vie physique n'est qu'un perpétuel malaise se distingue entre tous par l'énergie de son esprit et l'élévation de son cœur. L'exemple de Pascal, malade et homme de génie, vient à la pensée de tout le monde.

Il se peut en effet que dans certains cas, par une réaction mystérieuse, les souffrances de l'organisme affinent et surexcitent les facultés morales : la douleur alors est l'agent principal du progrès inespéré de l'esprit. Mais ces exceptions ne prouvent rien contre la loi générale. Bien portant, Pascal eût vécu plus longtemps, et probablement n'aurait rien perdu de son génie. Suivant l'expression qu'il employait lui-même, il ne faut pas dédaigner *la bête :* car elle se venge tôt ou tard. Pour lui elle s'est vengée en le tuant.

« La perfection physique sert à assurer la perfection morale. Il n'y a rien de plus tyrannique qu'un organisme affaibli. Rien ne paralyse plus le libre mouvement de la raison, l'essor de l'imagination, l'exercice de la réflexion, rien ne tarit plus vite toutes les sources de la pensée, qu'un corps malade, dont les fonctions languissent et pour qui tout effort est une souffrance. N'ayez donc aucun scrupule, et si vous voulez faire une âme qui se répande largement, un homme de généreuse et intrépide volonté, un ouvrier des grandes tâches et des durs labeurs, faites d'abord et avant tout un organisme vigoureux, de solide résistance, aux muscles d'acier (1). »

L'éducation physique comme préparation à l'éducation professionnelle. — L'éducation physique, comme l'éducation intellectuelle et morale, ne consiste pas seulement dans une culture désintéressée des forces naturelles : elle tend à un but pratique; elle doit être une préparation à la vie, et, en raison de son caractère propre, une préparation à l'éducation professionnelle ou tout au moins à l'habileté corporelle.

Il n'est guère possible de faire entrer dans l'éducation de tous les hommes ce qui était le vœu de Locke et de Rousseau : l'apprentissage d'un métier manuel. Mais dans toutes les conditions pourtant il est bon de savoir se servir de ses mains, de ses membres :

Un des plus grands éloges qu'on puisse faire d'un homme, disait Saint-Marc Girardin, c'est de dire qu'il sait se tirer d'affaire, non pas se tirer d'affaire par un discours habile, par une

(1) M. Marion, *Cours sur la science de l'éducation,* Manuel général de l'instruction primaire. 1884, p. 121.

conversation spirituelle..., mais par l'adresse aussi de ses mains,
s'il le faut ; non pas seulement se tirer d'affaire dans les grandes
choses, mais aussi dans les petites ; n'avoir pas besoin de
mettre sans cesse les bras des autres au bout de ses bras, n'être
embarrassé ni de sa personne ni de son bagage, avoir l'esprit
d'expédient et l'activité, n'être ni gauche ni mou, savoir vivre
enfin autrement qu'avec une sonnette sous la main et un
domestique au bout de la sonnette (1). »

C'est à l'école primaire surtout qu'à raison de la destination spéciale de ceux qui la fréquentent l'éducation
physique doit suivre une direction pratique, et préparer les garçons aux futurs travaux de l'ouvrier et du
soldat, les filles aux soins du ménage et aux ouvrages
de femme.

Sur ce point le programme officiel de notre enseignement s'exprime ainsi :

« L'éducation physique n'a pas seulement pour but de fortifier
le corps et d'affermir le tempérament de l'enfant, de le placer
dans les conditions hygiéniques les plus favorables... Elle a
aussi pour but de lui donner de bonne heure des qualités
d'adresse et d'agilité, cette dextérité de la main, cette promptitude et cette sûreté des mouvements qui, précieux pour tous,
sont plus particulièrement nécessaires aux élèves des écoles primaires, destinés pour la plupart à des professions manuelles (1). »

Principes de l'éducation physique. — C'est dans
l'éducation du corps que semble avoir rencontré le plus
de crédit le préjugé qui veut qu'on laisse faire la nature,
q 'on s'en remette exclusivement à elle du soin de
développer les organes et de régler les fonctions
Grave erreur qui livrerait la santé et la vie de l'enfant à
tous les accidents, à tous les hasards! Ici comme partout
il faut aider la nature, et pour l'aider il faut la connaître.

Une éducation physique tout à fait rationnelle
aura pour principe la connaissance approfondie des
diverses sciences qui traitent du corps humain.
L'hygiène calque ses prescriptions pratiques sur les
théories de la physiologie. La gymnastique se fonde sur

1) Saint-Marc Girardin, J. J. Rousseau, t. II, p. 112.

2) Programmes annexés à l'arrêté du 27 juillet 1882.

les principes élémentaires de l'anatomie. Et d'une façon générale l'éducation physique applique les grandes lois de la science du corps, comme l'éducation intellectuelle et morale applique les grandes lois de la science de l'âme.

Physiologie de l'enfant. — Ajoutons que pour le corps comme pour l'âme il y a une enfance, c'est-à-dire un état particulier de croissance qui précède la maturité. Ce n'est donc pas seulement la physiologie et l'anatomie générale de l'homme que l'éducateur doit consulter : pour être réellement en mesure de remplir sa tâche, il faudrait qu'il eût constitué lui-même par l'observation, comme règle de sa conduite, une véritable physiologie de l'enfant.

Comme la psychologie, la physiologie de l'enfant est une histoire qui suit peu à peu l'évolution du corps, la formation successive des organes, l'organisation des diverses parties du système nerveux. N'oublions pas que l'enfant n'est pas un être tout formé, un produit achevé : c'est une créature faible et fragile, « dont les muscles, les nerfs, les organes, sont de lait pour ainsi dire », et ne se développent que peu à peu, grâce à un accroissement lent, mais incessant.

Importance des notions physiologiques. — Sans doute c'est aux parents surtout qu'incombe l'obligation de connaître assez les lois de la vie pour ne pas abandonner l'éducation de leurs enfants à l'empirisme des nourrices, aux pratiques aveugles et irréfléchies. M. H. Spencer leur a rappelé sur ce point leurs devoirs dans une page éloquente :

« Les milliers d'êtres humains qui sont tués, les centaines de milliers qui survivent pour traîner des santés affaiblies, les millions qui grandissent avec des constitutions moins fortes qu'elles n'auraient dû l'être, nous donnent l'idée du mal fait par des parents qui ignorent les lois de la vie. Songez que le régime auquel les enfants sont soumis a une influence, soit bonne, soit mauvaise, sur leur avenir tout entier, qu'il y a vingt manières de se tromper et une seule manière de ne pas se tromper ; et vous mesurerez l'étendue des misères qu'intro-

duit dans le monde notre système d'éducation hasardé, irréfléchi. On décide qu'un jeune garçon sera vêtu d'une jaquette
courte, molle et légère, et qu'il ira jouer ainsi en plein air,
avec des membres rougis par le froid. Cette décision exercera
une influence sur toute sa vie, soit par la maladie, soit par
l'affaiblissement du corps. Tout au moins il sera plus faible
dans sa maturité qu'il ne l'eût été, et cette circonstance sera
un empêchement à ses succès et à son bonheur. Les enfants
sont-ils soumis à un régime alimentaire non varié ou trop peu
nutritif, ils s'en ressentiront jusqu'à leur dernier jour, et leur
activité, comme hommes ou comme femmes, en sera plus ou
moins diminuée. Leur défend-on les jeux bruyants ou les empê-
che-t-on (à cause de leur costume trop léger) de sortir par le
froid, ils sont assurés de rester au-dessous de la mesure de
force et de santé à laquelle la nature les avait destinés (1). »

Mais quoique la responsabilité en cette affaire appar-
tienne surtout aux parents, les maîtres, eux aussi, — s'ils
ont négligé de s'instruire des lois du développement
vital, s'ils les contrarient par des ordres maladroits, par
des défenses intempestives, — les maîtres peuvent exercer
une influence fatale sur la santé et la force des enfants.
Qu'ils prennent donc leur rôle au sérieux, qu'ils étudient
avec soin l'anatomie et la physiologie qu'on leur enseigne
à l'École normale ; qu'ils y joignent leurs observations
personnelles sur les enfants de leur école, qu'ils se rendent compte de leurs aptitudes physiques, de la différence de leurs tempéraments, de la faiblesse ou de la
vigueur naturelle de leur constitution. Ainsi préparés,
dans leurs leçons de gymnastique, dans leurs précautions et dans leurs conseils d'hygiène, ils ne seront pas
seulement les observateurs routiniers d'un programme :
ils exécuteront mieux des prescriptions dont ils com-
prendront le sens et la portée. Ils interpréteront avec
liberté la lettre morte du règlement ; ils la vivifieront
par leur expérience personnelle, par leur sollicitude
éclairée pour le tempérament particulier de chaque
enfant.

**Éducation négative et éducation positive du
corps.** — Accordons tout ce qu'on voudra à la puis-

(1) *De l'Éducation*, p. 42.

sance naturelle de la constitution de l'enfant et de son
développement spontané. Il n'en reste pas moins un
vaste champ d'action ouvert à la prévoyance de l'édu
cateur.

D'une part il faudra écarter de la vie de l'enfant tout
ce qui peut être une cause de trouble, d'altération,
d'affaiblissement, tout ce qui porterait atteinte à sa
santé, par exemple un travail cérébral excessif. C'est là,
à proprement parler, l'éducation négative du corps, celle
qui consiste à conserver, à protéger les forces naturelles,
et qui se résume presque tout entière dans les interdic-
tions, dans les défenses que dicte l'hygiène.

D'autre part il s'agit de seconder, de stimuler l'œuvre
de la nature, de développer et de fortifier les énergies
physiques ; et cette préoccupation devient de plus en
plus légitime, à mesure qu'on abuse davantage de la
culture intensive de l'esprit, des études à outrance et des
programmes surchargés. Ce sera l'objet d'une éducation positive du corps, éducation qui comprendra tous
les exercices, tous les jeux de l'enfance, toutes les pratiques recommandées par l'hygiène, tous les mouvements qui constituent la gymnastique.

Hygiène et gymnastique, telles sont donc les deux
parties de l'éducation physique, aussi nécessaires l'une
que l'autre : l'une est en quelque sorte une bonne méthode de conduite, une sorte de morale pour le corps ;
l'autre est à l'activité physique ce qu'est l'étude à l'activité intellectuelle, un exercice salutaire et fortifiant.
Toutes deux concourent à établir dans le corps la santé
et la force ; mais l'hygiène est surtout le souci de la
santé, et la gymnastique, le souci de la force.

Hygiène scolaire. — On a écrit des volumes sur
l'hygiène, et il n'entre pas dans notre plan de rappeler
même ce qu'il y aurait d'essentiel à dire en un pareil
sujet, soit au point de vue de l'hygiène de l'école,
soit sur l'hygiène des enfants et des élèves. Nous
renvoyons sur ce point aux ouvrages spéciaux (1).

(1) Voyez surtout les *Leçons élémentaires d'hygiène*, du Dr George.

L'hygiène, selon Rousseau, est moins « une science qu'une vertu » : c'est dire qu'elle consiste surtout à s'abstenir de tout ce qui est mal, à éviter tous les excès, à être tempérant en toutes choses. La tempérance est la moitié de l'hygiène. L'enfant dont l'alimentation est sobre, dont la vie est simple, auquel on épargne avec soin toutes les occasions d'abuser de ses forces, qui ignore les indigestions, les plaisirs violents, les fatigues excessives, a beaucoup fait déjà pour se bien porter.

L'hygiène comporte pourtant un certain nombre de prescriptions positives qui ont trait, soit à la propreté générale du corps, soit à l'alimentation et aux vêtements. Le principe commun de toutes ces prescriptions doit être de ne pas trop complaire à la nature, et d'un autre côté de ne pas trop la violenter.

Principe de l'endurcissement physique. — Tel n'est pas l'avis d'un certain nombre de pédagogues qui, comme Locke, par exemple, poussent beaucoup trop loin le principe de l'endurcissement physique, et qui, sous prétexte de ne pas gâter la nature par un excès de douceur et de complaisance, en viennent à lui refuser les satisfactions les plus légitimes. Il est bon, sans doute, de traiter durement les enfants, de ne pas les amollir, de les élever à la paysanne. Cependant il faudra toujours tenir compte de la diversité des tempéraments.

« Si votre fils est bien fort, disait finement madame de Sévigné, l'éducation rustaude est bonne ; mais, s'il est délicat, je pense qu'en voulant le faire robuste on le fait mort. »

Et les tempéraments les plus robustes eux-mêmes ne peuvent être soumis à toutes les épreuves. Locke se trompe quand il interdit les vêtements chauds en hiver Mieux inspiré sur ce point, M. Herbert Spencer veut qu'on tienne compte, dans l'habillement, des sensations naturelles de chaud et de froid.

Paris, Delalain); *l'Hygiène et l'Éducation dans les internats*, de M. Riant; *l'Instruction du 22 juillet 1882*; l'article *Hygiène* du Dr E. Pécaut, dans le *Dictionnaire de pédagogie*; enfin les *Rapports* de la commission d'hygiène des écoles, Paris, Imprimerie nationale. 1884.

« L'idée qu'on doit endurcir le corps, dit-il, est une illusion fâcheuse. Beaucoup d'enfants sont si bien endurcis qu'ils s'en vont de ce monde. »

C'est une chimère de croire que par des procédés d'entraînement, par des habitudes prises de bonne heure, on puisse tout obtenir de la souplesse des organes physiques. Il est des choses contraires à notre constitution et auxquelles l'organisme ne peut s'accoutumer. C'est ce que Goldsmith essayait de faire comprendre en racontant cette anecdote :

« Pierre le Grand pensa un jour qu'il conviendrait que tous les marins prissent l'habitude de boire de l'eau salée. Aussitôt il promulgua un édit qui ordonnait que tous les apprentis marins ne boiraient désormais que de l'eau de mer. Les enfants moururent tous, et l'expérience en resta là ! »

Sachons donc faire leur part aux exigences de la nature, et ne retombons pas dans les vieilles tendances ascétiques, qui aboutissaient à des privations et à des duretés dangereuses. Mais ne sacrifions pas non plus à l'optimisme, aussi imprudent que complaisant, de ceux qui, comme M. Herbert Spencer, prétendent qu'il faut révérer en tout l'ordre sacré de la nature, et satisfaire tous les goûts de l'enfant, par exemple son appétit immodéré pour les sucreries.

La propreté. — La propreté est une vertu, selon Volney, une demi-vertu, selon d'autres. Ce qui est certain, c'est que le contraire de la propreté est un grand défaut, qui compromet la dignité de la personne humaine par la mauvaise tenue du corps. « Il y a plus de rapports qu'on ne pense, disait madame Pape-Carpantier, entre la propreté physique et la pureté morale. »

Mais la propreté vaut par elle-même, comme règle hygiénique, comme élément de la santé, comme préservatif des contagions qui engendrent les maladies, légères ou graves.

De là l'importance des soins de propreté. C'est à la famille surtout qu'il appartient d'en assurer l'observation.

Mais, par ses conseils, par son exemple et aussi par les soins qu'il prendra lui-même, le maître d'école peut beaucoup pour donner à l'enfant l'habitude de la propreté.

Voici comment, dans une *Instruction* récente et officielle, M. Jacoulet résume les prescriptions de la propreté scolaire :

« Passer chaque jour en revue les élèves un à un ;

« En bon père de famille s'assurer que leur visage, leurs oreilles, leurs dents, leurs mains et leurs pieds sont convenablement lavés;

« Veiller à ce que leur tête soit nette, leurs cheveux peignés et lavés ;

« Faire en sorte que les chaussures et les vêtements soient propres et secs;

« Exiger, sauf le cas d'indisposition, que les élèves aient tous pendant la classe, la tête et le cou découverts (1). »

Alimentation et vêtements. — Sans dire avec Feuerbach : « L'homme est ce qu'il mange ; » sans accepter l'affirmation absolue de M. Herbert Spencer : « Les races les plus énergiques et qui ont dominé les autres, sont les races les mieux nourries, » on ne saurait accorder trop d'importance à l'alimentation, à la qualité et à la quantité de la nourriture.

« Il y a trop de règlements dans la chambre de la nourrice, dit M. Spencer, comme il y a trop de règlements dans l'État ; et un des inconvénients les plus fâcheux qui en résultent, c'est de trop restreindre les enfants pour leur nourriture.

« L'alimentation des enfants doit être hautement nutritive ; elle doit être variée à chaque repas, et dans le même repas elle doit être abondante. »

Il faut donc que l'enfant mange à sa faim. Manger avec excès est le vice des adultes plutôt que des enfants. Les indigestions sont presque toujours provoquées chez l'enfant par une réaction contre les privations, contre un carême prolongé.

Notons en passant quelques-unes des recomman-

(1) *Rapports* déjà cités, p. 200.

dations que contient, au sujet de l'alimentation, l'*Instruction* de M. Jacoulet.

« Les enfants doivent prendre des aliments chauds à chaque repas.

« Les maîtres s'assureront que le vin, le cidre ou la bière ont été convenablement coupés d'eau.

« En été, ils veilleront à ce que les enfants ne boivent pas d'eau froide, surtout quand ils sont échauffés par le jeu.

« Le maître empêchera que les élèves ne mangent des fruits verts et des légumes crus, etc., etc. »

Quant aux vêtements, ils doivent d'abord être amples et larges, de manière que le corps s'y sente à l'aise et que rien ne gêne les fonctions de l'organisme. « Les hygiénistes condamnent l'usage précoce du corset pour les filles, et en tout temps la tunique pour les garçons (1). »

Locke, toujours rigide, demandait que l'enfant jouât tête nue, et qu'il ne portât jamais de vêtements chauds ; il souriait même à l'idée de lui faire porter les mêmes vêtements en hiver et en été. M. Spencer, au contraire, trouve que « c'est folie de vêtir les enfants légèrement ». En France, on s'en prend à la mode anglaise de la légèreté du costume, chez les enfants auxquels on laisse les jambes nues ; en Angleterre, on s'en prend à la France des folies inventées par le *Petit Courrier des dames*, qui recommande des vêtements incommodes ou insuffisants. M. Spencer conclut que si l'habillement ne doit jamais être assez lourd pour produire une chaleur accablante, « il doit toujours être assez chaud pour prévenir toute sensation de froid ».

Autres prescriptions de l'hygiène. — Il s'en faut que nous ayons énuméré toutes les prescriptions de l'hygiène : elle en tient d'autres en réserve sur le sommeil, sur le travail, sur les récréations, sur les punitions. Elle recommande en particulier l'activité physique, comme un moyen de contre-balancer le travail cérébral et la fatigue intellectuelle. L'activité est

(1) Voyez M. Fonssagrives, *Éducation physique des garçons*. p. 87.

une des conditions de la santé. On est nourri non par ce qu'on mange, mais par ce qu'on digère, disait un médecin. Et Trousseau ajoute : « On digère avec ses jambes autant qu'avec son estomac. »

Mais par là l'hygiène se confond presque avec la gymnastique, dont il nous reste maintenant à parler.

La gymnastique. — En général trop négligée dans notre pays, mais depuis longtemps en honneur dans les écoles de Suisse et d'Allemagne, la gymnastique commence à entrer dans nos mœurs scolaires. La législation l'impose (1) : des manuels officiels en ont codifié les règles (2). L'enseignement s'organise peu à peu, et s'il ne rencontre pas toujours la compétence des maîtres, du moins il répond partout au goût des élèves.

Prenons garde seulement que le goût ne devienne engouement. Quand le pédagogue a fait maint effort pour introduire dans l'éducation un exercice nouveau, et qu'il y a réussi, son rôle change : il a le plus souvent à réprimer les excès de zèle, et à maintenir dans de justes limites cet enseignement même qu'il a eu le plus de mal à faire accepter. Toutes les sciences, tous les arts, quels qu'ils soient, sont de leur nature envahissants, une fois qu'on leur a ouvert les portes de l'école : ils ne sont que des moyens, et ils tendent à se faire prendre pour des fins. Dans les collèges, l'étude du latin, qui n'aurait dû être qu'une des manières de cultiver l'esprit par la pratique d'une langue étrangère est devenue le but suprême de l'éducation; et l'on n'a

---

(1) La loi du 15 mars 1850 mettait l'enseignement de la gymnastique au nombre des matières facultatives de l'enseignement primaire. Le règlement du 24 mars 1851 le comptait parmi les matières obligatoires des écoles normales. Le règlement du 13 mars 1854 l'a introduit dans les lycées. Un décret de 1869 (3 février) l'organisait dans les lycées et les collèges, dans les écoles normales, dans les écoles primaires. De nombreuses circulaires publiées depuis cette époque ont donné des instructions précises et des prescriptions détaillées. Enfin la loi du 27 janvier 1880 rend obligatoire l'enseignement de la gymnastique « dans tous les établissements d'instruction publique de garçons », et l'arrêté du 27 juillet 1881, à l'article 16-9°, dit expressément: « La gymnastique occupera tous les jours ou au moins tous les deux jours une séance dans le courant de l'après-midi. »

(2) Voyez le manuel du capitaine Vergnes.

plus songé qu'à faire des latinistes. Qu'il n'en soit pas
de même de la gymnastique, qui a pour but, non de
faire des gymnastes, des prodiges de force et d'agilité,
mais simplement de fortifier et d'assouplir les muscles,
de régler et de faciliter le jeu des mouvements du corps,
d'assurer aux travailleurs des organes vigoureux,
de bons outils corporels, de préparer pour tous les
hommes les éléments d'une santé robuste et d'une
longue vie, de développer enfin les énergies physiques,
comme l'étude développe les énergies morales.

Sans doute la gymnastique a besoin d'appareils et
d'agrès, et c'est pour le moment une des difficultés qui
en retardent l'organisation dans nos écoles de village ;
mais qu'elle s'en passe le plus possible, ou tout au moins
qu'elle n'en abuse point. Pas de machines trop compliquées, pas d'artifices trop savants. Le *rapport* de la
commission spéciale instituée en 1868 avait la prudence
de condamner « les exercices qui demandent un trop
grand déploiement de force et qui pourraient être des
causes d'accidents ». Proscrivons de même toutes les
recherches, tous les raffinements qui aboutiraient à
transformer la leçon de gymnastique en école de bate-
leurs, de faiseurs de tours de force, tous les exercices,
en un mot, qui ne se proposeraient pas uniquement
pour but de donner à l'enfant un corps prêt pour l'action et résistant à la fatigue.

Autres résultats de la gymnastique. — La gymnastique n'a d'ailleurs pas seulement en vue le développement physique.

Un observateur pénétrant de l'enfance, mademoiselle
Chalamet, fait remarquer que la gymnastique a aussi
pour but, « 1° de discipliner l'enfant ; 2° de le reposer
du travail intellectuel, et d'en rendre, par cela même,
la reprise plus aisée et plus profitable (1) ».

La gymnastique en effet, en réglant les allures du
corps, en imposant des évolutions régulières et ryth-
mées, en exigeant des mouvements précis, exécutés

---

(1) Mademoiselle Chalamet, *l'École maternelle*, p. 273.

avec précision et avec promptitude, la gymnastique communique des habitudes d'ordre, de décision, dont l'effet survit aux exercices qui les ont engendrées, et qui même, par une sorte de contagion intérieure, se transmettent du corps à l'âme. Ce résultat sera surtout atteint si les évolutions des élèves sont accompagnées de chants, comme le recommandait Amoros, l'initiateur de la gymnastique en France (1).

D'autre part, la gymnastique ne travaille pas seulement pour l'avenir, en élargissant, en fortifiant la poitrine, en déliant les membres, en contribuant à la santé de l'enfant : elle agit aussi et immédiatement sur l'état du corps dont elle renouvelle les forces, sur le système nerveux qu'elle tempère ; elle a d'heureux effets sur les études, parce qu'elle rétablit l'équilibre dans l'organisme, et donne du même coup à l'esprit plus de vigueur et de ressort. La gymnastique, comme le jeu, prend l'enfant fatigué, énervé par l'étude et par l'effort cérébral ; et elle le rend au travail intellectuel retrempé et dispos. A une condition pourtant, c'est qu'on ne dépasse jamais la limite au delà de laquelle commencerait la fatigue. Un exercice excessif du corps engourdit l'esprit ; un exercice modéré le ranime et le rafraîchit. De notre temps surtout, où la surcharge des programmes contraint l'enfant à de grands efforts intellectuels, où « un système d'éducation à haute pression », comme dit M. Spencer, exige des excès d'application, l'alternance des exercices du corps et des exercices de l'esprit est de plus en plus nécessaire pour rétablir et renouveler sans cesse les forces que l'abus du travail mental ne tarde pas à épuiser.

La gymnastique militaire. — Ce n'est pas seulement de nos jours, comme on pourrait le croire, qu'on a songé à exercer les enfants au maniement des armes :

(1) Dans le *Rapport du docteur Javal sur l'Hygiène des écoles primaires* (Paris, 1884, imprimerie nationale), nous relevons la prescription suivante : « Il faut éviter de faire chanter les enfants pendant les exercices gymnastiques violents, et pendant la course. » Mais cette interdiction ne s'applique évidemment pas aux exercices élémentaires, aux rondes, aux évolutions.

« Je vis hier, écrivait madame de Sévigné, un petit garçon que je trouvai joli; il a sept ans; son père lui a appris à faire l'exercice du mousquet et de la pique : c'est la plus jolie chose du monde. Vous aimeriez ce petit enfant ; cela lui dénoue le corps; il est délibéré, adroit, résolu. J'aime mieux cela qu'un maître à danser. »

Il est inutile d'insister sur l'utilité de la gymnastique militaire, qui est une préparation aux devoirs des citoyens, un apprentissage des habitudes du soldat, en même temps qu'elle présente la plupart des avantages que l'on peut attendre de la pratique de la gymnastique. Il suffit de rappeler quelle place les exercices militaires occupent depuis longtemps dans les écoles de l'Allemagne.

La gymnastique pour les filles. — Il ne faudrait pas conclure, de ce que la loi de 1880 s'est contentée d'imposer l'obligation de l'enseignement de la gymnastique dans les écoles de garçons, que cet enseignement ne convient pas aux filles.

« Les femmes, disait avec raison M. Laisné, ont besoin de la gymnastique plus même que les hommes : pour elles les obstacles que la vie civilisée oppose au développement corporel sont bien plus multipliés et bien plus funestes encore (1). »

M. Herbert Spencer combat avec vivacité le préjugé qui interdit aux filles les exercices physiques. Il rêve pour elles une éducation aussi bruyante, aussi active que celle de leurs frères. Il les convie même aux jeux violents, aux longues promenades, à tout ce qui peut produire chez elles un robuste développement physique : il veut qu'elles courent comme des folles, qu'elles grandissent dans les gambades et les horions. Et il n'y a pas à craindre, ajoute-t-il, que la délicatesse, la convenance de leurs manières s'en ressente plus tard.

« Si rudes qu'aient pu être leurs caprices dans la salle de récréation à l'école, des jeunes personnes ne s'amusent pas à faire des culbutes dans la rue ou à sauter à cloche-pied dans un salon. »

(1) Laisné, *Gymnastique pratique*, Préface, p. 13.

Sans doute, il n'est pas question de soumettre les deux sexes au même régime. Platon et quelques utopistes de la Révolution française ont seuls pu rêver, dans leur folie égalitaire, une éducation absolument commune, où les filles seraient habillées comme les garçons, où, comme eux, elles monteraient à cheval et feraient des armes. Non, la nature veut que l'on tienne compte des différences qu'elle a établies dans la constitution physique comme dans la destination sociale. Il doit y avoir des programmes spéciaux, des manuels distincts de gymnastique pour les deux sexes. On n'imposera point à la femme les courses prolongées, les sauts violents, les travaux de force, aucun des exercices en un mot qui ne conviennent qu'à la forte musculature de l'homme. On se rappellera sans cesse à quel être délicat et fragile on a affaire.

Mais, ces réserves faites, il est permis de dire que, dans les villes tout au moins, la jeune fille a besoin d'être soumise au régime de la gymnastique.

« Le garçon trouve toujours moyen d'échapper quelque peu à l'influence d'un mauvais logement et d'une vie malsaine : il sort, court les rues, bat le pavé, vit beaucoup en plein air. La petite fille, au contraire, est sédentaire, reste au logis, n'échappe à aucune privation. Il en résulte promptement pour elle une débilité plus grande, qui ne se pourrait réparer que par des soins plus énergiques et plus assidus. Quel est le médecin des quartiers ouvriers des villes qui n'ait été douloureusement frappé de cette faiblesse musculaire, de cette fragilité nerveuse, de cette pauvreté de sang qui caractérisent les jeunes filles des classes inférieures, et font d'elles plus tard les victimes des grandes névroses, ou tout au moins des femmes rarement capables de soutenir impunément les fatigues de la maternité (1) ? »

Programmes officiels. — On ne s'est pas contenté de recommander, d'imposer même, par une loi, les exercices de gymnastique ; on a de nos jours dressé le programme de cet enseignement nouveau. Déjà en 1872,

(1) *Revue pédagogique*, 25 nov. 1882, article de M. E. Pécaut

dans les écoles de Paris, la gymnastique était organisée
d'après un plan régulier :

« Les leçons, fondées sur les principes élémentaires de l'anatomie générale, comprennent des exercices de marche, des mouvements simples, des mouvements combinés avec le xylofer (1),
le maniement des haltères, le saut, et pour les élèves les plus
âgés, les barres parallèles et l'échelle. Toutes les manœuvres
sont accompagnées d'un chant facile et doux qui contribue
à fortifier les muscles des organes respiratoires (2). »

Voici maintenant le texte du programme officiel
établi en 1882 :

Classe enfantine. — Jeux, rondes, évolutions, mouvements
rythmés, petits jeux de madame Pape-Carpantier. — Exercices
gradués.

Cours élémentaire. — Exercices préparatoires. — Mouvements
et flexions des bras et des jambes. — Exercice des haltères et
de la barre. — Course cadencée. — Évolutions.

Cours moyen. — Suite des exercices de flexion et d'extension
des bras et des jambes. — Exercice des haltères. — Exercices
de la barre, des anneaux, de l'échelle, de la corde à nœuds,
des barres à suspension, des barres parallèles fixes, de la pou-
tre horizontale, des perches, du trapèze. — Évolutions.

Cours supérieur. — Suite des mêmes exercices. — Exercices
d'équilibre sur un pied. — Mouvements des bras combinés avec
la marche. — Exercices à deux avec la barre. — Courses. —
Sauts. — Exercice de la canne (pour les garçons).

Le jeu et la gymnastique. — Comme on l'a dit
très justement, la gymnastique entendue comme une
science des mouvements, comme un art systématique
et régulier d'exercices physiques, la gymnastique,
quand on l'introduit à l'école, n'y est « qu'une leçon de
plus ». Or c'est de l'activité physique surtout qu'il est
vrai de dire que, pour atteindre son but, elle doit être
agréable, plaire à l'enfant et se conformer à ses goûts.
Si le plaisir n'est pas de la partie, les exercices physiques n'auront pas l'effet salutaire qu'on en attend.
A ce point de vue les mouvements monotones, artificiels

(1) Instrument conseillé par le Dr Tissot, en 1870, composé par Laisné en
1872, et qui a pour but d'ouvrir et de développer la poitrine des enfants.
(2) M. Gréard, l'Enseignement primaire à Paris, p. 113.

et factices de la gymnastique ne valent assurément pas l'effort libre et joyeux de l'activité dans le jeu.

« De là, dit M. Herbert Spencer, la supériorité intrinsèque du jeu sur la gymnastique. La vérité est que le bonheur est le plus puissant des toniques. En accélérant le mouvement du pouls, il facilite l'accomplissement de toutes les fonctions ; et il tend ainsi à augmenter la santé quand on la possède, ou à la rétablir quand on l'a perdue. »

Et poursuivant sa critique en règle contre la gymnastique, qui serait déjà « radicalement défectueuse faute du stimulant de l'amusement », le pédagogue anglais fait remarquer qu'elle a encore un autre défaut : c'est que les mouvements réglés qu'elle impose, nécessairement moins divers que les mouvements qui résultent des exercices libres, ne développent qu'une partie du système musculaire, n'exercent que tel ou tel organe, et n'amènent point, par suite, une répartition égale de l'activité entre toutes les parties du corps.

La préférence légitime que M. Spencer accorde au jeu, à l'activité spontanée de l'enfant, le conduit presque à cette conclusion extrême et fausse que la gymnastique est chose mauvaise, qu'elle ne peut être acceptée tout au plus que comme un pis aller, « des mouvements quelconques valant mieux que l'absence de tout mouvement ».

Nous sommes loin de partager cet avis, et nous estimons que Laisné était plus équitable dans son appréciation, quand il écrivait :

« Les jeux ordinaires avec leurs inconvénients, désordonnés et sans suite, ne sauraient remplacer la gymnastique ; mais, réciproquement, la gymnastique, régulière et disciplinée comme elle l'est, ne doit point faire abandonner les jeux où tous les enfants se livrent à tous les ébats de leur âge. »

Nécessité des jeux. — Ce n'est pas ici le lieu d'épuiser la question des jeux. Les jeux en effet n'intéressent pas seulement l'éducation physique : ils ont des rapports étroits avec la culture de l'imagination, avec l'éducation esthétique, et nous aurons occasion d'y revenir.

Mais il est bon dès à présent de dire combien, au point de vue de la santé, il importe que l'enfant joue, combien il serait regrettable que l'habitude de jouer disparût de nos écoles, comme elle tend, hélas! à disparaître de la vie sociale.

« Le jeu en plein air, qui invite à sauter, à courir sans relâche, à crier à pleins poumons, qui fait circuler vivement le sang et qui met du rouge sur les joues, voilà l'agent par excellence du développement physique. Les Anglais, les Américains le savent bien, et chez eux le jeu est une institution nationale. »

Le Français, au contraire, joue de moins en moins, et la faute en est en partie aux habitudes prises dans les collèges. La faute en est aussi aux pédagogues qui ont en général trop dédaigné les jeux, « ces riens qui sont tout dans la vie de l'enfant ». Froebel est presque le seul qui ait accordé à ce sujet l'attention qu'il mérite.

« On ne doit pas, dit-il, considérer le jeu comme une chose frivole; c'est au contraire une chose d'une profonde signification... Par le jeu l'enfant s'épanouit en joie, comme s'épanouit la fleur en sortant du bouton : car la joie est l'âme de toutes les actions de cet âge. »

Les exercices du corps en Angleterre. — L'éducation physique compte encore chez nous tant de détracteurs qu'il n'est pas inutile d'invoquer l'exemple des nations étrangères. Nul ne conteste que la race anglo-saxonne ne soit au premier rang parmi les races humaines : sa supériorité, elle la doit en partie à son goût pour les exercices physiques.

Citons sur ce point le témoignage d'un observateur pénétrant, M. Taine (1) :

« Il y a, dit-il, en Angleterre, des gentlemen dont l'ambition et le régime sont ceux d'un athlète grec: ils s'imposent une nourriture particulière; ils s'abstiennent de tout excès de table et de boisson; ils se font des muscles et se soumettent à un savant système d'entraînement...

(1) M. Taine, *Notes sur l'Angleterre*, Paris, 1872, ch. IV, *l'Éducation*.

« Les jeux viennent en premier rang, disait un maitre d'Éton, les « livres en second ». L'enfant met sa gloire à être bon athlète ; il passe trois, quatre, cinq heures par jour dans des exercices bruyants et violents. A la course, on patauge pendant des heures dans des champs labourés et dans des prés fangeux ; on tombe dans la boue, on perd ses souliers, on se ramasse comme on peut... L'Université continue l'école. Il y règne un goût vif, populaire, presque universel pour les exercices du corps. Jouer au cricket, ramer, conduire des bateaux à voile, avoir des chiens, les lancer contre un troupeau de rats, pêcher, chasser, monter à cheval, conduire des attelages à grandes guides, nager, boxer avec des gants, faire des armes, et depuis quelque temps s'exercer comme volontaire, voilà pour les jeunes gens les occupations les plus intéressantes... Sans doute la culture musculaire ainsi entendue comporte certaines rudesses de mœurs. Mais, en revanche, la vie gymnastique et athlétique a ce double avantage qu'elle engourdit les sens et pacifie l'imagination. De plus, quand ensuite la vie morale et mentale se développe, l'âme trouve pour la porter un corps plus sain et plus solide. »

Nous ne songeons pas plus que M. Taine à dissimuler les défauts que peut engendrer cette préoccupation excessive de la vie physique, cette manie de la muscularité. Platon, il y a deux mille ans, traçait déjà le portrait peu flatteur de l'homme qui n'exerce que son corps, » et qui vit dans la grossièreté, sans grâce ni politesse ». L'éducation anglaise doit souvent aboutir à faire des hommes grossiers, des butors. Mais en revanche elle endurcit le corps, elle trempe le caractère.

Conclusion. — Il y a bien peu de temps encore que la théorie et la pratique de la pédagogie ont remis à leur rang les exercices physiques ; et déjà, devant les progrès encore incertains de la gymnastique, quelques esprits prennent l'alarme. On craint, dit-on, que les générations nouvelles ne soient « façonnées à l'obéissance passive par le développement des exercices corporels ». On va jusqu'à dire que l'éducation ainsi comprise rapproche l'homme de la bête (1). C'est assurément s'échauffer mal à propos que de lancer l'anathème à ce qu'il y a de plus innocent, de plus légitime au monde

(1) Voyez le mandement de carême de l'évêque de Versailles, 1885.

le développement de la force physique. S'il fallait choisir entre l'esprit et la gymnastique, nous crierions volontiers : Vive l'esprit ! à bas la gymnastique ! Mais certainement il n'en est rien ; et l'esprit ne peut que se trouver bien d'un exercice modéré du corps. Quant à dire que l'habitude de l'obéissance passive sera le résultat de ce goût nouveau pour les exercices du corps, il faudrait oublier cette vérité banale qu'un homme est d'autant plus libre, d'autant plus indépendant, qu'il a plus de force à sa disposition. Nous n'avons jamais vu que dans les ordres religieux, où l'on a le plus recommandé l'obéissance et où régnait la maxime *perinde ac cadaver*, on ait beaucoup songé à fortifier le corps : l'ascétisme y florissait, et non la gymnastique.

LEÇON III

L'ÉDUCATION INTELLECTUELLE. PRINCIPES GÉNÉRAUX

Y a-t-il une éducation intellectuelle ? — Rapports de l'éducation
intellectuelle avec l'éducation physique et l'éducation morale. —
Définition de l'éducation intellectuelle. — L'instruction et l'éducation de l'esprit. — Méthodes de culture et méthodes d'instruction. — Ordre du développement des facultés. — L'intelligence
chez l'enfant. — Éducation progressive. — Harmonie et équilibre
des facultés. — Que les facultés se prêtent un mutuel concours.
— Caractères généraux de l'évolution intellectuelle. — L'esprit
est un foyer qu'il faut échauffer, non un vase qu'il faille remplir. — Respect de la liberté ; de l'initiative de l'enfant. — Il faut
savoir perdre du temps. — Travail attrayant. — Nécessité de
l'effort. — Développement intérieur de l'esprit. — Moyens à employer. — Inégalités intellectuelles. — Aptitudes particulières. —
Que l'éducation intellectuelle elle-même doit avoir un but pratique.

Y a-t-il une éducation intellectuelle? — L'usage
général est encore de réserver le mot *éducation* pour
désigner la formation des mœurs et du caractère.
L'objet de l'éducation *proprement dite*, quand on l'oppose à l'instruction, est précisément la culture de la
volonté et du cœur, par opposition à celle de l'intelligence (1). Il y a pourtant une éducation intellectuelle,
qui est d'ailleurs autre chose que l'instruction, bien
qu'elle la comprenne et dépende d'elle en grande
partie.

« L'esprit, disait Locke, est la principale partie de la
nature humaine, et l'éducation doit surtout porter sur
le dedans de l'homme. » On ne saurait douter en effet
que l'intelligence et les facultés intérieures ne soient,

(1) M. Marion, *Leçons de psychologie*, p. 40.

plus encore que les facultés physiques, matière à éducation, soit à raison de la dignité de la pensée, « car c'est de là qu'il faut nous relever », soit parce que, la nature et l'instinct jouant un moindre rôle dans le développement de l'esprit, l'intervention de l'éducateur est ici particulièrement nécessaire.

Rapports de l'éducation intellectuelle avec l'éducation physique et l'éducation morale. — L'éducation intellectuelle n'est point d'ailleurs une œuvre isolée, séparée de tout le reste ; elle n'est, au contraire, qu'un fragment de l'éducation générale de l'homme ; elle a des rapports étroits avec l'éducation physique, et aussi avec l'éducation morale.

Lorsque la science aura achevé d'éclairer la question encore obscure des relations du physique et du moral, du cerveau et de la pensée, l'influence de l'éducation du corps sur l'éducation de l'esprit éclatera à tous les yeux. Mais dès à présent il suffit d'avoir observé les enfants pour être convaincu que leur évolution intellectuelle correspond à leur état de santé, à la nature de leur tempérament, à leur force ou à leur faiblesse physique.

Et, d'autre part, malgré les affirmations retentissantes de M. Herbert Spencer sur l'impuissance de l'instruction, sur sa stérilité morale, il est évident que l'éducation de l'esprit prépare celle du cœur et du caractère, et qu'il y a quelque part de vérité dans la vieille maxime de Socrate : « Science et vertu sont même chose. »

Définition de l'éducation intellectuelle. — Tout ce qui contribue à exercer l'esprit, à le développer, à le fortifier, à le former, et aussi à l'éclairer, à l'orner, fait partie de l'éducation intellectuelle. Mais il y a une distinction importante à faire : autre chose est bâtir une maison, autre chose la meubler. Et de même, quand il s'agit de l'intelligence, autre chose est la cultiver en elle-même. en développant ses facultés, autre chose l'instruire des connaissances qui consrituent soit un savoir élémentaire, soit une haute science.

Nous ne confondrons donc pas l'instruction proprement dite, l'étude de tout ce qu'il faut apprendre et savoir, et la culture générale de l'intelligence, l'effort éducatif grâce auquel l'enfant sort de l'école, non seulement instruit, mais capable de s'instruire davantage, « instruisable », muni de facultés fortes et souples, d'une mémoire agile et sûre, d'un jugement droit, d'un raisonnement exact.

« L'éducation, dit Dupanloup, consiste essentiellement dans le *développement* des facultés humaines.

« Si les soins du maître et les efforts de l'élève n'aboutissent pas à développer, à étendre, à élever, à affermir les facultés ; s'ils se bornaient, par exemple, à pourvoir l'esprit de certaines connaissances, et, si je l'ose dire, à les y emmagasiner, sans ajouter à son étendue, à sa force, à son activité naturelle, l'éducation ne serait pas faite : il n'y aurait là que de l'instruction. Je n'y reconnaîtrais plus cette grande et belle œuvre créatrice qui se nomme l'éducation, *educare*. L'enfant pourrait à toute force être instruit, il ne serait pas *élevé !* L'éducation même de l'esprit serait en défaut.

« Il n'y aurait là tout au plus qu'une instruction vulgaire et en quelque sorte passive, telle qu'un être faible et incomplet peut la recevoir (1). »

En d'autres termes, l'éducation n'a pas seulement à présenter des connaissances à un esprit déjà formé : elle a précisément pour premier devoir de former cet esprit.

L'instruction et l'éducation de l'esprit. — L'éducation intellectuelle est donc autre chose que l'instruction ; elle est la fin, le but ; l'instruction n'est qu'un moyen d'y atteindre. Mais, outre que l'instruction vaut par elle-même, elle est le moyen essentiel, l'instrument le plus puissant de l'éducation intellectuelle.

L'instruction en effet apporte à l'esprit les aliments dont il a besoin pour se nourrir, pour croître et grandir.

(1) Dupanloup, *de l'Éducation*, liv. Ier, ch. II.

Les pédagogues américains comparent volontiers
sur ce point l'intelligence et le corps, et insistent pour
établir que les connaissances sont les aliments de
l'esprit :

« L'appétit physique, dit M. Baldwin, réclame de la nourriture,
et, en présence d'aliments appropriés, l'appareil digestif tout
entier est mis en branle. Ces aliments se transforment en
muscles; les muscles agissent : le résultat est un accroissement
de la force physique. De même l'âme aspire à connaître, et en
présence de connaissances appropriées, chaque faculté de l'âme
entre en mouvement ; l'enfant connaît, sent, choisit, agit : le
résultat est un accroissement de la force intellectuelle (1). »

Nul doute que l'esprit, si l'on ne l'alimentait pas,
s'appauvrirait et s'affaiblirait. Même dans l'âge mûr,
l'intelligence, si elle ne renouvelle point par l'étude
sa provision d'idées, l'intelligence languit et s'affaisse,
comme le corps s'étiole sous l'influence des privations
et d'un jeûne prolongé. A plus forte raison, à l'âge
du premier développement, l'intelligence ne peut se
fortifier que si on la nourrit; et c'est l'instruction qui
est la nourriture de l'esprit.

J'ajoute que si les aliments sont bien choisis, si les
connaissances sont présentées avec ordre, avec discernement, si les études sont régulières et bien conduites,
non seulement l'esprit s'y fortifiera, mais il s'y formera.
D'une instruction sagement ordonnée le fruit naturel
sera, non seulement le savoir, mais les bonnes habi-
udes d'esprit, la précision du jeu des facultés, l'éducation intellectuelle en un mot.

Il est vrai qu'en revanche l'instruction, si elle est
mal dirigée, pourra bien encore transmettre des connaissances, mais ce sera sans profit pour la culture
générale de l'esprit. Les études incomplètes laissent de
dangereuses lacunes dans l'intelligence : elles ne développent qu'une ou deux facultés, aux dépens de

(1) Baldwin, *The Art of school management*, New-York, 1881, p. 212.
Voyez les mêmes idées développées dans les *Principles and Practice of teaching*, de James Johonnot, p. 15.

toutes les autres. Des études trop hâtives fatiguent
l'esprit et peuvent l'énerver pour la vie ; poussées trop
loin, elles l'encombrent et l'accablent ; irrégulières et
incohérentes, elles le troublent et le déforment.

Méthodes de culture et méthodes d'instruction
— L'instruction et l'éducation intellectuelle sont donc
choses inséparables ; tous les défauts et toutes les
qualités de l'instruction se répercuteront dans le développement des facultés elles-mêmes et contribueront,
en mal ou en bien, à la culture de l'esprit.

Il n'y a pas d'autre manière de cultiver et de former
les facultés intellectuelles que l'exercice, un exercice
judicieux et prudent. Et il n'y a pas d'autre exercice intellectuel que l'instruction sous ses diverses formes.

S'ensuit-il que le pédagogue doive aborder immédiatement l'examen des diverses branches de l'enseignement, pour en étudier les méthodes, et qu'il n'ait pas
d'autre voie à suivre pour régler l'éducation intellectuelle et en établir les lois ?

Assurément non. Il y a deux points de départ différents en pédagogie : ou bien le sujet pensant qu'il s'agit
d'élever, ou bien les objets qu'il s'agit d'enseigner.
En premier lieu, on part de la nature de l'homme, on
considère les lois de la formation des facultés, et on
propose des méthodes générales de culture en conformité avec ces lois. En second lieu, on part de chacune
des diverses parties de l'enseignement, on en détermine la nature et les caractères, et on établit des
méthodes d'instruction en conformité avec ces caractères.

Il y a, en d'autres termes, des *méthodes de culture*
inférées des lois de la psychologie, et des *méthodes
d'instruction* qui, tout en cherchant à s'accorder avec
la psychologie, s'inspirent surtout de la nature des
connaissances à enseigner.

Ce sont les méthodes de culture qu'il faut étudier
les premières, et cela en examinant l'une après l'autre
les différentes facultés. Mais, avant d'entrer dans cet

examen détaillé, il est nécessaire de répondre à quelques questions générales qui dominent le sujet tout
entier, et de rappeler certains principes qui s'appliquent indistinctement à toutes les parties de l'éducation intellectuelle. Il convient d'ailleurs de ne pas
abuser de ces considérations qui, précisément parce
qu'elles sont très générales, n'offrent pas un grand
intérêt pratique. Un pédagogue américain n'énumère
pas moins de quatorze principes généraux de l'éducation intellectuelle (1). Nous ne le suivrons pas dans
cette voie : il faudrait, pour s'y engager, être décidé à
transcrire ici tous les résultats de l'observation psychologique. Ces résultats, nous les supposons connus pour
la plupart, et nous nous bornerons à quelques observations sur l'ordre du développement des facultés, sur
leur harmonie nécessaire, sur les caractères essentiels
de l'éducation intellectuelle et sur les conséquences
pédagogiques qui en résultent.

Ordre du développement des facultés. — Est-il
vrai que toutes les facultés intellectuelles s'épanouissent à la fois, comme à la nuit tombante toutes les
étoiles s'allument au ciel? Ou bien, au contraire, ne se
développent-elles que successivement, comme les fleurs
éclosent l'une après l'autre sur la tige commune qui
les porte?

(1) Voici en résumé les quatorze principes établis par M. Wickersham : — 1° Les
facultés intellectuelles ne peuvent être cultivées que par un exercice judicieux ;
— 2° L'esprit comprend plusieurs facultés distinctes, qui réclament chacune
une culture spéciale ; — 3° Les goûts et les talents diffèrent avec les individus
et les prédestinent à des emplois différents dans la vie ; — 4° Les facultés de
perception sont les plus actives chez l'enfant ; — 5° Aux facultés de perception
succèdent la mémoire sous ses diverses formes, l'imagination, l'entendement,
la raison ; — 6° L'esprit possède deux sources de connaissance, les sens et la
raison ; — 7° L'esprit distingue successivement dans les objets l'espèce, la
quantité, et enfin les rapports ; — 8° Le raisonnement procède par induction ou
par déduction, par analyse ou par synthèse ; — 9° Les facultés intellectuelles
d'imagination agissent d'après certaines lois de suggestion ; — 10° Les facultés
intellectuelles de reproduction agissent d'après les lois de l'association ;
— 11° Les facultés intellectuelles d'invention mettent l'esprit en état de faire des
découvertes ; — 12° L'intelligence humaine ne se développe qu'en vertu de ses
énergies propres ; — 13° Les actions humaines n'empruntent pas de l'intelligence leur caractère moral ; — 14° L'intelligence humaine a des limites qu'aucune extension de l'éducation ne peut lui faire franchir.

Les pédagogues ont diversement résolu la question. Si l'on en croyait Rousseau, l'esprit serait fait, pour ainsi dire, de couches successives. Il y aurait des étages, des degrés dans l'évolution intellectuelle. Aux facultés sensibles, qui se manifestent dès les premières années, ne succéderaient que beaucoup plus tard les facultés d'abstraction et de raisonnement.

D'autres écrivains, qui se rapprochent davantage de la vérité, inclinent vers l'exagération contraire, et au principe de la succession substituent celui de la simultanéité.

« Nous voudrions, dit M. Joly, ramener toutes les facultés sous le regard de l'éducateur, pour les considérer à la lumière d'un principe utile et pratique. Ce principe, nous le formulons ainsi : L'intelligence est un ensemble de facultés *qui se développent simultanément* et se prêtent un mutuel concours (1). »

La vérité est que toutes les facultés de l'esprit, si on les considère dans leurs germes, apparaissent à la fois chez l'enfant ; mais elles n'acquièrent toute leur force, elles ne parviennent à leur maturité, que l'une après l'autre et dans un ordre invariable, déterminé par le progrès de l'âge.

M. Herbert Spencer, dans des pages bien connues de ses *Essais sur l'éducation*, a déterminé les lois de l'évolution intellectuelle. Il établit que l'esprit va du simple au complexe, du concret à l'abstrait, du particulier au général, de l'indéfini au défini, de l'empirique au rationnel (2). Il en conclut que l'on ne doit proposer d'abord à l'enfant que des sujets d'étude simples, des objets sensibles, des choses particulières, afin de l'acheminer peu à peu aux vérités complexes, aux généralités abstraites, aux conceptions de la raison ; il en conclut encore que l'on ne peut exiger de l'intelligence enfantine que des notions incomplètes et vagues,

(1) E. Joly, *Notions de pédagogie*, p. 32.
(2) Voyez la critique que fait M. Joly des lois posées par M. Spencer, *Notions de pédagogie*, p. 44 et suiv.

que le travail de l'esprit achèvera et éclairera graduellement.

L'intelligence chez l'enfant. — Examinez de près
l'enfant, et vous reconnaîtrez que ses facultés ressemblent plus qu'on ne le croit généralement aux facultés
de l'homme fait.

« L'enfant de cinq ans, dit madame Necker de Saussure, est
en possession de toutes les facultés intellectuelles accordées à
l'humanité ; quelques-unes de ces facultés, faibles et peu exercées, souvent mises en jeu par les plus frivoles motifs, ne
s'expriment encore que par des actes insignifiants ; mais on les
voit se manifester néanmoins (1). »

Dans le simple fait de retirer sa main du feu parce
qu'il s'y est brûlé une fois, l'enfant fait montre de
mémoire, de jugement, de raisonnement inductif. Il
n'en est pas moins vrai qu'il sent en général plus qu'il
ne raisonne, et que, quand il raisonne, il le fait à sa
manière.

« Les facultés de perception, dit M. Wickersham, sont plus
puissantes et plus actives chez l'enfant que les autres facultés
intellectuelles (2). »

Et le pédagogue américain ajoute :

« L'enfant n'est qu'un petit animal, jusqu'au jour où s'éveille
en lui la conscience personnelle. Passé ce moment, je ne vois
pas qu'il y ait un seul jour où toutes ses facultés ne soient pas
agissantes dans une certaine mesure. Mais ses puissances percep-
tives sont celles qui agissent avec le plus de force pendant
toute la durée de l'enfance et même de la jeunesse. »

« Avec la nature, dit madame Necker de Saussure, on ne
saisit de commencement nulle part, on ne la surprend point
à créer, et toujours il semble qu'elle développe. »

En d'autres termes, si l'enfant est déjà, au point de
vue intellectuel, un homme en raccourci, si l'on trouve
chez lui le germe et presque l'équivalent de toutes les
facultés de l'âge mûr, du moins ces facultés n'affectent
pas chez lui les mêmes allures, elles ne se présentent

_____

(1) *L'Éducation progressive*, t. I, préface.
(2) M. Wickersham, *Methods of instruction*.

pas toutes avec le même degré de puissance et de précision. De même que tous les aliments en conviennent pas à l'estomac du nouveau-né, qui ne digère encore que le lait, de même toutes les raisons ne sont pas propres au raisonnement de l'enfant. Il sent déjà le besoin de s'expliquer les choses, d'en chercher la cause et la fin ; mais pour ces explications il se contentera de raisons futiles et puériles. Le progrès qui s'accomplit pour l'homme, depuis ses premières années jusqu'à la maturité, n'introduit pas dans l'esprit des puissances réellement nouvelles ; mais il en modifie le caractère, il en accroît la vigueur et en étend la portée. Toutes les facultés s'ébranlent à la fois dans l'intelligence humaine, comme sur un champ de course tous les coureurs partent en même temps ; mais ils ne s'avancent pas tous du même pas ; les uns vont de l'avant, tandis que les autres restent en arrière, et ils n'arrivent que les uns après les autres au terme de leur course.

Éducation progressive. — L'éducation intellectuelle tiendra compte de ce développement successif des facultés. Elle sera progressive ; elle n'oubliera pas que dans son évolution lente l'esprit n'est jamais identique à lui-même ; qu'il y a des âges pour l'intelligence comme pour le corps, que peu à peu les dispositions primitives se renouvellent et se transforment, que l'être moral se crée insensiblement. Par suite, dans le secours qu'elle apportera à l'enfant, soit pour exciter, soit pour modérer ses facultés, l'éducation se proportionnera exactement aux conditions de la nature et aux changements qui se réalisent dans l'âme avec la marche du temps ; elle accompagnera l'esprit dans tous ses progrès, elle se pliera à tous ses mouvements ; elle sera, comme le dit M. H. Spencer, « la contre-partie objective du développement subjectif de l'esprit ».

Équilibre et harmonie des facultés. — Pour avoir reconnu les différences que la nature établit, au point de vue du degré du développement, entre les facultés de l'enfant, nous n'en viendrons pourtant pas à oublier

4

l'unité de l'âme humaine. L'éducation doit être progressive, et non successive, comme le voulait Rousseau. L'auteur de l'*Émile* coupait, pour ainsi dire, l'existence de son élève par tranches distinctes : l'âge des perceptions sensibles, l'âge du jugement. Non! l'esprit de l'enfant est déjà un tout organisé et complet, qui contient en germe toutes les facultés, et, s'il n'est pas possible de les mettre toutes au même pas, de les faire marcher de front, du moins il n'y a pas un seul instant de la vie où il ne faille songer à les cultiver, à les développer toutes, bien qu'à des degrés différents.

La culture isolée de chaque faculté ne doit pas faire perdre de vue le but final, qui est l'harmonie et l'équilibre de toutes les facultés.

« L'équilibre des facultés est, dans l'intelligence humaine, ce qu'est dans le monde physique l'équilibre des forces : il maintient l'ordre sans gêner le mouvement. Toute faculté assez puissante pour suspendre ou enchaîner l'action des autres facultés, est un despote, et pour être sain l'esprit a besoin d'être libre (1). »

Défions-nous des esprits où certaines dispositions intellectuelles dominent exclusivement et étouffent les autres. Quand certaines facultés rompent l'équilibre, le génie, il est vrai, surgit parfois ; mais, le plus souvent, ce qui résulte de cette éducation inégale, c'est l'incohérence, c'est le désordre, c'est l'impuissance.

L'idéal d'une bonne éducation intellectuelle est un esprit où toutes les facultés occupent une place proportionnée à leur valeur et à leur importance, comme l'idéal d'une éducation physique est un corps complet, où tous les organes sont harmonieusement développés, où toutes les fonctions concourent régulièrement à la vie.

« La règle principale, dit Kant, c'est de ne cultiver isolément aucune faculté pour elle-même, mais de cultiver chacune en vue des autres, par exemple l'imagination au profit de l'intelligence. »

(1) Guizot, *Conseils d'un père sur l'éducation.*

De même que dans l'ensemble de l'Ame la sensibilité et la volonté ne doivent être ni sacrifiées ni préférées à l'intelligence, de même dans l'intelligence elle-même aucune aptitude ne doit être négligée, aucune ne doit être l'objet d'une culture privilégiée.

Que les facultés se prêtent un mutuel concours. — L'harmonie des facultés est si bien conforme au vœu de la nature, et par suite au but de l'éducation, qu'en fait ces diverses facultés s'entr'aident, qu'il est presque impossible de développer l'une sans préparer du même coup le développement des autres. Nicole le faisait déjà remarquer.

« L'instruction, disait-il, ne donne ni la mémoire, ni l'imagination, ni l'intelligence, mais elle cultive toutes ces parties en les fortifiant l'une par l'autre. On aide le jugement par la mémoire, et l'on soulage la mémoire par l'imagination et le jugement (1). »

C'est seulement chez les esprits mal réglés que les facultés différentes se combattent et manifestent pour ainsi dire des tendances anarchiques. Un esprit sain est un véritable organisme où tout se tient, où tout conspire au même but.

Caractères généraux de l'évolution intellectuelle. — De tout ce qui précède il résulte que le point de départ de l'éducation intellectuelle, c'est la marche inégalement rapide, l'évolution progressive des diverses facultés, et que le terme, le but, c'est le développement, je ne dis pas égal, mais proportionné et normal de ces mêmes facultés. On voit maintenant où il faut arriver et d'où l'on est parti.

Mais par quelles routes passera-t-on?

D'après quels principes généraux l'éducateur devra-t-il régler son action? Il ne suffit pas de dire que l'éducation dans son ensemble se conformera à la marche de la nature. La nature en effet est un grand mot vague auquel les pédagogues comme les moralistes

font dire tout ce qu'il leur plaît, et sous le couvert
duquel ils font passer leurs conceptions les plus diverses
et parfois les plus étranges.

Sans entrer dans le détail des méthodes, ce qui sera
l'objet des chapitres dont se compose la suite de cet
ouvrage, il convient donc de déterminer dès à présent
quelques-unes des lois de l'évolution intellectuelle et les
conséquences pédagogiques qui en résultent

L'esprit est un foyer qu'il faut échauffer, non
un vase qu'il faille remplir. — L'esprit n'est pas
une *table rase*, une page blanche, où il n'y a qu'à
écrire, un simple récipient qu'il suffirait de remplir,
comme on remplit une mesure de grains: c'est un
ensemble de germes qui aspirent à se développer.

Combien de fois les pédagogues n'ont-ils pas en-
freint cette loi psychologique! Ne la viole-t-on pas tous
les jours, quand on se préoccupe exclusivement d'en-
tasser, d'accumuler dans l'esprit de l'enfant une multitude de connaissances, au risque d'étouffer l'intelligence qu'il faudrait seulement éveiller, exciter? La
surcharge des programmes modernes s'accroît tous les
jours au grand dommage de la liberté de l'esprit. A
supposer même que l'esprit fût, à la naissance, un vase
tout formé, ce serait encore un problème insoluble de
vouloir faire contenir dans un vase qui a toujours la
même capacité dix, vingt, cent fois plus de matière.
Mais de plus le but de l'éducation n'est pas de produire
des prodiges de mémoire, des érudits capables de disserter *de omni re scibili*.

« Le but des études, dit M. Gréard, est avant tout de créer
l'instrument du travail intellectuel, de rendre le jugement plus
ferme, et dès lors, il s'agit d'apprendre non tout ce qu'il est
possible de savoir, mais ce qu'il n'est pas permis d'ignorer (1). »

Qu'on renonce donc aux prétentions de ceux qui
veulent que l'intelligence humaine soit le résumé de la

(1) *Mémoire sur la question des programmes dans l'enseignement secondaire*, 1884.

science universelle. Qu'on cesse d'admirer des tours de force comme ceux que cite Dupanloup :

« Un élève a récité le *Télémaque* tout entier. Un autre a récité une analyse grammaticale qui renfermait plus de soixante mille mots grecs et français. »

Qu'on revienne à la vieille maxime : *Non multa, sed multum*. Mieux vaut savoir à fond un petit nombre de choses, que de les savoir toutes superficiellement.

Respect de la liberté, de l'initiative de l'enfant. — Les pédagogues qui en sont encore à croire que l'esprit est une capacité inerte, passive, n'ont, cela se conçoit, aucun souci de la liberté de l'enfant : il n'y a pas lieu de respecter des forces dont on n'admet pas l'existence. Mais tous ceux qui pensent que la nature a disposé dans l'intelligence des principes vitaux qui n'attendent qu'une occasion favorable et une excitation appropriée pour se révéler et s'épanouir, sentent au contraire la nécessité de ne pas gêner, de ne pas contrarier l'évolution naturelle de l'esprit.

Laissons à l'enfant qui commence à penser le plus de liberté possible. Ne plions pas son intelligence à des formes artificielles ; ne le contraignons pas à subir de force trop de leçons didactiques ; ne lui imposons pas une nourriture qu'il n'est pas apte à digérer.

« Quand les hommes, dit M. Spencer, recevaient leur *Credo* tout fait, avec ses interprétations, de la bouche d'une autorité infaillible qui dédaignait de leur donner des explications, il était naturel que l'enseignement des enfants fût purement dogmatique. Quand la maxime de l'Église était : *Croyez et n'interrogez pas*, il convenait que ce fût là aussi la maxime de l'école. Par contre, aujourd'hui que le protestantisme (*M. Spencer devrait ajouter : et la philosophie*) a conquis pour les hommes faits le droit de libre examen, et qu'il a fait prévaloir l'habitude de l'appel à la raison, il est logique que l'instruction donnée à la jeunesse prenne la forme d'une exposition présentée à son intelligence (1). »

Il faut savoir ne pas se presser. — « La plus

(1) *De l'Éducation*, p. 99.

4.

utile règle de toute éducation, disait Rousseau, ce n'est pas de gagner du temps, c'est d'en perdre. » Sous une forme paradoxale, c'était dire qu'il convient de ne pas se presser, et avec quelle lenteur, imitée de la nature, l'éducation doit agir sur la frêle et délicate intelligence de l'enfant.

« Qu'on se défende, dit dans le même sens madame Pape-Carpantier, contre ce zèle irréfléchi ou cette vanité coupable qui veut obtenir de l'enfant tout ce que son intelligence élastique peut produire, au risque de l'épuiser, au risque de tuer le fruit dans la fleur. »

Travail attrayant. — C'est une vérité généralement admise de notre temps qu'il n'y a d'études vraiment profitables que celles qui, répondant aux besoins de l'intelligence, y provoquent une excitation agréable. M. Herbert Spencer recommande avec insistance de tenir compte des goûts de l'enfant. « Le travail, dit M. Gréard, n'étant que le développement de l'activité naturelle, l'exercice de cette activité doit avant tout rendre l'enfant heureux. »

Le plaisir que ressent l'enfant est en effet le signe que son esprit se développe avec aisance, qu'il s'assimile les connaissances qu'on lui transmet. D'autre part, ses répugnances, son indolence, son inertie, témoignent que l'enseignement qui le rebute lui a été présenté trop tôt, ou lui est présenté sous une forme mauvaise.

Le plaisir n'est donc pas chose à dédaigner dans l'instruction ; il donnera aux facultés un entrain inaccoutumé. Et il n'est pas nécessaire, pour rendre l'enfant joyeux dans l'étude, de chercher à égayer l'instruction par des amusements qui en altèrent le caractère ; il suffit de suivre un ordre convenable, approprié aux forces de l'enfant. L'activité de l'esprit est par elle-même agréable.

« Quand on donne l'enseignement aux enfants comme on doit le faire, ils ne sont pas moins heureux pendant les heures de classe que pendant les heures de jeux : l'exercice bien dirigé

des énergies mentales est le plus souvent accompagné d'autant
de jouissance que l'exercice de leurs énergies physiques, et quelquefois il en produit davantage (1). »

Nécessité de l'effort. — Mais la préoccupation
légitime de rendre l'étude agréable, de soulager le
travail de l'enfant, ne doit pas nous faire oublier la
nécessité de l'effort. Ne cédons pas à la tentation
de dire avec Fénelon : « Il faut que le plaisir fasse tout. »
D'après l'aimable auteur de l'*Éducation des filles*, tout
s'apprendrait en jouant ; cela n'est ni possible ni
désirable. Écartons tout ce qui est rebutant, mais
n'allons pas jusqu'à proscrire tout ce qui est laborieux.

« L'école est une culture forcée, dit Kant. On doit accoutumer
l'enfant à travailler... C'est lui rendre un très mauvais service
que de l'accoutumer à tout regarder comme un jeu. » — « Ce
qu'on fait pour rendre l'instruction agréable, dit Rousseau,
empêchera les enfants d'en profiter. » — Et de même madame
de Staël : « L'éducation faite en s'amusant disperse la pensée.
La peine en tout genre est un des plus grands secrets de la
nature, et l'esprit de l'enfant doit s'accoutumer aux efforts de
l'étude, comme notre âme à la souffrance. »

« L'ascétisme, a dit brillamment M. Spencer, est en
train de disparaître de l'éducation comme de la vie. »
Oui ; mais il ne faudrait pas à l'ascétisme d'autrefois
substituer une sorte d'épicurisme pédagogique qui se
manifesterait par une instruction amusante aussi bien
que par une discipline relâchée.

La douleur ne doit pas être proscrite de parti pris de
l'éducation. Elle éveille dans l'âme des idées nouvelles ;
elle remue l'esprit à des profondeurs à peine soupçon-
nées avant la souffrance. Aucune excitation ne vaut celle
de la douleur pour dégager la personnalité humaine des
voiles qui l'enveloppent :

L'homme est un apprenti ; la douleur est son maître !»

Développement intérieur de l'esprit. — L'idée

(1) Le professeur Pillans, cité par Herbert Spencer, p. 161.

d'un développement intérieur et spontané de l'esprit n'est pas nouvelle dans notre pédagogie.

« Ce n'est pas proprement le maître, disait déjà Nicole, ni les instructions étrangères qui font comprendre les choses ; elles ne font tout au plus que les exposer à la lumière intérieure de l'esprit, par laquelle seule on les comprend : de sorte que lorsqu'on ne rencontre pas cette lumière, les instructions sont aussi inutiles que si l'on voulait faire voir des tableaux durant la nuit. »

Il s'agit moins en effet, dans une éducation bien faite, d'assurer l'instruction superficielle, la culture et la parure extérieure de l'esprit que de préparer son développement intime et profond : « Instruire un enfant, disait énergiquement madame Necker de Saussure, c'est le construire en dedans. »

Répudions donc toutes les méthodes d'instruction qui, comme celle des jésuites, laissent inactives les forces intimes de l'âme. Trouver pour l'esprit des occupations qui l'absorbent, qui le bercent comme un rêve, sans l'éveiller tout à fait ; appeler l'attention sur les mots, sur les tournures de la langue, sur les menus faits de l'histoire, afin de réduire d'autant la place des pensées ; provoquer une certaine activité intellectuelle, prudemment arrêtée à l'endroit où à une mémoire ornée succède une raison réfléchie ; en un mot, agiter l'esprit du dehors, assez pour qu'il sorte de son ignorance naturelle, trop peu pour qu'il agisse véritablement par lui-même, par un déploiement viril de toutes ses facultés : telle était la méthode des jésuites. Elle n'est bonne qu'à former de grands enfants, non des hommes.

Moyens à employer. — Nous n'avons pas à entrer ici dans le détail des méthodes : c'est un sujet que nous retrouverons plus loin (*Voyez la deuxième partie*). Montrons seulement par quelques citations combien les pédagogues contemporains, particulièrement les pédagogues américains, sont préoccupés de l'activité intérieure de l'esprit :

« Que le maître ne fasse jamais ce que l'élève peut faire de lui-même. C'est l'action qui fortifie les facultés de l'enfant et qui étend son esprit. Évitez de trop dire et d'aider trop fréquemment votre disciple. Un simple avis, une question suggestive valent souvent mieux qu'une assistance directe : ils suscitent le développement personnel, ils éveillent la faculté d'investigation originale (1). »

Un autre pédagogue américain, M. Wickersham, dit dans le même sens :

« Point d'état passif pour l'élève, avant tout l'effor personnel. Qu'un premier essai des forces provoque d'autres essais, qu'une difficulté vaincue excite l'ambition d'un nouveau triomphe. Que le maître crée l'intérêt dans l'étude, qu'il sollicite la curiosité, qu'il provoque la recherche, qu'il éveille l'initiative, qu'il inspire la confiance en soi-même, qu'il suggère des analogies, qu'il excite enfin les élèves à essayer leur force et à prouver leur habileté (2). »

Et M. Wickersham continue en citant pour exemple l'oiseau qui apprend à voler à ses petits :

« Une des meilleures leçons de pédagogie que j'aie reçues m'a été donnée par un rouge-gorge. C'était dans mon jardin ; la mère apprenait à voler à ses petits. L'un d'eux restait dans le nid et semblait craindre de remuer. La mère vint se poser à côté de lui, lui donna de petits coups de bec, le força de se lever, puis sauta sur une branche voisine, comme pour l'inviter à la suivre. Encore et encore, elle répéta ses caresses, et se percha deux ou trois fois sur la même branche. A la fin l'oiselet prit courage, et, à la grande joie de sa mère, ouvrant ses faibles ailes, s'élança et se campa près d'elle.

« Une autre branche un peu plus éloignée fut alors choisie et un nouvel effort y amena le petit rouge-gorge. On répéta plus d'une fois l'exercice, jusqu'à ce que le pauvret fût assez sûr de lui pour franchir quelque distance avec sa mère, et s'élancer enfin dans les forêts, les champs et les prairies. »

C'est, sous une forme aimable, la paraphrase de cette pensée de Frœbel : « Que les instituteurs ne perdent pas de vue cette vérité : il faut que toujours et à la fois ils donnent et ils prennent, qu'ils devancent et qu'ils suivent, qu'ils agissent et laissent agir. »

(1) Edgard Brooks, *Normal Methods of teaching*, p. 20.
(2) Wickersham, op. cit., p. 74.

Inégalités intellectuelles. — En dépit du paradoxe de Jacotot : « Toutes les intelligences sont égales », il est certain que des différences profondes séparent les esprits dans leur constitution native, et les inégalités intellectuelles ne proviennent pas toutes de ce que nous n'avons pas tous les mêmes goûts, la même volonté. Il faut que le pédagogue sache tenir compte de cette diversité de facultés, et qu'il se rappelle la maxime de Locke : « Il n'y a peut-être pas deux enfants qui puissent être élevés par des méthodes absolument semblables. »

Ne poussons pourtant pas trop loin la portée de ces observations. Ne diversifions pas à l'infini l'éducation intellectuelle. Tout en nous préoccupant des inégalités naturelles pour y remédier, des aptitudes particulières pour les favoriser, n'oublions pas qu'il faut proposer à tous les élèves le même but, et qu'il est en général possible de les y conduire. Comme disait madame Guizot : « Sauf quelques dispositions spéciales et rares, nous sommes tous faits pour tout... Il ne faut pas tellement dévouer nos facultés à un genre particulier d'action que nous devenions inhabiles à tout autre (1). »

Aptitudes particulières. — Il ne convient donc pas de suivre avec une complaisance absolue le courant de la nature, et, quand un enfant témoigne de dispositions particulières, d'abonder pour ainsi dire dans son sens, de l'appliquer de préférence aux choses pour lesquelles il a une aptitude plus marquée. Nicole, sur ce point, nous semble manquer de sagesse et de mesure :

« Il y a des enfants, disait-il, qu'il ne faut presque exercer que dans ce qui dépend de la mémoire, parce qu'ils ont la mémoire courte et le jugement faible ; et il y en a d'autres qu'il faut appliquer d'abord aux choses de jugement, parce qu'ils en ont plus que de mémoire (2). »

Non, sans prétendre que l'éducation doive jeter tous

(1) *Lettres de famille sur l'éducation*, p. 77.
(2) Nicole, *De l'éducation d'un prince*, p. 25.

les esprits dans le même moule, ni qu'il faille soumettre toutes les intelligences à un niveau uniforme, ne
renonçons pas à leur faire poursuivre un idéal commun. Pour sauvegarder la personnalité de chaque élève,
pour assurer une liberté suffisante à ses dispositions particulières, on a assez fait, quand, aux vieilles méthodes
tyranniques et oppressives, on a subtitué les méthode-
nouvelles, qui font appel à la spontanéité et à l'initiative
de l'enfant.

**Que l'éducation intellectuelle elle-même doit
avoir un but pratique.** — Trop souvent on oublie,
même de notre temps, le vieil adage latin : *Vitæ, non
scholæ discitur;* c'est pour la vie, non pour l'école
qu'on s'instruit. La préparation à la vie, telle est la
véritable définition de l'enseignement, surtout de l'enseignement primaire. Ce n'est pas un grammairien, ce
n'est pas un logicien, comme dit Montaigne, c'est un
homme qu'il s'agit de former. N'allons donc pas
demander à l'éducation intellectuelle de développer les
facultés brillantes, destinées à l'ornement de l'esprit,
les facultés de luxe qui ne conviennent qu'aux gens de
loisir et qui ne sauraient s'accommoder à l'humble et
laborieuse condition des enfants du peuple. Ce qu'il nous
faut, c'est le viril apprentissage des facultés utiles, de
celles dont on peut dire qu'elles sont des armes pour le
combat de la vie. L'école primaire sans doute n'est pas
une école technique, une école professionnelle, mais
elle doit être une école pratique. « La fin de l'éducation,
dit avec raison un auteur américain, n'est pas d'enseigner aux élèves à connaître leurs livres et à s'en servir,
c'est de se connaître eux-mêmes et de faire bon emploi
de leurs facultés (1). »

(1) Baldwin, *op. cit.*, p. 312.

LEÇON IV

L'ÉDUCATION DES SENS

Commencements de l'intelligence. — Sensations et perceptions. — Importance des notions sensibles. — Culture générale des sens. — Opinion de Rousseau. — Méthodes de Pestalozzi et de Frœbel. — Éducation spéciale de chaque sens. — Le goût et l'odorat. — Éducation de l'ouïe. — Éducation du toucher. — Puissance de la vue chez l'enfant. — Développement naturel du sens de la vue. — Importance des perceptions visuelles. — Éducation du sens de la vue. — Instruction du sens de la vue. — Exercice réfléchi des perceptions. — Instruments pédagogiques. — Perception et observation. — L'observation chez l'enfant. — Paradoxe de M. H. Spencer. — Dangers de l'éducation des sens. — Conséquences d'une bonne éducation des sens.

Commencements de l'intelligence. — Pour qui voudrait connaître dans son ensemble la nature de l'intelligence, c'est près de son berceau qu'il conviendrait d'étudier l'enfant.

Il n'est, au début, qu'une petite masse inerte, qui ne se réveille que pour se suspendre au sein de sa nourrice ou pour pleurer. Et pourtant, dans ce corps encore si frêle, dorment les germes de toute une personne morale. Au contact du monde extérieur tous ces germes vont éclore, toute cette vie latente va se réveiller, tout cet être en puissance va passer à l'acte. Il semble qu'une main invisible verse comme goutte à goutte l'âme et l'intelligence dans ce vase délicat et fragile.

Dans quelques jours le sourire viendra animer les lèvres du nouveau-né. Des mouvements de plus en plus caractérisés attesteront sa vitalité; ils exprimeront soit ses instincts, soit simplement son besoin général d'action. Enfin, au bout de quelques mois, une sorte de gazouillement, des petits cris indéfiniment répétés témoigneront que ce faible enfant a déjà quelques lueurs de pensée et qu'il veut les communiquer.

On a souvent parlé de la lenteur que met la nature à organiser les facultés de l'enfant. C'est plutôt, je l'avoue, le contraire qui me frappe. Quand on pense aux origines de l'enfant, quand on songe qu'il y a quelques mois à peine il n'existait en aucune façon, comment ne pas être étonné de ce prodige qui se répète chaque jour et qui fait surgir en si peu de temps un nouvel être, à peu près semblable en tout, excepté pour la taille, à ceux qui lui ont donné le jour? Comment ne pas admirer surtout le progrès intellectuel qui, grâce aux acquisitions des sens, s'accomplit en quelques années ? « L'âge où l'enfant n'a pas de maître, dit M. Egger, est peut-être celui où il apprend le plus et le plus vite. Que l'on compare le nombre d'idées acquises entre la naissance et l'âge de cinq ou six ans avec celles qu'il acquiert dans les années suivantes : on sera étonné de cette précocité profonde (1). »

Sensations et perceptions. — Nous supposons connu tout ce que la psychologie et la physiologie enseignent sur les organes et les fonctions des cinq sens, la vue, l'ouïe, le toucher, l'odorat et le goût. Rappelons seulement ce qu'il importe que le pédagogue considère, s'il veut procéder utilement à l'éducation des sens.

Les sensations propres aux cinq sens ne sont pas seulement des perceptions *affectives*, c'est-à-dire des sources de plaisir ou de peine, elles sont aussi des perceptions *représentatives*, c'est-à-dire des sources d'images, d'idées et de connaissances (2). Tandis que les sensations intérieures, celles qui accompagnent le jeu des fonctions organiques, ne nous apprennent rien sur la nature des organes où elles se développent, les sensa-

---

(1) M. Egger, *Observations sur le développement de l'intelligence*, etc., 1879

(2) C'est à tort que Rousseau a dit : « Les premières sensations des enfants sont purement affectives : ils n'aperçoivent que le plaisir et la douleur. »

tions extérieures nous font connaître les qualités des objets qui les produisent et ces objets eux-mêmes.

Dès les premières années de la vie, la perception se dégage assez promptement de la sensation, et la perception est déjà une connaissance : elle consiste essentiellement à distinguer la différence des objets :

« L'esprit, dit M. Bain, a pour point de départ le discernement. La conscience de la différence est le commencement de tout exercice de l'intelligence. »

Et en même temps que par les perceptions successives l'esprit discerne les objets les uns des autres, il arrive assez vite à se distinguer lui-même de ces objets. La conscience du moi, le sens intime, est inséparable du développement des sens extérieurs.

Importance des notions sensibles. — Les notions fournies par les sens sont un des éléments essentiels de l'intelligence humaine. Ce serait une erreur de croire que les sens ne nous donnent pas d'idées. « Avant l'âge de raison, disait à tort Rousseau, l'enfant ne reçoit pas des idées, mais des images. » Pour être sensibles, les représentations de la vue, de l'ouïe, n'en sont pas moins des idées.

Sans doute la conscience appliquée aux modifications intérieures du moi est une source féconde de connaissances. Mais combien plus riche, combien plus vaste est le domaine de la perception extérieure ! Nos idées abstraites et nos idées générales elles-mêmes ne dérivent que d'un travail de l'esprit qui compare, qui sépare ou qui rapproche les données concrètes des sens.

Il n'est plus question sans doute de faire des sens le principe unique de l'esprit, comme le voulaient Locke, Condillac et aussi Coménius (1). L'esprit a sa constitution propre, ses lois essentielles ; naturelle ou acquise, innée ou héréditaire, la raison préexiste aux sens et

_____
(1) « Il est certain, dit Coménius dans la préface de l'*Orbis pictus*, qu'il n'y a rien dans l'entendement qui n'ait été auparavant dans les sens. »

en gouverne l'exercice, par exemple, quand elle nous force à admettre une réalité extérieure, cause et principe des représentations sensibles.

Mais les sens n'en sont pas moins l'origine de la plupart de nos connaissances; ils enrichissent l'esprit d'une multitude de notions. Il suffit, pour juger de leur importance, de voir à quel misérable état est réduite l'intelligence des malheureux qui sont privés de plusieurs ou même d'un seul de leurs sens. L'esprit n'est pas, comme l'ont cru certains philosophes, une force qui se suffise à elle-même; il a besoin de s'alimenter au dehors par une communication incessante avec la nature; il n'est enfin, dans une large mesure, que l'écho conscient du monde extérieur.

Culture générale des sens. — Les sens sont en grande partie organisés et formés par la nature. Une évolution naturelle achemine chacun d'eux à son point de perfection normale. Il y a pourtant pour les facultés de perception sensible, comme pour toutes les autres, une éducation proprement dite, une culture véritable, qui seule peut procurer aux sens toute la précision, toute la finesse dont ils sont susceptibles.

Le point de départ de cette éducation des sens relève de la physiologie et de l'hygiène. Il faut sauvegarder l'intégrité, la santé des organes. Dans l'éducation de la vue, par exemple, le premier rôle appartient à l'oculiste. Les sens sont des instruments, des outils matériels, qu'il importe de maintenir propres, solides, dans un état normal. La nature présente d'ailleurs, chez un grand nombre d'individus, des imperfections graves, qui doivent être corrigées dans la mesure du possible et corrigées d'abord par des moyens physiques. Il y a des vues basses, des vues incomplètes, qui sont aveugles pour certaines couleurs, des ouïes infirmes et paresseuses. La médecine et l'hygiène proposent sur ce point des remèdes, ou tout au moins des palliatifs.

Quelquefois l'infirmité des sens a pour principe non

un défaut de conformation spéciale des organes, mais la faiblesse générale du tempérament. En fortifiant le corps tout entier et la santé générale, on assurera la santé, la vigueur des organes de la perception sensible. Enfin l'éducation, à ce premier point de vue, doit écarter avec soin toutes les causes matérielles de l'affaiblissement des sens, les mauvaises conditions d'éclairage, par exemple, qui peuvent altérer la sensibilité naturelle et normale de la vue.

Mais tout n'est pas dit quand on a pourvu par l'hygiène à la santé des organes du sens. C'est beaucoup d'avoir à sa disposition de bons outils ; mais cela ne suffit pas, il faut savoir s'en servir. Comme toutes les facultés, les sens sont perfectibles. Entre ce qu'ils sont naturellement et ce qu'ils peuvent devenir grâce à une culture méthodique et régulière, il y a un écart considérable. L'exercice est le grand secret de cette éducation des sens. C'est par l'exercice que le peintre et le musicien, que l'artisan et l'artiste apprennent à voir, à entendre, avec un degré de justesse et de force auquel le vulgaire n'atteint pas. On sait à quelle merveilleuse puissance parviennent l'ouïe des sauvages et des chasseurs, le toucher des aveugles, la vue des marins. Laura Bridgmann, la jeune Américaine sourde, muette et aveugle, en est venue, avec le toucher seul, à distinguer les couleurs des divers pelotons de laine ou de soie qu'elle emploie dans ses travaux de couture et de broderie.

Enfin les sens, il ne faut pas l'oublier, se complètent l'un par l'autre. Le toucher corrige les illusions de la vue et en étend la portée. La vue éclaire et guide les perceptions de l'ouïe. Outre ses perceptions propres et spéciales, perceptions naturelles, comme le disent les psychologues, chaque sens a ses *perceptions acquises* qu'il doit en partie au concours des autres sens. De là encore pour l'éducateur une nouvelle occasion d'intervenir, afin d'aider les sens à se contrôler, à se rectifier mutuellement, et à devenir par leur accord l'admirable et infaillible instrument de la connaissance du monde matériel.

Opinion de Rousseau. — Rousseau est le premier qui ait compris l'importance de l'éducation des sens.

« Un enfant, dit-il, est moins grand qu'un homme ; il n'a ni sa force ni sa raison, mais il voit et entend aussi bien que lui, ou à très peu près..... Les premières facultés qui se forment et se perfectionnent en nous sont les sens. Ce sont les premières qu'il faudrait cultiver ; ce sont les seules qu'on oublie ou celles qu'on néglige le plus.

« Exercer les sens n'est pas seulement en faire usage : c'est apprendre à bien juger par eux, c'est apprendre, pour ainsi dire, à sentir ; car nous ne savons ni toucher, ni voir, ni entendre que comme nous avons appris. »

Ce qui nous plaît surtout dans la pensée de Rousseau, c'est qu'il ne considère pas uniquement les sens comme des instruments de perfectionnement pour l'esprit ; il les étudie en eux-mêmes, il cherche les moyens de les former. Ce n'est pas seulement l'éducation de l'esprit par les sens, c'est avant tout l'éducation propre des sens qui le préoccupe.

Méthodes de Pestalozzi et de Frœbel. — A Rousseau revient le mérite d'avoir recommandé théoriquement l'éducation des sens ; mais à Pestalozzi et à Frœbel appartient l'honneur de l'avoir pratiquée, de l'avoir fait entrer dans le domaine des exercices scolaires.

D'après Pestalozzi, le point de départ de toute éducation intellectuelle réside dans les sensations. C'était par les choses mêmes qu'il voulait développer l'intelligence de ses élèves. Il ne se bornait pas seulement à faire voir, il faisait toucher les objets : l'enfant les tournait, les retournait dans tous les sens, jusqu'à ce qu'il en eût parfaitement saisi la forme et observé les qualités. Pestalozzi allait plus loin encore : il obligeait l'enfant à peser, à mesurer, à analyser les choses matérielles qu'il mettait entre ses mains. Et en même temps il exerçait l'élève à nommer, à désigner par le mot propre les qualités, les rapports, les grandeurs que

son regard ou sa main avait distingués dans les objets.
« Voir et nommer », tel était le principe de sa méthode
élémentaire d'instruction.

C'est dans le même esprit que Frœbel développait
successivement sous les yeux de l'enfant les merveilles
de ses six dons, qu'il exposait d'abord sous son regard
des objets concrets, des balles de laine teintes, des
solides géométriques; qu'il lui apprenait à en distinguer le contenu, la forme, la matière, « de façon, dit
M. Gréard, à l'habituer à *voir*, c'est-à-dire à saisir les
aspects, les figures, les ressemblances, les différences,
les rapports des choses ».

Éducation spéciale de chaque sens. — Madame
Necker de Saussure n'est pas tout à fait dans le vrai,
quand elle demande que l'enfant mène de front l'apprentissage des cinq sens. En effet, les sens sont les uns plus
précoces, les autres plus tardifs dans leur développement. D'autre part, les sens ont une inégale importance,
et, ne rendant pas les mêmes services, ne méritent pas
la même attention. Enfin chacun d'eux a ses conditions,
ses lois propres. De là, pour l'éducateur la nécessité de
les étudier l'un après l'autre, et de les cultiver séparément, sans perdre pourtant de vue leurs relations mu-
tuelles.

L'odorat et le goût. — L'odorat est peut-être de
tous les sens celui qui se développe le plus tard. Rousseau constate avec raison que les enfants restent longtemps insensibles aux bonnes et aux mauvaises odeurs.
On ne comprend guère d'ailleurs pourquoi il appelle
l'odorat « le sens de l'imagination », sous ce prétexte
que les odeurs et les parfums réveillent parfois des souvenirs depuis longtemps endormis.

Le goût au contraire, précisément parce qu'il répond
au besoin essentiel de la vie enfantine, à l'alimentation,
le goût se montre de très bonne heure. Les sensations
du goût seraient les premières, si elles n'avaient pas été
précédées par de vagues sensations tactiles. L'enfant
reconnaît tout de suite la saveur sucrée du lait de sa

nourrice : lui présente-t-on un biberon plein d'eau ou de lait peu sucré, il le repousse. Il rapporte tout au sens du goût, et porte tous les objets à sa bouche.

L'odorat et le goût sont l'un et l'autre des sens inférieurs, qui n'ont guère de rapport avec la vie intellectuelle. Ils nous fournissent des sensations plus que des perceptions. Ils sont les agents de la vie physique et des fonctions digestives. Ils nous mettent en garde contre certains dangers ; ils nous renseignent sur les aliments, sur les liqueurs. Ils sont des sources de plaisirs et de peines, plutôt que de connaissances et d'idées. Ils peuvent contribuer par leur dérèglement, par leur excitation maladive, à développer, à entretenir des passions mauvaises, la gourmandise, l'ivrognerie ; mais ils ne jouent qu'un rôle médiocre, sinon tout à fait nul, dans la vie de l'esprit.

Ils relèvent donc surtout de l'éducation morale, qui devra se préoccuper de les restreindre, d'en modérer l'excès, d'en réprimer les fantaisies, les délicatesses, les préférences excessives et violentes.

« Que la nourriture de l'enfant, dit Rousseau, soit commune et simple, que son palais ne se familiarise qu'avec des saveurs peu relevées, et ne se forme point un goût exclusif. » — « L'abus des odeurs et des parfums, dit à son tour M. Pérez, énerve le corps et amollit la volonté. Je ne voudrais jamais un bouquet dans la chambre de l'enfant : point de parfums dans ses bains, dans ses cheveux, sur ses vêtements. Je le voudrais cependant très sensible aux odeurs suaves des fleurs (1). »

Le goût et l'odorat peuvent cependant rendre quelques services à l'intelligence. Le chimiste reconnaît un corps à son odeur caractéristique ; il distingue les substances sapides et les insipides. Le dégustateur reconnaît le cru et l'âge des vins qu'il goûte rien qu'à l'impression qu'ils produisent sur son palais. Il y a donc quelque intérêt, au point de vue intellectuel, à exercer même l'odorat et le goût, à rendre ces sens plus habiles à discerner les nuances des impressions sensibles.

(1) M. Pérez, l'Éducation dès le berceau, p. 48.

Éducation de l'ouïe. — Les perceptions de l'ouïe ont une tout autre importance. L'ouïe nous fait connaître le son et les diverses qualités du son, l'acuité ou la gravité, l'intensité, le volume, le timbre. Par là l'ouïe nous met en rapport avec une multitude d'objets. Mais ce qu'il faut noter surtout, c'est que l'ouïe est le sens social par excellence, puisque par elle nous entendons la voix de nos semblables et connaissons leurs pensées. L'ouïe est aussi un sens artistique, puisqu'elle rend possible la musique, le plus populaire, le plus insinuant de tous les arts.

L'ouïe est souvent défectueuse : « Le nombre des enfants qui entendent mal est plus grand qu'on ne le croit communément (1). » Souvent cette faiblesse n'a pour cause que la malpropreté des oreilles et peut être facilement corrigée. Mais dans d'autres cas il y a une infirmité organique et naturelle : l'enfant confond certaines syllabes et certains mots avec des mots et des syllabes d'assonance analogue. Avec les élèves aussi mal doués le maître doit user d'une indulgence particulière ; il doit les rapprocher de lui le plus possible dans la classe ; il doit enfin s'imposer à lui-même et imposer à tous leurs camarades l'obligation de parler toujours très distinctement.

L'éducation naturelle de l'ouïe est relativement rapide. L'enfant entend dès le premier jour de sa vie. « Au trente-sixième jour, dit M. Cuignet, l'enfant que j'observe ne reconnaît encore personne avec ses yeux ; peu lui importe qui le prend et qui le promène ; mais il reconnaît sa mère à sa voix (2). » Le moindre bruit fait tressaillir le nouveau-né dans son berceau.

Mais ce qui est plus lent, plus délicat, c'est l'éducation musicale de l'ouïe. Dans les premiers temps, tous les bruits plaisent à l'enfant. Il aime le bruit pour le bruit. Il n'est pas plus difficile en fait de musique que ne le

---

(1) Voyez le *Rapport* déjà cité de M. Jacoulet, Paris, Imprimerie nationale, 1884.

(2) M. Cuignet, *Annales d'oculistique*, t. LXVI, p. 117.

sont les animaux, les singes, les abeilles. Il semble que son sens acoustique ait seulement plaisir à être excité, de quelque manière que ce soit. Plus il est assourdi et plus il assourdit les autres, plus il paraît heureux. La culture du sens musical est donc une nécessité, aujourd'hui surtout que le chant est devenu une partie de l'éducation, et parce que l'inaptitude au chant est le résultat du défaut de culture de l'ouïe.

En général, d'ailleurs, il faudra, dans l'éducation de l'ouïe, s'inspirer toujours des règles suivantes:

« Pour l'ouïe, comme pour les autres sens, la modération est de rigueur si l'on veut conserver son intégrité et sa sensibilité. On s'accoutume, il est vrai, au bruit, mais son effet n'est pas moins pernicieux. D'autre part, l'absence absolue de bruit donne à l'ouïe une sensibilité maladive, comme celle que contracte la vue des personnes privées longtemps de lumière (1). »

Éducation du toucher. — Les sensations générales du toucher sont très précoces chez l'enfant, parce que le corps entier en est l'organe. De très bonne heure le nouveau-né témoigne qu'il est sensible aux contacts durs et rugueux, aux pressions un peu fortes, et qu'il en souffre. Une sensation de contact qui serait indifférente pour l'adulte le fait grimacer, crier ; de même, le toucher d'une main chaude et caressante lui procure un plaisir très vif.

Il faut d'ailleurs distinguer la sensation primitive, toute passive, du toucher en général, de la sensation active, qui a pour organe essentiel la main. C'est avec les lèvres que l'enfant palpe d'abord. Quant à la main, il n'apprend qu'assez lentement à en faire usage. Il regarde les objets depuis bien des mois sans qu'il ait encore l'idée de les saisir :

« Il est aisé, dit madame de Saussure, d'observer les tâtonnements de l'expérience dans la manière dont l'enfant apprend à se servir du toucher : ce sens est tardif à obéir aux ordres de la volonté. Il doit, en quelque sorte, recevoir l'éveil du sens de la vue, dont il perfectionne à son tour l'éducation. »

(1) Dr Saffray, *Dictionnaire de pédagogie*, art. *Ouïe*.

Puissance de la vue chez l'enfant. — A l'âge de trois ou quatre ans, l'enfant étonne déjà par l'admirable précision de sa vue, par l'aisance et la souplesse de son regard. Il semble qu'il n'ait rien regardé, et il a tout vu.

L'homme mûr et le jeune homme lui-même, préoccupés par la pensée ou la passion intérieure, ne promènent souvent sur les choses du dehors que des yeux distraits. L'enfant libre d'arrière-pensées, l'enfant avide et curieux, dans la fraîcheur et la force de ses facultés naissantes, ne laisse rien échapper de ce que lui présentent les tableaux changeants de la réalité; on dirait que toute son âme est dans ses yeux. Un aimable observateur de l'enfance, M. Legouvé, l'a déjà fait remarquer sous une forme humoristique :

« L'enfant est tout yeux. Il a une puissance de regard incomparable. Nous sommes des aveugles à côté de lui. Entrez avec votre fils dans une chambre, dans un atelier, dans un palais, et en sortant interrogez-le : vous serez stupéfait de tout ce qu'il aura vu. En un seul regard, il aura fait l'inventaire des meubles, des murailles, des objets d'art ou de travail. Un homme du métier ne s'en fût pas tiré si vite. Tous les enfants sont nés commissaires priseurs (1). »

Développement naturel du sens de la vue. — Mais cette merveilleuse perspicacité du regard, l'enfant ne l'acquiert pas tout de suite. Le sens de la vue n'échappe pas à la loi d'éducation naturelle et de développement progressif qui préside à l'organisation de toutes nos facultés. L'œil apprend à voir, comme la langue à parler, comme les jambes à marcher.

Ce serait sans doute une exagération de dire que l'enfant, quand il vient de naître, n'est qu'un petit aveugle. Mais la vérité est que s'il y voit tout de suite assez pour être blessé par la lumière, il n'y voit pas assez pour distinguer les objets.

Aux premiers jours de la vie, l'enfant a peur de la

_____
(1) *Nos Filles et nos Fils*, p. 171.

lumière. Il est atteint d'une sorte de *photophobie* (1) naturelle, qu'expliquent la délicatesse et l'imperfection de ses organes visuels, et analogue à ces photophobies morbides que déterminent l'inflammation de l'œil ou d'autres maladies. Approchez une bougie d'un enfant qui vient de naître : il fermera les yeux, ou tout au moins il louchera fortement. L'œil se dérobera en quelque sorte, et s'enfermera dans l'angle obscur de l'orbite, afin d'échapper à la lumière. Mais, au bout de peu de temps, tout est changé : l'enfant manifeste au contraire un goût marqué, une sorte d'appétit pour la lumière. Il suffira parfois, pour calmer ses pleurs, de placer une bougie auprès de son berceau. Remarquez cependant que pour le nourrisson de quelques semaines la lumière ne doit pas être trop intense : il faut, pour qu'il la supporte, qu'elle soit douce et qu'elle ne l'éblouisse pas.

L'enfant d'ailleurs, pendant quelque temps, jouit de la lumière plus qu'il ne la perçoit : il ne sait pas tout de suite fixer les objets. Quand il est enfin en état de les fixer, un premier progrès sera qu'il puisse les accompagner du regard par un mouvement du globe de l'œil. Un second progrès, c'est qu'il soit capable de tourner la tête et par suite de prolonger son regard.

Mais, quand il en est arrivé là, l'enfant n'est pas encore en pleine possession de la faculté de voir. La vue adulte a une certaine étendue en largeur, c'est-à-dire qu'elle embrasse un certain champ de vision à droite et à gauche ; en outre, elle a une certaine portée en profondeur, elle saisit les objets placés devant elle plus ou moins loin. Eh bien, il est facile de constater, si l'on observe les petits enfants, que leur vue n'a pas tout de suite son étendue et sa portée normales. Les petits enfants perdent vite de vue les objets qu'on place devant eux ; et d'autre part, si l'on transporte brusquement à droite ou à gauche l'objet qu'ils fixaient, cet objet échappe à leur regard.

_____

(1) C'est-à-dire « peur de la lumière ».

En d'autres termes, le champ de la vision est encore très limité pour eux, soit en profondeur, soit en étendue. La nature, ici comme en toutes choses, procède avec un art parfait, par petits progrès, par développements insensibles; elle n'accorde au petit être qui vient de naître que des perceptions restreintes en rapport avec son état; elle ne lui ouvre pas en une fois le spectacle de l'univers visible; elle le lui découvre lentement, avec ménagement et discrétion; elle ne crée pas d'un coup, elle organise peu à peu les sens et les facultés.

Importance des perceptions de la vue. — Les perceptions de la vue sont encore plus riches, plus importantes que celles de l'ouïe et du toucher. La vue est le sens scientifique par excellence : c'est elle qui nous révèle la couleur, la forme et l'étendue des objets. Quoi de plus admirable que ce « toucher à distance » qui nous permet de saisir les contours des choses au milieu desquelles nous vivons et qui nous fait même pénétrer dans l'immensité du ciel étoilé? Quoiqu'on puisse discuter longuement sur les misères comparées de la cécité et de la surdité, il paraît incontestable que l'aveugle est encore plus malheureux que le sourd, car il est privé du spectacle des innombrables beautés de l'univers : seulement le sourd est plus triste, parce que, moins isolé que l'aveugle, il se rend plus compte de son malheur, il sent mieux ce qu'il a perdu.

N'oublions pas que la vue est, comme l'ouïe, un sens esthétique sans lequel nous ne jouirions ni de la peinture, ni de la sculpture, ni de l'architecture. Il y a de belles couleurs, de belles formes, comme il y a de beaux sons : mais il n'y a pas de belles odeurs ni de belles saveurs. La beauté semble, en un mot, ne relever que du sens de la vue et du sens de l'ouïe.

Éducation de la vue. — Une étude pédagogique complète du sens de la vue comprendrait un nombre considérable de prescriptions, les unes relatives à ce qu'on pourrait appeler l'éducation de la vue, les autres qui se rapportent plus directement à son instruction.

L'éducation de la vue, c'est tout ce qui assouplit, tout ce qui fortifie la faculté de voir. Pour cela il convient d'abord de la ménager.

> Pendant les premiers mois, dit M. Pérez, le principal souci doit être de ménager la vue de l'enfant, d'entourer de précautions ce sens infirme et délicat, d'éloigner de lui les impressions trop intenses, la lumière et les couleurs tranchantes, et de l'entourer, de le rapprocher d'objets ayant, autant que possible, une couleur tendre... Rien de trop voyant, ni sur l'enfant, ni autour de lui. »

Ce qui n'est pas moins nécessaire, c'est de protéger la vue contre toutes les circonstances, contre toutes les habitudes qui pourraient lui nuire, afin de lui conserver ce pouvoir d'*adaptation* et d'accommodation qui permet à l'œil de voir distinctement des objets placés à des distances très différentes. Ici devraient se placer toutes les recommandations hygiéniques sur les défauts de l'éclairage des classes, sur les vicieuses dispositions des bancs et des tables d'études ; sur les méthodes d'écritures incompatibles avec une bonne attitude de celui qui écrit, sur l'enseignement prématuré de l'écriture, sur l'emploi des livres imprimés trop fin. « On brutalise la vue à plaisir », dit M. Fonssagrives (1). M. Hermann Kohn établit que la myopie est cinq fois plus commune chez les enfants des villes que chez ceux de la campagne, parce que la vue des premiers, confinée dans des appartements étroits, ne peut prendre l'habitude de se porter au loin.

La *Commission d'hygiène scolaire*, instituée par arrêté du 24 janvier 1882, et dont les rapports ont été publiés en 1884, conclut que la myopie chez l'enfant doit être considérée comme la conséquence de la mauvaise attitude (2). « Combien de myopies acquises, dit madame Pape-Carpantier, de prétendus daltonismes, qui ne sont que le résultat d'une habitude prise de mal

---

(1) *L'Éducation physique des garçons* p. 183. Nous retrouverons ces questions d'hygiène de la vue à propos de l'enseignement de la lecture et de l'écriture.

(2) Voyez les *Rapports* déjà cités.

regarder dans les premières années de la vie, et de l'absence de toute indication à l'égard des couleurs! Pour une infirmité réelle, organique, il y en a peut-être dix qui eussent pu être évitées par l'exercice normal du sens aujourd'hui faussé. »

Instruction de la vue. — Ce que nous appelons instruction de la vue s'entend de tout ce qu'elle doit être habituée à discerner pour remplir son office : d'abord les couleurs, ensuite les formes, enfin les distances. Les pédagogues contemporains attachent une grande importance, peut-être une importance exagérée, à l'apprentissage scolaire de la distinction des couleurs. Mais ce qui est assurément utile, c'est la perception rapide, juste, de la forme et de la distance des objets, c'est-à-dire la justesse du coup d'œil.

Pour acquérir cette qualité, l'enfant doit être habitué à regarder un grand nombre d'objets, et à les regarder dans des situations différentes. Une série graduée de petits jeux, de petites expériences, des excursions dirigées par le maître, où le regard de l'élève sera appelé sur des objets lointains dont on se rapprochera peu à peu ; un contrôle incessant du sens de la vue par le sens du toucher ; les objets qu'on a donnés d'abord à voir mis ensuite entre les mains de l'enfant, pour qu'il les palpe et qu'il les mesure, pour qu'il compare les apparences avec la réalité, les illusions de la vue avec les réalités du toucher : voilà quelques-unes des précautions que recommande l'expérience.

Exercice réfléchi des sens. — La condition psychologique essentielle du développement normal de la perception, c'est l'attention. Autre chose est voir, entendre, toucher, autre chose regarder, écouter, palper.

On veillera donc à ce que l'enfant n'use pas de ses sens d'une façon distraite. Pour cela il convient de ne pas lui présenter à la fois trop d'objets, ou du moins de ne pas faire défiler trop rapidement devant son regard une trop grande succession et variété d'objets. Il faut retenir son esprit sur un petit nombre de choses, les lui faire examiner sous tous les aspects, exercer en un mot son esprit d'observation.

Instruments pédagogiques. — Personne n'a mieux fait valoir le prix de l'éducation des sens que madame Pape-Carpantier (1).

C'est, dit-elle, la plus précieuse et la plus attrayante de toutes les tâches de l'enseignement, et un jour ou l'autre elle prendra sa place dans les programmes officiels. »

Et dans sa préoccupation elle va jusqu'à rêver l'invention d'instruments artificiels, qui seraient pour l'éducation des sens ce que les livres sont pour la culture de l'esprit. Pour donner l'exemple, elle propose elle-même certains appareils destinés à aider les élèves dans leurs perceptions sensibles : le *porte-couleurs mobile* ou *loupe spectrale*, le *polyphone*, etc.

Nous croyons peu, pour notre part, à l'utilité de ces instruments et de ces machines. Il ne faut pas, sous prétexte de servir la nature, la supplanter et se substituer à elle. Le véritable instrument du développement du sens, c'est l'exercice attentif, c'est l'observation.

La perception et l'observation. — L'observation pourrait être définie une perception méthodique, une perception prolongée que l'attention dirige vers un objet déterminé. Voir, c'est la vision instinctive et naturelle ; regarder, c'est la vision attentive et réfléchie ; observer, c'est la vision réglée et suivie.

« On a écrit, dit le pédagogue écossais Blackie, un utile ouvrage sous ce titre : l'Art d'observer. Ces deux mots peuvent être notre règle dans la première éducation... Toutes les sciences naturelles sont particulièrement excellentes pour nous apprendre le plus utile des arts, celui d'user de nos yeux. Rien d'étrange comme notre façon d'aller les yeux ouverts mais rien voir. La cause en est que l'œil, comme tous les autres organes, a besoin d'exercice ; trop asservi aux livres, il perd sa force, ses

(1) Notice sur l'éducation des sens. Paris, Delagrave, 1878.

activité, et finalement il n'est plus capable de remplir son office naturel. Considérons donc comme les vraies études primaires celles qui apprennent à l'enfant à connaître ce qu'il voit et à voir ce qui autrement lui échapperait. Parmi les sciences les plus profitables, il faut compter la botanique, la zoologie, la minéralogie, la géologie, la chimie, l'architecture, le dessin, les beaux arts. Combien d'excursions dans les montagnes, de voyages à travers le continent, qui restent stériles pour des enfants qui possèdent parfaitement leurs livres, mais auxquels manque simplement quelque connaissance de ces sciences d'observation (1) »

Sans doute les sciences d'observation, comme l'indique leur nom, sont la meilleure école pour apprendre l'observation. Mais, bien avant que l'on puisse initier l'enfant à une science quelconque, il est déjà possible, à propos de tout ce qui se présente à ses regards, de l'habituer à observer, et de cultiver sa curiosité naturelle :

« L'enfant naît avec le goût d'observer et de connaître. La vie intérieure n'étant pas encore éveillée en lui, il appartient entièrement aux phénomènes du monde qui l'entoure ; tous ses sens sont ouverts ; tous les objets que son regard ou que sa main rencontre l'attirent, l'attachent, le ravissent (2). »

L'observation chez l'enfant. — Avant d'être volontaire, l'observation de l'enfant est en quelque sorte inconsciente ; je veux dire qu'il observe sans le vouloir, sans réflexion, poussé par une curiosité instinctive.

« Ce n'est pas par caprice que l'enfant tend sans cesse la main vers les objets hors de sa portée et pleure quand on les refuse à ses désirs. A l'âge où il a besoin d'amasser un fonds de connaissances, les yeux ne suffisent guère encore pour se rendre compte des angles ou des contours de ces objets : l'enfant voudrait les palper... La brise des jouets dépend du même système d'observation. A l'aide de quels ressorts mystérieux la paupière d'une poupée ferme les yeux, comment bêle le mouton, par quel moyen roule le cheval, l'enfant a soif de le savoir ; c'est pourquoi, depuis le commencement de l'humanité, il a toujours cassé ses jouets (3). »

(1) Bain, l'Éducation de science, trad. Picard, Paris, Baillière, 1881, p. 2.
(2) E. Orlaud, op. cit., p. 77
(3) Compayré, in Enfant, p. 25.

Mais cette curiosité naturelle qui se porte sur toutes choses, un maître habile peut sensiblement la régler, la diriger sur les objets qu'il choisit comme les plus utiles à connaître; de sorte que, tout en exerçant ses facultés de perception et d'observation, l'enfant acquiert une multitude de connaissances nécessaires.

Paradoxe de M. H. Spencer. — Avec la témérité habituelle qu'il apporte dans ses affirmations, M. Herbert Spencer prétend que « de la puissance d'observer dépend le succès en toutes choses ». Et il invoque le témoignage du naturaliste, du médecin, de l'ingénieur, de l'homme de science; passe encore! Mais, continuant son essai de démonstration, il ne s'en tire qu'en recourant à des équivoques. « Le philosophe, dit-il, observe les rapports des choses. » C'est jouer sur les mots que de confondre avec l'observation le travail de réflexion et de raisonnement, qui seul permet au philosophe de saisir les relations des objets et les lois de la nature.

L'observation est sans doute le point de départ d'un grand nombre de découvertes scientifiques, mais à condition qu'elle soit fécondée par la pensée intérieure. C'est du dedans non moins que du dehors qu'il faut former l'esprit.

Dangers de l'éducation abusive des sens — Il ne faut pas, en effet, que l'importance de l'éducation des sens nous aveugle sur les dangers que ferait courir à l'esprit une culture exclusive de la perception sensible.

« Le spectacle des phénomènes scientifiques, dit M. Ortard, amuse les enfants. Ils y sacrifieraient volontiers tout le reste : calcul, histoire, grammaire. C'est là un signe manifeste du précieux concours que l'on peut attendre de ces démonstrations pour donner l'essor à leurs facultés naissantes. Peut-être aussi faut-il y voir un avertissement. S'il est incontestablement utile qu'ils se plaisent à examiner les formes, les dispositions extérieures des objets, à suivre la décomposition ou la recomposition d'un corps, à observer, dans sa manifestation naturelle ou dans sa représentation pittoresque, le jeu de quelques grandes lois, il faut bien

la dira, au bout de quelque temps, quand leurs sens ont été
rectifiés, aiguisés, assouplis, formés, cette sorte d'étude est pour eux
moins un travail qu'une distraction ; elle les occupe plutôt
qu'elle ne les exerce. Nous avons banni de nos classes primaires
l'ennui. Il n'y rentrera plus ; prenons garde d'en avoir un
peu trop fait sortir l'effort. »

N'oublions pas que l'esprit doit être autre chose que
le miroir fidèle de la réalité extérieure.

Conséquences d'une bonne éducation des sens.
— Il ne faudrait pas croire qu'en se consacrant à l'éducation des sens la pédagogie n'aura en vue que de former
un animal à la vue perçante, à l'ouïe fine, uniquement
capable, comme Émile à douze ans, d'apprécier des
distances, d'ébranler des corps, de se reconnaître enfin
au milieu des obstacles du monde matériel. Non, l'éducation des sens est la préface nécessaire de l'éducation
de l'esprit. La confusion se glisse trop souvent dans
l'intelligence à la faveur des perceptions incomplètes et
défectueuses. Au contraire, des perceptions nettes et
distinctes sont pour les facultés supérieures de l'intelligence des assises solides ; et la clarté des notions sensibles, qui sont les éléments et les matériaux de toutes
les constructions ultérieures de l'intelligence, rayonne
sur l'esprit tout entier. Sans une connaissance exacte
et précise des propriétés visibles et tangibles des objets,
nos conceptions risqueraient fort d'être fausses, nos
déductions défectueuses, tout notre labeur mental
stérile. La culture des sens n'est donc pas, comme le fait
observer avec raison madame Pape-Carpentier, « un jeu
futile, une sorte d'intermède aux leçons sérieuses », c'est
une leçon sérieuse elle-même et dont le succès intéresse toutes les facultés de l'esprit.

LEÇON V

CULTURE DE L'ATTENTION

Sens intime ou conscience. — Divers degrés de la conscience. — Éducation de la conscience. — L'attention et l'éducation. — Définition de l'attention. — Importance générale de l'attention. — L'attention chez l'enfant. — États intermédiaires. — Commencements de l'attention. — Attention imposée. — Autres caractères de l'attention chez l'enfant. — Peu de durée de l'attention. — Exercice de l'attention par les sens. — Signes extérieurs de l'attention. — Besoin de mouvement. — Stimulants de l'attention. — La curiosité. — Effets de la nouveauté. — Effets de la variété. — Peu de choses à la fois. — Conditions extérieures de l'attention. — Ne pas tolérer les distractions. — Cas où l'attention est rebelle. — Conséquences morales du défaut d'attention.

Sens intime ou conscience. — On appelle sens même ou conscience la connaissance que l'esprit prend de lui-même et de tout ce qui se passe en lui. La conscience, comme une lumière intérieure, éclaire et accompagne tous les états psychologiques, toutes les opérations mentales. Elle est donc moins une faculté distincte qu'un caractère commun à toutes les facultés de l'esprit, dont le propre est de ne pouvoir agir sans savoir qu'il agit. Au fond elle n'est pas autre chose que l'intelligence se connaissant elle-même et connaissant tout ce qui s'accomplit dans l'exercice des diverses facultés mentales.

Divers degrés de la conscience. — L'intelligence ou la conscience n'atteint pas d'emblée, chez l'enfant, sa pleine clarté. Elle traverse différents degrés. Obscure et confuse chez le nouveau-né, elle l'informe vaguement de ce qui se passe en lui. Peu à peu elle devient plus claire, plus distincte : elle rattache au moi

les phénomènes intérieurs. Enfin elle acquiert toute
sa puissance lorsque, gouvernée par la volonté, elle se
manifeste sous sa forme réfléchie.

Elle prend alors le nom de *réflexion* quand elle
s'applique à l'esprit lui-même, le nom d'*attention* quand
elle se porte sur ce qui est hors de nous. « Le nom de
réflexion, dit M. Janet, exprime le retour de l'esprit
sur lui-même et sur sa pensée; c'est l'attention du
dedans (1). » Et de même l'attention est la réflexion du
dehors.

Éducation de la conscience. — L'éducation de la
conscience se confond avec l'éducation de toutes les
facultés. Plus on développera les divers pouvoirs de
l'âme, plus on assurera la netteté, la force des perceptions de la conscience (2).

Sous sa première forme, la conscience échappe
presque complètement à l'action de l'éducation. C'est
d'elle-même et par l'accroissement naturel de ses
forces que l'âme s'éclaire, pour ainsi dire, et en vient à
se rendre compte de ses actes. L'éducateur n'a pas à
intervenir pour hâter ce progrès naturel, qui est dû à
la croissance et à l'âge.

Une fois développée, la conscience ne donne pas lieu
non plus à une culture spéciale. Sa puissance se mesurera toujours au degré de force qu'auront atteint les
différentes facultés.

En ce qui concerne cependant cette partie de la conscience qui a pour objet immédiat le moi, et qui est le
principe du sentiment de la personnalité, l'éducation a
une action à exercer pour fortifier la réflexion psychologique et pour assurer à la personne humaine la
pleine possession d'elle-même.

(1) M. Janet, *Cours de morale*, Paris, Delagrave, 1881, p. 66.

(2) On sait quel rôle jouent dans le premier développement de l'esprit ce
que les philosophes contemporains appellent les *perceptions inconscientes*, ce
que Leibnitz appelait déjà les *perceptions inaperçues*. Il faut donc veiller à
ce que le milieu où l'enfant grandit soit sain et pur, que rien de mauvais ne
se glisse pour ainsi dire à notre insu dans son âme. Même avant l'éveil de la
conscience, il y a une éducation négative, qui consiste à éloigner de l'enfant
toutes les influences malsaines.

Mais, considérée en général, la conscience, comme nous l'avons dit, se confond avec l'intelligence, et le premier soin du pédagogue doit être d'assurer les progrès de l'intelligence en la soumettant à la direction de la volonté, ou en d'autres termes en la rendant attentive.

L'attention et l'éducation. — « Le grand point, disait Condillac, est de faire comprendre à l'enfant ce que c'est que l'attention. » Non, le grand point est de lui apprendre à être attentif, et le moyen d'y réussir, ce n'est pas de lui expliquer théoriquement les conditions de l'attention, c'est de les connaître soi-même, afin de placer pratiquement l'enfant dans ces conditions, en lui présentant des objets qui soient à sa portée, qui excitent son intérêt.

Il n'y a rien à attendre de ces esprits languissants ou trop mobiles qu'aucune étude n'attache, qu'aucune leçon ne captive. Tout est à espérer au contraire d'une intelligence attentive, qui sait se fixer sur les sujets qu'elle étudie. Le jour où le maître a retenu pendant quelques minutes l'attention de ses élèves, ce jour-là seulement il est sûr du succès, et l'instruction commence véritablement. S'il n'a affaire qu'à des auditeurs distraits, il renouvelle le travail des Danaïdes, et il verse sa science dans un tonneau sans fond.

Définition de l'attention. — L'attention parfaite, dans sa forme définitive, c'est le caractère d'une intelligence qui se possède, qui se gouverne, qui s'applique où elle veut: d'un seul mot, c'est la liberté de l'esprit. L'intelligence attentive n'est point à la merci des impressions extérieures, ou des suggestions capricieuses, involontaires, de la mémoire et de l'imagination. Elle se porte volontairement sur les objets qu'elle a choisis; elle s'appartient à elle-même.

L'attention n'est pas une faculté spéciale ; c'est un mode général de toutes nos opérations intellectuelles. Elle se joint à toutes, à la perception extérieure, à la conscience, à la mémoire, à l'imagination, au raison-

nement, et leur assure leur maximum de puissance.
Tout le monde sait la différence de *voir* et de *regarder*,
d'*entendre* et d'*écouter*, de *toucher* et de *palper*. La
conscience attentive, c'est la *réflexion*, qui pénètre d'un
regard plus profond dans les replis du monde intérieur
des sentiments et des pensées. Les progrès de la mémoire sont liés aux progrès de l'attention elle-même ;
et le raisonnement n'est vraiment solide et fort que
quand il est réfléchi, c'est-à-dire attentif.

Importance générale de l'attention. — Il suffit
d'avoir défini l'attention pour juger de son influence
et de ses effets. L'histoire des belles découvertes scientifiques et des grandes œuvres humaines n'est, po ir la
majeure partie, que le récit des efforts de l'attention.
Newton disait qu'il avait découvert les lois de l'attrac-
tion universelle « en y pensant toujours ». Buffon
définissait le génie « une longue patience ». Dans des
proportions plus modestes, tous les résultats du travail
de la pensée témoignent directement de l'importance
de l'attention.

Mais il y a, en quelque sorte, une contre-épreuve :
c'est que les infirmités de l'esprit correspondent aux
défaillances de l'attention. L'idiot, l'imbécile, sont
incapables de fixer leur esprit sur quelque objet que ce
soit. Le monomaniaque est comme l'esclave d'une idée
fixe qui l'absorbe tout entier. Le maniaque au contraire
suit en un instant mille pensées diverses, impuissant à
retenir son esprit sur aucune. A tous ses degrés, la folie
est surtout une incapacité d'être attentif, de diriger
son esprit : l'intelligence ne s'appartient plus ; elle est,
comme on dit, *aliénée*.

L'attention est donc la caractéristique de l'état
normal de l'intelligence, et comme la santé de l'esprit.
Aussi ne faut-il pas s'étonner que certains philosophes,
Laromiguière, par exemple, aient considéré l'attention
comme le principe de toutes les facultés intellectuelles.

L'attention chez l'enfant. — S'il en est ainsi, si
l'attention est la forme parfaite de l'intelligence, l'opé-

ration consciente par excellence, celle qui implique la participation de la volonté et de la personnalité tout entière. il est évident qu'elle ne peut se manifester tout de suite chez l'enfant, à l'âge où les facultés sont en train de naître.

L'enfant est naturellement distrait, et la distraction est le contraire de l'attention. L'enfant est d'abord le jouet des sensations qui se succèdent et qui entraînent son esprit de côté et d'autre. Un peu plus avancé en âge, il est à tout instant détourné par ses imaginations, par ses souvenirs, par les idées incohérentes qui jaillissent on ne sait d'où dans sa conscience. Son intelligence est presque aussi mobile que son corps. Elle est dominée par d'autres forces : elle est comme à la remorque des impressions involontaires qui viennent sans cesse se jeter à la traverse de son travail, de ses études. La ramener, la fixer est toute une affaire.

Ne songeons donc pas à réclamer de l'enfant l'attention véritable, l'attention absolue. Autant vaudrait imposer l'immobilité à un oiseau. Et cependant il faut le plus tôt possible rendre l'enfant attentif : l'instruction même la plus élémentaire l'exige. Il faut à tout prix obtenir de lui cet effort d'attention qui lui est si pénible, qui paraît si contraire à sa nature, cette *concentration*, comme disent les psychologues anglais, si peu conforme à l'éparpillement naturel de ses idées et à la mobilité volage de son imagination.

Le problème paraît d'abord insoluble. S'il ne l'est pas, c'est grâce à certains degrés intermédiaires que la nature a ménagés entre l'état d'inattention ordinaire, qui est le point de départ, et l'habitude de l'attention qui est le terme auquel il faut arriver.

États intermédiaires. — Les puissances de l'esprit ne sont pas dès l'abord et du premier coup tout ce qu'elles seront un jour. Parfois même elles diffèrent totalement dans leurs débuts de ce qu'elles deviendront plus tard, et présentent des caractères presque opposés à ceux qu'elles manifesteront dans leur forme adulte et

définitive. C'est le cas de l'attention, qu'on a pu définir
le mode volontaire de l'intelligence, et qui à l'origine
est involontaire et irréfléchie.

Qu'on lise le chapitre qu'un observateur ingénieux
de l'enfance, M. Pérez, a consacré aux premiers
développements de l'attention; et l'on se convaincra
que l'attention de l'enfant n'est que l'ombre et le
fantôme de l'attention véritable (1). Dans les exemples
que M. Pérez a recueillis, l'attention est tour à tour
confondue avec un *besoin impérieux*, comme celui du
nourrisson qui regarde fixement le sein de sa nourrice;
avec une *sensation* vive, comme celle de l'enfant qui, à
un mois, est capable de suivre pendant trois ou quatre
minutes le reflet miroitant de la lumière sur un
tableau placé près de la fenêtre; même avec la *mobilité
des impressions*, comme dans le cas de cette petite fille
de trois mois qu'on nous dépeint « attentive à tout ce
qui se passait autour d'elle, aux sons de toute espèce, à
un bruit de pas dans la chambre ». Dans ces différentes
circonstances où l'enfant ferait preuve d'attention, « le
sujet observant, M. Pérez l'avoue, paraît moins s'appartenir qu'appartenir à l'objet observé ». Or c'est là
précisément le contraire de l'attention. Loin d'être une
sensation exclusive ou une condescendance de l'esprit
aux impressions multiples des sens, l'attention consiste
surtout à dominer les sensations, pour suivre volontairement une pensée préférée à toutes les autres. Elle n'est
pas le contre-coup et le résultat d'une excitation du
dehors ; elle émane d'un effort intérieur. Quant « à cette
habitude d'attention, prompte, éparpillée capricieuse-
ment, c'est-à-dire insuffisamment accordée à toute
chose », elle est en effet le propre de l'enfant, mais
elle est la négation même de l'attention proprement
dite.

Commencements de l'attention. — Et cependant
c'est par là, et par là seulement, que l'attention débute.
Il n'y a pas d'autre moyen de la cultiver, dans les

(1) M. Pérez. Les trois premières années de l'enfant.

premières années, que de faire à l'enfant une habitude de ces impressions vives, dominantes, qui retiennent et captivent son esprit, et qui sont comme les simulacres de l'attention.

Lorsqu'il aura nombre de fois attaché son regard sur les couleurs vives, sur les formes brillantes qui le fascinent, lorsqu'il aura prêté son oreille à la voix forte qui le domine, aux sons harmonieux qui le charment, il sera tout doucement porté à diriger de lui-même son esprit vers ces objets habituels de sa contemplation. A l'excitation habituelle du dehors répondra peu à peu un mouvement volontaire du dedans. A l'attention involontaire succédera l'attention librement voulue. Il n'y a pas d'autre secret pour appeler l'esprit à la liberté que de l'emprisonner d'abord dans des sensations continues et forcées. C'est merveille de voir comment, par une évolution naturelle, par la force même de l'esprit, l'énergie intérieure se fera jour, comment la volonté se glissera par degrés dans l'habitude d'un travail imposé et d'une pensée maintenue par la contrainte sur un même point.

Attention imposée. — Il n'y a donc pas d'autre conseil à donner à l'éducateur, pour cette première culture de l'attention, que d'imposer à l'enfant la considération prolongée d'un même objet. De cet état qui simule l'attention sortira insensiblement l'attention vraie. Le mieux sera de placer l'enfant dans des conditions telles que rien ne provoque ses distractions (1). Mettez dans un jardin, avec son alphabet, l'enfant qui apprend à lire; là, au milieu des sensations qui tourbillonnent autour de lui, il sera presque impossible de fixer son esprit. Il interrompra sans cesse son épellation par des exclamations de toute sorte : « Voilà un papillon qui passe! Voilà un oiseau qui vole! » Placez au contraire le même enfant dans une chambre un peu

(1) « Faites régner le calme autour de nouveau-né, afin que les impressions qu'il reçoit par les sens soient distinctes. » (Madame Necker de Saussure, t. II, p. 122.)

nue, un peu sombre, où les sollicitations sensibles sont
rares, faites en sorte qu'il ne voie que son syllabaire, et
vous obtiendrez qu'il répète à peu près docilement sa
leçon. Sans doute, vous n'avez pas affaire, en ce cas,
à un esprit véritablement attentif, faisant effort de
lui-même pour suivre une direction donnée ; vous
n'avez devant vous qu'un être passif, que vous main-
tenez, à force d'art, dans la dépendance d'une sensation
unique, celle de la syllabe que vous lui faites épeler, et
qui vous échappera à la première occasion pour devenir
l'esclave d'une sensation nouvelle. Mais dans cette
espèce d'assujettissement où le retient une seule impression, à l'exclusion de toutes les autres, l'esprit se fortifiera peu à peu : il perdra l'habitude de la dissipation,
de la mobilité ; il se prêtera de plus en plus, avec une
complaisance toujours grandissante, aux objets d'étude
que vous lui proposerez ; après s'être laissé contraindre, il en viendra à consentir ; il donnera son
attention, jusqu'à ce qu'il finisse par s'attacher de lui-
même aux objets vers lesquels son choix le poussera.
Et, jusque dans l'attention de l'homme fait, il restera
toujours quelque chose d'involontaire et de forcé :
l'irrésistible attrait d'une pensée favorite, d'une étude
de prédilection, d'un goût dominant.

Autres caractères de l'attention chez l'enfant.
— Lorsque l'enfant aura grandi, lorsqu'il aura atteint
l'âge scolaire, on pourra déjà lui demander un peu
d'attention volontaire et compter sur son effort. Mais
de combien de ménagements il faudra encore user pour
ne pas fatiguer son attention naissante, pour la provoquer, pour la retenir ! Ici encore on devra consulter
la nature de l'enfant et tenir compte des caractères
particuliers de son esprit. A chacun de ces caractères
correspondra une série de prescriptions pédagogiques.

D'abord l'attention de l'enfant est courte : elle est vite
épuisée. De plus elle ne s'applique volontiers qu'aux
objets sensibles. Elle ne peut être absolue et à la fixité
de l'esprit ne correspond pas toujours l'immobilité du

corps. Enfin, d'une façon générale, elle est faible, et il faut recourir à toutes sortes de stimulants pour l'éveiller et pour la maintenir.

Peu de durée de l'attention. — Nous n'apprendrons rien à personne en rappelant que les enfants ne sont pas capables d'une longue contention d'esprit.

« Horace Grant a établi que, au delà de cinq à dix minutes pour les enfants jeunes, et de trente à quarante-cinq minutes pour les grands écoliers, l'attention est fatiguée et l'effort intellectuel fait défaut (1). »

L'enfant généralement jette tout son feu au début d'une leçon; mais il est vite à bout de forces; il a besoin de s'occuper à autre chose, ou même de ne s'occuper à rien, de se délasser par le jeu ou par le repos complet. Ayons donc bien soin de procéder par degrés. Que les leçons soient courtes au début; elles s'allongeront à mesure que se développera la capacité d'attention de l'élève. Varions aussi les exercices : le changement repose (2). Coupons le plus possible les travaux scolaires par des récréations, qui, comme l'indique l'étymologie du nom, refont véritablement et créent à nouveau (recréent) les forces épuisées.

Exercice de l'attention par les sens. — C'est encore une vérité banale que l'impuissance de l'enfant à suivre les idées abstraites. Un moyen sûr de le rendre distrait, d'affaiblir peut-être pour la vie sa puissance d'attention, c'est de lui enseigner trop tôt des vérités générales, des règles, des formules, toutes choses qui le rebutent parce qu'il ne les comprend pas bien. Les idées générales sont nulles pour les enfants. Les faits seuls ont de la réalité à leurs yeux.

M. Egger cite un exemple frappant de cette incapacité de l'enfant à saisir l'abstrait :

« A trois ans et demi, Émile, à qui l'on fait lire le chiffre 3, numéro d'une maison, s'y refuse « parce qu'il n'y a qu'un

(1) M. Pessagrives, l'Éducation physique des garçons. Paris. Delagrave. 1879.
(2) Le programme officiel dit nettement : « Chaque séance sera coupée soit par la récréation réglementaire, soit par des mouvements et des chants. »

hiffre ». Il ne s'explique pas comment un seul signe peut marquer la pluralité. »

On ne saurait trop le redire, l'enfant ne s'assimile d'abord que les connaissances sensibles. Parlons donc aux sens ; épargnons le plus possible les abstractions aux commençants. Une des raisons qui justifient le mieux l'emploi des *leçons de choses*, c'est qu'elles s'inspirent précisément de ce principe fondamental, qu'il convient d'exercer l'attention sur les objets concrets et sensibles, avant de l'appliquer aux choses abstraites.

Signes extérieurs de l'attention. — Un autre caractère de l'attention chez l'enfant, c'est qu'elle est rarement accompagnée des signes extérieurs qui la trahissent chez l'homme mûr. Le penseur qui réfléchit reste immobile, les yeux fixes, la tête penchée. Voyez au contraire l'enfant qui répète sa leçon : il lui est impossible de rester en place ; son regard s'éparpille au plafond, à droite, à gauche ; ses jambes, ses bras, tout s'agite en lui. J'ai connu une petite fille qui ne pouvait apprendre à lire qu'à la condition de coudre en même temps : c'était plaisir de la voir avec ses petits doigts tirer machinalement son aiguille, pendant que d'autre part elle épelait l'alphabet placé sur les genoux de sa mère. L'enfant, en résumé, a besoin de mouvement même quand il étudie : l'activité intellectuelle ne suspend pas son activité physique. L'attention dont il est capable ne l'absorbe pas tout entier.

Besoin de mouvement. — S'il en est ainsi, il conviendra de faire sa part à ce besoin de mouvement et de ne pas exiger de l'enfant une immobilité absolue. Ne lui demandons pas, ce qui est impossible à son âge, d'être pendant ses heures de classe une statue pesante. N'exigeons pas de lui les signes extérieurs de l'attention, pourvu qu'il soit réellement attentif.

Recherchons même les méthodes qui, en donnant une occasion de s'exercer à son besoin de mouvement physique, aident au travail de sa pensée. L'enfant apprend à écrire plus facilement qu'à lire, parce que le travail de l'écriture fait agir sa main, et par suite lui plaît davantage.

Les procédés phonomimiques, quoi qu'on en puisse penser, ont cet avantage d'introduire dans l'étude de l'alphabet des gestes, des mouvements, et de rompre l'immobilité insupportable aux enfants. Un des mérites des procédés Frœbel, c'est qu'ils exercent à la fois les sens et la faculté motrice.

Il serait pourtant dangereux de trop accorder à la pétulance physique de l'enfant. L'ordre de la classe ne s'accommoderait pas aisément d'élèves sans cesse remuants, et dont l'idéal serait d'apprendre à lire en faisant des gambades. De plus, si l'on ne surveillait pas l'enfant sous ce rapport, on lui laisserait prendre des habitudes disgracieuses, des « tics » désagréables. Et miss Edgeworth, qui paraît d'ailleurs préoccupée avec excès de ce danger, écrit non sans justesse :

« Si un enfant ne peut lire sans branler la tête comme un pendule, il y a moins d'inconvénient à interrompre sa leçon de lecture qu'à la laisser grandir avec cette ridicule habitude (1). »

Stimulants de l'attention. — « L'intérêt inspiré par le sujet même de l'étude, a dit un pédagogue, est un talisman unique pour développer l'attention. » Créer l'intérêt, telle doit être par conséquent la principale préoccupation des maîtres.

L'attention vraie, comme l'affection, ne se laisse pas contraindre : elle se donne à ceux qui savent la gagner. Rien de plus important par conséquent que le choix des choses enseignées, et surtout la façon de les enseigner.

Sans doute il faut se garder des erreurs d'une éducation trop complaisante et trop facile, qui abuse du divertissement et qui exclut l'effort. Nous n'oublierons pourtant pas que le plaisir est le plus puissant stimulant de l'étude. Écartons les obstacles le plus possible sur la route de cette attention encore vacillante, qui ne

(1) L'Éducation pratique, t. I, p. 84.

poursuivra son chemin que si elle y trouve de l'agrément.

Rien n'est indifférent de ce qui peut contribuer à l'attrait de l'enseignement. Le talent des professeurs sera toujours le gage le plus sûr de l'attention de l'élève. Mais, à défaut de talent, la simplicité, la clarté, la netteté de l'exposition auront une influence heureuse sur les dispositions de l'auditoire. Même le ton de la voix, l'attitude d'un maître qui, comme on dit, « est à son affaire », qui témoigne de l'intérêt qu'il prend à ce qu'il enseigne, contribueront à exciter l'intérêt chez ceux qui apprennent et qui écoutent.

Il n'est pas question de rendre tout agréable et attrayant, mais qu'on se le rappelle cependant, il n'y a que ce qui émeut la sensibilité, ce qui a rapport au plaisir ou à la douleur, ce qui est agréable ou douloureux, qui éveille sûrement l'attention ; et il n'y a que ce qui est agréable qui la retienne.

La curiosité. — Dans cette recherche de l'attrait, de l'intérêt, l'éducateur est aidé par la nature même de l'enfant. Il s'en faut en effet que l'esprit de l'enfant répugne à l'attention.

La curiosité, ce grand mobile de l'intelligence, que Fénelon a admirablement définie « un penchant de la nature qui va au-devant de l'instruction », la curiosité, si elle est habilement provoquée et satisfaite à propos, sera la source naturelle de l'attention.

Un évêque du dix-neuvième siècle, moins libéral que Fénelon, Dupanloup, n'a que des paroles sévères pour la curiosité de l'enfant.

« L'âme légère, dissipée, curieuse, ouverte de tous côtés, laisse tout perdre et ne garde rien : nulle œuvre sérieuse n'est possible avec elle, ni en elle (1). »

La curiosité, qui est en effet le caractère d'un esprit ouvert de tous côtés, impatient de savoir, ardent à la recherche, est, au contraire, quoi qu'en dise Dupanloup,

(1) Dupanloup de l'Éducation, t. III, p. 408.

une disposition précieuse, une aptitude heureuse, dont il faut seulement savoir user avec habileté et discrétion. Elle est une sorte d'appétit intellectuel; il s'agit de ne lui fournir que des aliments sains.

Heureux les instituteurs qui ont affaire à des intelligences naturellement curieuses! Mais heureux surtout ceux qui savent provoquer la curiosité et la tenir en haleine! Pour cela il faut habilement faire appel aux goûts de l'enfant et les favoriser, sans les surmener pourtant. « L'empressement à tirer parti d'un goût, dit madame Necker de Saussure, est souvent cause que vous le tuez. »

« La manière dont on instruit l'enfant, dit dans le même sens M. Lacombe, a nécessairement cet inconvénient de prévenir la curiosité, de l'empêcher de naître ou au moins d'arrêter ses mouvements sur-le-champ. En effet que fait-on? On prend l'enfant, on l'assied sur un banc, et on lui enseigne couramment quantité de choses dont il n'a jamais aperçu l'existence, qu'il ne soupçonnait pas, que par conséquent il n'a pas pu désirer connaître: on éteint sa curiosité avant qu'elle ait pu s'éveiller. Quant aux choses dont il a pu entrevoir quelque trait, qui l'ont peut-être intrigué, on les lui expose d'un coup, et pleinement, et même avec plus de détail qu'il n'en demandait. On accable sa curiosité à peine née. On lui enseigne tant de choses par force, qu'il n'a plus nulle envie de rien savoir. »

Ménageons donc la curiosité de l'enfant: ne l'étouffons pas en la rassasiant trop vite. Répondons à ses questions, comme l'exige Locke. Mais laissons-lui aussi le soin de chercher par lui-même, par une observation personnelle, la satisfaction qu'il désire. La curiosité ne peut être vraiment le germe de l'attention que si elle est en partie livrée à elle-même, si on ne la satisfait pas trop tôt, si on lui laisse le temps de devenir un effort vers la vérité.

Effets de la nouveauté sur l'attention. — Un des meilleurs moyens d'exciter la curiosité, et par suite l'attention, c'est de présenter à l'enfant des objets nouveaux. Le contraste réveille l'esprit, à une condition pourtant, c'est que le contraste ne soit pas trop violent.

et que l'étude nouvelle n'introduise pas l'enfant dans un monde absolument étranger à ses préoccupations antérieures. « Dans les sujets entièrement nouveaux, dit miss Edgeworth, nous faisons des efforts d'attention surabondants, et nous nous fatiguons sans profit. »

Qui ne sait par expérience que le commencement d'une science, malgré l'attrait de la nouveauté, est particulièrement pénible? Il faut rapprocher et joindre l'un à l'autre, pour rester dans la vérité, les deux proverbes familiers : « Tout nouveau, tout beau ! » et « Il n'y a que le premier pas qui coûte. »

Effets de la variété. — C'est moins la nouveauté que la variété qui importe dans l'éducation de l'attention.

L'alternance des occupations et des exercices anime une classe. Il faut savoir passer de l'exposition à l'interrogation, d'un genre de travail à un autre. La raison en est que ces exercices divers s'adressent à des facultés un peu différentes. Quand une faculté est fatiguée, il faut lui accorder un peu de relâche et s'adresser à la faculté voisine. L'esprit de l'enfant, d'ailleurs, est avide de changement. Parfois un simple changement de ton, une intonation différente dans la voix du professeur, suffit pour réveiller l'attention qui s'assoupit. Rien n'est difficile à suivre, à écouter avec attention, comme un discours monotone débité sans inflexions.

Peu de choses à la fois. — Il ne faudrait pas que le souci de varier, de diversifier l'enseignement nous fît tomber dans la confusion. La multiplicité des sujets déroute l'attention, loin de la servir.

« Ce serait une égale folie, dit M. James Sully, de présenter à l'enfant en même temps un grand nombre d'études diverses, et de prétendre l'obliger à tendre son esprit pendant une durée de temps indéfinie sur le même sujet (1). »

On ne retient pas l'attention, ou du moins on la fatigue, on la surmène, de façon à rendre son effort

inutile, quand on lui présente trop de choses à la fois.
Défions-nous des professeurs verbeux, dont la pensée
surabonde, dont les paroles se succèdent avec une extrême volubilité. Il n'y a pas à attendre de leurs leçons
d'effet durable, ni d'impression profonde. L'élève,
comme le professeur, arrive essoufflé au bout de cette
course oratoire. L'état d'esprit où le plongent le débit
précipité et l'érudition de son maître rappelle l'ahuris-
sement de ces Esquimaux dont miss Edgeworth raconte l'histoire :

Nouvellement arrivés à Londres, ils avaient visité en
une journée tous les monuments de la capitale, sous la
conduite d'un guide trop pressé; au retour, quand on
les interrogea sur ce qu'ils avaient vu, ils ne savaient
que répondre. C'est à peine si l'un d'eux, pressé de
questions et sortant enfin de sa torpeur, put dire en
branlant la tête : « Trop de fumée, trop de bruit, trop
de maisons, trop de monde! »

Conditions extérieures de l'attention. — « Il est
dangereux, dit miss Edgeworth, d'employer des stimulants étrangers à l'objet qu'on étudie. » Assurément il
faut le plus possible faire sortir l'intérêt de l'étude elle-
même, et mettre en mouvement les ressorts intérieurs
de l'attention. Ce n'est pourtant pas une raison pour
dédaigner les secours qui peuvent venir du dehors, ni
pour méconnaître l'importance des conditions matérielles où l'enfant peut être placé.

Voici, d'après M. Bréal, quelques-unes de ces conditions :

« Le maître, autant que possible, reste en place, tenant la
classe sous ses yeux et exigeant que tous les yeux soient tour-
nés vers lui. L'enseignement ne commence que quand tous les
enfants ont pris une attitude droite et recueillie : un coup donné
sur la table ou un mot connu marque le signe que la classe
est commencée. Les questions doivent être adressées à la classe
tout entière ; aussi le maître fera-t-il toujours la question
d'abord, puis il laissera le temps nécessaire pour trouver la réponse, et c'est alors seulement qu'il nommera l'élève qui doit
répondre. Si l'écolier commence à chercher sa réponse après

qu'il est interpellé, c'est preuve d'inattention. La réponse faite par un élève, si elle est correcte, peut être redemandée à un camarade ; si elle est fautive, elle doit être corrigée par lui. Les phrases importantes sont répétées en chœur par toute la classe. Aussitôt que l'inattention se montre, le maître s'arrête. Un moyen de réveiller la classe, mais dont il ne faut pas abuser, c'est de la faire lever et se rasseoir sur un mot de commandement. Les élèves doivent toujours répondre à voix très haute ; au contraire, le maître pourra parler doucement. L'oreille des élèves s'habitue vite aux éclats de voix, qui dès lors ne servent plus à rien (1). »

A ces précautions il faut en joindre quelques autres que l'expérience suggère. L'attention varie avec les heures du jour, avec les jours de la semaine, avec l'intervalle qui sépare le travail et les repas. L'attention est plus puissante dans la classe du matin que dans la classe du soir, pendant les premières heures que pendant les dernières (2). Un éducateur circonspect tiendra compte de toutes ces différences pour régler l'ordre des études. Il commencera par les exercices les plus difficiles et rejettera à la fin de la classe ceux qui demandent le moins de peine.

Ne pas tolérer les distractions. — On n'assure véritablement l'essor d'une qualité intellectuelle, qu'en réprimant les défauts qui lui sont opposés : il faut donc combattre par-dessus tout la distraction, et, après avoir tout fait pour la corriger doucement, savoir recourir même aux punitions pour l'interdire.

« Les distractions, dit Kant, ne doivent jamais être tolérées, au moins dans l'école, car elles finissent par dégénérer en habitude. Les plus beaux talents se perdent chez un homme qui est sujet aux distractions... Les enfants distraits n'entendent qu'à moitié, répondent tout de travers, ne savent pas ce qu'ils lisent. »

Cas où l'attention est rebelle. — Le défaut d'attention provient soit accidentellement de circonstances passagères qu'il est relativement facile de modifier, soit de la nonchalance générale d'un esprit en tout temps incapable de se fixer.

Dans le premier cas, les remèdes à employer ne seront que l'application des conseils déjà donnés et qui tendent à placer l'esprit dans les conditions les plus favorables au développement de l'attention. Ces règles, d'ailleurs, doivent être appliquées avec délicatesse et en tenant compte des exceptions qu'elles comportent. Ainsi c'est une loi générale que l'attention est surtout puissante chez l'élève au commencement de la classe, alors qu'elle n'est pas encore fatiguée. Et cependant qui n'a remarqué que l'enfant avait quelque peine à se mettre en train? Généralement, quand l'enfant commence sa leçon, il patauge. Il lui faut quelques minutes pour se remaisir, pour ramasser les forces dispersées de son esprit. Il est rétif au début, comme un cheval qu'il faut fouetter au départ.

La situation est plus grave, quand on a affaire à des natures tout à fait ingrates, et quand l'inattention est le signe d'une indifférence générale de l'esprit.

Cette nonchalance d'humeur, dit Locke, est le pire défaut qui puisse se manifester chez un enfant, le plus difficile à corriger, parce qu'il a son principe dans le tempérament [1].

Mais, à vrai dire, cette inattention incurable est fort rare. Le plus souvent l'enfant, même le plus distrait en classe, parce que les leçons qu'il y reçoit n'ont pas d'attrait pour lui, retrouve toute son ardeur, toute son énergie, soit dans ses jeux, soit dans une occupation favorite. Il faut donc observer avec soin son caractère. S'il est indifférent dans toutes ses actions, il y a peu d'espoir. Mais s'il y a des choses, quelles qu'elles soient, qui attirent sa préférence et qu'il fasse avec plaisir, ayons soin de cultiver ce goût particulier; servons-nous-en pour exercer son activité, pour obtenir son attention.

(1) Locke, Quelques Pensées sur l'éducation, p. 188.

Une fois fixée et développée sur un point, l'attention pourra rayonner sur d'autres et s'étendre peu à peu aux études qui l'avaient d'abord rebuté.

Conséquences morales du défaut d'attention. — Ce n'est pas uniquement à l'étude, au travail intellectuel, que l'attention profite. La conduite de l'existence et les vertus du caractère n'ont pas moins besoin d'elle que les qualités de l'esprit. Le défaut d'attention dans la vie pratique est synonyme de légèreté et d'étourderie. Être habituellement attentif, ce n'est pas seulement le meilleur moyen de s'instruire et de progresser dans les sciences et la prière la plus efficace qu'on puisse adresser à la vérité pour qu'elle se donne à nous, c'est encore un des instruments les plus précieux du perfectionnement moral, la plus sûre manière d'éviter les écarts et les fautes, un des éléments les plus nécessaires de la vertu.

LEÇON VI

CULTURE DE LA MÉMOIRE

Importance de la mémoire. — La mémoire chez l'enfant. — Opinions de Rousseau et de madame Campan. — Caractères de la mémoire enfantine. — La culture de la mémoire. — Est-elle nécessaire. — Est-elle possible? — Exercice de la mémoire. — Diverses qualités de la mémoire. — 1º Promptitude à apprendre; — 2º Ténacité du souvenir; — 3º Promptitude à se rappeler. — Mémoire et jugement. — Mémoire et récitation. — Opinion de M. Herbert Spencer. — Arguments pour et contre. — Où la récitation littérale est nécessaire. — Les exercices de récitation. — Abus de la récitation. — Choix des exercices. — Résumé des conditions du développement de la mémoire. — Procédés mnémotechniques. — Association des idées. — Diverses formes de la mémoire.

Importance de la mémoire. — Il n'y a pas lieu de disserter longuement sur l'utilité de la mémoire. Parce qu'on a abusé d'elle autrefois, parce qu'on a eu le tort de lui sacrifier les autres facultés de l'esprit, dans des systèmes d'éducation où l'instruction lui était exclusivement confiée, des pédagogues se sont avisés de la décrier, de la tenir en suspicion, de la traiter presque en ennemie. Ont-ils songé à ce que deviendrait l'éducation sans elle? Ont-ils considéré qu'il n'est, pour ainsi dire, pas de moment où l'enseignement puisse se passer de son aide? Elle enveloppe, elle accompagne les autres facultés; elle les approvisionne toutes.

« La mémoire, disait Pascal, est nécessaire à toutes les opérations de l'esprit. » — « Sans la mémoire, écrit Guizot, les plus belles facultés restent inutiles » La vie morale elle-même, aussi bien que la vie intellectuelle, repose sur la mémoire, et, comme dit Chateaubriand:

« le cœur le plus affectueux perdrait sa tendresse, s'il ne se souvenait plus. »

Sans doute il n'est plus question aujourd'hui de lui laisser prendre sur l'esprit un empire qui n'appartient qu'au jugement, à la réflexion personnelle. Pour la mémoire, comme pour les autres puissances de l'âme, une culture exclusive est dangereuse. Mais il serait aussi absurde de renier la mémoire parce qu'on a abusé de la récitation, que d'exclure le raisonnement parce qu'on a fait trop de syllogismes. Infiniment utile pour tous les usages de la vie pratique, la mémoire est en même temps le plus précieux des instruments pédagogiques. Il n'y a pas de faculté dont l'éducateur ait à réclamer plus souvent les services ; il n'y en a pas qu'il doive plus se préoccuper de développer et de former en vue de la préparation à la vie. Elle est la source directe d'un grand nombre de nos connaissances et la gardienne de toutes. Et M. Bain n'hésite pas à dire qu'elle est « la faculté qui joue le plus grand rôle dans l'éducation ».

La mémoire chez l'enfant. — C'est précisément à l'âge où l'on a tout à apprendre que la mémoire est le plus naturellement forte. Les pédagogues sont d'accord pour reconnaître que l'enfance est l'époque privilégiée de la mémoire. M. Bain estime que la période où la « plasticité du cerveau » et la puissance d'acquisition de l'esprit sont à leur maximum s'étend de la sixième à la dixième année. L'enfant en général est si heureusement doué sous le rapport de la mémoire, qu'il retient des mots et des phrases qui n'ont pas de sens pour lui, ou même qui n'en ont aucun.

C'est que la mémoire est en grande partie sous la dépendance des forces vitales et du système nerveux. Chez l'enfant, dont le cerveau croît chaque jour, dont les nerfs vibrent avec l'énergie qui n'appartient qu'à des forces jeunes et encore naissantes, dont la sensibilité n'a rien perdu de sa fraîcheur et de sa vivacité première, la mémoire doit nécessairement se développer avec une merveilleuse facilité. Plus tard, chez l'adulte, chez l'homme mûr, les puissances réfléchies de l'esprit viendront en aide à la mémoire ; mais elles ne réussiront pas à égaler cette mémoire spontanée du premier âge, ouverte à toutes les impressions, produit naturel et aisé d'organes jeunes et encore inemployés.

De plus, la force de la mémoire de l'enfant profite de la faiblesse et de l'inaction des autres facultés. L'esprit est encore vide : par suite il s'emplit sans effort. Plus tard les préoccupations, les soucis, les réflexions personnelles obstrueront plus ou moins le chemin aux impressions du dehors. Les souvenirs nouveaux auront de la peine à trouver place dans une intelligence déjà encombrée de souvenirs anciens. Ils se brouilleront et se confondront dans l'esprit, comme des caractères nouveaux qu'on voudrait graver sur un papier déjà couvert d'impression. La mémoire de l'enfant est une page blanche où tout s'imprime avec aisance, un miroir pur où tout se reflète.

Opinions de Rousseau et de madame Campan. — Que penser alors de l'opinion de certains pédagogues, d'après lesquels l'enfant, le petit enfant tout au moins, n'aurait pas de véritable mémoire ?

« Quoique la mémoire et le raisonnement soient deux facultés différentes, écrit Rousseau, l'une ne se développe véritablement qu'avec l'autre. Les enfants, n'étant pas capables de jugement, n'ont point de véritable mémoire (1). »

Et, de son côté, madame Campan déclare que « la mémoire ne se développe qu'à l'âge de trois ans (2) ».

Il suffit d'étudier de près l'opinion de Rousseau pour se convaincre que le désaccord avec lui est simplement apparent, qu'il dérive d'un malentendu qui porte sur les mots. La mémoire que Rousseau refuse à l'enfant est celle des idées abstraites ; il est le premier à lui accorder la mémoire des sons, des figures, et en général de toutes les notions sensibles.

(1) Émile, L. II.
(2) De l'Éducation, l III, ch. I.

Quant à l'affirmation de madame Campan, elle se rapporte à ce fait d'observation générale que l'homme mûr ne se rappelle pas les événements des deux ou trois premières années de sa vie. Ces premières années sont pour nous comme si elles n'existaient pas : une nuit noire les recouvre dans notre conscience, à peine coupée par quelques lueurs, par le souvenir de quelque accident grave, de quelque catastrophe. Leibnitz cite un enfant qui, devenu aveugle vers deux ou trois ans, ne se rappelait plus rien de ses perceptions visuelles (1).

Est-ce à dire pour cela que, même pendant ces années de début dans la vie, où la conscience est encore obscure, la mémoire de l'enfant n'agit pas, n'acquiert pas. Il suffirait, pour réfuter madame Campan, de rappeler qu'à trois ans l'enfant sait généralement parler, et que la connaissance des mots de la langue maternelle suppose un déploiement considérable de la mémoire. Seulement les premières acquisitions du souvenir sont frêles et fragiles ; elles ont besoin d'être fixées, fortifiées par le renouvellement des mêmes impressions, comme des peintures délicates où le pinceau doit repasser plusieurs fois pour maintenir les couleurs fugitives et toujours prêtes à s'effacer.

Caractères de la mémoire enfantine. — La mémoire de l'enfant a ses qualités propres et aussi quelques défauts.

Les qualités, c'est d'abord, chez les enfants bien doués, une rare puissance d'acquisition. Tandis que la mémoire fatiguée du vieillard se complaît à évoquer paresseusement les images du temps écoulé, celle de l'enfant est toujours en mouvement, toujours en quête de connaissances nouvelles, aussi facilement acquises qu'elles sont avidement cherchées. L'enfant voit tout, entend tout. Rien n'échappe à ses sens jeunes et vifs. Il distingue les objets, les personnes. Il a une merveil-

(1) Leibnitz, *Nouveaux Essais sur l'entendement*, liv. I, ch. III.

leuse aptitude à retenir les mots, à apprendre les langues : dans certaines conditions il en apprend deux et trois à la fois. Ce que l'adulte et l'homme mûr ne feront qu'au prix d'un travail pénible, alors que la mémoire surmenée sera devenue rebelle à l'enregistrement des notions nouvelles, l'enfant le fait avec aisance et sans y songer.

Un autre caractère de la mémoire enfantine, c'est la précision littérale, l'exactitude rigoureuse du souvenir. M. Legouvé compare justement l'enfant à un commissaire-priseur qui note tout, qui n'omet aucun détail. Avec une ponctualité digne d'être citée en modèle à l'historien, l'enfant se rappelle les moindres particularités des choses. Quand vous lui racontez une fable, une histoire qu'il connaît, ne vous avisez pas de changer un seul trait, un seul mot : sans quoi vous entendrez ses cris, ses protestations : « Ce n'est pas cela ! »

En revanche la mémoire de l'enfant a des faiblesses que le progrès de l'âge peut seul corriger. Elle pèche surtout en ceci qu'elle est peu apte à localiser exactement dans le temps les souvenirs qu'elle a acquis. La mémoire complète suppose une appréciation de la durée dont l'enfant est incapable, parce que cette appréciation exige la coordination des souvenirs. Qui n'a entendu des enfants de deux ou trois ans raconter comme un événement d'hier un fait dont ils ont été les témoins plusieurs mois auparavant ? Les souvenirs flottent trop souvent dans l'esprit de l'enfant, comme des images sans lien et pour ainsi dire détachées de leur cadre.

Culture de la mémoire. — Montaigne faisait remarquer avec raison qu'on ne s'occupe le plus souvent que de meubler la mémoire, qu'on oublie de la former. L'essentiel en effet n'est pas seulement que l'enfant sorte de l'école l'esprit bien garni de souvenirs et de connaissances ; il importe aussi qu'il ait à sa disposition une mémoire souple et forte, en état de s'enrichir

encore, de s'approprier des notions nouvelles et de se
plier aux usages de la vie.

Il y a donc deux parties distinctes dans la culture de
la mémoire. Il faut d'abord lui faire acquérir le plus
de connaissances possibles : ce qui est l'objet de l'enseignement tout entier. Il faut en second lieu la fortifier et l'accroître, en tant que faculté de l'esprit : ce
qui sans doute résulte en partie de l'enseignement lui-
même, mais ce qui exige aussi quelques précautions
spéciales, dont l'ensemble constitue ce qu'on peut
appeler l'éducation propre de la mémoire.

Est-elle nécessaire ? — Mais cette culture spéciale
de la mémoire est-elle nécessaire ? Et, s'il est démontré
qu'elle est nécessaire, est-elle possible ?

Nous n'hésitons pas à répondre affirmativement,
malgré l'opinion contraire de Locke.

Locke s'autorise précisément de l'emploi constant
que nous faisons de la mémoire dans le monde et
dans la vie pour contester l'utilité de l'exercer à
l'école.

> « La mémoire, dit-il, est si nécessaire dans toutes les actions
> de la vie, il y a si peu de choses qui puissent se passer d'elle,
> qu'il n'y aurait pas à redouter qu'elle s'affaiblît, qu'elle s'émous-
> sât, faute d'exercice, si l'exercice était véritablement la condi-
> tion de sa force (1). »

Sans doute la vie sera une bonne école pour la mémoire ; mais à une condition, c'est que la mémoire
ait déjà été assouplie, rompue au travail par les études
de la jeunesse, et que l'homme la reçoive des mains de
l'écolier comme un instrument déjà formé. Il n'y a pas
de maître d'école qui ne soit autorisé à donner un
démenti à l'opinion de Locke : car tous savent par expérience que les mémoires les plus heureuses ont besoin
de longs efforts pour atteindre leur maximum de force,
que les mémoires moyennes se rouilleraient bien vite,
si on ne les exerçait constamment, et qu'enfin les

(1) Pensées sur l'éducation, éd. Hachette, p. 761

mémoires ingrates resteraient toujours stériles, si on
ne les cultivait de bonne heure.

Est-elle possible ? — Mais Locke va plus loin
encore. Le fond de sa pensée, ce n'est pas que la
culture de la mémoire est inutile, c'est qu'elle est impossible. En exerçant la mémoire sur tel ou tel objet,
« on ne la dispose pas plus, dit-il, à retenir autre chose,
que, en gravant une maxime sur une plaque de métal, on
ne rend ce métal plus capable de retenir solidement
d'autres empreintes (1) ». Ici encore le pédagogue
anglais est en contradiction avec les faits. Quelque idée
que l'on se fasse théoriquement de la nature de la mémoire, qu'on la rattache entièrement à des conditions
organiques, comme MM. Luys et Ribot, ou qu'on la considère comme une puissance indépendante de l'âme, avec
tous les philosophes spiritualistes, il est pratiquement
certain que la mémoire progresse grâce à des soins habiles et à un exercice intelligent, et qu'il n'est pas vrai
de dire qu'elle dépend uniquement d'une « constitution
heureuse ».

Un autre paradoxe serait de soutenir avec Jacotot,
par une exagération contraire, que l'éducation peut
tout, que les mémoires sont égales à la naissance chez
tous les enfants, et que les inégalités proviennent exclusivement de la négligence, du manque de soins, de
l'inattention et du défaut de culture. Sans parler des
mémoires extraordinaires et exceptionnelles qui se
jouent de toutes les difficultés, comme celle d'un Ville-
main, répétant un discours après l'avoir entendu,
d'un Mozart écrivant le *Miserere* de la chapelle Sixtine
après deux auditions, d'un Horace Vernet ou d'un
Gustave Doré, peignant des portraits de souvenir, sans
invoquer le témoignage de ces mémoires prodigieuses
qui attestent par leur éclat la puissance de la nature,
il n'y a pas d'humble école où sur les bancs des élèves
le maître ne distingue de notables différences dans les
aptitudes naturelles à apprendre et à se souvenir.

(1) Voyez notre *Histoire de la pédagogie*, p. 171-172.

« L'inégalité des différents esprits, dit M. Bain, au point de
vue de l'assimilation des leçons, dans des circonstances absolument identiques, est un fait constaté ; et c'est là un des obstacles
que présente l'enseignement donné simultanément à un certain
nombre d'élèves groupés dans la même classe (1). »

Exercice de la mémoire. — Tenons donc pour
établi qu'il est nécessaire et qu'il est possible de cultiver la mémoire : or il n'y a pas d'autre moyen de la
cultiver que de l'exercer.

Mais, pour l'exercer utilement, pour arriver à des
recommandations vraiment pratiques, il ne suffit pas
de considérer la mémoire en général, dans son ensemble : il faut en analyser les éléments.

Diverses qualités de la mémoire. — « Une mémoire heureuse, dit Rollin, doit avoir deux qualités,
deux vertus : la première, de recevoir promptement et
sans peine ce qu'on lui confie ; la seconde, de le garder
fidèlement. » Il faut en ajouter une troisième, la facilité
à retrouver ce qu'on a vite appris et exactement retenu.
Ma mémoire est mauvaise, si elle ne me permet pas
de disposer avec aisance et promptitude de tout ce que
je sais, si, selon l'expression de Montaigne, « elle me
sert à son heure, non à la mienne ».

Ces diverses parties de la mémoire ne sont pas toujours réunies (2). Il arrive que qui apprend vite oublie
vite aussi. Les mémoires les plus agiles sont parfois
les plus infidèles. Leurs acquisitions ressemblent à des
fortunes trop rapidement faites et qui n'ont pas de solidité. Bien qui vient aisément s'en va de même.

Mais ces qualités pourtant ne s'excluent pas : elles
sont généralement solidaires l'une de l'autre. L'idéal est
de les posséder toutes à la fois, et l'éducation de la mémoire doit avoir en vue de perfectionner chacune d'elles
par des soins particuliers et par une culture spéciale.

1° **Promptitude à apprendre.** — C'est par cette

(1) Science de l'éducation, p. 18
(2) Il nous paraît tout à fait exagéré de dire avec M. Marion « Les trois
qualités de la mémoire ne sont presque jamais réunies. »

qualité surtout que la mémoire relève de la nature, des dispositions innées. L'art est impuissant à rétablir l'égalité entre ces intelligences dociles, malléables, aux impressions vives, qui s'imprègnent, pour ainsi dire, de tout ce qu'elles perçoivent, et ces esprits lents, paresseux ou rétifs, qui n'apprennent que très difficilement le peu qu'ils apprennent. N'en concluons pourtant pas qu'il aille désespérer de corriger au moins en partie ces défauts de nature :

« Il ne faut pas, dit très bien Rollin, se rebuter aisément, ni céder à cette première résistance de la mémoire, que l'on a vue souvent être vaincue et domptée par la patience et la persévérance. D'abord on donne peu de lignes à apprendre à un enfant de ce caractère, mais l'on exige qu'il les apprenne exactement. On tâche d'adoucir l'amertume de ce travail par l'attrait du plaisir, on ne lui propose que des choses agréables, telles que sont par exemple les *Fables* de La Fontaine et des histoires frappantes. Un maître industrieux et bien intentionné se joint à son disciple, apprend avec lui, se laisse quelquefois vaincre et devancer, et lui fait sentir par sa propre inspiration qu'il peut beaucoup plus qu'il ne pensait [1]. A mesure qu'on voit croître le progrès, on augmente par degrés et insensiblement la tâche journalière. »

En d'autres termes, ménager les mémoires faibles en ne leur demandant que des efforts modérés et gradués, ne pas les décourager dès l'abord, les exciter au contraire en leur préparant habilement de petits succès, en leur inspirant quelque confiance en elles-mêmes : tel est l'esprit des conseils pratiques de Rollin.

Ajoutons que la faiblesse de la mémoire n'étant pas un fait ultime de l'esprit, puisqu'elle dépend et dérive de l'absence de certaines conditions, de ce que les impressions manquent de vivacité, de ce que l'attention est rebelle, on aura beaucoup fait pour dégourdir les mémoires lentes, si l'on a su éveiller la sensibilité et fixer l'esprit de l'enfant.

(1) « Nous avons bien souvent fait apprendre devant nous, ou nous plutôt, en dix minutes, à toute une classe et parfaitement, une demi-page de texte, une courte fable de La Fontaine. Essayez ce procédé d'apprendre à tous les élèves une ligne quelconque, expliquée, comprise, et vous verrez se produire des résultats étonnants de mémoire collective. » (E. Rendu, *Manuel*, etc., p. 202.)

En particulier tout ce qui fortifiera l'attention aidera la mémoire. Or il n'y a pas de meilleur moyen de rendre un élève attentif que de lui faire bien comprendre et de lui expliquer nettement tout ce qu'on lui enseigne. La *Conduite des écoles chrétiennes* (édition de 1860) déclare elle-même que « les élèves n'apprennent que très difficilement ce qu'ils ne comprennent pas (1) ». Pascal disait de lui-même qu'il n'oubliait jamais ce qu'il avait une fois compris. Il n'y a pas, quoi qu'on en dise, de désaccord entre la mémoire et le jugement. En rendant compte de tout ce qu'il enseigne, en multipliant les explications, le maître ne travaille pas seulement pour le jugement, il travaille aussi pour la mémoire.

Ce qui contribuera aussi à développer la promptitude à apprendre, c'est l'ordre, c'est la liaison logique des connaissances que l'on propose à l'enfant, c'est en un mot l'association des idées.

« Il est indubitable, disait Port-Royal, qu'on apprend avec une facilité incomparablement plus grande et qu'on retient beaucoup mieux ce qu'on enseigne dans le vrai ordre, parce que les idées qui ont une suite naturelle s'arrangent bien mieux dans notre mémoire et se réveillent bien plus aisément les unes les autres (2). »

5° **Ténacité des souvenirs.** — Des souvenirs méthodiquement acquis, et dont la possession est garantie par l'attention qui les a fixés dans l'esprit, par l'intelligence qui en a compris le sens, défient en général l'oubli. En d'autres termes, tous les efforts qu'on a faits pour faciliter l'acquisition des souvenirs en assurent aussi la conservation.

Il y a cependant quelques règles particulières à observer relativement à la seconde qualité de la mémoire : la plus importante est la *répétition*, une des formes essentielles de l'exercice du souvenir.

C'est un vieil axiome pédagogique que la répétition

(1) *Conduite à l'usage des écoles chrétiennes*, p. 80.
(2) *Logique de Port-Royal*, 4° partie, ch. 2.

est l'âme de l'enseignement : *Repetitio mater studiorum*.
Il faut revenir souvent sur les mêmes choses, ne pas
craindre l'ennui d'un retour fréquent aux mêmes idées.
« On ne retient, disait Jacotot, que ce qu'on répète. »
Il en concluait, d'après l'adage *Multum, non multa*,
qu'il suffit d'apprendre une chose, et de la savoir bien.
La répétition continuelle d'un seul livre serait l'idéal
de l'enseignement. Exagération bizarre qui, sous prétexte de fortifier la mémoire, aurait pour résultat de
l'appauvrir ! L'étendue des connaissances n'est pas moins
précieuse que leur solidité. Mais il n'en reste pas moins
vrai qu'affranchie des bornes étroites où l'enfermait
Jacotot et employée sous toutes ses formes (rappel
pur et simple de ce qui a été dit, résumés, révision
générale). la répétition est une des conditions essentielles du développement de la mémoire.

« Il est rare, dit M. Bain, qu'un fait qui ne s'est produit qu'une
fois laisse une idée durable qui puisse revenir d'elle-même.
La fixation de l'impression exige un certain temps : il faut ou
prolonger le premier choc, ou le renouveler à plusieurs reprises
différentes. Telle est la première loi de la mémoire (1). »

Une autre condition importante de la fidélité des souvenirs, c'est la précision rigoureuse et exacte des idées
que l'on confie à l'esprit. Il ne faut pas se contenter
d'à peu près, et voilà pourquoi dans certains cas la récitation littérale, dans tous la connaissance détaillée,
minutieuse de ce qu'on lui apprend, doit être exigée de
l'enfant. Dans le chapitre intéressant, où elle s'en prend
à ceux qui ont prétendu remplacer *l'étude des mots par
l'étude des choses*, madame Necker de Saussure fait remarquer avec raison que ces deux études sont insépa-
rablement liées l'une à l'autre :

« On dit à l'élève de ne s'attacher qu'au sens des paroles dans
l'enseignement, sans porter son attention sur les termes, et
quand il récitait sa leçon, si l'on voyait qu'il en eût compris le
sens, on était content, quelles que fussent les expressions dont
il se servait pour en rendre compte. Néanmoins ces expressions

(1) Science de l'Éducation, p. 84.

étaient la plupart du temps bien vagues, bien inexactes, car les enfants ne sont pas de fort habiles rédacteurs. Cette compréhension dont on se flattait restait elle-même confuse, et s'échappait vite, faute de s'être liée à des mots fixes et positifs (1). »

3° Promptitude à se rappeler. — La précieuse et rare qualité qu'on appelle la présence d'esprit dépend en grande partie de cette troisième forme de la mémoire. Les meilleurs moyens de la développer seront d'abord les interrogations fréquentes. Il faut par des questions imprévues obliger l'enfant à faire effort, et pour ainsi dire secouer ses souvenirs. Il faut l'habituer à rentrer promptement en lui-même, pour y saisir au milieu de tant d'autres le souvenir qu'on lui réclame. On dégourdira ainsi les mémoires endormies, qui ont des trésors, mais qui ne savent pas en user.

Une autre recommandation importante, c'est de combattre la routine et ce qu'il y a pour ainsi dire de mécanique dans l'exercice de la mémoire. L'enfant qui apprend vite est trop souvent disposé à répéter machinalement ce qu'on lui enseigne, dans l'ordre et dans la forme où on le lui enseigne. Il débitera imperturbablement une série chronologique de rois de France ; il récitera sans y changer un mot un théorème de géométrie. Mais si on le dérange un peu dans cette opération toute machinale, il reste court. Il n'y a pas d'autre moyen de remédier à ce défaut ou de le prévenir, que de surprendre souvent l'enfant par des questions où l'ordre habituel sera interverti, et aussi de l'obliger à répéter sous une autre forme, avec d'autres expressions, ce qu'il aura appris.

Mémoire et jugement. — Une préoccupation dominante doit régler tous les efforts de l'éducateur dans cette recherche délicate des moyens de cultiver la mémoire : c'est de ne pas la développer au détriment du jugement (2).

(1) L'Éducation progressive, t. II, p. 204.
(2) On connaît l'épitaphe de P. Gardeur, jésuite du dix-septième siècle, auteur de grands travaux d'érudition : « Hic jacet vir bonæ memoriæ expers judicium. »

Un préjugé assez répandu veut que « la mémoire soit l'ennemie presque irréconciliable du jugement » (Fontenelle). A force de cultiver leur mémoire, certaines gens en viennent à laisser leur jugement en friche. On a affaire alors à des pédants insupportables, qui ne pensent point par eux-mêmes, ou qui n'osent risquer leur propre pensée que sous le couvert d'une citation, qui savent seulement ce que les autres ont dit et pensé. « Qu'est-ce, disait Kant, qu'un homme qui a beaucoup de mémoire, mais pas de jugement ? Ce n'est qu'un lexique vivant. »

Assurément il faut se défier, même à l'école, de l'excès de la mémoire. A cette faculté s'applique particulièrement la règle posée par Kant : « Ne cultivez isolément aucune faculté pour elle-même ; cultivez chacune en vue des autres. » Développée outre mesure, la mémoire annule, pour ainsi dire, les autres facultés, et, selon l'expression de Vauvenargues, « il ne faut avoir de mémoire qu'en proportion de son esprit ».

Mais il n'y a rien à redouter de la mémoire, si l'on a soin de la tenir à son rang et de la considérer seulement comme une faculté auxiliaire, « comme un merveilleux outil, selon le mot de Montaigne, sans lequel le jugement fait à peine son office ». Confiés à un esprit vivant, actif, qui garde la liberté de ses jugements, les souvenirs, quelque nombreux qu'ils soient, animent l'intelligence et la vivifient, loin de l'engourdir et de l'étouffer : ils la meublent sans l'encombrer. Ils y sont d'ailleurs le point de départ de toute une floraison de pensées nouvelles. Comme le dit un peu emphatiquement Mme Marchef-Girard, « la mémoire n'est pas un tombeau, c'est un berceau où l'idée grandit (1) ».

Mémoire et récitation. — Le discrédit où est parfois tombée la mémoire provient surtout de la confusion qu'on a faite entre la mémoire proprement dite et la récitation, c'est-à-dire une forme particulière de l'exercice de la mémoire. Alors même que l'on pro-

(1) Des Facultés humaines. Paris, 1862, p. 273.

arriverait la récitation et qu'on renoncerait à faire apprendre par cœur, il n'en serait pas moins nécessaire
de développer la mémoire.

Il s'en faut d'ailleurs que la récitation elle-même
mérite toutes les critiques dont elle est l'objet.

Opinion de M. Herbert Spencer. — M. Herbert
Spencer est de ceux qui ont le plus résolument condamné la méthode des récitations littérales (1).

> « L'habitude d'apprendre par cœur, autrefois universellement
> répandue, tombe tous les jours en discrédit. Toutes les autorités
> modernes condamnent la vieille méthode mécanique d'ensei-
> gner l'alphabet. On apprend souvent la table de multiplication
> par la méthode expérimentale. Dans l'enseignement des langues,
> on substitue déjà aux procédés des collèges d'autres procédés,
> imités de ceux que suit spontanément l'enfant quand il apprend
> sa langue maternelle... Le système qui consiste à faire ap-
> prendre par cœur donne à la formule et au symbole la prio-
> rité sur la chose formulée ou symbolisée. Répéter les mots
> correctement suffisait, les comprendre était inutile, et de cette
> façon l'esprit était sacrifié à la lettre. On reconnaît enfin que,
> dans ce cas comme dans les autres, plus on donne d'attention
> au signe, moins on en donne à la chose signifiée (2). »

Nous retrouvons ici les défauts habituels de M. Spencer, ses affirmations hautaines, absolues, dépourvues
de mesure et par suite de justesse. Qu'on ait abusé
autrefois, qu'on abuse encore des *leçons*, personne
n'y contredit; nous nous rappelons encore quelles
pénibles et lourdes heures d'étude nous passions au
collège, à répéter à voix basse de longs textes grecs,
latins et français. Mais parce qu'on a trop appris par
cœur autrefois, au collège et même à l'école, est-ce une
raison pour ne plus apprendre du tout par cœur ?

Arguments pour et contre. — Les adversaires de
la récitation font valoir divers arguments.

Les pédagogues américains se distinguent par la viva-

(1) M. Rousselot est tombé dans les mêmes exagérations : « Cette vieille
habitude de faire apprendre par cœur est un des plus fâcheux et des plus
tenaces préjugés de la pédagogie routinière : justement discréditée, tout le
monde la répudie en théorie. » (*Pédagogie*, p. 172.)

(2) *L'Éducation*, p. 97.

cité de leurs attaques. Ainsi M. James Johannot prétend que le système d'enseignement qui consiste à faire apprendre par cœur n'a plus sa raison d'être dans les sociétés modernes, où il s'agit moins de maintenir des traditions aveugles et un respect irréfléchi du passé que de fortifier la raison et de favoriser la réflexion personnelle (1).

L'argument ne vaut évidemment que contre un système de récitation à outrance, où l'on demanderait le mot à mot littéral dans tous les enseignements, même dans ceux qui le comportent le moins, comme les sciences et la morale.

D'autres pédagogues objectent que le résultat des exercices de mémoire ne vaut pas le mal qu'on se donne pour l'atteindre. Quel profit y a-t-il pour l'élève à réciter des phrases toutes faites, à acquérir une science purement verbale ? « Savoir par cœur n'est pas savoir, » disait Montaigne. De plus la récitation littérale exige un effort intense et de grands sacrifices de temps. L'esprit se fatigue et s'use dans cet effort. Et pendant que l'élève se tourmente et peine sur ses leçons, le temps passe, un temps précieux qui pourrait être mieux employé.

Nous répondrons que, pour certaines choses au moins, l'idée ne peut se séparer des mots qui seuls l'expriment avec convenance, et qu'il est par conséquent nécessaire de retenir exactement. Nous ne sommes vraiment maîtres de nos idées que quand nous avons trouvé les mots propres pour les exprimer. Dans un assez grand nombre de cas, savoir par cœur est le seul moyen de savoir. D'un autre côté, l'effort est nécessaire en éducation : il n'est pas bon de trop ménager l'enfant et de le tenir quitte de tout travail de mémoire verbale, parce qu'il aura compris et vaguement retenu le sens de ce qu'on lui enseigne.

Les objections que nous venons d'examiner portent

(1) *Principles and Practice of teaching*, New-York, 1881, p. 171.

donc plutôt contre l'abus de la récitation, employée sans mesure et mal à propos, que contre l'usage discret et modéré de la récitation littérale, dans les matières où elle est indispensable.

Où la récitation littérale est nécessaire. — Un pédagogue anglais, M. Fitch, a nettement établi la règle qui détermine les matières où la récitation littérale est nécessaire :

« S'il s'agit simplement de faire retenir des pensées, des faits, des raisonnements, laissez l'élève les reproduire à sa guise et dans son langage. Ce n'est pas le moment de mettre en branle la pure mémoire verbale. Mais si les mots qui servent à l'expression d'un fait ont par eux-mêmes une beauté propre, s'ils représentent quelque donnée scientifique, ou quelque vérité fondamentale qu'on ne pourrait exprimer aussi bien en recourant à d'autres termes, alors veillez à ce que la forme, aussi bien que la substance de la pensée, soit apprise par cœur (1). »

D'après cela il est aisé de fixer la limite que la récitation ne doit pas franchir. En grammaire, les règles principales ; en arithmétique, les définitions ; en géométrie, les théorèmes ; dans les sciences en général, les formules ; en histoire, quelques sommaires ; en géographie, l'explication de certains termes techniques ; en morale, quelques maximes : voilà ce que l'enfant doit savoir mot pour mot, *verbatim*. Et encore, bien entendu, à la condition qu'il comprenne parfaitement le sens de ce qu'il récite, et que son attention soit appelée sur les pensées non moins que sur les expressions. On ne doit confier à la mémoire que ce que l'intelligence a parfaitement compris. Pour tout le reste, il faut s'en rapporter à la mémoire large des pensées, non à la mémoire stricte des mots, et il est aussi fastidieux qu'inutile, aussi dangereux que pénible, de faire réciter de longues pages d'histoire, de grammaire ou de physique.

Les exercices de récitation. — Il y a pourtant un autre emploi important de la récitation : c'est l'étude

(1) *Lectures on teaching*, Cambridge, 1881. Ce livre est le résumé d'un cours de pédagogie professé en 188*, à l'université de Cambridge.

littérale des beaux textes, des morceaux de prose et de
vers dont il convient d'enrichir et d'orner la mémoire
des enfants. « Les exercices de récitation littéraire ne
sont pas assez pratiqués dans nos écoles (1) ». Il n'y a
pas de meilleur moyen de former le goût des élèves,
de leur apprendre à sentir, à goûter l'éloquence et la
poésie, la force des belles pensées et le charme du beau
langage. Une lecture même étudiée ne suffit pas toujours : il faut y joindre de temps en temps la récitation
verbale. Par là vous obligez la mémoire à un effort particulièrement énergique, à une véritable concentration
de l'attention. Par là vous obligez l'enfant à parler. Par
là enfin l'enfant pénètre plus intimement les procédés
et l'art des grands écrivains : il s'approprie leur style;
il se fait un trésor intérieur de beaux modèles, que l'esprit de l'élève se remémore inconsciemment quand il est
appelé à écrire à son tour. La récitation des auteurs
n'est pas seulement un exercice de mémoire : elle est un
exercice de langue, un exercice de prononciation, et
enfin une excellente préparation à la rédaction, à la
composition personnelle. Nous ne nous dissimulons pas
d'ailleurs la difficulté que présente le choix des morceaux
de récitation. Il faudrait, en effet, dans les pages qu'on
fait apprendre par cœur, trouver réunis et le talent de
l'écrivain et la simplicité d'une pensée juste et saine,
populaire en quelque sorte, à la portée du jeune auditoire que l'on instruit.

Abus de la récitation. — Qu'on prenne garde
pourtant à l'excès. Nous rappellerons à ce propos le
mot du littérateur anglais Johnson. Un jour qu'il
rendait visite dans une maison où florissait la mode de
faire apprendre des fables, un jeune enfant se présente
à sa rencontre pour lui déclamer un morceau, tandis
qu'à côté de lui son frère cadet se préparait à lui
débiter un autre morceau. « Mes petits amis, leur dit
Johnson, en interrompant celui qui parlait, ne pourriez-
vous pas me réciter vos vers tous deux à la fois?... »

(1) E. Rendu, *Manuel de l'enseignement primaire*, p. 201.

Mais ce n'est pas seulement pour ce motif déjà qu'ils sont insupportables aux autres, c'est parce qu'ils ne se rendent aucun service à eux-mêmes et qu'ils perdent leur temps que nous proscrivons les récitateurs à outrance. Nous n'admirons en aucune façon ces prodiges de mémoire qui consistent, par exemple, comme le dit Rabelais en s'en moquant, à réciter un livre d'un bout à l'autre, au rebours, en commençant par la fin.

« J'aimerais mieux, disait madame de Maintenon, en parlant de ses élèves de Saint-Cyr, qu'elles ne retinssent que dix lignes et qu'elles les comprissent bien, que d'apprendre un volume entier sans savoir ce qu'elles disent. »

Choix des exercices. — Peu et bien, telle sera donc la règle en fait de récitation. On choisira de préférence des morceaux intéressants, variés, tantôt en vers, tantôt en prose : en vers surtout pour les petits enfants. On les prendra courts. On aura soin de les lire en classe à haute voix, avant de les donner à apprendre : de sorte que l'exercice de récitation soit d'abord une leçon de lecture. On les expliquera avec soin. Nous ne sommes pas de ceux qui pensent que la mémoire doive jamais devancer l'intelligence, et qu'il y ait intérêt à procéder à une sorte de culture mécanique de la mémoire, en faisant apprendre des choses qui ne sont pas comprises. L'enfant, sans doute, avec sa merveilleuse facilité de souvenir, se plierait à ce travail machinal ; mais il y contracterait une habitude funeste, et dont il souffrirait toute sa vie, celle de répéter comme un perroquet des phrases dont il ne se rendrait pas compte.

Résumé des conditions du développement de la mémoire. — Un pédagogue anglais, M. Blackie, a heureusement résumé les conditions principales à remplir pour assurer la force de la mémoire ou pour suppléer à sa faiblesse (1). Ces conditions sont les suivantes :

(1, M. *Blackie*, op. cit., p. 22 et suiv.

1° La netteté, la vivacité, l'intensité de l'impression originale ;

2° L'ordre et la classification des faits ;

3° La *répétition* :

« Si le clou n'entre pas d'un seul coup, frappez deux fois, trois fois même ; »

4° La force de la logique :

L'homme qui ne se rappelle bien que les faits qu'il s'explique, cherche sous les faits l'enchaînement des causes ; »

5° Les relations artificielles établies entre les souvenirs ;

6° L'usage des notes écrites. A défaut d'une bonne mémoire naturelle, disait dans le même sens Montaigne, « je m'en fais une de papier ».

A ces conditions, qui sont toutes de l'ordre psychologique, il faut joindre, pour être complet, les conditions physiques.

« La première des circonstances favorables à la mémoire, dit M. Bain, est l'état physique de l'individu... L'état physique comprend la santé générale, la vigueur et l'activité de l'organisme, au moment où s'exerce la faculté, en y ajoutant, comme condition indispensable, qu'une portion suffisante de la nourriture, au lieu d'être consacrés exclusivement à activer les fonctions physiques, soit dirigée vers le cerveau (1). »

Tout le monde sait par expérience que la force de la mémoire est plus grande après qu'avant le repas, après qu'avant le sommeil.

Procédés mnémotechniques. — Les pédagogues ont souvent recommandé l'emploi de procédés artificiels qui, en établissant entre les souvenirs un lien

---

(1) *Science de l'éducation*, p. 17. Quelque disposé que nous soyons à faire entrer en ligne de compte les conditions physiques, nous pensons qu'en pédagogie, il faut être sobre de considérations de ce genre. Nous ne voyons pas ce que l'éducation peut gagner à des observations comme celle-ci : « Les mots dont nous disposons dans nos pensées ou dans nos discours ne se révèlent à la conscience que par l'activité des cellules spéciales siégeant, en *général*, dans la troisième circonvolution frontale de l'hémisphère gauche. » (Début d'un article sur la *Récitation classique*, de M. Douillet, dans la *Revue de l'enseignement secondaire*, mai 1885.)

factice, en garantissent la durée et en facilitent le
réveil.

Mais les procédés mnémotechniques ont d'abord
l'inconvénient d'habituer l'esprit aux associations
d'idées arbitraires et superficielles. Eussent-ils, au point
de vue du développement de la mémoire, toute l'efficacité qu'on leur prête, il faudrait encore les condamner
à raison de l'influence fâcheuse qu'ils peuvent exercer
sur le jugement et la raison.

Que faut-il en penser d'ailleurs au point de vue de la
mémoire elle-même?

« Il y a, dit M. Blackie, des relations artificielles qui ne sont
pas sans utilité : l'élève peut se rappeler qu'Abydos est situé
sur la rive asiatique de l'Hellespont, s'il se rappelle seulement
que les deux mots Abydos et Asie commencent l'un et l'autre
par la lettre A. Mais ce sont là des trucs plus appropriés à la
faiblesse de quelque instituteur malhabile qu'à la virile éducation donnée par les bons maîtres. Je n'ai pas grande confiance
dans l'emploi systématique des procédés mnémotechniques : ils
remplissent l'esprit d'une foule de symboles arbitraires et ridicules qui nuisent au jeu naturel des facultés. Les dates historiques, pour lesquelles on emploie généralement cette sorte de
mécanique compliquée, se graveront plus sûrement dans la
mémoire par leurs rapports de causalité (1) »

La véritable mnémotechnie est celle qui se fonde sur
les rapports réels, sur les associations naturelles des
idées, sur la méthode et l'ordre logique que l'on doit
introduire dans l'enseignement. Au contraire, la mnémotechnie qui a pour principe des rapprochements
artificiels et des rapports de convention, peut être utile
pour assurer la conservation d'un souvenir particulier;
mais elle nuit à la culture générale de la mémoire.
Tout ce qui aide la mémoire, en effet, ne la fortifie point,
et c'est lui donner de mauvaises habitudes que de lui
fournir des appuis extérieurs, des étais artificiels, qui
lui désapprennent de compter sur elle-même et sur la
nature des choses.

Association des idées. — L'association des idées

---

(1) M. Blackie op. cit., p. 24.

et une des lois essentielles du développement de la mémoire, en ce sens que les souvenirs se lient les uns aux autres, que leur liaison les fixe dans l'esprit, et qu'une fois associés par un lien quelconque, il suffit de l'apparition de l'un pour évoquer l'autre. Voilà pourquoi les études nouvelles, qui, par l'attrait de leur nouveauté même, excitent l'attention, fatiguent et déconcertent la mémoire, parce que les idées qu'elles suggèrent à l'esprit n'y trouvent pas de points d'appui, c'est-à-dire d'autres idées analogues auxquelles on puisse les rattacher.

Dans la culture de la mémoire, le pédagogue aura donc à tirer profit de l'association des idées et de ses divers principes: les uns fortuits et extérieurs, comme la contiguïté dans le temps et dans l'espace ; les autres intrinsèques et logiques, comme le rapport de cause à effet. Plus on établira de rapprochements entre les connaissances, plus on associera les idées, et plus la mémoire sera vive et tenace. Saint François de Sales disait sous une forme piquante : « La bonne manière d'apprendre, c'est d'étudier ; la meilleure, c'est d'écouter ; la très bonne, c'est d'enseigner ! » Si le meilleur moyen d'apprendre est en effet d'enseigner, c'est que précisément le professeur est obligé de classer, de coordonner les connaissances qu'il enseigne et de les soumettre à un ordre rigoureux et méthodique.

Diverses formes de la mémoire. — « On dit la mémoire, fait remarquer M. Legouvé : on devrait dire les mémoires. » Il y a en effet la mémoire des faits, la mémoire des mots, la mémoire des idées, la mémoire des dates, des lieux, d'autres encore. Et ces diverses mémoires, bien qu'elles ne s'excluent pas, s'unissent rarement chez le même individu. Tel qui retient imperturbablement une série de chiffres et de calculs, sera incapable de se rappeler les lieux, les formes des objets, les figures des personnes. C'est l'habitude, c'est l'exercice fréquent et répété, qui plus que la nature contribue à développer ces dispositions diverses.

Chaque profession, chaque métier tend à favoriser l'une ou l'autre. A l'école, le rôle du pédagogue doit être de combattre ces spécialisations de la mémoire, de ne pas souffrir qu'elle se dévoue exclusivement à l'acquisition d'un seul ordre de connaissances.

La mémoire, en résumé, doit être développée dans tous les sens, au profit des idées abstraites comme au profit des images et des notions sensibles. Elle doit être une puissance d'acquisition souple et générale, qui se prête à tous les travaux de la pensée, à toutes les occupations de la vie. Si elle n'est que la gardienne d'une catégorie privilégiée de souvenirs, elle rendra encore des services, mais des services restreints et particuliers. Elle ne sera plus la faculté universelle qu'il lui convient d'être, la servante de l'intelligence, servante d'ailleurs dont on ne peut se passer.

LEÇON VII

CULTURE DE L'IMAGINATION

Rôle de l'imagination. — Ses bienfaits. — Ses dangers. — Sa
puissance chez l'enfant. — Diverses formes de l'imagination. —
Imagination représentative. — Culture de l'imagination représentative. — Les images proprement dites. — Imagination
créatrice. — Existe-t-elle chez l'enfant? — Ses diverses manifestations. — Tendance mythologique. — Tendance poétique. — Les
contes. — Les récits. — Nécessité de la poésie. — Les romans.
— Les créations personnelles de l'imagination enfantine. —
L'imagination dans les jeux. — Les exercices de composition
littéraire. — Le dessin et les arts. — Discipline de l'imagination. — Quelques dangers particuliers à éviter. — La rêverie. —
Importance de l'imagination.

Rôle de l'imagination. — L'imagination n'est pas
une de ces facultés essentielles qui, comme la mémoire,
se mêlent à toutes les opérations mentales, ou, comme le
jugement, manifestent constamment l'activité de l'esprit. Il est impossible de se représenter une intelligence
qui ne se souviendrait pas, qui ne jugerait pas ; mais on
peut à la rigueur concevoir un esprit sans imagination.

Le jugement est l'acte normal de la vie intellectuelle ; la mémoire en est une condition nécessaire.
L'imagination n'est qu'une faculté auxiliaire, accessoire ; elle n'intervient qu'à ses heures pour aider,
et parfois pour entraver dans leur développement, les
autres pouvoirs de l'âme.

Bienfaits de l'imagination. — Ce n'est pas que
nous méconnaissions les grands et réels services que
l'imagination est appelée à rendre, soit dans la vie pratique, soit dans les lettres et dans les arts, soit même
dans la science. Nous n'oublions pas qu'elle embellit

l'existence par les rêves dorés dont elle nous berce, qu'elle entretient nos espérances, qu'elle comble par ses douces contemplations les lacunes, les intervalles de la vie active et réfléchie. Nous n'oublions pas non plus qu'elle est l'inspiratrice de la poésie, l'ouvrière de l'art, que sans elle la littérature ne serait qu'une froide et insipide photographie de la réalité. Le savant lui-même a besoin d'imagination : c'est elle qui lui suggère les hypothèses fécondes, les inventions hardies, qui le met parfois sur le chemin de la vérité ; et un philosophe a pu dire qu'il y aurait un chapitre de logique à écrire sous ce titre : *Des erreurs commises par défaut d'imagination* (1).

Dangers de l'imagination. — Mais s'il est facile de célébrer l'imagination et ses bienfaits, il ne l'est pas moins de la décrier et d'en dénoncer les dangers. De combien d'erreurs et d'illusions n'est-elle pas la source ! Pascal la caractérisait sévèrement « l'ennemie de la raison », une « maîtresse d'erreur et de fausseté ». Malebranche l'appelait « la folle du logis », pour exprimer quel égarement et quel désordre elle peut jeter dans les esprits !

L'éducation de l'imagination ne sera donc pas seulement une œuvre d'excitation et de développement. Comme la sensibilité, comme toutes les facultés troublées et troublantes, susceptibles de bien et de mal, l'imagination devra être surveillée, contenue et réglée.

« D'autres facultés, dit madame de Saussure, ne donnent lieu à aucune contrainte. Tout exercice innocent qui tend à fortifier l'attention, le raisonnement, la mémoire, entre dans nos vues, et nous pouvons nous livrer sans scrupule au soin du développement ; mais aussitôt que l'imagination devient le sujet qui nous occupe, tout est plus délicat et plus dangereux. Contenir, régler, modérer, est souvent plus nécessaire que développer, et pourtant qui voudrait éteindre ? »

Sa puissance chez l'enfant. — Tous les philosophes, sauf Rousseau, qui, continuant à s'isoler dans ses

1 P. Janet, *Philosophie du bonheur*.

paradoxes, refuse l'imagination à l'enfant, après lui avoir refusé la mémoire, tous les observateurs de l'enfance sont d'accord pour lui reconnaître la précocité du développement de l'imagination. Madame de Saussure, qui a écrit sur ce sujet un des plus beaux chapitres de son beau livre, déclare qu'au début de la vie elle est « toute-puissante (1) ». Kant est d'avis que l'imagination enfantine est extrêmement forte, qu'elle a besoin d'être gouvernée, et non d'être étendue.

Ses diverses formes. — Mais, avant d'aller plus loin et pour mettre plus de clarté dans une question si délicate, il importe de distinguer tout de suite les deux formes principales de l'imagination : l'une, qu'on est convenu d'appeler l'imagination représentative, qui n'est guère qu'une mémoire vive, la faculté de revoir les yeux fermés ce que l'on a vu les yeux ouverts ; l'autre, qui est, à vrai dire, la véritable imagination, celle qui invente, celle qui combine sous des formes nouvelles les images empruntées à la mémoire. L'imagination représentative est d'ailleurs le point de départ de l'autre, l'humble berceau d'une faculté appelée aux plus brillantes destinées.

« L'imagination, dit madame Pape-Carpantier, don précieux, a été accordée à l'enfant pour lui permettre, lorsqu'il a imité ce qu'il a vu, de combiner lui-même à son tour des choses nouvelles. Aussi cette faculté est-elle douée d'une activité incessante qui pousse sans relâche l'enfant à l'action. Nous n'avons donc lieu de la stimuler que rarement ; mais nous avons à lui offrir des aliments sains, et à lui ouvrir des voies droites et bonnêtes (2). »

Imagination représentative. — On pourrait être tenté de croire que l'imagination représentative, manifestement utile à l'artiste et au peintre, qui ont besoin de se représenter vivement les objets, ne rend aucun service à l'enfant et ne joue aucun rôle dans l'éducation

(1) Éducation progressive, t. II, p. 297, ch. VIII. Motifs pour ne pas négliger devant l'enfance, la culture de l'imaginal en.
(2) Madame Pape-Carpantier, Cours complet d'éducation, 1874.

du premier âge. Mais un peu de réflexion suffit pour
prouver le contraire.

Une représentation vive des caractères de l'alphabet
sera d'un grand secours pour apprendre vite et bien à
lire et à écrire. Plus tard, dans le tracé des cartes géographiques, dans l'étude de la géométrie, à plus forte
raison encore dans les exercices de dessin, les enfants
bien doués sous le rapport de l'imagination, et qu'on
aura habitués à concevoir nettement les formes matérielles des objets, n'auront pas de peine à l'emporter
sur leurs camarades.

Dans l'étude de l'orthographe elle-même, l'imagination représentative a son importance. Comment
expliquer en effet que tel enfant aussi intelligent que tel
autre, qui même a fait beaucoup plus de lectures, soit
cependant moins prompt à apprendre l'orthographe ?
La cause en est vraisemblablement dans la faiblesse de
l'imagination représentative. Certains enfants qui lisent
vite ne suivent en quelque sorte le texte que par la pensée : leurs yeux ne se fixent pas assez sur les mots
eux-mêmes, sur les divers éléments qui les composent.
De sorte que, appelés à écrire de mémoire un mot qu'ils
ont lu dix fois, ils l'estropient, ils le défigurent, ils n'en
reproduisent pas toutes les lettres; comme des dessinateurs maladroits qui, par défaut d'imagination, ne
savent pas représenter exactement l'objet qu'ils ont vu et
qu'ils veulent dessiner de tête.

Culture de l'imagination représentative

Très puissante instinctivement, et pour les mêmes raisons que la mémoire, l'imagination représentative peut
cependant être l'objet d'une culture spéciale. Les exercices d'intuition, tels que Pestalozzi les pratiquait, contribueront surtout à cette éducation. « L'accroissement
des connaissances, dit M. Bain, est à peu près le seul
moyen de cultiver ou d'augmenter cette faculté (1). » A
cette condition pourtant que l'on veille à la précision des

(1) Science de l'Éducation, p. 72.

connaissances communiquées, à la netteté, à la vivacité des perceptions acquises. Beaucoup d'idées confusément et vaguement conçues ne feraient qu'embrouiller et obscurcir l'imagination. Pour bien imaginer, il faut commencer par bien voir.

Habituée à concevoir clairement et distinctement tout ce que les sens perçoivent, l'imagination deviendra un bon instrument d'intuition, instrument précieux, non seulement pour se rappeler les objets qu'on a vus, mais aussi pour se représenter ceux qu'on ne voit pas. La faculté d'imaginer en effet, à un degré supérieur, est autre chose que la simple reproduction photographique de la réalité perçue : elle permet de concevoir avec netteté un objet quelconque, d'après une simple description verbale. Elle est d'un grand secours pour l'étude de l'histoire, de la géographie, parce qu'elle met l'enfant en état de voir, par les yeux de l'esprit, les lieux, les événements, les hommes dont on lui parle. Elle anime l'enseignement ; elle rend vivantes les idées ; elle donne de la couleur aux choses ; elle est une source d'intérêt.

Il faut d'ailleurs prendre garde que l'enfant n'abuse de cette faculté de conception. Très disposé à penser par images, il n'a pas à sa disposition, dans les premières années de sa vie, cette algèbre de la pensée qu'on appelle le langage. Derrière chaque mot qu'on prononce, il voit avec ses détails de forme, de couleur, l'objet que désigne ce mot. Disposition dangereuse, si elle est poussée trop loin, parce qu'elle nuit à la netteté et à la célérité de la pensée, et qu'elle attarde l'enfant dans des imaginations inutiles. Il ne faut pas que l'image étouffe l'idée, et qu'elle gêne le travail de la pensée abstraite, en y mêlant tout un cortège de représentations sensibles.

Ajoutons que l'imagination représentative ne doit pas être considérée seulement comme un instrument qu'il s'agit d'assouplir et de fortifier : elle est une source directe d'acquisitions, elle peuple notre con-

science et notre cœur d'une multitude d'images et de
souvenirs.

De là, par conséquent, l'obligation de surveiller avec
soin, de choisir les premières impressions de l'imagination, d'écarter de l'enfant tout ce qui est laid, repoussant,
immoral. Madame de Sévigné répétait le mot célèbre :
« Tout est sain aux sains » ; en d'autres termes, dans une
âme saine et pure, même les impressions malsaines
ne laissent point de trace mauvaise. Cela est peut-être
vrai des consciences déjà formées, des esprits déjà con-
solidés, dont les tendances sont assez fortes, les habitudes assez fermes, pour repousser tout alliage impur,
et qui peuvent impunément traverser les impressions
les plus pernicieuses. Mais cela ne saurait s'appliquer à
l'enfant, dont l'esprit en voie d'organisation s'imprègne
de tout ce qui le touche et ne résiste à aucune suggestion.

Le spectacle de la nature, voilà ce qui convient le
mieux pour la première culture de l'imagination. Avant
qu'il soit capable de s'intéresser aux œuvres des
hommes, l'enfant est déjà disposé à admirer « le grand
poème que le doigt de Dieu a écrit sur la surface de la
terre ».

« Transportez donc souvent les enfants au sein de la nature,
dit Gasthey : qu'ils y recueillent en abondance des couleurs, des
formes, des parfums (1). »

Les images proprement dites. — Ce n'est pas
de notre temps qu'il est nécessaire d'appeler l'attention
sur l'importance des images proprement dites et sur le
rôle qu'elles peuvent jouer dans l'enseignement. De
toute part l'imagerie scolaire se développe ; elle
répand partout, sur les murs des écoles, dans les livres
classiques, sur les couvertures des cahiers scolaires, les
représentations des choses sensibles.

« Si nous pouvons montrer les choses aux enfants et les leur
faire toucher du doigt, dit M. Du Mesnil, ce sera le mieux : si les

(1) Gasthey, de l'Éducation, Paris, 1834, t. I, p. 444.

objets sont lointains, s'ils échappent par leur nature à toute démonstration immédiate, le maître qui sait dessiner appelle à son aide le livre d'images, les cartes ou le tableau (1). »

L'image est donc en honneur, et depuis Coménius qui, dans son *Orbis pictus*, l'a employée le premier comme moyen d'instruction, elle s'est popularisée en même temps qu'elle s'est perfectionnée. Les enfants les aiment, cela n'est pas douteux : certains pédagogues prétendent que les filles les recherchent encore plus que les garçons. Elles sont en tout cas la première poésie de l'enfance, et elles doivent être recommandées tout d'abord pour cette raison qu'elles amusent et qu'elles récréent. Mais elles sont aussi un moyen de développer l'imagination représentative, de fixer l'attention, de rendre l'étude attrayante ; elles sont enfin une école d'instruction directe, en même temps qu'une préparation à l'éducation artistique.

Imagination créatrice. — L'expression d'*imagination créatrice* est consacrée par l'usage ; mais elle est assurément inexacte. L'imagination agit, invente ; elle arrange à sa guise, elle agrandit, elle rapetisse, elle modifie de mille façons les éléments qu'elle emprunte à la réalité ; elle dispose, pour les associer d'après un idéal qu'elle conçoit, les images que lui fournissent l'observation et la mémoire ; mais, à vrai dire, elle ne crée pas.

Existe-t-elle chez l'enfant? — Quelque nom qu'on lui donne (2), et nous l'appellerions volontiers l'imagination active, l'imagination inventive, elle se développe d'assez bonne heure. Il vient un moment, dans la vie de l'enfant, où l'esprit n'est plus seulement une mémoire fidèle et une reproduction passive de ce que les sens ont perçu, où du choc de représentations multiples et de la rencontre d'images diverses, jaillissent, sous la stimulation des sentiments, un certain nombre de

(1) M. Du Mesnil, *Lettre à M. Jules Ferry*, 1880, p. 31.
(2) Les psychologues anglais l'appellent l'imagination constructive, par opposition avec l'imagination simplement reproductive.

8.

conceptions originales et neuves, qui attestent la fécon
dité propre de l'esprit. Bien entendu, toutes les intelligences enfantines ne sont pas égales sous ce rapport.
Plus qu'aucune autre peut-être, la faculté inventive
suppose une force d'intelligence et une puissance de
sensibilité qui sont très diversement réparties par la
nature. Mais ce qu'on peut affirmer, c'est que, à intelligence égale, un enfant aura d'autant plus d'imagination qu'il aura plus lu, plus voyagé, qu'il aura observé
plus de choses et assisté à plus de spectacles, qu'il
disposera enfin de plus de matériaux pouvant être
utilisés dans des combinaisons et des constructions
nouvelles.

Ses diverses manifestations. — Rien de plus varié
d'ailleurs que le jeu de l'imagination de l'enfant, dans
les mille voies où elle s'égare à la suite de fictions
naïves et de mensonges innocents.

Tendance mythologique. — L'enfant a d'abord
une tendance marquée à personnifier tous les objets qui
l'environnent, à se les représenter à son image, à entrer
en conversation avec les animaux, même avec les
choses inanimées. Son état mental se rapproche beaucoup de celui des peuples enfants, qui prêtent vie et
sentiment aux objets matériels, qui humanisent ou divi-
nisent toutes choses. « Le soleil s'est levé », dit-on à un
enfant. « Où donc est la bonne du soleil ? » demande-
t-il. Les Grecs croyaient qu'Apollon conduisait dans
l'espace le char du soleil : le petit enfant s'imagine que le
soleil doit être promené par une bonne, comme il l'est
lui-même.

Il n'y a pas grand bien à attendre d'une pareille tendance, qui renouvelle pour chaque enfant les crédulités
ridicules et les superstitions dangereuses de l'enfance de
l'humanité. Cependant on en tirera profit pour l'intéresser à la lecture des fables (1). L'enfant, pour aimer
La Fontaine, a besoin de croire réellement que les

(1) Voyez le délicat article de M. Antoine (article *Fables*), dans le *Dictionnaire de pédagogie*.

animaux, que les plantes parlent, qu'ils sont bien véritablement les auteurs des actions que le poète leur attribue (1).

Malgré Rousseau, qui veut qu'on ne montre aux enfants que la vérité, laissons le petit écolier s'égarer dans les fantaisies. Le grand jour de la raison se lèvera assez tôt pour faire évanouir les ombres et les fantômes de l'imagination.

Tendance poétique. — La différence entre le mythologue et le poète, c'est que le premier croit naïvement aux fictions de son imagination ; le second s'y complaît, sans y croire. Le poète cède à une demi-illusion analogue à celle que nous éprouvons au théâtre. Sans être tout à fait dupes des événements qui s'accomplissent dans le drame joué sous nos yeux, nous le sommes à moitié ; nous nous intéressons aux personnages de la pièce comme s'ils existaient, et nous savons pourtant qu'ils n'existent pas.

« Les enfants naissent poètes, » dit un observateur de l'enfance ; c'est pourquoi il faut les entretenir dans des idées poétiques.

L'imagination enfantine invente aisément d'elle-même des fictions qui la charment, des drames où elle donne des rôles à des personnages imaginaires. Le fils de Tiedemann imaginait des conversations entre des tiges de choux. Les enfants, dit M. Egger, se font des instruments à l'usage de leurs petits drames :

« Nous leur en fournissons nous-mêmes : ce sont les jouets. Mais ils n'en ont pas assez pour toutes les scènes qu'ils imaginent, et le même jouet leur servira souvent pour plusieurs rôles, quelquefois très divers (2). »

Madame Necker de Saussure cite un grand nombre de faits où se montre cette disposition poétique de l'enfant

(1) Goethey raconte l'histoire d'une petite fille qui, visitant un musée d'histoire naturelle, demanda à voir des cigales. On lui en montra deux. « Quelle est, dit l'enfant, de ces deux cigales, celle qui a eu une certaine affaire avec la fourmi ? »

(2) M. Egger, op. cit., p. 13.

à se figurer autre chose que ce qu'il voit, et elle conclut ainsi :

« L'existence entière des petits enfants est dramatique : leur vie est un rêve riant, prolongé, entretenu à dessein. Sans cesse inventant des scènes, décorateurs, acteurs, leurs jours s'écoulent dans la fiction, et à la puérilité près ils sont des poètes (1). »

Loin de décourager cet instinct poétique de l'enfant, ne songeons qu'à lui donner libre carrière. Puis, quand il sera las d'inventer lui-même des fictions, préoccupons-nous de lui en fournir ; racontons-lui ces histoires fabuleuses dont il est si avide ; emparons-nous de son goût pour les choses imaginaires, afin de le diriger à notre guise ; et joignons ainsi au développement spontané de l'imagination enfantine l'excitation nouvelle qui lui viendra de l'imagination d'autrui.

Les contes. — L'austère Kant excluait les contes de l'éducation. Il est impossible de souscrire à son jugement. Les contes portent la joie dans l'esprit de l'enfant, et la joie fait partie de l'hygiène intellectuelle. D'autre part, ils éveillent l'intelligence, et, comme le fait remarquer M. Sully, « l'enfant qui au logis se sera le plus « amusé à écouter des histoires, sera, toutes choses « égales d'ailleurs, un meilleur écolier. » Ne craignons donc pas les contes, les vrais contes, même ceux qui n'ont pas de prétention morale, et qui ne dissimulent aucune leçon sérieuse sous leurs aimables fictions.

« Quand on raconte une histoire aux enfants, dit mademoiselle Chalamet, pourquoi ne pas se proposer tout simplement de les amuser ? Pourquoi ne pas se contenter de conter pour conter, pour donner satisfaction à leur imagination qui demande un aliment (2)?

C'est trop peu dire pourtant que de présenter les contes comme de simples amusements. S'ils sont choisis avec soin, simples, délicats, honnêtes, si l'on en écarte les détails grossiers et de mauvais goût, les contes auront

(1) Madame de Saussure, l. III, ch. v.
(2) L'École maternelle, p. 224.

une portée plus haute. Ils seront pour l'éducateur un moyen sûr de fixer l'attention, en l'intéressant ; ils seront comme une amorce des études futures, et aussi une préparation à l'intelligence de la poésie véritable, dont il importe qu'aucun homme ne soit sevré (1).

Les récits. — Ce serait d'ailleurs une erreur de croire qu'on ne peut exercer l'imagination enfantine qu'en la nourrissant de fictions, en l'égarant dans les contes de fées. L'imagination s'applique aussi bien, et avec plus de profit encore, à la réalité elle-même.

« Il n'est pas besoin de lire des romans pour trouver des peintures de situations et de caractères calculées en vue de plaire à la fantaisie et d'élever l'imagination. Les vies d'Alexandre le Grand, de Luther, de Gustave-Adolphe, de tant de nobles personnages qui créent eux-mêmes l'histoire, ont une vertu éducatrice mille fois plus efficace que le meilleur des romans, peut-être que la plus belle des poésies... Mettez à profit ces vies, grandes ou sages, pour exercer l'imagination (2). »

L'histoire, à vrai dire, serait inintelligible sans imagination. Il faut, pour qu'elle instruise l'enfant, qu'elle soit comme une série de tableaux qui passent devant ses yeux, que l'esprit s'y promène comme dans un musée, où le regard se fixe tour à tour sur les portraits des grands hommes, sur les pays où se sont accomplis les événements historiques.

Passons donc le plus tôt possible des contes purement fictifs aux récits exacts et vrais. Mais dans ces récits parlons à l'enfant la langue de l'imagination, cette langue où, suivant l'expression populaire, *les paroles ont des couleurs.* N'attendons rien de bon d'un enseignement toujours sec, toujours abstrait, où jamais l'image brillante, la peinture vive, ne vient animer et embellir les faits.

(1) « D'où vient le goût singulier que les hommes ont pour les contes de fées ? Est-ce que le mensonge est plus doux que la vérité ? Non, les contes de fées ne sont pas un mensonge, et l'enfant, qu'il s'en amuse ou qu'il s'en effraye, ne s'y trompe pas un instant. Les contes sont l'idéal, quelque chose de plus vrai que la vérité du monde, le triomphe du bien, du beau, du juste. » (Laboulaye, Introduction des *Contes bleus.*)

(2) M. Blackie, *l'Éducation de soi-même,* p. 17.

Nécessité de la poésie. — Rousseau, nous l'avons dit, veut qu'on ne présente à l'enfant que la vérité toute nue. Ce serait lui interdire à tout jamais le sens de la poésie, qui est faite de fictions, et où la vérité est toujours couverte de voiles. Quelques esprits positifs de notre siècle s'accommoderaient peut-être de cet appauvrissement de l'imagination ; mais nous ne saurions, pour notre part, consentir à un pareil sacrifice. Il n'y aura jamais assez de poésie dans le monde, je ne dis pas seulement pour embellir et égayer la vie, mais pour l'élever et l'ennoblir. L'éducation populaire ne saurait s'en passer, et c'est de l'école primaire surtout qu'il faut ouvrir les portes toutes grandes aux poètes.

« C'est dans l'enseignement primaire plus que dans tout autre que la fiction est bienfaisante, indispensable, et doit trouver large place. Là où la culture est forcément bornée au strict nécessaire, ne vise qu'à l'utile, au pratique, et finit tôt pour faire place à des préoccupations positives, c'est là surtout qu'il importe de jeter un pur rayon de poésie qui puisse briller longtemps, toujours, s'il est possible. Pour l'enfant des classes supérieures, la vie avec ses révélations naturelles, les lectures, les voyages, le théâtre, la vue des œuvres d'art, le commerce des esprits, finira peut-être par réparer les erreurs ou combler les lacunes de l'éducation. Mais à l'élève de l'école primaire la vie ne réserve le plus souvent qu'une longue leçon d'expérience positive, d'aride prudence, de calcul terre à terre. La lumière, si elle l'éclaire, ne saurait venir que de vous. Voilà pourquoi il importe de la lui donner, et la plus brillante possible. Aussi bien l'âme humaine est ainsi faite qu'elle ne se peut passer de fictions, ou, si vous aimez mieux, d'un monde idéal. Otez-lui le merveilleux stupide et funeste de la superstition, rien de plus sage. Mais remplacez-le le mieux que vous le pourrez. Sinon, de deux choses l'une : ou vous réussirez à la dessécher, et à tarir en elle la source de la poésie intérieure ; — ou, ce qui sera beaucoup plus fréquent, vous ne l'aurez arrachée à un rêve que pour la jeter dans un rêve différent, mais peut-être plus pernicieux encore. Quiconque a réfléchi à la prodigieuse crédulité que rencontre l'utopie socialiste comprendra aisément notre pensée (1). »

Les romans. — Les romans sont les contes de fées de l'âge mûr, et les grandes personnes s'y plaisent au-

(1) Article Fiction, du Dr F. Buisson, dans le Dictionnaire de pédagogie.

tant que l'enfant à l'histoire de Cendrillon ou de Peau d'Âne. Mais, sans les interdire tout à fait aux enfants, il ne faut en permettre la lecture qu'avec réserve ; il faut, en tout cas, choisir avec un soin scrupuleux ceux qu'on met entre leurs mains. Les romans moraux, comme la plupart des romans anglais, les romans scientifiques, comme ceux de Jules Verne, et les romans de pure imagination eux-mêmes, peuvent être lus sans danger et même avec profit.

Créations personnelles de l'imagination enfantine. — L'imagination de l'enfant n'est pas seulement une faculté contemplative, qui se plaît aux beaux récits et aux inventions des autres : c'est aussi une faculté active, qui a besoin de créer pour son propre compte, qui se manifeste par des œuvres réelles, par des constructions personnelles, dans les jeux d'abord, plus tard dans les exercices de composition littéraire, dans le dessin.

Avant Frœbel, Coménius avait remarqué que « les enfants aiment à construire des maisons avec de l'argile, des copeaux ou des pierres ».

De son côté, le P. Girard écrit :

« L'imagination créatrice, sous forme de manie constructive ou destructive, se montre déjà dans l'âge tendre : car si le petit enfant veut faire preuve de sa force en détruisant, il aime aussi à produire à sa manière du neuf et du beau. Voyez comme il range ses petits soldats, ses maisonnettes, ses moutons, comme il se réjouit de ses combinaisons nouvelles. Il appelle sa mère pour qu'elle en jouisse à son tour (1). »

L'imagination dans les jeux. — C'est dans le jeu que l'enfant fait d'abord montre de son imagination naissante. Là, il invente, il combine à loisir, il s'abandonne librement aux caprices de sa fantaisie.

Il est à remarquer que les jouets qui séduisent le plus l'enfant ne sont pas ces joujoux raffinés qui, par leur perfection même, ne laissent rien à faire à son esprit

(1) Le P. Girard, de l'Enseignement régulier de la langue maternelle, t. III, p. 14.

d'invention, mais ceux qui se prêtent le mieux au développement de son activité personnelle.

« L'enfant veut créer sans cesse. C'est une création qu'un trou en terre. De cette même terre, qui sort du trou et qu'il tasse avec ses mains, l'enfant élève des montagnes qui lui paraissent d'une hauteur incalculable : un tas de poussière représente des architectures féeriques.

« C'est le même mirage qu'exerce la poupée d'un sou qu'il faut faire belle.

« L'autre, la riche, celle couverte de soie, n'a besoin de rien. L'enfant le sait et la dédaigne. Mais cette petite créature qui n'a en partage que ses yeux bleus, sa placidité, ses joues roses et un sourire éternel sur des lèvres de cerise, quelle imagination il faut pour l'habiller d'un chiffon d'indienne qui sera la robe, d'une rognure de tulle qui sera le fichu !

« La poupée d'un sou développe l'imagination de l'enfant, comme le poète développait jadis celle du peuple (1). »

Madame de Saussure fait observer dans le même sens que « les joujoux que l'enfant invente sont ceux qui l'amusent le plus (2). »

Gardons-nous de gêner l'enfant dans cet épanouissement libre et franc de son imagination. Après s'être exercée dans les divertissements du jeune âge, elle se trouvera prête pour un emploi sérieux dans le travail et dans l'étude.

Les exercices de composition littéraire. — Les travaux de composition littéraire mettent sans doute en œuvre toutes les facultés de l'esprit, mémoire, jugement, etc. Mais l'imagination y joue un rôle important, surtout s'il s'agit d'écrire une narration, une description. Au début il conviendra de faire appel uniquement à l'imagination représentative. Le petit narrateur, à propos de tel ou tel incident de sa vie, dira ce qu'il a vu, et aura seulement à prouver qu'il a bien vu. Mais peu à peu on l'exercera à faire plus, à inventer, à combiner de lui-même des événements ima-

(1) M. Champfleury. Les Enfants, p. 184.

(2) « Il est très vrai, dit aussi M. Egger, qu'en jouant trop déterminé dans sa forme l'enfant préfère parfois quelque chose de grossier, dont son imagination peut faire ce qui lui plaît. » Op. cit. p. 42.

ginaires. Pour peu qu'on proportionne les sujets à
l'âge de l'enfant, qu'on les emprunte à son expérience,
qu'on le mette en état de trouver dans ses souvenirs
les matériaux de sa composition, il se pliera avec joie
à ce travail personnel !

Le dessin et les arts. — Mentionnons aussi,
parmi les exercices les plus naturels de l'imagination,
le dessin, le chant, et les arts en général.

« Chez Pestalozzi, dit Gauthey, le dessin était surtout un
art d'imagination. Avec quelques données, ses élèves inventaient
toutes sortes de figures et de combinaisons de figures, et souvent
ils arrivaient à des résultats très remarquables sous le rapport
de l'originalité et de l'élégance.

« Un tel exercice forme le goût et l'esprit d'invention chez les
élèves destinés à des professions très diverses. Le jardinier, le
serrurier, l'ébéniste, le tapissier, le maçon, ont besoin de la
faculté inventive aussi bien que du goût ; travailler à les développer chez eux, c'est leur préparer de plus grands succès dans
leur travail (1). »

Discipline de l'imagination. — De tout ce qui
précède il résulte qu'il y a une véritable culture scolaire de l'imagination (2). Nous avons surtout montré
comment on développe cette faculté, comment en suivant la nature on parvenait à l'exciter. N'oublions pas
qu'il convient aussi de la discipliner, de la modérer,
de la restreindre.

« Rien n'est plus dangereux, disait David Hume, que la
fougue de l'imagination. Les hommes d'une imagination puissante peuvent être comparés à ces anges que l'Écriture nous
représente se couvrant les yeux de leurs ailes. »

Les conceptions ardentes de l'imagination obscur-
cissent en effet l'esprit et nous cachent la vérité. Elles
exaltent le sentiment, elles nous précipitent dans la folie
des passions. Elles endorment l'activité et nous jettent
dans la molle rêverie. Autant une imagination modérée

(1) Gauthey, op. cit., t. I, p. 47.
(2) M. Rendu dit à tort : « Telle est l'essence de l'imagination qu'elle
n'est pas, au même degré que les autres facultés intellectuelles, susceptible
d'une éducation spéciale, j'entends d'une éducation scolaire. » (Pédagogie,
p. 123.)

est utile et nécessaire pour l'équilibre de l'esprit, autant l'excès d'imagination est fatal au bon sens, à l'énergie du caractère, à la rectitude de la conduite.

De quels moyens dispose donc l'éducation pour contenir l'imagination dans de justes limites ? Le meilleur est de susciter des forces contraires. La réprimer directement, la combattre de droit fil est chose difficile. Il est plus sage, il est plus sûr de lui chercher un contrepoids dans le développement de la raison et des facultés qui dépendent de la raison. Avez-vous affaire à un enfant dont l'imagination s'exalte et s'enflamme, exercez le plus possible son esprit d'observation, étendez sans cesse ses connaissances positives. Vous ne tempérerez cette imagination ardente, toujours prête à s'échapper dans la chimère, qu'à la condition de la mettre sous la garde d'une raison forte, d'une réflexion judicieuse, de lui donner, pour ainsi dire, de bonnes et sûres voisines en l'entourant de facultés puissantes et exercées, qui la surveillent, qui agissent sur elle, qui, en se développant elles-mêmes, la forcent à rentrer dans le rang.

Un autre moyen de gouverner l'imagination et d'en prévenir les écarts, c'est de l'occuper, c'est de lui fournir des aliments sains et nourrissants, afin qu'elle ne recherche pas d'elle-même une pâture quelconque.

« Exercer l'imagination est aussi nécessaire que de la contenir, dit madame Necker de Saussure, et peut-être ne la contient-on que lorsqu'on l'exerce. »

Quoi qu'on fasse, on ne peut éteindre l'imagination : il ne saurait être question de la faire mourir d'inanition. Ce serait d'ailleurs un grand mal que de tarir dans l'homme la source féconde de tant de belles et nobles choses. Mais, quoi qu'on pense d'elle, c'est assurément une force indestructible de l'esprit. Mieux vaut donc l'avoir pour soi que contre soi, mieux vaut lui tracer son lit que de risquer, en l'abandonnant à elle-même, de la voir déborder au hasard et en désordre

Madame de Saussure a fait voir que l'imagination, cette puissance irrésistible, même quand on croit l'avoir domptée, prend les formes les plus diverses, qu'elle se fait petite et anime d'un feu secret les plus misérables passions. Si vous lui refusez l'air et la liberté, elle se dérobe dans les profondeurs de l'égoïsme, et, sous des traits vulgaires, elle devient l'avarice, la pusillanimité, la vanité.

« Aussi il faut voir avec quel doux empressement madame Necker épie ses premiers mouvements dans l'âme de l'enfant ; avec quels soins intelligents elle cherche à en faire, dès l'entrée dans la vie, la compagne de la vérité ; comme elle l'entoure de tout ce qui peut la fixer dans le cercle du bien : les études qui agrandissent notre horizon intellectuel, le spectacle de la nature dans son merveilleux détail, les émotions des arts, rien ne lui paraît ni superflu ni dangereux pour diriger l'imagination dans la bonne voie. Elle craint de la voir s'échapper, faute de plaisirs assez vifs, vers d'autres routes (1). »

Quelques dangers particuliers à éviter. — Outre les grands dangers qu'une imagination évaporée ou fougueuse fait courir à l'esprit et au cœur, il y a, même dans le développement ordinaire d'une imagination médiocre, certains écueils à éviter.

C'est ainsi qu'il importe d'empêcher que l'enfant ne confonde la fiction avec la réalité. Il nous arrive parfois, lorsque, pendant le sommeil, nous avons été fortement hantés par un rêve passionnant, d'être obligés, au réveil, de faire effort pour chasser les fantômes qui obsèdent notre esprit et pour nous convaincre de notre erreur. L'enfant qui n'a pas encore des notions précises sur le réel et sur le possible, qui ignore presque absolument les lois de la nature, peut être aisément victime d'une duperie analogue de son imagination. Prenons garde qu'il ne fasse entrer de pures fictions dans la trame de ses pensées comme autant de notions vraies. Avertissons-le, quand nous lui contons une fable, de ne pas donner créance à notre récit. Comme le fait remarquer M. Egger, « il faut beaucoup de temps pour que la notion du *vraisemblable* se forme et s'établisse dans l'esprit ». Ne nous laissons pas aller à croire que l'étrangeté même

(1) Préface de la 5e édition de l'*Éducation progressive*. Paris, Garnier.

de nos inventions soit une garantie suffisante et qu'elle déconcerte la crédulité de l'enfant.

« Une des choses qu'on oublie le plus, c'est l'effet d'une entière ignorance. On appelle naturel ce qu'on a déjà vu, et l'on ne sent pas que pour l'enfant, qui n'a rien vu, tout est également naturel. Le possible est sans bornes pour lui (1). »

Signaler l'excessive crédulité de l'enfant, c'est proscrire du même coup toutes les inventions terrifiantes, toutes les histoires de Croquemitaine dont des éducateurs malhabiles et imprudents se servent pour gouverner l'enfant.

La rêverie. — Une autre tendance vicieuse de l'imagination, c'est de se perdre dans la contemplation vague, de se livrer aux molles et nonchalantes rêveries. Combien de fois ne sommes-nous pas détournés d'une attention sérieuse, d'une action précise et déterminée, par les fantômes indécis qui flottent dans notre esprit !

La rêverie peut devenir une maladie de l'intelligence. Assurément il ne faut pas compter que l'on puisse éliminer complètement, même de la conscience la plus studieuse et la plus réfléchie, ces conceptions parasites de l'imagination, pas plus qu'on n'extirpe entièrement les mauvaises herbes même du champ le mieux cultivé. Mais il faut pourtant empêcher que la rêverie ne dégénère en habitude, et pour cela il faut occuper l'esprit le plus possible par le travail d'une réflexion suivie et soutenue ; il faut fournir à l'imagination des aliments substantiels, de beaux vers que l'on apprend par cœur, de grandes actions qui reviennent à la mémoire dès que l'esprit a un instant de relâche. C'est surtout l'imagination oisive qui est prompte à rêver. Faites travailler l'imagination et les autres facultés ; et vous guérirez l'enfant de la rêverie, cette paresse de la pensée.

Importance de l'imagination. — On s'étonnera peut-être de l'importance que nous avons accordée à la culture de l'imagination. Assurément cette faculté ne

(1. Madame de Saussure, op. cit., t. III. ch. v.

saurait être comparée, pour les services qu'elle rend,
à la mémoire ou au jugement : elle n'est pas au même
degré une faculté pédagogique. Mais nous ne concéde-
rons jamais aux esprits positifs et exclusivement scientifiques qu'il puisse être question de la sacrifier. De tout
temps on lui a fait avec raison une grande place dans
l'enseignement : en effet, les compositions littéraires
usitées dans les collèges ne sont en partie que des
exercices d'imagination. Qu'on les restreigne, pour
étendre d'autant le domaine des connaissances réelles
et exactes, des faits et de l'enseignement pratique ; nous
le voulons bien, mais de grâce qu'on ne prétende pas
les supprimer.

« Je crains, dit M. Blackie, que professeurs et élèves ne soient
pas suffisamment pénétrés de l'obligation de développer avec
soin l'imagination... Elle n'est l'ennemie de la science qu'autant
qu'elle opère sans la raison, c'est-à-dire arbitrairement, sans
autre règle que le caprice. Avec la raison elle est le meilleur,
le plus indispensable des auxiliaires (1). »

Avec certains enfants dont l'esprit est languissant et
inactif, qui « naissent vieux », ce n'est pas assez d'exercer l'imagination : il faut la stimuler, non seulement
pour les éveiller à la vie poétique, mais aussi dans
l'intérêt plus modeste de leur succès dans les affaires
pratiques. L'imagination est en toutes choses un des
stimulants de l'activité, l'inspiratrice des inventions
heureuses, tout au moins le principe des expédients
utiles.

(1) M. Blackie, op. cit., p. 16.

LEÇON VIII

LES FACULTÉS DE RÉFLEXION. JUGEMENT, ABSTRACTION, RAISONNEMENT

Jugement et raisonnement. — Définition psychologique du jugement. — Divers sens de ce mot. — Importance de la justesse d'esprit. — Formation du jugement. — Le jugement chez l'enfant. — Première éducation. — Culture scolaire du jugement. — Méthode générale. — Règles particulières. — Liberté du jugement. — Discrétion du jugement. — Exactitude du jugement. — Le jugement et l'abstraction. — Abstraction et généralisation. — Formation des idées abstraites et générales. — Les idées générales avant le langage. — Tendance de l'enfant à généraliser. — Que faut-il penser de la répugnance de l'enfant pour l'abstraction ? — Abus de l'abstraction dans l'enseignement. — Importance des idées générales. — Difficultés de l'abstraction. — Règles pédagogiques. — Le raisonnement. — Importance du raisonnement. — Éducation du raisonnement. — Le raisonnement chez l'enfant. — Tendance particulière pour l'induction. — Mesure à garder. — Exercices spéciaux du raisonnement.

Jugement et raisonnement. — Juger, raisonner sont des opérations distinctes de l'esprit, irréductibles à toute autre. Il y a dans l'activité de l'intelligence trois degrés, trois moments essentiels : concevoir ou avoir des idées, juger ou associer des conceptions, raisonner ou lier des jugements. De même que le jugement est l'assemblage de deux idées unies par un acte d'affirmation qu'exprime le verbe *être*, de même le raisonnement est une suite, une liaison de jugements, rapprochés l'un de l'autre de telle sorte que le dernier apparaisse comme la conclusion légitime et la conséquence nécessaire des premiers.

Définition du jugement. — Le jugement, dans son acception psychologique, est l'acte essentiel de la pensée, comme la vie de l'esprit. C'est dans le jugement que les idées s'unissent et s'animent ; c'est dans la proposition, expression verbale du jugement, que les mots, signes des idées, s'assemblent et prennent corps.

Le jugement d'ailleurs domine et embrasse les autres opérations de l'esprit. Des jugements en effet sont la source de nos idées, et des jugements encore servent de conclusions à nos raisonnements.

Les perceptions des sens et de la conscience nous apportent des jugements tout faits, pour ainsi dire, des jugements primitifs, d'où l'esprit dégage, soit immédiatement les idées particulières, soit par un lent travail d'abstraction les idées générales.

Mais il y a aussi des jugements réfléchis, qui supposent une comparaison attentive d'idées précédemment acquises, et auxquels se mêle toujours un commencement de raisonnement, sinon un raisonnement complet et en forme.

Divers sens du mot jugement. — C'est donc à saisir les rapports des idées que consiste la fonction essentielle de ce que Rousseau appelait la « faculté judiciaire ». Mais, dans l'usage ordinaire, le mot jugement est souvent détourné de son sens psychologique.

C'est ainsi que pour madame Necker de Saussure le jugement n'est pas autre chose que le sens pratique, le bon sens appliqué aux choses de la vie :

« Ce qu'il est bien essentiel de développer, dit-elle, c'est cette branche particulière de la faculté du raisonnement qui s'applique à la conduite de la vie, celle qu'on a coutume de nommer jugement (1). »

C'est oublier que le jugement s'exerce aussi dans les sciences, dans les recherches spéculatives ; que l'observateur, le savant et le philosophe jugent, non moins que l'homme d'action.

Un autre emploi plus fréquent du mot jugement consiste à l'entendre encore dans un sens restreint,

(1) *De l'Éducation progressive*, t. VI, ch. vi.

comme synonyme de bon jugement. Le langage est
volontiers optimiste et donne souvent aux mots leur
sens le plus favorable. Dire de quelqu'un qu'il a du
jugement, c'est affirmer qu'il a l'esprit juste, qu'il
se trompe moins souvent que d'autres, qu'il a comme
une affinité naturelle pour la vérité, qu'il apprécie
sainement et sûrement les choses. Et cela, bien entendu,
quand il s'agit de jugements qui réclament de la péné-
tration et du discernement. On ne dira pas d'un homme
qu'il a du jugement, parce qu'il sera capable d'affirmer
que la neige est blanche, que le feu brûle.

Importance du jugement. — C'est dans ce sens
que la *Logique de Port-Royal* recommande le jugement
comme la qualité maîtresse de l'esprit :

« Il n'y a rien de plus estimable que le bon sens et la justesse de
l'esprit dans le discernement du vrai et du faux. Toutes les autres
qualités de l'esprit ont des usages bornés ; mais l'exactitude de
la raison est généralement utile dans toutes les parties et dans
tous les emplois de la vie... Aussi la principale application qu'on
devrait avoir serait de former son jugement et de le rendre
aussi exact qu'il peut l'être ; et c'est à quoi devrait tendre la
plus grande partie de nos études. On se sert de la raison comme
d'un instrument pour acquérir les sciences, et l'on devrait se
servir au contraire des sciences comme d'un instrument
pour perfectionner sa raison, la justesse de l'esprit étant infiniment plus considérable que toutes les connaissances spéculatives
auxquelles on peut arriver par le moyen des sciences les plus
véritables et les plus solides. »

Port-Royal dédaigne assurément trop les sciences
et leurs résultats positifs, les connaissances qu'elles
transmettent ; mais il n'y a pourtant pas exagération
à déclarer que toutes les études ont pour but la formation du jugement, que toutes les autres facultés doivent
être subordonnées au jugement. Avec beaucoup de
mémoire on peut être tout de même incapable de se
conduire dans la vie, avec beaucoup d'imagination on
s'égare le plus souvent ; mais avec beaucoup de jugement on va droit devant soi, et il n'est guère de difficultés qu'on ne puisse surmonter.

Culture du jugement. — Aussi la culture du jugement, depuis Montaigne et Port-Royal, est-elle devenue
pour ainsi dire le mot d'ordre de la pédagogie française.

Même les plus réfractaires en viennent à comprendre
l'importance du jugement. Dans la préface de la nouvelle édition de la *Conduite des écoles chretiennes* (1860)
le F. Philippe s'exprime ainsi :

« L'enseignement élémentaire a pris, dans ces dernier
temps, un caractère particulier dont nous devons tenir compte :
se proposant pour but principal de former le jugement de
l'élève, il donne moins d'importance qu'autrefois à la culture
de la mémoire ; il se sert surtout de méthodes qui exercent
l'intelligence et portent l'enfant à réfléchir, à se rendre compte
des faits, a sortir du domaine des mots pour entrer dans celui
des idées. »

Le jugement chez l'enfant. — Le jugement étant
inséparable de la pensée, l'enfant juge de très bonne
heure. Ses premières perceptions sont déjà des jugements : l'affirmation de ce qu'il voit, de ce qu'il entend.
Il n'est pas encore capable de jugements réfléchis : il
l'est déjà de ces jugements spontanés qui ne sont que
l'adhésion immédiate de l'esprit à la vérité perçue. Bien
avant qu'il soit en état de parler, la perception détermine en lui de petites croyances que manifestent ses
gestes, son sourire, ses mouvements. Il juge que la
bougie brûle, quand une fois il s'est brûlé, et il recule
pour l'éviter. Il juge qu'un objet est à sa portée, quand
il avance ses bras pour le saisir, pour l'atteindre. Sans
doute il se trompe souvent dans cette appréciation
de la distance, mais l'erreur est aussi un jugement.

« Examinez un enfant qui agit. Vous reconnaîtrez à la
manière dont il s'y prend pour atteindre ce qui passe sa portée,
pour tirer, pour pousser, pour soulever les corps, qu'il fait en
lui-même une espèce de raisonnement, et qu'il applique certains
moyens à un but déterminé, longtemps avant de pouvoir en
rendre compte par le langage (1). »

On sait du reste que l'enfant, dans ses premiers essais

(1) Miss Edgeworth, *Éducation pratique*, t. II, p. 202.

de langage, ne réussit pas tout de suite à donner à ses jugements une expression exacte et complète. Ne lui demandez pas des propositions régulières. Il supprime volontiers le verbe *être*, cette copule logique des idées dans la phrase. Le verbe être est, en quelque sorte, un verbe abstrait. L'enfant aime mieux les verbes attributifs, qui sont des verbes concrets. A défaut de verbe existant, il en invente, il transforme l'adjectif en verbe : il dira *Paul méchante*, au lieu de *Paul est méchant*. Le plus souvent son jugement exprimé ne sera qu'une simple juxtaposition du sujet et de l'attribut : *Paul sage*, *Paul méchant*. Sa répugnance à employer le verbe être n'a d'égale que sa gaucherie à s'en servir ; et le même défaut a été remarqué chez les sourds-muets, lesquels, quand ils apprennent à écrire, emploient volontiers des expressions comme celle-ci : *Je suis mange du pain*, pour *je mange du pain*. Mais il ne faudrait pas conclure de cette insuffisance du langage que le jugement est incomplet chez l'enfant. L'expression seule est en défaut. L'enfant cité par M. Taine qui, pour dire : *Le soleil se couche*, disait : *Ça brûle, coucou* (ça brûle, quelque chose de brillant comme le feu ; *coucou*, action de se coucher) pouvait employer des expressions étranges, mais il n'en formulait pas moins un jugement très précis.

Jugements réfléchis. — Il est plus difficile de dire à quelle époque se développe chez l'enfant la faculté du jugement réfléchi. Il faut, pour en arriver là, que l'esprit ait cessé d'être à la merci des perceptions sensibles, qu'il ait pris possession de lui-même, qu'il soit devenu capable d'attention, qu'il ait enfin à sa disposition, non seulement un grand nombre d'observations particulières, qui soient les matériaux de ses réflexions, mais aussi des idées générales qui lui servent de termes de comparaison.

L'enfant est très prompt à saisir les ressemblances, et c'est sur des analogies, le plus souvent légères, qu'il fonde ses premiers jugements personnels. M. Egger en cite quelques exemples intéressants :

« A cinq ans et demi, le fils d'un savant grammairien dit à son père : « Mais il y a des verbes féminins. — Comment? — *Pondre* est un verbe féminin ; on dit toujours : Elle **pond**, jamais : Il pond... »

« A quatre ans et deux mois, Émile voit fermer la fenêtre dans une chambre où l'on fume. Il se demande par où sortira la fumée, et il se répond en indiquant les fentes que laisse la fenêtre même fermée : « Car, dit-il, la fumée est *toute petite*; c'est comme l'eau : quand je mets de l'eau dans ma main, elle passe par là ; » et il montre l'interstice de ses doigts serrés l'un contre l'autre (1). »

Première éducation. — La pédagogie n'a guère à intervenir dans le développement élémentaire du jugement de l'enfant. L'éducation négative, celle que prônait Rousseau, mais qu'il avait le tort de trop prolonger, celle qui consiste à laisser faire la nature, à empêcher seulement qu'aucune influence mauvaise n'en altère le libre cours, l'éducation négative convient à merveille aux premières années de l'enfance. Ce qui importe à cet âge, c'est moins d'agir sur le jugement par une culture spéciale, que de le protéger contre les erreurs grossières, contre les préjugés qui, à la faveur de l'ignorance et de la crédulité de l'enfant, s'installent trop aisément dans son esprit et y jettent des racines indestructibles.

En ce qui concerne les jugements primitifs, il n'y a pas d'autres conseils à donner que ceux qui se rapportent à l'éducation des sens, et qui ont pour but d'assurer la clarté, la netteté, la force des perceptions. Quant aux jugements de comparaison, qui témoignent déjà d'une certaine initiative d'esprit, il convient de leur être indulgent, de ne pas se courroucer, parce qu'ils seront naïfs ou même ridicules, de les encourager plutôt, parce que, quelque enfantins qu'ils puissent paraître, ils sont le prélude d'une qualité infiniment précieuse, la liberté d'esprit.

Culture scolaire du jugement. — On a pu dire, non sans raison, que l'influence de la famille est plus

(1) M. Egger, *op. cit.*, p. 51, 56.

grande que celle de l'école sur la formation du jugement.
En effet, dans la liberté relative de la vie domestique,
l'enfant, un peu plus livré à lui-même, trouve plus
d'occasions d'observer et d'exercer son esprit. Il n'en
est pas moins vrai que les études, pour peu qu'elles
soient bien conduites, sont d'excellents exercices de
réflexion personnelle, et qu'il y a une culture scolaire
du jugement.

Méthode générale. — Dans plusieurs écoles allemandes, on croit bien faire de consacrer certaines
heures par semaine à la culture du jugement. Nous ne
comprenons pas bien ce que peuvent être ces *classes de
jugement*, qui nous rappellent les *classes de vertu* imaginées par l'abbé de Saint-Pierre. Conçoit-on un instituteur disant à ses élèves : « Maintenant, mes amis,
nous allons nous exercer à juger ! »

Non, l'éducation du jugement ne doit pas être
cherchée dans des leçons spéciales : elle résultera de
tous les exercices de l'école. Il n'est pas d'enseignement
en effet qui ne se prête, entre les mains d'un bon maître
à provoquer l'initiative de l'élève, à mettre en jeu sa
réflexion, à exciter l'énergie de son esprit. Si vous
écartez résolument les procédés de l'enseignement
mécanique et de l'éducation passive, si vous savez
faire appel à l'activité naturelle de l'enfant, si vous le
sollicitez par vos questions à penser de lui-même, si
vous « laissez trotter » le jeune esprit devant vous, le
jugement de votre élève se développera naturellement,
spontanément, comme se développent toutes les forces,
quand on les débarrasse des entraves qui les gênent et
qu'on leur laisse un libre cours. Plus vous introduirez
de vie, de liberté dans les études, plus l'enfant exercera son jugement, et plus il développera par conséquent sa faculté de juger.

Méthodes particulières. — Il y a cependant
quelques précautions particulières à prendre pour
former le jugement, surtout chez les plus jeunes enfants
et à raison même de la diversité des natures.

Le jugement de l'enfant est souvent timide : il faut l'enhardir. Il est parfois téméraire : il faut le modérer et lui apprendre la discrétion. Il est facilement inexact : il faut le redresser.

Liberté du jugement. — L'enfant au début paraît plus disposé à accepter docilement tout ce qu'on lui enseigne qu'à manifester des jugements personnels. De même qu'il a appris à parler, en répétant fidèlement les mots qu'il a recueillis sur les lèvres de sa mère, il apprend d'abord à penser en répétant les pensées d'autrui. Pour remédier à cette paresse de l'esprit, il faut compter beaucoup sur la nature, sur le progrès de l'âge. De lui-même et quand il aura acquis passivement un certain nombre de connaissances, l'enfant en viendra à comparer ses idées et à saisir entre elles des rapports nouveaux. Le rôle du maître consistera surtout à favoriser chez l'enfant cette tendance naturelle, à l'aider en lui présentant des sujets de réflexion appropriés à ses goûts, à lui suggérer des pensées faciles par le rapprochement d'objets analogues, ou par l'opposition d'objets différents.

Mais s'il est désirable que le maître sache être l'excitateur des esprits, il est avant tout nécessaire qu'il évite tout ce qui peut en contrarier et en restreindre l'élan naturel. Nous ne sommes que trop souvent responsables de la servilité d'esprit que nous reprochons à nos enfants. A peine ont-ils hasardé un jugement inexact, nous nous récrions, nous nous fâchons, nous les humilions par des remontrances trop dures et trop vives ; nous les décourageons enfin, et, pour n'avoir pas été assez indulgents à leurs premiers essais, nous les déshabituons de penser, ou tout au moins nous leur ôtons l'envie d'exprimer leur pensée : mal accueillis quand ils ont voulu se faire entendre, ils n'oseront plus ouvrir la bouche ; ils resteront cois désormais ; ils seront inertes et passifs, comme des enfants qui ne se risqueraient plus à marcher si on les grondait trop fort à leur premier faux pas.

Il faut donc à la fois enhardir par une excitation constante la liberté du jugement de l'enfant, et avoir soin de ne pas la décourager, quand elle s'égare, par des railleries ou des réprimandes.

Discrétion du jugement. — Mais à peine a-t-on réussi à former chez l'enfant le jugement personnel qu'il faut craindre de se heurter à un autre écueil, l'abus, la témérité du jugement. Il en est toujours ainsi dans l'éducation : les qualités les plus précieuses ne sont pas plus-tôt développées qu'elles peuvent, si on ne les surveille pas, engendrer de graves défauts. Une fois que l'enfant a appris péniblement à parler, un nouveau souci s'impose à l'éducateur : c'est de lui enseigner à se taire. Et de même, quand on a obtenu ce résultat important de dégourdir l'intelligence de l'enfant, il faut prendre garde qu'elle ne s'émancipe trop, qu'elle ne s'aventure dans des jugements téméraires, qu'elle ne devienne raisonneuse et bavarde. Et alors il faut changer de méthode, suivre une voie presque inverse à celle que nous venons de recommander, et doucement modérer l'initiative qu'on avait provoquée. L'art de l'éducation, comme la tactique militaire, est fait de marches et de contremarches, de vives pointes en avant suivies de prudentes retraites.

« Le problème le plus délicat de l'éducation du jugement, dit M. Sully, est de trouver un juste milieu entre l'excès de l'indépendance individuelle et une déférence non justifiée pour l'autorité (1). »

Ce n'est pas qu'il soit malaisé de couper court à la témérité des jugements de l'enfant : on le fera sans peine rougir de sa présomption. Le difficile, c'est de le convaincre de son erreur sans le jeter dans une confusion qui paralyserait son courage.

Même quand il se trompe le plus grossièrement, laissons-lui développer sa petite pensée, essayons de la comprendre ; et alors ne nous contentons pas de lui dire sèchement qu'il s'est trompé, montrons-lui par des explications nettes et claires en quoi et comment il s'est trompé ; détaillons-lui les causes de son erreur ; faisons-lui entendre qu'il y a des choses qui dépassent son jugement, et que, même dans celles dont il peut juger, il ne doit le faire qu'après avoir bien réfléchi. Enfin, tout en le ramenant à la vérité sur le point particulier de sa méprise, préparons-le à ne pas retomber, sur d'autres points, dans des erreurs analogues, par le fait de sa légèreté et de son irréflexion.

Exactitude du jugement. — En mettant l'enfant en garde contre sa disposition à juger des choses qu'il ne connaît pas, ou à juger trop vite de celles qu'il connaît, on a déjà beaucoup fait pour assurer l'exactitude de son jugement. Les jugements inexacts en effet ont le plus souvent pour causes, soit l'ignorance, soit la légèreté et la précipitation. Retenons le jugement de l'enfant sur les choses qu'il connaît bien, et il ne se trompera guère. Obtenons de lui qu'il soit attentif, et nous diminuerons encore les chances d'erreur.

> « La vraie règle de bien juger, disait Bossuet, est de ne juger que quand on voit clair, et le moyen de le faire est de juger avec une grande attention. »

Une autre manière de former le jugement propre de l'enfant, c'est de commencer par lui faire bien comprendre les jugements des autres, en ne lui proposant d'ailleurs que de bons modèles.

Ici comme partout il faut en effet compter sur la vertu de l'exemple. Qu'on ne présente jamais à l'élève que des jugements sûrs, sévèrement contrôlés ; qu'on lui explique nettement tous les mots qui les expriment ; qu'on l'oblige à se rendre compte du sens de tout ce qu'il étudie : et il en viendra insensiblement à mettre à son tour de l'exactitude dans ses jugements personnels.

Jugement et abstraction. — Le jugement est une construction de l'esprit, et, comme toute construction, suppose des matériaux. Les matériaux du jugement sont les idées, tantôt les idées particulières que la simple perception recueille, tantôt les idées abstraites et générales que l'esprit élabore. De même que la perfection d'une construction dépend en partie de la qualité des matériaux qui y sont employés, de même l'exactitude du jugement repose sur la netteté et la précision des idées qui servent à le former.

Examinons donc par quels moyens l'éducateur peut assurer le développement normal et rapide des facultés d'abstraction et de généralisation.

Abstraction et généralisation. — Nous ne séparons pas l'abstraction et la généralisation. Une idée abstraite en effet est en même temps une idée générale : l'idée d'un caractère commun à plusieurs individus, ou l'idée d'un groupe d'individus qui se ressemblent par un ou plusieurs caractères communs, par exemple l'idée de la *raison* ou l'idée d'*homme*. On ne généralise que parce qu'on abstrait, et réciproquement. L'enfant considère à part une qualité qui dans la réalité des choses est unie à d'autres qualités : cette abstraction résulte soit d'une analyse inconsciente, soit d'une analyse attentive et réfléchie ; il rencontre ensuite cette même qualité dans d'autres objets ; et par là il est conduit à saisir, dans un seul et même coup d'œil de son esprit, soit cette qualité générale en elle-même, soit les personnes ou les choses qui la possèdent. Mais ce n'est là qu'une description incomplète des opérations mentales de l'enfant : il faut voir de plus près et avec précision comment les choses se passent.

Formation des idées abstraites et générales. — Le langage joue assurément un grand rôle dans la formation des idées générales. Ce n'est pas qu'il faille entièrement se ranger à l'opinion absolue des philosophes qui prétendent que, sans le secours des mots, l'enfant serait incapable de saisir les rapports des choses. Mais les mots sont tout au moins nécessaires pour fixer, pour préciser les idées abstraites, pour en permettre le maniement facile et rapide.

L'enfant apprend d'abord un mot qu'on a prononcé
devant lui, et qui désigne un objet individuel et déterminé, le mot *papa*, par exemple. Dorénavant il l'appliquera à son père, mais il l'appliquera aussi à d'autres personnes. Qu'un monsieur à peu près de même taille, avec
une grosse voix, avec des habits semblables, se présente
à lui ; et il l'appellera aussi du nom de *papa*. Le mot était
individuel, il le fait général : il l'emploie non pour
désigner une personne, mais pour exprimer une
classe (1). Il y a donc chez l'enfant une tendance instinctive à généraliser, à saisir les ressemblances des
choses.

Bien entendu, si l'enfant généralise même les mots
individuels que nous lui suggérons, il généralise aussi,
et à plus forte raison, les mots généraux. Lui parle-
t-on de la blancheur du papier qu'il a sous les yeux,
il particularisera peut-être pendant quelque temps ce
mot abstrait, et la blancheur ne s'appliquera d'abord,
dans son esprit, qu'au papier seul : ce sera exclusivement la blancheur du papier. Mais l'enfant en viendra
bien vite à employer le même mot pour exprimer la
blancheur de tous les autres objets blancs.

Les idées générales avant le langage. — Les
mots sont donc les agents essentiels du travail de généralisation qui s'accomplit de très bonne heure dans
l'esprit de l'enfant. Mais une observation attentive
prouve que l'enfant est capable de généraliser même
avant de savoir parler.

Il ne saurait en être autrement, puisque l'animal lui-
même a quelques commencements d'idées générales : les
chiens, par exemple, distinguent parfaitement les mendiants, contre lesquels il faut aboyer, de tous ceux qui ne
sont pas des mendiants et qu'il faut recevoir. De même
le nouveau-né témoigne une préférence aux figures
jeunes et jolies, et ébauche ainsi une esquisse de généralisation. M. Pérez cite un enfant de huit mois, qui avait

(1) M. Janet remarque avec raison que l'enfant généralise le mot papa
plus volontiers que celui de maman.

pour jouet favori une boîte de fer-blanc, munie d'une ouverture où il fourrait tout ce qui pouvait y entrer; dès qu'on lui donnait un objet quelconque, il le retournait en tous sens pour y trouver une ouverture : « il avait donc l'idée générale de cette qualité, perçue dans plusieurs objets et qu'il cherchait dans tous, d'ouverture et de capacité (1). »

Tendance de l'enfant à généraliser. — C'est néanmoins lorsqu'il a appris à parler que l'enfant manifeste surtout son instinct de généralisation. Il a une tendance marquée, nous l'avons dit, à saisir les ressemblances grâce à la vivacité de sa mémoire, à en inventer même grâce à son imagination. Il généralise en dehors de toute règle, de toute classification reçue; il construit des classifications nouvelles, très originales parfois, fondées sur une analogie superficielle, sur des rapports lointains et vagues.

Les observateurs de l'enfance citent sur ce point un grand nombre d'exemples. Un enfant anglais qui avait appris le sens du mot *quack*, canard, employait indifféremment ce mot pour désigner l'eau, tous les oiseaux, tous les insectes, tous les liquides, enfin les pièces de monnaie elles-mêmes, parce que sur un décime français il avait aperçu un aigle. Ces généralisations indiscrètes et abusives tiennent sans doute, en premier lieu, à la pauvreté du vocabulaire enfantin. L'enfant est comme un homme qui, n'ayant pas beaucoup de vaisselle, mangerait tous les mets de son repas dans la même assiette : de même il fait entrer de force plusieurs sens dans un seul et même mot. C'est ainsi que les Romains appelaient les éléphants des *bœufs* de Lucanie. Mais ce ne sont pas seulement des raisons d'économie qui dirigent l'enfant : s'il fait voyager les mots d'un sens à un autre, c'est qu'il a réellement une merveilleuse aptitude à découvrir entre les choses des rapports qui échappent même à la perspicacité de l'homme mûr.

(1) M. Pérez. *Psychologie de l'enfant.* 5e éd., p. 224.

« Une petite fille de deux ans et demi avait au cou une
médaille bénite ; on lui avait dit : « C'est le bon Dieu. » Un jour,
assise sur les genoux de son oncle, elle lui prend son lorgnon et
dit : « C'est le bon Dieu de mon oncle. » — « Un petit garçon
d'un an avait voyagé plusieurs fois en chemin de fer. La
machine avec son sifflement, sa fumée, l'avait frappé : le
premier mot qu'il eût prononcé était *fafer* (chemin de fer) :
désormais un bateau à vapeur, une cafetière à esprit-de-vin,
tous les objets qui sifflent, font du bruit et jettent de la
fumée, étaient pour lui des *fafer* (1). »

**Que faut-il penser de la répugnance de l'enfant
pour l'abstraction?** — La première conclusion pédagogique qu'il convient de tirer de ces faits, c'est que la
répugnance de l'enfant pour la généralisation et l'abstraction n'est qu'une apparence. Ce qu'il n'aime pas,
ce sont les abstractions hors de sa portée, qu'on lui
présente trop tôt, qu'on lui impose sans préparation,
les abstractions qu'il ne comprend pas, parce qu'il ne
les a pas conçues lui-même, par un travail spontané
de son esprit. Mettons-le en présence des choses, rap-
prochons devant lui les objets de même genre, et son
instinct généralisateur se donnera volontiers carrière.
Attendons, pour lui apprendre les mots généraux, qu'il
ait recueilli assez d'expériences, qu'il ait eu sous les
yeux assez d'exemples concrets, pour en comprendre
exactement le sens. Surtout ne lui demandons pas tout
de suite de généraliser et d'abstraire dans le domaine
des idées morales ; dirigeons sa réflexion vers les
choses sensibles, les seules encore qui soient accessibles
à son intelligence.

Abus de l'abstraction dans l'enseignement. — On
a longtemps abusé de l'abstraction dans l'enseignement :
par exemple, en grammaire, lorsqu'on faisait passer les
définitions, les règles, avant les exemples, et en général
lorsqu'on accablait l'enfant sous une multitude de mots
généraux, qu'il ne comprenait pas ou qu'il comprenait à
peine. C'était obéir à la logique peut-être, mais c'était
assurément marcher au rebours de la nature. On a rompu

(1) M. Taine, *de l'Intelligence*, t. II.

aujourd'hui avec cette vicieuse méthode, et, comme le dit M. Bain, « c'est maintenant une règle universellement reconnue que, pour arriver à une idée générale, à une idée abstraite, la préparation essentielle est la connaissance des objets particuliers. »

Importance des idées générales ou abstraites.

Il ne faudrait pas que, pour réagir contre l'abus de l'abstraction, on en vînt à la bannir de l'école, ou simplement à l'ajourner. Si les idées abstraites sont de toutes les plus difficiles à acquérir, elles sont en même temps les plus importantes. Les intuitions particulières n'ont de prix qu'à une condition : c'est qu'elles conduisent peu à peu l'esprit aux idées générales qui les dominent et qui les résument. Ne nous attardons pas outre mesure dans l'éducation des sens, qui ne doit être elle-même qu'une initiation à la pensée abstraite. Il ne servirait de rien de faire défiler devant les yeux de l'enfant une multitude d'objets particuliers, si on ne lui faisait prendre en même temps l'habitude de la généralisation.

Difficultés de l'abstraction. — Ce qui rend compliqué et malaisé pour l'enfant le travail de l'abstraction, c'est que la généralisation, ne l'oublions pas, comporte divers degrés. S'il ne s'agissait que des premières notions générales, celles qui jaillissent, pour ainsi dire, spontanément de la comparaison des objets sensibles, familiers à l'enfant, son instinct, nous l'avons dit, l'y conduirait tout seul. Mais ces généralisations elles-mêmes, comparées entre elles, donnent lieu à de nouvelles généralisations plus hautes et plus abstraites. On ne se préoccupe pas assez, en général, de faire franchir successivement à l'esprit ces différents degrés; on le jette trop vite, et en négligeant les intermédiaires, dans les abstractions les plus élevées.

La difficulté s'aggrave à raison de l'impossibilité où l'on est, pour un grand nombre d'idées abstraites, de présenter aux yeux de l'enfant les objets particuliers dont elles expriment les rapports. Combien d'idées générales qu'on ne peut communiquer à l'enfant que par des mots ! Et ces mots, il a beaucoup de peine à les entendre, parce qu'ils dépassent la portée de son imagination. Or il n'y a pas de leçon, si élémentaire qu'elle soit, qui n'exige, soit en grammaire, soit en géographie, soit en histoire, soit en arithmétique, l'emploi d'un grand nombre de ces termes abstraits auxquels ne corespond pas pour l'enfant une préparation intuitive.

En résumé, si les premiers pas sont aisés dans le champ de la généralisation et de l'abstraction, si l'enfant se plaît à faire des classements, des groupements, dans le domaine des objets matériels, le progrès est difficile, et il faut un véritable effort intellectuel pour s'élever à des conceptions plus hautes, pour arriver à manier les abstractions elles-mêmes, à les détacher de tout lien avec les objets particuliers et les réalités sensibles.

Règles pédagogiques. — 1° La première règle, c'est, nous l'avons dit, que l'abstraction soit toujours précédée des intuitions correspondantes. Il faut pratiquer les méthodes que les pédagogues anglais recommandent sous le titre de méthodes de *juxtaposition* et *d'accumulation des exemples*, méthodes qui consistent à rapprocher les objets, à les juxtaposer symétriquement, pour mieux faire ressortir leurs ressemblances, à multiplier les exemples, en les choisissant de façon à ce que l'intérêt ne s'attache pas à leurs caractères particuliers, et que l'attention se porte sur leurs rapports.

M. Bain insiste en ces termes sur le choix des exemples :

« Il faut, dit-il, tenir compte du nombre et de la nature des objets : il peut y en avoir trop ou trop peu ; il se peut même qu'ils nuisent au développement de l'idée générale.

« Le choix doit être dirigé de manière à présenter toutes les variétés extrêmes. Il faut éviter d'accumuler les exemples identiques, qui ne font que charger l'esprit sans utilité ; des exemples variés sont nécessaires pour montrer toutes les combinaisons possibles de la qualité que l'on étudie. Pour bien faire concevoir la propriété abstraite de rondeur ou le cercle, il faut présenter à l'élève plusieurs exemples concrets dans des conditions différentes de grandeur, de couleur, de substance, de position et de rapports. Pour bien expliquer ce que c'est qu'un édifice, il faut citer des exemples d'édifices de destinations diverses (1). »

M. Bain a tort de mettre en première ligne les variétés extrêmes. Il convient plutôt de présenter à l'enfant, pour chaque classe d'objets, des spécimens moyens où les caractères communs à toute la classe apparaissent avec quelque relief et ne soient pas comme obscurcis par des particularités trop saillantes. Il faut, en d'autres termes, aider le travail de généralisation de l'enfant en ménageant à son esprit une transition facile d'un objet à un autre. Les variétés extrêmes, séparées par trop de distance, gêneraient assurément la perception des ressemblances ; elles ne doivent être présentées qu'en dernier lieu.

Quant au nombre des exemples, il varie selon les cas. M. Bain fait remarquer que pour certaines notions, celle d'une simple propriété, de la pesanteur, par exemple, un ou deux exemples suffisent, tandis qu'il est nécessaire d'en réunir un grand nombre pour donner une idée nette des grandes classes d'objets, les maisons, les plantes, etc.

2° Une seconde règle consiste à graduer les généralisations (2). Il faut que l'enfant, quand on lui présente une idée abstraite du premier degré, puisse indiquer les individus qu'elle comprend ; mais il faut aussi, quand il s'élève à une généralisation d'un degré plus élevé, qu'il puisse la décomposer, qu'il se rende compte des généralités plus simples, plus élémentaires, qui lui servent de support. L'ensemble des idées abstraites est comme une vaste machine dont les ressorts s'engrènent les uns dans les autres : pour que la machine marche, il est de toute nécessité qu'aucune pièce ne manque, que tous les intermédiaires soient à leur place.

(1) M. Bain, op. cit., p. 143.
(2) Voyez l'article Abstraction de M. Buisson, dans le Dictionnaire pédagogique.

3° Enfin il importe de surveiller l'emploi des mots, de définir exactement tous les termes dont on se sert avec l'enfant. On n'est que trop porté à se contenter d'une notion vague et confuse des termes généraux : il faut combattre cette indolence naturelle, il faut par des définitions précises éclairer l'élève, lui demander de prouver qu'il a compris, en lui demandant, soit d'employer des expressions synonymes, soit de citer des exemples particuliers, auxquels s'applique l'abstraction que l'on définit.

Le raisonnement. — Autre chose est le travail d'abstraction, de généralisation proprement dit, qui ne porte que sur les idées, sur les conceptions, autre chose le raisonnement qui associe et combine des jugements. Nous n'avons pas à rappeler ici ce que les psychologues nous apprennent sur la nature de cette opération et de ses diverses formes : l'induction et la déduction (1). Nous n'avons pas non plus à insister sur les règles que la logique impose au raisonnement. Notre objet est seulement de montrer comment l'éducation développe et cultive chez l'enfant le pouvoir de raisonner.

Importance du raisonnement. — Il est facile de comprendre l'importance de cette opération intellectuelle. Sans le raisonnement, la connaissance serait enfermée dans le cercle étroit des intuitions immédiates de la raison et des perceptions directes de l'expérience. Il serait interdit à l'intelligence humaine de dépasser l'horizon borné des sens et de la conscience, de concevoir les lois générales qui constituent la science et par lesquelles l'esprit embrasse l'univers entier.

Ce qu'il ne faut pas oublier d'autre part, c'est que l'on peut abuser du raisonnement, c'est que trop de logique nous égare et nous trompe, et qu'enfin il est vrai de dire de l'esprit ce que Molière disait de la maison des *Femmes savantes*

> Que le raisonnement en bannit la raison.

(1) Voyez notre article *Raisonnement* dans le *Dictionnaire de pédagogie*.

Le raisonnement chez l'enfant. — Locke est d'avis que l'enfant est capable de raisonner, qu'il entend raison, dès qu'il sait parler (1).

Condillac, disciple de Locke en philosophie, s'inspire aussi de sa doctrine pédagogique.

« Il est démontré, dit-il, que la faculté de raisonner commence aussitôt que nos sens commencent à se développer, et que nous n'avons de bonne heure l'usage de nos sens que parce que nous avons raisonné de bonne heure... Les facultés de l'entendement sont les mêmes dans un enfant que dans un homme fait. Nous voyons que les enfants commencent de bonne heure à saisir les analogies du langage. S'ils s'y trompent quelquefois, il n'en est pas moins vrai qu'ils ont raisonné. »

Et Condillac va jusqu'à comparer cette initiation instinctive de l'enfant à la langue maternelle, avec le raisonnement de Newton découvrant par une série d'inductions et de déductions le système du monde!

Nous répondrons à Condillac et à Locke qu'ils ont l'un et l'autre méconnu ce qu'il y a de général et d'abstrait dans le raisonnement, et qu'ils confondent les formes élevées de la plus haute opération intellectuelle avec ses formes inférieures, avec les inférences irréfléchies que l'on peut observer jusque chez les animaux.

Sans doute l'enfant raisonne en un sens ; mais cela sans presque le savoir, d'une façon à peu près inconsciente. De plus son raisonnement ne porte que sur les objets particuliers et sensibles qu'il perçoit tous les jours. Ne lui demandez pas de raisonner sur des idées abstraites. C'est à une logique instinctive qu'il obéit quand il saisit les analogies du langage. L'enfant de trois ou quatre ans s'obstinera à dire *à le cheval, à le jardin*, parce qu'il a entendu qu'on disait : *à la vache, à la promenade* ; il supprimera la diversité des conjugaisons, prononcera *batter* au lieu de *battre*, parce que la plupart des verbes qu'il a appris tout d'abord se conjuguent sur *aimer*.

(1) Locke, op. cit., p. 118.

Peu à peu cependant l'enfant devient capable de raisonnements véritables, de ceux qui supposent l'attention, l'effort de l'esprit, l'enchaînement conscient des jugements et des idées; et ce travail de raisonnement est assez précoce chez les enfants bien doués.

Éducation du raisonnement. — Pour le raisonnement comme pour le jugement, il n'y a pas, à proprement parler, de culture spéciale: c'est à propos de tout ce qu'il enseigne à l'enfant, grammaire, histoire, sciences, etc., que le maître peut et doit l'habituer à raisonner:

« Il n'y a pas de sujet d'étude qui, dans les mains d'un maître intelligent et actif, ne puisse contribuer à ce résultat. Ainsi l'étude de la géographie physique devrait être une occasion d'exercer l'enfant à raisonner sur les causes des phénomènes naturels. L'histoire de son côté, lorsqu'elle est bien enseignée, peut développer chez l'élève la faculté de saisir les analogies, de trouver la raison des événements, par exemple les motifs de telle ou telle action, de peser des arguments pour et contre, afin de décider ce qui est probable, juste ou sage, dans des circonstances données (1). »

Cependant l'enseignement des sciences reste le grand instrument de l'éducation du raisonnement. Les sciences en effet sont des ensembles de connaissances générales, rigoureusement fondées sur des déductions exactes et des inductions régulières, présentées dans un ordre méthodique et logique, exprimées avec précision. Il ne saurait y avoir de meilleure école pour les facultés de réflexion. En étudiant les sciences physiques, l'enfant s'habitue à généraliser, à induire avec prudence, et en s'exerçant à comprendre les démonstrations des sciences mathématiques il apprend à déduire avec rigueur.

Tendance particulière pour l'induction. — L'enfant est plus disposé à induire qu'à déduire; de même que, quand il altère le sens des mots, il les généralise dans leur signification plutôt qu'il ne les spécialise. Il est facile de comprendre en effet que l'esprit,

à ses débuts, aime mieux s'élever du particulier au
général que de descendre du général au particulier. Les
pensées de l'enfant sont presque toutes particulières; il
ne dispose que d'un petit nombre de connaissances générales. Or toute déduction suppose des principes généraux, des vérités universelles.

De ce fait résulte cette conséquence pédagogique
que les sciences inductives sont celles qui conviennent
le mieux pour les premières années de l'enseignement.
Les pédagogues se trompent qui, comme Diderot, veulent débuter par les mathématiques.

Mesure à garder. — « Raisonner avec les enfants
était, dit Rousseau, la grande maxime de Locke: c'est
la plus en vogue aujourd'hui... Pour moi, je ne vois rien
de plus sot que ces enfants avec qui l'on a tant raisonné. » Rousseau veut que l'enfant reste enfant.

> L'enfance, dit-il encore, a des manières de voir, de penser
> de sentir, qui lui sont propres; et j'aimerais autant exiger
> qu'un enfant eût cinq pieds de haut que du jugement à dix
> ans (1). »

Défions-nous sans doute des raisonneurs précoces;
mais ne tombons pas non plus dans l'erreur contraire.
que Rousseau a le tort de recommander, dans son désir
de retarder outre mesure le développement des facultés
de raisonnement. Locke est bien mieux inspiré quand
il dit:

> « Je crois pouvoir affirmer qu'il n'y a pas autant de plaisir à
> entendre un enfant bavarder avec agrément qu'à l'entendre
> raisonner avec justesse. Encouragez donc en toutes choses son
> humeur curieuse, et pour cela donnez satisfaction à ses ques-
> tions; éclairez son jugement autant qu'il peut être éclairé.
> Lorsque l'explication qu'il imagine lui-même est admissible à
> quelque égard, laissez-le jouir des éloges et de l'estime qu'elle
> lui vaut; mais lorsqu'elle est tout à fait déraisonnable, sans vous
> moquer de sa méprise, remettez-le doucement dans le droit
> chemin. Et s'il montre quelque disposition à raisonner sur les
> choses qui s'offrent à lui, faites tous vos efforts pour que per-
> sonne ne le contrarie dans cette tendance ou ne l'égare par des

(1) *Émile*, livre II.

réponses captieuses et illusoires. Car, après tout, le raisonnement, qui est la plus haute et la plus importante faculté de l'esprit, mérite les plus grands soins et doit être cultivé avec attention, puisque le développement régulier, l'exercice de la raison, est la perfection la plus haute que l'homme puisse atteindre dans la vie (1). »

Exercices spéciaux de raisonnement : 1° Déduction et syllogisme. — Bien que la culture du raisonnement soit surtout le résultat naturel des études et de la manière dont on les conduit, il n'est pas sans utilité de proposer à l'enfant quelques exercices spéciaux de raisonnement.

Dans le discours ordinaire, les raisonnements sont rarement exprimés sous la forme parfaite d'un argument syllogistique. Il est par suite très utile d'exercer les élèves à retrouver, dans des exemples choisis avec soin, les divers éléments du syllogisme, soit la conclusion, lorsque les prémisses seules sont énoncées, soit celle des deux prémisses qui, dans la rapidité du raisonnement, est restée sous-entendue. Par là l'élève acquerra l'habitude de démêler l'erreur dans les raisonnements, souvent incertains ou ambigus, dont se composent les discours des hommes. Sans avoir besoin de recourir aux règles savantes de la déduction, et par cela seul qu'il aura reconstruit le syllogisme dans ses trois propositions, un esprit attentif pénétrera facilement ce qui s'est glissé de faux ou d'équivoque dans le raisonnement.

Voici d'abord des exemples d'arguments où l'élève aura à suppléer une des propositions fondamentales qui sont nécessaires pour en assurer la légitimité :

Trouver la prémisse qui manque dans les raisonnements suivants :

— Il y a certaines colères qui ne sont pas blâmables. De quelle autre prémisse avez-vous besoin pour conclure que certaines passions ne sont pas blâmables ?

— Supposez un homme qui dit : « Je déteste les

(1) Locke, op. cit., § 122.

étrangers. » Trouvez une prémisse qui, jointe à cette assertion, l'autorise à conclure que « aucun étranger ne mérite d'être aimé ».

— Solon doit être considéré comme un sage législateur, parce qu'il a adapté ses lois au caractère des Athéniens.

— Un esclave est un homme : il ne doit donc pas être esclave.

— Rousseau était un homme trop ardent pour ne pas commettre beaucoup d'erreurs.

— Les éruptions de volcans, les tremblements de terre ne peuvent être considérés comme des avertissements envoyés par Dieu aux méchants, puisque ces fléaux atteignent à la fois l'innocent et le coupable.

— **Trouver la conclusion qu'impliquent les affirmations suivantes :** — Je sais que MM. A, B et C sont des sots, en même temps que des hommes instruits: ai-je le droit d'en tirer quelque conclusion ?

— Aucune science ne peut être absolument parfaite, et cependant toutes les sciences méritent d'être cultivées.

— Les préjugés indiquent un esprit faible, et nous rencontrons quelquefois des préjugés même chez des hommes très instruits.

Ramener à la forme syllogistique les arguments suivants : — La poésie n'est pas une science. Les caractères essentiels de la science sont la vérité et la généralité, et la poésie ne possède ni l'une ni l'autre.

— Il n'y a pas de guerre qui soit longtemps populaire, parce que la guerre entraîne toujours un accroissement d'impôts, et tout ce qui porte atteinte à nos intérêts ne jouit que d'une popularité éphémère.

— De deux maux il faut préférer le moindre : aussi une révolution passagère, étant un moindre mal qu'un despotisme permanent, doit lui être préférée.

Dans les exemples que nous venons de proposer, l'effort de l'élève doit porter sur trois points : 1° exposer nettement la conclusion — c'est-à-dire ce qu'il s'agit de prouver — dans une proposition, de façon à y distinguer le *grand terme* du *petit terme*; 2° découvrir le *moyen terme* de l'argument : il ne doit y en avoir qu'un dans tout syllogisme concluant; 3° déterminer exactement les deux prémisses, l'une qui associe le grand terme avec le moyen terme, l'autre qui au même moyen terme unit le petit terme.

Une fois le syllogisme reconstruit, le bon sens naturel suffit le plus souvent pour se rendre compte de la valeur et de la légitimité de l'argument. S'il restait quelque doute, il faudrait appliquer à l'examen du syllogisme suspect les règles de la logique : s'il ne viole aucune de ces règles, il est légitime et concluant.

Raisonnement inductif. — Pour faire comprendre exactement aux élèves le mécanisme du raisonnement inductif, il faut appeler leur attention sur les trois points essentiels de toute induction : 1° la *conclusion* qui doit être une *proposition*, une affirmation établissant que deux faits concordent ou ne concordent pas ; 2° le caractère de *généralité* de cette proposition qui doit être applicable à tous les cas d'un genre donné ; 3° enfin la *méthode* employée pour arriver à cette proposition générale, méthode qui est un appel à l'observation et aux faits.

On donnera une idée exacte des propositions générales qui sont le résultat de toute induction légitime, en prenant des exemples dans les différentes sciences :

— L'aimant attire le fer (physique).

— Les corps tombent dans le vide (physique).

— Les corps se dilatent sous l'influence de la chaleur (physique).

— Les substances les plus simples sont celles qui manifestent les plus fortes affinités (chimie).

— Les composés sont plus fusibles que les éléments (chimie).

— La température de l'eau bouillante détruit la vie animale (physiologie).

— Les corpuscules rouges du sang sont chargés d'apporter l'oxygène dans les tissus (physiologie).

— Le sentiment est toujours uni à la volonté et l'intelligence (psychologie).

— La crainte affaisse les facultés (psychologie).

— Plus la conscience a été vive, plus le souvenir est tenace (psychologie).

— Le développement du cerveau correspond au développement des muscles et en général de tous les organes (zoologie).

LEÇON IX

CULTURE DE LA SENSIBILITÉ

Éducation morale. — Nature complexe de la sensibilité. — Division des inclinations. — Que l'éducation du cœur est trop souvent négligée. — Nécessité de cette éducation. — Difficultés particulières de l'éducation des sentiments. — Développement de la sympathie chez l'enfant. — Caractères généraux de la sensibilité enfantine. — Abus de la sensibilité dans l'éducation. — Fausses apparences de la sensibilité enfantine. — Règles générales de l'éducation de la sensibilité. — Rapports du sentiment et de l'idée. — Communication des sentiments. — Rapports du sentiment et de l'action. — Génération des sentiments les uns par les autres. — Le sentiment du plaisir et de la peine. — Excitation des sentiments personnels. — Les passions.

L'éducation morale. — L'éducation intellectuelle est assurément la meilleure des préparations à l'éducation morale. Rien de ce qui est fait pour développer l'intelligence n'est perdu, tant s'en faut, pour la culture des sentiments, de la conscience morale et de la volonté. Dans une intelligence bien organisée, dont toutes les facultés ont reçu l'éducation appropriée à leur destination, les qualités morales du caractère germent spontanément. L'homme simplement instruit est parfois un méchant homme ; nous doutons qu'il puisse en être de même d'un homme bien élevé sous le rapport de l'intelligence. Une imagination réglée, une attention forte, un jugement solide, sont des barrières sûres qui garantissent de l'entraînement des passions et qui empêchent les écarts de la conduite.

Il n'en est pas moins vrai que l'éducation intellectuelle ne suffit pas, que les autres facultés méritent, elles aussi, une culture spéciale. L'homme sensible n'a pas moins de valeur que l'homme intellectuel. Nous ne sommes pas destinés seulement à connaître et à comprendre ; nous sommes faits aussi pour sentir et pour aimer. L'éducation morale se distingue donc de l'éducation intellectuelle, et son premier objet doit être la culture de la sensibilité.

Nature complexe de la sensibilité. — Rien n'est varié, rien n'est complexe comme les faits psychologiques que les philosophes rattachent à la sensibilité. C'est ici surtout, devant ces phénomènes si divers, qui sont les éléments de toutes les vertus et de tous les vices de l'humanité, devant les manifestations de ce qu'il y a de plus humble, de plus grossier, et aussi de plus élevé, de plus idéal dans l'âme humaine, qu'il conviendrait de faire comparaître, pour les confondre, les opinions extrêmes de ceux qui disent avec Rousseau : « Tout est bon ! » et avec Hegel : « Tout est mauvais dans l'homme ! »

La sensibilité est la source commune où les passions les plus dégradantes et les sentiments les plus élevés viennent s'alimenter. C'est d'elle que relèvent à la fois l'homme sensuel qui s'oublie dans les plaisirs du corps, l'égoïste qui s'absorbe dans la recherche de son bien personnel, le méchant qui sacrifie toutes choses à son humeur vindicative, l'homme dévoué et bon qui n'a d'autre plaisir que ceux qu'il procure à autrui, l'ami, le patriote, le philanthrope, qui font abnégation d'eux-mêmes pour servir les objets de leur culte.

De cette diversité même des phénomènes de la sensibilité il résulte que le rôle de l'éducation est double : il s'agit, tantôt de modérer ou même de réprimer les inclinations dangereuses, les passions mauvaises, tantôt de stimuler et de développer les belles et nobles parties du sentiment.

Division des inclinations. — La plupart des psychologues sont d'accord pour distribuer en trois classes les inclinations, les émotions de la sensibilité :

1° Les inclinations personnelles ou individuelles qui

ont pour objet le moi et tout ce qui s'y rapporte directement : tels sont les plaisirs de l'amour-propre, de
l'ambition. Un mot les résume toutes : l'égoïsme;

2° Les inclinations sympathiques ou bienveillantes
qui nous attachent à autrui, et pour lesquelles l'école
positiviste a inventé le nom barbare d'*altruisme*: les
affections en général, le patriotisme, l'amour de l'humanité ;

3° Les inclinations supérieures qui ont pour objet des
idées abstraites: l'amour du vrai, du beau et du bien.

Parmi ces diverses manifestations de la sensibilité,
les dernières forment une classe tout à fait distincte :
elles se rattachent à ce qu'il y a de plus élevé dans la
nature humaine, à la morale, à la science, à l'art
Nous les étudierons à part. Dès à présent nous n'exa
minerons, dans leur développement naturel et dans leur
éducation pédagogique, que les inclinations égoïstes
et les inclinations bienveillantes, en mettant surtout,
et dès le début, en relief celles qui constituent proprement la bonne sensibilité, l'amour des autres,
le cœur en un mot, le cœur par lequel, comme disait
le P. Girard. « l'homme est tout ce qu'il est ».

**Que l'éducation du cœur est trop souvent
négligée.** — Les psychologues ont inscrit depuis longtemps la sensibilité à son rang dans le tableau des
facultés humaines ; mais il semble qu'ils aient quelque
peine à se faire entendre des pédagogues. Ouvrez en
effet la plupart des traités de pédagogie : le chapitre du
cœur est généralement omis. Et la pratique en ce point
n'est que trop conforme à la théorie : combien d'écoles
où aucun effort n'est tenté pour cultiver les émotions, les
sentiments sympathiques, tout ce qui fait l'homme
bon, sociable, aimant et dévoué !

Bien plus, il est venu à l'esprit de certains écrivains
de faire un mérite de cette omission aux pédagogues
qui ont à se la reprocher : témoin ce passage de
M. Guizot:

« Le silence presque absolu que Montaigne a gardé sur cette

partie de l'éducation qui s'attache à former le cœur de l'élève, me paraît une nouvelle preuve de son bon jugement (1). »

Nécessité de cette éducation. — Nous ne saurions consentir à une semblable assertion, et le cœur ne nous paraît pas avoir moins de droits que l'esprit à une culture spéciale.

Est-il besoin d'abord de prouver que le cœur vaut pour le moins autant que l'esprit et que la sensibilité mérite la sollicitude de l'éducateur? N'est-il pas évident que le devoir lui-même doit être placé le plus souvent sous la garde du sentiment? Il n'y a de vertu vraiment assurée que celle qui se fonde sur l'amour même de la vertu. « Celui-là seul est vertueux, disait Aristote, qui trouve plaisir à l'être. » Défions-nous sans doute des hommes qui, comme Rousseau, ne cherchent que dans leur cœur le principe de leur conduite. Le cœur doit être réglé par la raison, et une sensibilité ardente peut s'allier aux plus étranges égarements du jugement et de l'action. Mais défions-nous aussi des esprits secs, trop raisonnables, qui ne s'inspirent que de la froide réflexion: ils feront plus de faux pas qu'on ne croit, si le sentiment ne leur vient en aide.

D'ailleurs, il y a plusieurs de nos affections qui font partie intégrante de nos devoirs. Aimer sa famille, aimer ses amis, aimer sa patrie, ce n'est pas seulement la source des plaisirs les plus délicats, des meilleures jouissances de la vie, c'est aussi le premier devoir d'un homme vertueux.

Difficultés particulières de l'éducation des sentiments. — Une des raisons du silence que les pédagogues gardent trop généralement sur la nature du cœur, c'est probablement la difficulté particulière de cette partie de l'éducation.

On ne donne pas des leçons de sensibilité, comme on donne des leçons de lecture ou de calcul. « L'affection, dit miss Edgeworth, ne s'apprend pas par cœur. » La

(1) *Méditations et Études morales*, p. 404.

maître tient dans ses mains les moyens d'exciter les
puissances intellectuelles de l'enfant : il place les objets
devant ses yeux, il lui communique les connaissances
par la parole, et de la sorte il agit directement sur les
facultés de l'esprit. Mais il n'a pas le même pouvoir sur
les sentiments. On ne peut commander à un enfant
d'être ému, comme on lui impose d'être attentif.

En outre, la grande diversité que la nature met aux
sensibilités humaines complique encore le problème.
Le cœur est, plus encore que l'esprit, un don naturel.
L'opinion commune, et elle n'est pas tout à fait fausse,
veut que nous naissions tendres ou secs, affectueux
ou froids. L'éducation semble impuissante à ré-
chauffer certaines âmes, à y faire apparaître la vie de
l'amour.

Malgré ces difficultés, il y a un art de cultiver la
sensibilité, et cet art consiste surtout à placer l'âme
de l'enfant dans les circonstances les plus favorables
au développement complet de ses dispositions naturelles.

Développement de la sympathie chez l'enfant.
— A l'origine, l'enfant n'est qu'un petit égoïste, et c'est
de son égoïsme même que se dégage peu à peu la sympathie, la faculté d'aimer.

De très bonne heure l'enfant témoigne de la sympathie ou de l'antipathie, non seulement aux personnes
et aux animaux, mais aussi aux choses inanimées.

Ses jouets, ses chevaux de bois, ses chats en caout-
chouc, lui inspirent l'affection la plus tendre. Et en
revanche il déteste sincèrement tout ce qui lui fait du
mal ou lui cause de l'ennui. « Le martinet, la serviette
à laver sont pour lui, dit M. Pérez, des ennemis personnels. »

Il est facile de constater que les premières sympathies
de l'enfant ne s'attachent qu'aux personnes qui lui
procurent un plaisir sensible. A six mois l'enfant ne
sourit encore volontiers qu'à sa nourrice et à sa bonne,
à sa nourrice parce qu'elle lui rappelle les douces im-

pressions de l'allaitement, à sa bonne parce qu'elle le berce et le caresse.

L'habitude, la familiarité jouent ainsi un rôle dans le développement des affections naissantes, dans l'éducation d'une sensibilité qui s'effraye de tout ce qui est nouveau, inconnu.

Plus tard, lorsqu'aux plaisirs du goût, du contact, s'ajoutent ceux de la vue et de l'ouïe, la sympathie provoquée par ces nouvelles sensations agréables ou désagréables se porte sur les objets sonores ou colorés, sur les animaux, par exemple, qui par la grâce de leurs mouvements ou la vivacité de leurs cris donnent à la vue et à l'ouïe de l'enfant l'occasion de s'exercer agréablement.

La sympathie en résumé suit pas à pas les manifestations successives du plaisir sensible.

Caractères généraux de la sensibilité enfantine. — La sensibilité de l'enfant a les mêmes limites que son intelligence. L'enfant n'attache sa pensée qu'aux choses actuelles : sa mémoire ne remonte guère au delà de la minute qui vient de s'écouler ; il ne sait pas étendre ses inductions dans l'avenir. De même ses plaisirs et ses peines sont, pour ainsi dire, enfermés dans l'heure présente.

De là, à la fois, la vivacité et la fugitive brièveté des émotions de l'enfant. Sa vie sensible est faite de courtes colères, de pleurs et de rires soudains, de peines violentes, de subites tendresses, de sentiments en un mot aussi ardents que passagers. On conçoit en effet qu'étant seulement déterminé par la présence des objets, le sentiment de l'enfant s'émeuve vite, mais en revanche ne jette pas des racines profondes, qu'il reste superficiel et ne se fixe pas dans l'âme. Pour un rien l'enfant s'exalte ; il est tout à sa joie, à sa douleur, avec l'élan de ses forces souples et jeunes. Il éclate de rire, ou il verse des flots de larmes. Il trépigne d'impatience et de colère. Mais tout ce feu s'éteint aussi vite qu'il s'est allumé. Dès que l'objet s'éloigne ou disparaît, le sentiment ne lui survit guère. Il n'y a pas encore dans l'esprit de l'enfant une force suffisante de pensée pour retenir et faire durer l'émotion. « Aussitôt que de nouveaux objets, que de nouvelles impressions se présentent à lui, dit M. Sully, le torrent de sa passion s'arrête. »

Abus de la sensibilité dans l'éducation. — Il y a des pédagogues dont la maxime favorite est : « Raisonnez toujours avec les enfants. » Mais d'autres ne se trompent pas moins quand ils disent : « Adressez-vous toujours à leur sensibilité. »

L'éducation n'admet point de mobile exclusif, et la sensibilité moins que tout autre.

La sensibilité fût-elle parfaitement développée chez l'enfant, il y aurait encore danger à s'en remettre uniquement à elle. Mais de plus la sensibilité enfantine est courte et limitée, et, lorsque nous comptons sur son inspiration pour gouverner la conduite de l'enfant, nous nous appuyons souvent sur le néant.

Fausses apparences de la sensibilité enfantine. — L'enfant est en effet moins sensible qu'il ne le paraît. Trompés par les apparences, nous lui attribuons souvent des sentiments qu'il n'éprouve pas.

« Les actions des enfants nous trompent continuellement par leurs rapports extérieurs avec les nôtres, et nous nous égarons aussi souvent à chercher en eux, pour les diriger, des mobiles semblables à ceux dont nous avons la conscience en nous-mêmes. Louise, dans je ne sais quel transport, laisse là ses jeux, vient se jeter à mon cou, ne peut se lasser de m'embrasser; il semble que tout mon cœur de mère ne pourra suffire à répondre à la vivacité de ses caresses; elle me quitte, et du même mouvement folâtre s'en va baiser sa poupée ou le bras du fauteuil qu'elle rencontre sur son chemin [1]. »

Il y a une disproportion évidente entre les manifestations extérieures de l'enfant, ses gestes, ses mouvements, qui témoignent de la surabondance de la vie dans un jeune corps, et la mesure réelle des sentiments

[1] Madame Guizot, *Lettres de famille sur l'éducation*, t. I, p. 6.

qu'il éprouve. N'allons donc pas, sur de fausses apparences et parce que l'enfant est prompt aux larmes, lui prêter une puissance d'émotion semblable à la nôtre. Il est ridicule de corriger l'enfant en lui disant, comme le veut Rousseau, après une faute commise : « Mon ami, vous m'avez fait mal ! » Ou bien l'enfant ne comprendra pas, et votre admonestation le laissera indifférent, ou bien il paraîtra ému, mais il ne le sera qu'à la surface ; et en cherchant à exciter une sensibilité prématurée, vous n'aurez obtenu que des simagrées, des grimaces d'affection.

« On est presque toujours trop pressé, dit miss Edgeworth, de développer la sensibilité des enfants et d'en exiger des preuves. Veut-on un exemple de l'abus de cette méthode ? Pendant que la duchesse d'Orléans était malade à Paris, madame de Genlis exigeait des enfants qu'elle élevait qu'ils écrivissent d'heure en heure des billets pour avoir des nouvelles de leur mère. Un messager part de Saint-Leu : madame de Genlis demande aux enfants s'ils n'ont pas de commission pour Paris. « Oui, dit l'aîné, j'ai une cage à faire venir. » Il oubliait sa mère : il fallut le lui dire à l'oreille (1). »

Prenons donc les enfants pour ce qu'ils sont, pour de petits égoïstes chez qui la sensibilité affectueuse ne croît que lentement, sans jamais effacer d'ailleurs les préoccupations de l'intérêt personnel.

Règles générales de l'éducation de la sensibilité. — L'étude attentive du progrès lent et continu de la sensibilité, s'élevant peu à peu des plaisirs les plus grossiers des sens jusqu'aux émotions les plus délicates du cœur, c'est la meilleure réfutation qu'on puisse opposer à l'erreur des pédagogues qui, comme Rousseau, veulent attendre la quinzième année pour développer les sentiments moraux. On ne saurait trop tôt cultiver la sensibilité de l'enfant et exercer dans les amitiés enfantines, dans les affections de la famille, une sensibilité destinée plus tard à s'éprendre de plus grands objets encore. Il faut sur ce point s'en rapporter à la

(1) Miss Edgeworth, *Éducation pratique* t. II, p. 235.

nature, à l'instinct, et donner cours, dès la jeunesse, aux premières émotions, aux premiers élans du cœur. L'éducation de la sensibilité sera d'abord négative : elle se contentera d'écarter tout ce qui pourrait froisser, comprimer la sensibilité naissante. Mais peu à peu elle deviendra positive, c'est-à-dire qu'elle recherchera toutes les occasions d'exciter et en même temps de régler les sentiments, d'intéresser les plaisirs de l'enfant aux choses bonnes et belles.

Rapports du sentiment et de l'idée. — La plus simple analyse psychologique suffit à établir que les sentiments ont des rapports étroits avec les idées. La sensibilité ne s'exerce que sur les objets que l'intelligence connaît. C'est une erreur de croire que le cœur s'appauvrit à proportion que l'esprit s'enrichit. Voulez-vous que l'enfant aime sa patrie ? Apprenez-lui d'abord ce que c'est que la patrie ; racontez-lui l'histoire de ses ancêtres ; décrivez-lui le territoire de son pays. Une fois que l'idée aura pris corps dans l'esprit, le sentiment suivra et s'attachera spontanément à l'objet connu. Il ne faut pas se contenter d'ailleurs d'éclairer l'intelligence ; il faut intéresser l'imagination. Un philosophe anglais a pu dire que la sécheresse du cœur avait fréquemment pour cause le défaut d'imagination.

« Le récit d'un même accident, d'un même événement tragique, s'il nous est fait d'une manière froide et peu intéressante, nous laissera insensibles : présenté d'une manière qui parle à notre imagination, il nous remuera jusqu'au fond de l'âme. C'est ce qui explique aussi qu'un accident arrivé dans une ville que nous connaissons, dans notre quartier, dans notre voisinage, nous émeut infiniment plus que s'il arrive au loin, dans une ville étrangère ou un pays inconnu (1). »

Le développement de la sensibilité est donc intimement lié au progrès de l'intelligence. Nous n'avons pas directement prise sur le sentiment ; nous ne pouvons l'évoquer d'emblée. Mais, par des voies indirectes, en faisant appel à la réflexion, en présentant à l'enfant, soit

(1) M. Marion, *Leçons de psychologie*, p. 182.

dans des récits, soit dans des exemples réels, des situations propres à l'émouvoir, nous pourrons, en éclairant l'esprit, trouver le chemin du cœur.

L'auteur de *l'École maternelle* raconte une leçon excellente de sentiment filial. Un petit enfant d'une salle d'asile avait perdu sa mère : au retour du cimetière le petit enfant était revenu en classe, où avec l'insouciance de son âge il parlait et riait avec ses camarades. Lorsque l'heure de la classe eut sonné, la maîtresse s'exprima ainsi :

« Mes enfants, nous ne chanterons pas aujourd'hui : pour chanter, il faut être heureux et content. Or, nous ne pouvons pas être contents, parce qu'il y a ici un petit enfant qui n'est pas heureux. Il a eu le plus grand malheur que puisse avoir un enfant : il a perdu sa mère qui l'aimait tant. Ce soir, quand il rentrera à la maison, il n'y trouvera plus sa chère maman à embrasser. Vous, mes enfants, qui retrouverez votre mère à la maison, pensez, en l'embrassant, combien vous êtes heureux de ne pas l'avoir perdue : aimez bien votre mère, et pour lui montrer que vous l'aimez, ne lui faites jamais de peine. » Et la maîtresse ajouta : « Soyez très bons avec Charles qui n'a plus sa mère pour l'aimer (1). »

Communication du sentiment. —Si le sentiment ne s'enseigne pas directement, il y a une compensation, c'est qu'il se communique. La sensibilité est contagieuse. Entourez l'enfant d'affection, d'amour; l'enfant répondra à cet appel. Son cœur s'éveillera, s'il sent à côté de lui d'autres cœurs. Toutes les facultés de l'âme ont une tendance à rayonner, à se répandre ; mais cela est vrai surtout des sentiments. Si vous constatez de la sécheresse, de l'insensibilité chez un homme fait, ne vous hâtez pas de le condamner : la faute en est probablement à ses parents, à ses premiers maîtres, à son entourage, plus qu'à lui-même. Madame de Maintenon était la raison même; mais *Sa Solidité*, comme l'appelait Louis XIV, manquait un peu de sensibilité et de douceur. Assurément ce défaut lui venait en partie

(1) Mademoiselle Chalamet, *l'École maternelle* p. 87.

de son éducation: sa mère ne l'avait, de toute sa vie, embrassée que deux fois au front, et encore après une longue absence.

Le meilleur moyen de rendre l'enfant sensible, c'est donc d'être sensible avec lui. L'amour naît d'un autre amour. L'âme s'ouvre et s'abandonne à l'affection qu'on lui témoigne. Entouré de personnes à passions douces et à dispositions bienveillantes, habitué à être un objet d'indulgence et d'amour, l'enfant deviendra tout naturellement doux et bienveillant. La bonté dont il aura éprouvé les effets, il apprendra à la sentir.

« Que l'instituteur aime ses élèves, et leur cœur répondra au sien. L'amour est naturellement communicatif : il appelle un retour doux et sympathique. L'enfant sent très bien quand il est aimé : il le lit dans les regards, dans les paroles de son maître; et quand il reconnaît dans son maître une patience pleine d'affection, son cœur s'attendrit et s'attache inévitablement à l'être qui se consacre à lui avec tant de dévouement. Alors il accourt à lui avec joie : dans son instituteur il a trouvé un ami et un père. C'est là-dessus que je me suis fondé, disait Pestalozzi : je voulais que mes enfants pussent à chaque instant, du matin au soir, lire sur mon front et deviner sur mes lèvres que mon cœur leur était dévoué ; que leur bonheur et leurs joies étaient aussi mes joies et mon bonheur (1) ! »

Rapports du sentiment et de l'action. — Un excellent moyen de cultiver la sensibilité, c'est de lui donner l'occasion et de lui procurer les moyens de s'exercer. L'abbé de Saint-Pierre demandait comme exercices scolaires des actes de bienfaisance et de justice. Tout au moins peut-on exiger des enfants, dans leur famille, des actes de tendresse pour leurs frères, de respect pour leurs parents, à l'école des actes de

(1) Gauthey, *de l'Éducation*, t. II, p. 8. Il n'est pas inutile de remarquer, avec madame Pape-Carpantier, que cette affection du maître pour ses élèves doit être une affection particulière, individuelle : « Pour que les enfants aiment, aimez-les. Aimez-les, non des hauteurs du point de vue philanthropique, vous seriez trop loin d'eux : aimez tous les enfants du globe, si vous avez l'âme assez vaste, mais aimez par-dessus tout et en particulier chacun de ceux qui sont confiés à vos soins. Pas d'affection abstraite, beaucoup d'affection pratique. »

bienveillance pour leurs camarades. Par cela seul qu'il aura été habitué à pratiquer une vertu, l'enfant acquerra le sentiment qui accompagne d'ordinaire et inspire cette vertu. En faisant l'aumône, il apprendra à aimer les pauvres; en rendant service à autrui, il en viendra à aimer l'humanité. A une condition pourtant : c'est que les actions qu'on suggère à l'enfant soient conformes à sa nature, qu'elles répondent déjà à ses goûts, qu'elles ne soient pas contraintes et forcées. Alors seulement l'enfant trouvera dans l'action accomplie une nouvelle source de plaisir, et le plaisir une fois ressenti l'excitera à répéter l'action. C'est une vérité qu'il faut bien reconnaître, que nous n'aimons que parce que nous trouvons plaisir à aimer.

Il faudra d'ailleurs prendre garde de se contenter de l'apparence. Pour le sentiment, comme pour la religion, c'est le fond qui importe, non les formalités extérieures. L'enfant riche par exemple donne volontiers de l'argent aux pauvres, quand il en a ; mais il ne sait pas la valeur de l'argent ; il ne sent pas la privation de ce qu'il donne, lui qui vit dans le superflu. N'habituons donc l'enfant qu'à des actions qui soient de son âge, et dont il puisse comprendre la portée.

Dans cet exercice de la sensibilité enfantine, on aura soin de faire saisir à l'enfant les effets que ses actions produisent sur la sensibilité des autres. Le défaut de sympathie provient souvent de l'inadvertance de l'enfant, qui ne se rend pas compte des sentiments de ses semblables ; il serait plus affectueux, plus aimant, s'il savait jusqu'à quel point son insubordination et ses fautes contristent ceux qui l'aiment. Faites-le donc réfléchir, soit à la peine qu'il cause à ses parents en se conduisant mal, soit à la satisfaction qu'il leur procure en se conduisant bien. Le jour où l'enfant aura une juste idée des conséquences de ses actions, il expérimentera vraiment les délices de la sympathie et de l'affection ; il mettra son plaisir dans le plaisir des autres ; il aura décidément franchi le cercle étroit de l'égoïsme.

Génération des sentiments les uns par les autres. — S'il est vrai que les sentiments se communiquent d'un cœur à un autre cœur, il ne l'est pas moins que, par une sorte de génération intérieure un sentiment une fois excité dans l'âme donne naissance à d'autres sentiments. Les diverses affections forment comme une chaîne : si l'enfant en a saisi un bout, il passera aisément d'un chaînon à l'autre, et la chaîne entière se déroulera entre ses mains. Adressons-nous d'abord aux sentiments les plus simples, les plus familiers ; allumons dans le cœur de l'enfant un foyer quelconque ; et nous verrons cette flamme gagner de proche en proche, et peu à peu s'étendre à l'âme tout entière.

« Ils s'aiment entre eux, les enfants qui voient leur père et leur mère s'aimer. Dans un intérieur où règne la tendresse, ils en sont baignés et la respirent par tous les pores. Avant d'apprendre à parler, les enfants lisent *affection* dans les yeux du père et de la mère ; cette affection, les enfants la transmettent à tout ce qui les entoure (1). »

S'il a commencé par aimer sa famille, l'enfant, soyons-en assurés, aimera aussi, le moment venu, ses amis, ses concitoyens, et l'humanité tout entière. Le fils affectionné, le camarade bienveillant, sera aussi, par une sorte de fatalité heureuse, un citoyen ardent, un patriote, un homme généreux et bon. Ce n'est pas l'amour filial, ce sont les égoïsmes de la famille qui détournent parfois le citoyen d'aimer sa patrie comme il doit l'aimer.

Le sentiment du plaisir et de la peine. — Le plaisir est le fond de toute sensibilité. C'est à la vivacité du plaisir qu'il est capable de ressentir que se mesurera le degré de sensibilité de l'enfant. Nous croyons aimer les autres pour eux-mêmes ; en réalité nous les aimons par le plaisir que nous trouvons à les aimer. A plus forte raison quand il s'agit des inclinations personnelles,

(1) M. Champfleury, *les Enfants*. p. 138.

égoïstes, le plaisir ressenti est-il le principe et la fin du sentiment.

En un sens, on pourrait donc prétendre que l'éducation de la sensibilité consiste uniquement, soit à développer, soit à régler chez l'enfant le sentiment du plaisir.

Mais il y a plaisir et plaisir : à côté des grossières satisfactions des sens, il y a les pures émotions du cœur. L'éducation parviendra, par le développement de l'intelligence, à faire prédominer de plus en plus les plaisirs élevés sur les appâts de la jouissance matérielle. Mettre le livre à la place de la bouteille de vin ou d'alcool, *remplacer la sensation par l'idée*, tel était, d'après Condorcet, le problème fondamental de l'éducation populaire ; si ce n'est *par l'idée*, que ce soit au moins par le sentiment. Entre la vie de la sensation et la vie intellectuelle, il y a un intermédiaire plus accessible à la multitude : c'est la vie des sentiments, des émotions du cœur, des tendresses de la famille et de l'amitié, des saintes joies du patriotisme.

C'est d'ailleurs une question de savoir si l'éducation doit tendre à accroître chez l'enfant l'aptitude à ressentir vivement le plaisir et la douleur, de quelque nature qu'ils soient.

D'après Kant, la culture du sentiment du plaisir ou de la peine devrait être purement négative. Le cas d'un enfant ne prenant plaisir à rien est tout à fait exceptionnel. Le sentiment du plaisir est trop conforme à la nature pour qu'il soit nécessaire de l'exciter. Il n'y aurait que des précautions à prendre contre une tendance naturellement si puissante.

« Il ne faut pas, dit le philosophe allemand, amollir le sentiment. Le penchant aux plaisirs est plus fâcheux pour les hommes que tous les maux de la vie (1). »

Assurément il n'y a rien de bon à attendre des natures molles et efféminées qui ne savent agir que sous l'impulsion du plaisir. Nous ne pensons pas, avec Fénelon,

(1) Kant, *op. cit.*, p. 225.

qu'il faille dans l'éducation faire tout par plaisir, et que l'idéal d'un maître soit d'avoir « un visage gai » et de tenir « des conversations gaies ». Sans croire que la douleur est inséparable de l'effort, — car il y a des efforts joyeux, où le déploiement de l'activité a pour conséquence un redoublement de plaisir, — nous accordons que l'effort est parfois pénible, douloureux : or l'effort est la condition du progrès, l'instrument de l'éducation.

« Combattons donc la mollesse chez l'enfant ; mais, d'autre part, n'oublions pas que l'insensibilité est le pire de tous les défauts. Que peut-on espérer de ces mornes enfants que rien n'émeut, qui ne savent ni rire, ni même sourire, que le plaisir n'excite pas ? Attendons tout au contraire des enfants qui sont portés à se réjouir, que le plaisir passionne, à condition que nous sachions peu à peu diriger vers le bien, vers les objets dignes d'être aimés. ce besoin de joie et cette ardeur au plaisir. »

Excitation des sentiments personnels. — « Le sentiment se développera tout seul, dit Gauthey, quand il s'agit de l'amour de soi. » Il semble en effet, au premier abord, que les sentiments égoïstes n'aient besoin que d'une discipline négative, répressive, qui en tempère seulement l'exagération. Et cependant tous ceux qui ont pratiqué les enfants savent que, dans certains cas, l'éducation doit reprendre, même avec les sentiments personnels, son rôle général qui consiste à aiguillonner et à stimuler. Il y a en effet des natures à ce point languissantes et endormies que l'éducation doit intervenir pour les animer, pour les exciter à l'amour-propre, à l'ambition.

« Les impulsions égoïstes, dit M. Sully, peuvent être assez faibles pour qu'il soit besoin de recourir à leur égard à une excitation positive. Il y a des enfants insouciants, et pour ainsi dire en léthargie, qu'il est bon d'appeler à l'affirmation de leur personnalité. Dans ce cas, il peut être désirable d'éveiller chez ces enfants les sentiments d'orgueil, d'ambition, et même (dans des cas extrêmes) le sentiment antisocial de la rivalité, le plaisir de l'emporter sur les autres. Même, quand il n'y a pas une défaillance naturelle de ces sentiments, l'affaire de l'éducateur n'est pas tant de les réprimer que de les diriger vers des objets plus élevés. Il cherche à les transformer en les raffinant. Ainsi, ses efforts tendront à faire passer l'enfant de la crainte du mal physique à la crainte du mal moral, de l'émulation pour les qualités du corps à l'émulation pour les qualités de l'esprit, de l'orgueil qu'inspire la possession des objets matériels à l'orgueil plus noble qu'excite la possession des biens intellectuels (1). »

Les passions. — A vrai dire, l'étude des passions n'est pas matière pédagogique. Les passions en effet, qui sont des inclinations exaltées, exclusives, qu'on a pu définir « les habitudes de la sensibilité », habitudes impérieuses et violentes, ne se développent que dans le cours de la vie. Son jeune âge et son inexpérience même mettent l'enfant à l'abri de ces troubles profonds, de ces maladies de l'âme. C'est à la morale, non à la pédagogie, qu'il appartient de chercher les moyens de les guérir, comme il appartient à la logique de corriger les sophismes enracinés de l'esprit de système.

Cependant, si l'éducation n'a pas à se préoccuper directement des passions, puisqu'elles n'existent pas en général à l'âge scolaire, elle doit d'avance en prévenir l'apparition. Il faut empêcher dès l'enfance que, par la préférence accordée à certaines inclinations, par le développement exclusif de certains goûts, l'âme ne devienne un terrain tout préparé pour l'éclosion des passions. La meilleure garantie, à ce point de vue, c'est de développer la sensibilité dans toutes les directions Il n'est guère à craindre que la passion s'empare jamais d'une âme ouverte à tous les bons sentiments, et qui aura appris à partager sa faculté d'aimer entre les divers objets dignes de son amour.

Il y a d'ailleurs quelques autres précautions à prendre, que M. Marion résume heureusement dans ces quelques lignes :

« La vigilance vaut mieux que la répression et les conseils. Il faut entourer de soins le petit enfant, tout faire pour qu'il

(1) M. Sully, op. cit., p. 505.

grandisse en parfaite santé morale : cela dispense des récriminations tardives et des reproches inutiles. Épargner aux enfants les occasions de chute, veiller sur leur conduite en évitant qu'ils ne soupçonnent même votre surveillance, éloigner de leur vue les mauvais livres, les mauvais spectacles, prendre garde aux compagnies qu'ils fréquentent, ne se permettre en leur présence que des conversations convenables, ne leur donner que de bons exemples, leur inspirer autant que possible le sentiment de leur responsabilité : en un mot, façonner et diriger leur croissance morale de façon qu'ils soient sains et forts quand viendra l'heure des passions : c'est l'œuvre d'une éducation bien conduite (1). »

(1) M. Marion. *Leçons de psychologie*, p. 249.

LEÇON X

L'ÉDUCATION MORALE

Éducation morale proprement dite. — Les facultés morales. — L'éducation morale et l'enseignement de la morale. — Importance de
l'éducation morale. — Supériorité de la grandeur morale. — L'enfant est-il bon ou mauvais ? — Opinions contraires. — L'enfant
n'est ni bon ni mauvais : opinion de Kant. — Justification de
certaines inclinations de l'enfant. — Ses mauvais instincts. —
Répression des tendances vicieuses. — La conscience ou raison
pratique. — Le sens moral chez l'enfant. — Développement de la
conscience morale. — Premières manifestations de la moralité. —
Éducation de la conscience morale. — Difficultés de cette éducation. — Puissance de l'instinct d'imitation chez l'enfant. — Les
exemples historiques. — Les exemples vivants. — Les préceptes
et les exemples. — L'amour du bien.

Éducation morale proprement dite. — Nous ne
suivrons pas l'exemple des pédagogues qui, à propos de
l'éducation morale, font entrer dans leurs livres toute la
théorie des devoirs, toute la morale en un mot, comme
ils y ont fait entrer déjà toute la psychologie, à propos
de l'éducation intellectuelle. Notre sujet est limité :
il s'agit simplement de rechercher comment la nature
développe d'elle-même les facultés morales et comment
l'éducation intervient à son tour pour les cultiver, pour
en hâter l'éclosion et pour en affermir le développement.
Il n'est pas question de détailler ici les différents
emplois de la force morale : nous avons seulement à
nous demander par quels moyens cette force naît et se
crée peu à peu.

Les facultés morales. — Les facultés morales se
distinguent des facultés intellectuelles en ce qu'elles
tendent à l'action, et non à la connaissance. Ce sont des

facultés pratiques, non des facultés spéculatives. Elles forment le caractère : les facultés intellectuelles forment l'esprit. Elles nous conduisent à la vertu ; les autres conduisent à la science.

Il y a d'ailleurs à distinguer dans l'ensemble des facultés morales, que d'un seul mot on appelle vulgairement la *conscience*, trois séries différentes de faits :

1° Les faits de la *sensibilité*, non pas de cette sensibilité générale dont nous avons déjà parlé, qui se répand dans les affections de toute espèce, mais de celle qui nous attache au bien, qui nous fait aimer le devoir, qui s'émeut devant tout ce qui est bon ;

2° Les faits de l'*intelligence*, la raison pratique qui nous suggère les idées du bien et du mal, du mérite et du démérite, les notions morales en un mot ;

3° Les faits de la *volonté*, l'énergie qui nous détermine à l'action que nous savons être bonne, la bonne volonté qui nous incline à la vertu.

En d'autres termes, il faut à la fois aimer, connaître et vouloir le bien. Il ne suffit pas que notre intelligence éclairée nous permette de discerner ce qui est bon de ce qui est mauvais ; il faut encore et surtout qu'une volonté forte nous donne les moyens d'exécuter les décisions de notre jugement moral ; et il faut aussi, pour que l'effort moral soit moins pénible, que le sentiment accoure à notre aide, que les ordres impérieux de la raison deviennent, le plus souvent possible, de douces sollicitations du cœur.

L'éducation morale et l'enseignement de la morale. — Autre chose est l'éducation morale, autre chose l'enseignement de la morale (1). Un cours de morale, un ensemble de préceptes est assurément d'un grand service pour former l'honnête homme. Nous ne pensons pas que la philosophie ancienne eût tout à fait tort quand elle affirmait que la vertu s'enseigne. Il ne saurait être inutile d'appeler didactiquement l'attention de l'enfant sur les grandes vérités de la conscience,

---

(1) Voyez la seconde partie de cet ouvrage.

sur la division des devoirs, sur la nature des diverses obligations de la vie. Mais l'enseignement de la morale n'est pourtant qu'une petite partie de l'éducation morale.

Cette éducation en effet est de tous les âges, de tous les instants. Elle commence avec la vie, par les exemples que les parents transmettent à leurs enfants ; elle se continue à l'école, par les habitudes qui s'y forment, par les sentiments qui s'y développent, surtout par la discipline qui y est suivie ; elle se prolonge enfin durant toute l'existence, par l'effort de la volonté et de l'éducation personnelle.

Cette éducation est d'ailleurs une œuvre complexe, à laquelle collaborent plus encore qu'à l'éducation intellectuelle, non seulement la nature propre de l'enfant, ses dispositions natives et ses goûts particuliers, mais les caractères divers de toutes les personnes qui l'entourent, de ses parents, de ses amis, de ses maîtres, et en général les influences, peut-être aussi profondes quoique plus inaperçues, du milieu social où il vit.

Il ne saurait donc être question d'emprisonner l'éducation morale dans le cadre étroit d'un cours scolaire, d'une série de leçons, quelque science qu'on y mette.

« L'éducation morale, disent avec raison les auteurs du programme de 1882, n'a pas pour but de faire savoir, mais de faire vouloir ; elle émeut plus qu'elle ne démontre ; devant agir sur l'être sensible, elle procède plus du cœur que du raisonnement ; elle n'entreprend pas d'analyser toutes les raisons de l'acte moral, elle cherche avant tout à le produire, à le faire répéter, à en faire une habitude qui gouverne la vie. A l'école primaire surtout, ce n'est pas une science, c'est un art, l'art d'incliner la volonté libre vers le bien (1). »

Importance de l'éducation morale. — Est-il besoin maintenant d'insister sur l'importance particulière de l'éducation morale? Nécessaire en tout temps, elle l'est encore plus dans une société comme la nôtre,

(1) Voyez le décret d'organisation des écoles primaires.

où la moralité devrait se développer dans la mesure où se développe la liberté elle-même.

L'établissement du régime républicain, dit l'auteur d'un livre récent, en réduisant la part de l'autorité matérielle qui s'impose, exige en retour un accroissement proportionnel de cette autorité morale qui s'accepte. Étant moins gouvernés par une volonté extérieure, il faut que les hommes sachent mieux se gouverner eux-mêmes : ce qu'ils faisaient par force et par crainte, il faut qu'ils apprennent à le faire de plein gré et par devoir (1). »

Supériorité de la grandeur morale. — Nous avons dit ailleurs que l'instruction ou la force intellectuelle jouait un grand rôle dans le développement de la force morale. Il arrive pourtant que la moralité n'accompagne pas la science, ni même le génie.

« Moralement parlant, dit M. Blackie, Napoléon Ier vécut et mourut pauvre et petit. Il était aisé à Byron d'être un grand poète ; mais plier son esprit indiscipliné, adoucir son humeur morose et chagrine, apprendre à se comporter comme un être raisonnable ; voilà ce qui lui était difficile. Par suite sa vie, malgré ses éclats de grandeur sublime, n'a été en somme qu'une terrible chute (2). »

On pourrait en dire autant de Rousseau, capable à ses heures de dévouement héroïque, mais impuissant à se plier aux devoirs ordinaires de la vie, homme de génie incomparable, mais à peine honnête homme.

Mettons donc la moralité au premier rang de nos préoccupations, parce qu'elle est le premier besoin de la société. « On conçoit encore une société composée de gens honnêtes sans instruction, mais on ne peut concevoir une société formée de gens instruits sans honnêteté (3).»

L'enfant est-il bon ou mauvais ? — L'idéal est de

---

(1) M. Vessiot, *de l'Éducation à l'école*. Paris. Ract, 1885. Nous recommandons aux instituteurs cet excellent livre.

(2) M. Blackie, *op. cit.*, p. 64.

(3) M. Vessiot, *op. cit.*, p. 13.

faire de l'enfant une personne morale qui porte en elle-
même sa règle de conduite, qui se gouverne par sa
propre volonté, et qui ne connaisse d'autre règle que le
bien, qui n'ait de volonté que pour le bien.

Mais, avant que la nature et l'éducation aient réussi
à développer complètement les germes de la conscience
morale, avant que l'enfant en vienne à être *vertueux*,
bien des années s'écoulent, et, pendant ce temps, on ne
peutdemander à l'enfant que d'être *innocent*. On ne peut
songer qu'à l'empêcher de mal faire, et tout au plus qu'à
cultiver les dispositions instinctives qui le poussent à
des actions honnêtes. On ne peut lui imposer qu'une
moralité extérieure, pour ainsi dire, en attendant que
la raison et la volonté puissent être dans son âme
adulte les solides principes d'une moralité intérieure
librement voulue et réalisée.

Jusqu'à quel point la nature de l'enfant se prête-t-elle
à cette première éducation? Ne trouverons-nous chez
lui que des tendances instinctives pour le bien? Ou au
contraire faut-il s'attendre à une résistance opiniâtre de
la part d'une nature foncièrement corrompue et vicieuse?

En d'autres termes, l'enfant est-il bon ou mauvais ?

Suivant la réponse qu'on réserve à cette question,
la direction générale de l'éducation change : ou bien
on n'a que complaisance pour une nature réputée
bonne, ou bien on ne songe qu'à réprimer un être
originellement mauvais.

« L'éducation, dit madame Guizot, a été longtemps un système
d'hostilité contre la nature humaine. Corriger et punir, il ne
s'agissait que de cela. Il semblait qu'il ne fût question que
d'ôter aux enfants la nature que Dieu leur a faite, pour leur en
donner une de la façon de l'instituteur (1). »

D'autre part, depuis Rousseau surtout, depuis les
paradoxes de l'*Émile* sur l'innocence absolue et la
bonté parfaite de l'enfant, l'éducation tend à remplacer
les punitions par les encouragements; et « les adula-

(1) Madame Guizot, *op. cit.*, lettre XII.

teurs de l'enfance », suivant l'expression de madame
Necker de Saussure, ne pensent qu'à écarter tout ce qui
est restriction et contrainte, pour laisser à la nature
son plein et libre épanouissement.

Opinions contraires. — Nous écarterons à la fois,
quant à nous, les opinions absolues des optimistes et
des pessimistes qui nous présentent tour à tour la nature enfantine sous les couleurs les plus riantes ou les
plus sombres.

« Tout est bien, s'écrie Rousseau, sortant des mains de l'auteur des choses. Les premiers mouvements de la nature sont
toujours droits. »

D'autre part, « nous naissons enfants de colère »,
dit saint Paul. « Tous naissent pour la damnation »,
proclame saint Augustin. Et les jansénistes le répètent
à l'envi.

« Vous devez considérer vos enfants, écrit Varet, comme tous
enclins et portés au mal. Leurs inclinations sont toutes corrom-
pues et, n'étant pas gouvernées par la raison, elles ne leur feront
trouver du plaisir et du divertissement que dans les choses qui
portent aux vices. »

C'est entre ces deux extrêmes, entre les deux thèses
également fausses de la perversité radicale et de la bonté
absolue de l'homme, qu'il faut chercher la vérité.

L'enfant n'est ni bon ni mauvais. — A vrai dire,
l'enfant n'a pas encore de caractère moral, et l'on pourrait croire la question résolue par cette observation
de Kant :

« C'est une question, dit-il, si l'homme est par sa nature
moralement bon ou mauvais. Je réponds qu'il n'est ni l'un ni
l'autre : car il n'est pas naturellement un être moral ; il ne le
devient que quand il élève sa raison jusqu'aux idées de devoir
et de loi. Il ne saurait devenir moralement bon qu'au moyen
de la vertu, c'est-à-dire d'une contrainte exercée sur lui-même,
quoiqu'il puisse être *innocent* tout le temps que ses passions
sommeillent. »

Mais **Kant** déplace un peu la question, qui est de savoir, non si les actions de l'enfant sont inspirées par une intention morale, bonne ou mauvaise, — ce que personne n'oserait prétendre, — mais si, sans le vouloir, et par une inclination inconsciente de sa nature, l'enfant est porté au bien ou au mal. La vérité est qu'il est porté à l'un et à l'autre, et que dans sa nature mêlée les dispositions vicieuses s'associent aux instincts légitimes et louables.

Nous reconnaissons pourtant que les penchants de l'enfant ne sont pas, pour la plupart, mauvais en eux-mêmes. « Ce qu'il y a de mauvais, écrit madame Guizot, ce n'est pas le penchant, c'est le dérèglement ». Et Kant avait dit dans le même sens : « La seule cause du mal, c'est qu'on ne soumet pas la nature à des règles. »

Les prétendus mauvais instincts de l'enfance. — Examinons en effet quelques-unes des accusations portées contre l'enfant.

On a beaucoup médit de lui. « L'enfant, disait La Bruyère, est hautain, dédaigneux, colère, envieux, curieux, intéressé, paresseux, volage, etc. » Il y a plaisir à constater que cette litanie d'injures émane d'un célibataire. Sans vouloir flatter l'enfant, il est permis d'affirmer que ses défauts proviennent, les uns de la mauvaise éducation qu'il reçoit, les autres de son igno-rance, un petit nombre seulement d'une tendance innée au mal.

On dit, par exemple, que l'enfant est cruel. « Cet âge est sans pitié, » écrivait La Fontaine qui était moins tendre aux enfants qu'aux animaux. Le mot est vrai ; mais cette dureté n'est, le plus souvent, que de l'inintelligence. Les enfants sont sans pitié, parce qu'ils ne comprennent pas le mal qu'ils font. Ils torturent un oiseau, parce que, comme de petits cartésiens, ils ignorent que l'oiseau souffre.

Un autre instinct de l'enfant, dit-on, c'est le vol. L'enfant ressemble au sauvage qui n'a de la propriété qu'une notion confuse. « Il n'a pas précisément l'instinct du vol, fait remarquer M. Legouvé, mais il n'a pas l'instinct de la propriété d'autrui. » La distinction du *tien* et du *mien* consiste souvent, chez lui, à prendre le tien pour en faire le mien. Mais faut-il s'étonner que l'enfant, qui n'a pas étudié le code, qui n'a pas même rencontré, comme l'Émile de Rousseau, un jardinier Robert pour lui expliquer les origines de la propriété, cède à l'envie de prendre à son usage ce qui lui plaît et ne lui appartient pas.

Dans d'autres cas, c'est l'homme fait qui, par ses maladresses ou par son exemple, inculque à l'enfant ses propres défauts.

On parle de la vanité puérile ? N'est-ce pas aux parents qu'il faut s'en prendre ? Ce sont les parents qui la provoquent, en excitant mal à propos l'amour-propre de leurs enfants, en exagérant leurs mérites. On se rappelle l'histoire de cette petite fille qui, après avoir été louée par sa mère pour un mot d'enfant, disait devant une visiteuse : « Maman, vous ne racontez donc pas à Madame ce que j'ai dit ce matin ? »

On reproche à l'enfant d'être gourmand ! Je crois bien que sur ce point Rousseau a raison, et que c'est la société qui gâte la nature. L'enfant gourmand, en effet, fait-il autre chose que de désirer sa part des friandises qui chargent la table de ses parents ? Si on ne lui donnait pas l'exemple de l'intempérance, l'enfant serait plus sobre qu'on ne croit.

Le mensonge de même n'est que trop souvent le résultat de notre maladresse. « Qui donc a brisé ce meuble ? » crions-nous avec colère. Le petit coupable tout effrayé répond : « Ce n'est pas moi ! » L'enfant que l'on traite avec douceur devient confiant ; mais, terrifié par nos sévérités, il cherche un refuge dans le mensonge.

Il ne suffit pas d'ailleurs, pour juger équitablement l'enfant, de chercher dans son ignorance ou dans sa mauvaise éducation l'explication et l'excuse de la plupart de ses défauts. Il faudrait aller plus loin, et montrer

de quelles bonnes qualités, de quels sentiments de justice, de libéralité, de pitié, de bonté, il fait preuve parfois. Mais nous en avons assez dit pour donner raison
à ceux qui, dans leur jugement sur l'enfant, veulent
échapper à la fois à l'excès des louanges trop complai-
santes et à l'ardeur des anathèmes passionnés.

Les instincts mauvais de l'enfant. — Avouons-le
pourtant, certains instincts de l'enfance sont de véritables tendances au mal. Il est inexact de dire qu'il n'y a
dans la nature des germes que pour le bien. L'envie, la
colère sont naturelles, et elles sont mauvaises par
elles-mêmes. Le mal ici est dans le penchant, non
dans le dérèglement du penchant.

Madame Necker de Saussure insiste, non sans regret,
dit-elle, sur les vices inhérents à la nature de l'enfant :

> « Je parle de cette dépravation momentanée de la volonté
> qui fait trouver un plaisir, un assaisonnement particulier dans
> l'idée de violer la règle... On observe chez les enfants autre chose
> que la faiblesse, autre chose que l'impuissance de se soumettre
> aux sacrifices exigés par le devoir : on voit la joie d'en secouer
> le joug (1). »

M. Bain consacre de même un article spécial à ce qu'il
appelle les « sentiments antisociaux et mauvais (2) ».

A ceux qui voudraient nier l'existence des instincts
mauvais et qui expliqueraient le mal par le dérèglement
d'inclinations bonnes en elles-mêmes, il suffit de faire
observer que le dérèglement tout au moins est un principe de mal ; que la tendance au dérèglement est dans
la nature, et que par conséquent la nature humaine n'est
pas toute bonne.

Répression des tendances vicieuses. — L'éducation morale ne sera donc pas seulement une œuvre
d'excitation et de culture : elle aura aussi à combattre
et à réprimer. On combattra d'abord le mal en favo-
risant le bien. Il n'y a pas de meilleur moyen de cor-

---

(1) Madame Necker de Saussure, t. I, p. 304.
(2) M. Bain, *op. cit.*, p 54.

riger les mauvaises inclinations que de cultiver les bonnes, ni de combattre la paresse que d'exciter au travail, ni d'empêcher la malveillance que d'enseigner la bonté. C'est dans ce sens que madame Guizot écrivait :

J'ai toujours été persuadée que l'éducation n'avait de force contre le mal que le goût du bien. On ne réprime point une mauvaise disposition, on en fortifie une bonne, et je ne sache pas de moyen d'extirper un défaut que de faire croître une vertu à la place (1). »

Dans certains cas pourtant il faudra recourir à une répression directe. La méthode des dérivatifs ne suffit pas toujours. Il faut à des maladies caractérisées des remèdes spéciaux. C'est ici que la discipline intervient, avec son cortège de punitions, avec ses moyens de coercition nécessaires (2). Patiente pour les défauts légers et qu'on aggraverait en les signalant à l'enfant, en les punissant trop vite, elle sera sévère pour les fautes graves ; elle en empêchera le retour ; elle les châtiera vertement, si elle n'a pas pu les prévenir, si une résistance opiniâtre a rendu inutiles les exhortations et les réprimandes.

La conscience ou raison pratique. — Il vient un moment dans la vie de l'enfant où il ne suffit pas de corriger ses mauvais penchants, d'éveiller ses instincts bienfaisants; où il faut exciter sa conscience morale et susciter en lui l'idée d'une règle générale de conduite, l'idée du devoir. La nature en a déposé le germe dans l'intelligence, et c'est à la raison, c'est-à-dire à la plus haute des facultés intellectuelles, que la psychologie rapporte l'origine des notions morales. La raison est la faculté des idées intellectuelles, nécessaires et absolues : elle est la lumière naturelle qui éclaire tout homme venant en ce monde.

L'enfant, dès le premier éveil de son intelligence,

(1) Madame Guizot, *op. cit.*, t. I, p. 105.
(2) Voyez la deuxième partie de cet ouvrage

est déjà sous la direction de la raison, mais cette raison est à peu près inconsciente : l'enfant serait incapable de formuler les lois rationnelles dont ses jugements sont l'application. Ainsi un petit garçon de sept ou huit ans cherche avec son père un objet perdu, et, ne le retrouvant pas, il s'écrie : « Mais pourtant il faut bien que quelque chose soit toujours quelque part! »

N'est-ce pas déjà exprimer sous une forme naïve, et sans arriver à s'en rendre compte tout à fait, la nécessité de l'existence d'un espace infini où sont contenues toutes les choses matérielles? De même, quand l'enfant à qui l'on s'efforce d'inculquer l'idée de la création du monde et l'idée du Créateur, répond obstinément : « Mais avant Dieu, qu'est-ce qu'il y avait donc ? » n'est-il pas évident que, sans le savoir, son jeune esprit obéit au principe de causalité, qui exige que toute existence soit rattachée à une cause antérieure?

Les exemples que nous venons de citer se rattachent à ce que Kant appelait la raison pure, c'est-à-dire la raison théorique et spéculative, celle qui nous guide dans les recherches de la science.

Mais il y a d'autres manifestations de la raison, celles qui se rapportent à la vie pratique, à la conduite morale. En ce sens, la raison n'est pas autre chose que la conscience morale, la croyance à une loi obligatoire à laquelle tous doivent obéir. Depuis Kant, les philosophes lui donnent volontiers le nom de raison pratique. Examinons si sous cette forme la raison se manifeste aussi dans les actions de l'enfant.

Le sens moral chez l'enfant. — A quel moment peut-on dire qu'apparaît chez l'enfant l'idée morale essentielle, c'est-à-dire la distinction du bien et du mal, dégagée de tout élément étranger?

Certains observateurs de l'enfance nous paraissent avoir trop accordé, sur ce point, à l'intelligence puérile. M. Pérez croit que la notion objective du bien et du mal peut se constater à six ou sept mois. M. Darwin déclare avoir observé le sens moral chez des enfants à l'âge de treize mois.

Nous sommes convaincu, quant à nous, que ni à treize mois, ni à deux ans, ni beaucoup plus tard, l'enfant n'est en état de discerner véritablement le bien du mal. Pour le croire capable de *moralité* au sens strict du mot, il faudrait d'abord accepter une définition inexacte de la conscience morale, une définition qui en infirme et en atténue la portée ; il faudrait ensuite se prêter à une interprétation illusoire de certains actes de la vie enfantine.

Voici les faits rapportés soit par M. Darwin (1), soit par M. Pérez (2). « Doddy, à treize mois, paraît sensible aux reproches de son père, qui l'appelle méchant. A deux ans et cinq mois, Doddy, resté seul, prend du sucre, ce qu'il sait lui être défendu ; son père le rencontre au moment où il sort de la salle à manger, et lui trouve dans l'attitude quelque chose d'étrange. Je crois, ajoute Darwin, que cette attitude devait être attribuée à la lutte entre le plaisir de manger du sucre et un *commencement de remords.*» Les exemples donnés par M. Pérez sont de même nature. Un enfant de onze mois obéit quand son père grossit la voix et lui dit : « Tais-toi. » Il ne veut pas encore marcher seul, mais son père obtient qu'il fasse quelques pas vers lui, en lui présentant une moitié de pêche.

Il faut beaucoup de bonne volonté pour décorer de l'épithète de *morales* des actions où se manifeste seulement le désir d'une satisfaction sensible, la crainte d'une douleur associée par la mémoire à certaines actions, tout au plus la distinction entre les caresses et les menaces paternelles. L'association des idées et la mémoire, s'ajoutant à une sensibilité consciente du plaisir et de la peine, suffisent largement à expliquer l'obéissance relative que l'on obtient de l'enfant, et nous nous refusons à croire qu'un baby *est en possession du sens moral* dès qu'il obéit par habitude ou par crainte.

Développement de la conscience morale. — Ce n'est pas qu'il faille nier l'importance de ces premières distinctions sensibles et utilitaires pour l'acquisition future des distinctions morales. La nature procède par ébauches successives. Pour la conscience morale, comme pour l'attention, il faut se contenter au début des apparences, d'un simulacre de l'état réel qui ne sera atteint que longtemps après.

A l'origine, le bien est ce qui plaît, le mal ce qui déplaît à l'enfant. Faisons en sorte qu'il ne se plaise qu'à ce qui est bon. Plus tard le bien est ce que le père et la mère ordonnent, le mal ce qu'ils défendent. Obtenons que l'enfant aime ou craigne assez ses parents pour se prêter docilement à leur volonté. Plus tard encore, quand l'intelligence est capable de réflexion, le bien c'est ce qui est utile, le mal ce qui est nuisible. Mettons le plus possible d'accord le devoir et l'intérêt de l'enfant. A un degré plus élevé enfin, le bien, c'est ce que les hommes approuvent, ce que la loi civile exige; le mal, ce qui est universellement réprouvé. Rendons l'enfant sensible à l'opinion d'autrui : apprenons-lui à rougir, à avoir honte de tout acte qui encourt le blâme général.

Ce n'est qu'au dernier terme de son évolution que a conscience parvient à saisir l'idée d'un bien moral, existant par lui-même, conforme à la dignité de l'homme, et qu'il faut pratiquer pour cette seule raison qu'il est le bien. Mais avant que l'idée morale se dégage de tout élément étranger, de l'attrait du plaisir, de la crainte ou de l'amour qu'inspirent les parents, des sollicitations de l'intérêt, du respect qu'inspire l'opinion publique, que d'étapes à parcourir ! Quelle pénible et lente élaboration pour atteindre à l'idéal de la conscience saluant une loi souveraine, s'inclinant devant elle, et se conformant volontairement à ses prescriptions !

Premières manifestations de la moralité. — La *moralité*, dans le sens vrai du mot, n'est pas le fait d'un être dont les actes sont simplement d'accord avec la loi morale : c'est le caractère d'une personne qui. intentionnellement et parce qu'elle le veut, se soumet à cette loi, et accomplit sciemment des actions qu'elle juge bonnes.

Faut-il croire que l'enfant est absolument étranger à la moralité ainsi comprise ? Quelques faits semblent prouver le contraire.

« Toutes les délicatesses du sentiment moral, dit M. Egger. ne sont pas le produit de l'éducation et le privilège d'un âge plus avancé. Par exemple, l'instinct du remords et de la réparation se montre volontiers chez l'enfant, après les petites rébellions de la volonté. L'enfant n'est jamais plus gai qu'après ces orages : on croit voir chez lui l'intention de faire oublier le chagrin qu'il a causé par ses mutineries (1). »

M. Pérez cite, d'après le philosophe italien L. Ferri, le fait d'une enfant de cinq ans qui, ayant été louée par sa mère, lui disait : « Maman, je voudrais te rendre encore plus contente, je voudrais toujours être bonne ; mais dis-moi, pourquoi ne puis-je pas toujours être bonne (2) ? »

Un fait plus probant encore est celui de cet enfant cité aussi par M. Pérez, qui ne se trouvait pas assez puni pour une faute qu'il avait commise, et qui réclamait, par une sorte de sentiment spontané de justice, un supplément de correction.

Éducation de la conscience morale. — Il y a donc dans la nature même des germes de moralité. Il serait impossible, en effet, de suggérer l'idée du bien, si la raison n'en contenait le principe.

« L'enfant porte en lui-même la loi morale, d'abord à son insu et comme à l'état latent ; puis peu à peu elle se dégage, elle sort des profondeurs mystérieuses de la conscience, elle fait sentir sa présence par des tressaillements muets ; puis elle prend une voix, elle parle ; elle commande, elle signifie sa volonté par des injonctions de plus en plus claires, de plus en plus pressantes,

(1) M. Egger, op. cit., p. 68.
(2) M. Pérez, la Psychologie de l'enfant, 2ᵉ édit., p. 343.

et enfin, quand elle est méconnue, par cette souffrance indéfinis-
sable, tantôt sourde, tantôt aiguë et cuisante, qui s'appelle le
remords (1). »

Assurément l'évolution naturelle de l'individu tend
d'elle-même à produire les notions morales. Mais l'éducateur peut aider à ce développement. Pour cela il est
nécessaire : 1° qu'il exerce l'enfant à juger des actions
des autres ; que dans des récits exacts et saisissants il
lui montre des hommes qui ont bien ou mal fait ;
qu'il lui demande de se prononcer sur les vertus et les
vices d'autrui, qu'il l'invite à donner les raisons pour lesquelles telle action lui semble bonne et telle autre mauvaise ; 2° qu'il laisse l'enfant accomplir à ses risques
et périls les actions que lui suggère son initiative
personnelle, qu'il l'habitue de bonne heure à se
décider lui-même et à acquérir ainsi le sentiment de sa
responsabilité, qu'il lui fournisse de fréquentes occasions de surmonter ses penchants et de vaincre ses
instincts mauvais (2).

Il faut, en d'autres termes, faire appel le plus tôt possible à l'expérience de l'enfant. Les notions morales
ne peuvent être transmises du dehors comme des
vérités géométriques : elles doivent sortir spontanément
de la réflexion personnelle et des sentiments intérieurs. La conscience sera lente à apparaître chez les
enfants qui n'auront été habitués, ni à agir par eux-
mêmes, ni à juger les actions des autres.

« C'est en lui-même, dit encore l'auteur que nous venons de
citer, que l'enfant porte sa règle de conduite, c'est en lui-même
qu'il faut lui apprendre à la chercher, et quand le maître commande, il doit s'appliquer à faire comprendre que ce n'est pas
en son propre nom qu'il parle, mais au nom de la loi morale
qui est inscrite dans le cœur de l'enfant, et dont il n'est, lui,

---

(1) M. Vessiot, op. cit., p. 23.
(2) C'était la méthode suivie par Pestalozzi : « Au lieu de donner à ses
enfants des leçons directes de morale, il profitait avec habileté de tous les
événements qui se passaient dans la maison : ils étaient assez nombreux pour
que chaque jour il se présentât une foule d'occasions de leur faire sentir la
différence du bien et du mal, de ce qui est juste et de ce qui est injuste...
(Pompée, *Études sur Pestalozzi*, p. 250.)

que l'écho et l'interprète. Amener l'enfant à se conduire en l'absence de ses maîtres, et de tous ceux qui ont le droit de le forcer à bien faire et de le punir d'avoir mal fait, comme il se conduirait en leur présence ; prendre son point d'appui en lui contre lui-même, lui faire voir qu'il peut arriver à se diriger sans secours étranger, et l'amener insensiblement à se passer de cette direction extérieure : voilà la vraie méthode de l'éducation (1). »

Il faut, en d'autres termes, que toute vertu morale enseignée aux enfants soit intimement liée, comme disait Pestalozzi, « à une expérience intuitive et sensible qui leur soit propre (2) ».

Difficultés de cette éducation. — Il y a une telle distance entre l'état naturel de l'enfant, uniquement sensible à son plaisir et à son intérêt, et l'état normal d'une conscience éclairée, qu'on serait tenté, au premier abord, de désespérer du succès et de croire impossible l'évolution qui conduit l'esprit à la conception du bien.

Mais la nature nous a ménagé dans cette œuvre délicate de puissants auxiliaires. Et s'il est difficile de suggérer à l'enfant l'idée abstraite du devoir, il est beaucoup plus aisé de l'habituer à remplir pratiquement certains devoirs.

Quand il s'agit surtout des devoirs envers les autres hommes, l'enfant sera aidé par ses sentiments naturels de sympathie et de bienveillance, et de la pratique de ces devoirs se dégagera peu à peu l'idée du devoir en lui-même.

« C'est des premiers mouvements du cœur, s'écrie Rousseau, que s'élèvent les premières voix de la conscience ; des sentiments d'amour et de haine naissent les premières notions du bien et du

_____

(1) M. Vessiot, *op. cit.*, p. 35.
(2) « L'éducation morale élémentaire, disait Pestalozzi, comprend trois parties distinctes : il faut d'abord donner aux enfants une conscience morale, en éveillant en eux des sentiments purs ; il faut ensuite par l'exercice les accoutumer à se vaincre eux-mêmes, pour s'appliquer à tout ce qui est juste et bon ; il faut enfin les amener à se faire, par la réflexion et la comparaison, une idée juste du droit et des devoirs moraux qui résultent pour eux de leur position et de leur entourage. »(Roger de Guimps, *Histoire de Pestalozzi*, p. 206..

mal ; justice et bonté ne sont pas seulement des mots abstraits, conçus par l'entendement, mais de véritables affections de l'âme éclairée par la raison. »

Les vertus relatives aux devoirs personnels seront d'une acquisition plus difficile ; mais ici encore les sentiments naturels, l'amour-propre, le sentiment de l'utile, viendront en aide à l'éducation morale. Il n'est nullement défendu de montrer à l'enfant que son intérêt et son devoir sont d'accord pour lui imposer la modération de ses désirs, la résistance à ses penchants mauvais.

Mais surtout, et dans toutes les parties de la vie morale, l'exemple sera le grand maître : avant d'imposer la loi morale à l'obéissance de l'enfant, comme une règle qui commande, il faut la proposer à son imitation, comme un exemple qui s'insinue. L'enfant est avant tout imitateur, et le grand secret de l'éducation morale est de savoir mettre à profit cet instinct. N'oublions pas que le plus beau livre peut-être de la morale religieuse est intitulé l'*Imitation de Jésus-Christ*.

Puissance de l'instinct d'imitation chez l'enfant. — La puissance de l'instinct d'imitation chez l'enfant tient à plusieurs causes, et d'abord à son ignorance. N'ayant encore à sa disposition qu'un petit nombre de connaissances et un très pauvre fonds d'idées, l'enfant est à la merci des perceptions qui le sollicitent de toutes parts. Sa pensée souple et libre de préoccupations répond à l'appel des images extérieures, et suit sans résistance le courant où la poussent les impressions qui la frappent.

D'autre part, l'enfant est faible ; il manque de personnalité. Il a besoin d'agir, et sa volonté n'existe pas encore. Impuissant à agir d'après lui-même, il agit d'après ce qu'il voit faire aux autres. Sa faiblesse est la cause principale de son humeur imitative.

La sympathie est encore un des principes de l'instinct d'imitation. Nous avons tous une secrète tendance à nous mettre d'accord, dans nos sentiments et dans nos actions, avec les hommes qui nous entourent, et particulièrement avec ceux que nous aimons. Aimer quelqu'un, c'est vouloir lui ressembler. L'enfant qui ressent déjà de vives affections pour ses camarades est naturellement porté à les imiter. Plus il y aura de causes de sympathie, d'analogies dans la condition, dans l'âge, plus l'instinct d'imitation se manifestera avec force.

Ajoutons enfin que dans l'imitation, quelque servile qu'elle puisse paraître, il y a aussi parfois comme un premier essor de la liberté de l'enfant, de son aspiration vers l'idéal. L'enfant veut s'élever au-dessus de lui-même, et voilà pourquoi ceux qu'il imitera de préférence, après ses camarades, ce sont ses supérieurs et ses maîtres.

« Tous les hommes ont un penchant à l'imitation, mais on l'observe surtout chez l'enfant. N'ayant pas encore une individualité prononcée et un caractère fort, il ne se suffit pas à lui-même. Il cède facilement à une impulsion étrangère. Les êtres qui l'entourent agissent sur lui plus qu'il n'agit sur eux, et il se moule volontiers sur l'exemple qu'ils lui donnent, surtout s'ils sont plus âgés, plus forts, plus habiles et plus expérimentés que lui (1). »

Les exemples historiques. — S'il est vrai qu'aucune de nos actions n'est perdue pour nous-mêmes, que chacun de nos actes, bon ou mauvais, a son retentissement dans notre conduite future et contribue à diriger vers le bien ou vers le mal le courant de notre vie, il est incontestable aussi que les actions des autres hommes, de ceux qui nous ont précédés sur cette terre, comme de ceux qui vivent autour de nous, exercent sur notre caractère, pour peu qu'elles soient présentes à notre imagination, une influence profonde. Le passé rayonne sur le présent. Les âmes disparues revivent dans les âmes des générations nouvelles. Les exemples des anciens façonnent les esprits des nouveaux venus

---

(1) Gauthey, op. cit., t. II, p. 388.

dans la vie, et, comme on l'a dit, « les morts gouver nent les vivants ».

Entourons donc l'enfant de tout ce que l'histoire comporte de beaux et nobles enseignements. Faisons pénétrer en lui par des récits, par des peintures, les vertus qui ont illustré ses ancêtres.

« Pour la grandeur de la vie, dit un pédagogue anglais, rien n'est important comme une imagination remplie d'héroïques souvenirs. Il n'y a pas de plus sûre méthode pour devenir bon, peut-être aussi pour devenir grand, que de vivre de bonne heure dans le commerce des hommes grands et bons. Il n'y a pas de sermon qui vaille l'exemple d'un grand homme. Tournez-vous, jeunes imaginations, vers ces nobles galeries des grands hommes, vers le Walhalla des âmes héroïques de tous les temps et de tous les lieux. Vous vous sentirez excités au bien, et vous rougirez de commettre une bassesse sous les regards de cette *armée de grands témoins* (1). »

Assurément il ne s'agit pas de faire de nos élèves autant de héros : les occasions d'être héroïque sont rares. Mais il ne faut pas pourtant craindre de présenter aux enfants un idéal moral très élevé. Celui qu'on aura rendu capable d'être héroïque dans une circonstance solennelle, sera plus sûrement vertueux à toutes les heures de sa vie. Familiarisons donc l'esprit qu'il s'agit de moraliser « avec l'héroïsme humain en chair et en os, tel que le représente un bon choix de biographies (2) ». De cette haute excitation morale quelque chose rejaillira jusque dans les plus communes et les plus humbles conditions sociales.

L'histoire tient d'ailleurs en réserve, pour les proposer à l'imitation de ceux qui l'étudient, un grand nombre d'exemples de vertus familières et simples, accessibles à tous. Les *Vies* de Plutarque, pour ne citer que cet auteur, renferment un trésor de beaux modèles dont tout le monde peut profiter, et qui sont, comme on l'a dit, « la matière même dont sera toujours faite toute force morale ».

(1) M. Blackie, *op. cit.*, p. 91.
(2) *Ibid.*, p. 94.

Les exemples vivants. — Mais il y a quelque chose qui vaut encore mieux que l'exemple du passé, c'est le commerce des vivants. L'imitation de l'enfant va de préférence à ceux qu'il voit, à ceux qu'il fréquente. Les plus beaux récits historiques sont froids, à côté du témoignage réel et présent d'une vie vertueuse. L'honnête homme n'assure pas seulement sa propre vertu, il concourt à la vertu des autres par « l'influence magnétique » qu'il répand autour de lui, partout où il passe, par le rayonnement bienfaisant de ses qualités morales. Il y a une contagion du bien comme une contagion du mal et de la maladie.

Quelques-unes des meilleures âmes de ce monde ont acquis leur supériorité morale moins par un effort de leur volonté que par une naturelle imitation des honnêtes gens qui les entouraient. Combien de familles où la vertu est une tradition, un héritage qui se transmet des parents aux enfants aussi sûrement, aussi directement qu'un patrimoine ! Marc-Aurèle, le sage empereur romain, raconte dans ses *Pensées* qu'il était redevable à plusieurs personnes de sa famille de quelques-unes de ses meilleures qualités :

« Mon aïeul, dit-il, m'a appris la patience. De mon père je tiens la modestie. A ma mère je dois la piété. »

Heureux les hommes qui, comme Marc-Aurèle, respirent dès leur naissance dans une atmosphère de vertu, et n'ont, pour acquérir de bonnes mœurs, qu'à se laisser aller aux douces et faciles incitations de l'exemple !

« De tous les moyens à employer pour instruire les enfants, pour former leurs mœurs, le plus simple, le plus aisé, le plus efficace, c'est de leur mettre devant les yeux les exemples des choses que vous voulez leur faire pratiquer ou éviter... Il n'y a pas de mots, si forts qu'ils soient, qui leur donnent l'idée des vertus et des vices aussi bien que le feront les actions des autres hommes qui leur en présentent l'image. Il n'y a rien qui pénètre l'esprit des hommes aussi doucement, aussi profondément que l'exemple (1). »

(1) Locke, *Pensées*, etc., p. 112.

Les exemples et les préceptes. — Il ne faudrait pourtant pas s'imaginer que l'exemple, qui est le précepte en action, nous dispense absolument du précepte abstrait, qui s'adresse à l'esprit. Il est bon de présenter à l'enfant sous une forme nette et expressive les principales maximes du devoir, de nourrir sa mémoire de beaux textes moraux. Toujours présentes à l'imagination, ces formules nous prêteront appui contre les tentations du plaisir, contre les sophismes de la passion : elles nous préserveront à l'occasion de mainte défaillance.

« Il est bon, dit un auteur, souvent cité, de porter avec soi, comme une sainte et purifiante influence, un haut idéal de vie, exprimé sous une forme énergique et vivante. Les gens superstitieux portent une amulette sur le cœur : ayez dans le vôtre un trésor de saintes paroles, et vous serez mieux armé contre le mal qu'un monarque absolu derrière les piques menaçantes de ses gardes. De telles paroles, vous les trouverez en maint endroit, dans les livres sacrés de l'Inde, chez Platon, chez Épictète, dans l'Ancien et le Nouveau Testament (1). »

Nous ne croyons plus à la vertu magique des paroles, mais qui ne sait pourtant par expérience ce que peut, dans un moment de crise morale, l'idée subitement évoquée d'une maxime, d'une règle de conduite, surtout si à ce précepte se lie le souvenir de celui ou de celle qui nous l'a transmis, l'image d'une mère, d'un père, d'un maître vénéré?

Il faut en effet que le précepte, pour être efficace, pénètre profondément dans l'âme ; qu'il ne reste pas seulement sur les lèvres et dans la mémoire ; qu'il devienne, pour ainsi dire, partie vivante de la conscience. Ne nous contentons pas d'une moralité d'emprunt, fondée sur les maximes apprises dans les livres.

« Que penserait-on, disait ingénieusement Plutarque, d'un homme qui, allant chercher du feu chez son voisin et trouvant le foyer bien garni, y resterait à se chauffer, sans plus songer à retourner dans sa propre maison ? »

(1) M. Blackie, p. 39.

C'est l'image de l'homme qui se contenterait de réciter des discours de morale bien appris, qui, pour être sûr de se bien conduire, aurait toujours à consulter un livre, un Évangile quelconque, et qui n'aurait pas su allumer dans son propre cœur un foyer intérieur de nobles inspirations.

L'amour du bien. — Exercé et instruit par son expérience personnelle, habitué à se rendre compte de ses propres actions et à juger les actions des autres, à en peser les conséquences, initié par ses actes à la joie du devoir accompli, encouragé par les exemples qu'on aura mis sous ses yeux, soutenu par les exhortations et les préceptes de ses maîtres, l'enfant s'élèvera peu à peu à la vie morale. Dans cette œuvre complexe, dont M. Bain a dit que « les conditions à remplir y sont si nombreuses qu'il est à peine possible d'indiquer avec précision la meilleure méthode à adopter », le grand rôle appartient, non aux livres, non aux leçons, mais au caractère des parents ou du maître. La loi morale ne peut être pour l'enfant une froide abstraction impersonnelle : il faut qu'elle s'incarne dans un être vivant. Le père, la mère ou le maître représentent aux yeux de l'enfant la loi morale, et ils devront la représenter, non comme des êtres impassibles et secs, mais comme des personnalités vivantes qui s'émeuvent à la vue du mal, qui sont pleines d'affection et de tendresse. Si la religion a sur le développement de la moralité une si profonde influence, c'est qu'elle présente à l'esprit des hommes l'idée d'un père suprême, bienfaiteur de l'humanité, qui par sa volonté souveraine impose la vertu à ses enfants. La connaissance du bien ne suffit pas; il faut y joindre l'amour du bien. Et c'est en aimant les hommes vertueux qu'on lui a proposés pour exemples, c'est parfois en aimant un modèle divin de toute vertu, que l'enfant en viendra à aimer le bien lui même.

LEÇON XI

LA VOLONTÉ, LA LIBERTÉ ET LES HABITUDES

La connaissance et la volonté du bien. — Définition de la volonté. — La volonté chez l'enfant. — Différence de la volonté et du désir. — Différence de la volonté et de l'idée. — Rapports de la volonté avec la sensibilité. — Rapports de la volonté avec l'intelligence. — La volonté et la liberté. — Culture de la volonté. — Sentiment pratique de la liberté. — Éducation de la liberté. — Aucun acte n'est indifférent. — La volonté et les habitudes. — Nécessité des habitudes. — Comment se forment les habitudes. — Comment on corrige les mauvaises habitudes. — La volonté et l'éducation publique ou privée. — L'éducation personnelle. — Difficulté de l'éducation de la volonté. — La bonne volonté. — Importance de la volonté dans la vie.

La connaissance et la volonté du bien. — Plus on éclaire l'intelligence, plus on développe la conscience morale. Il suffit de jeter un coup d'œil sur les mœurs des anciens et sur les mœurs des modernes, pour juger des progrès que les hommes ont faits peu à peu dans la connaissance de leurs devoirs. On fait le mal souvent par ignorance du bien. De plus la connaissance du bien implique par elle-même une certaine force de détermination vers le bien. Savoir nettement où est le devoir, c'est déjà une condition excellente pour faire son devoir. Avouons pourtant que la connaissance ne suffit pas, qu'il y faut joindre la volonté, l'énergie morale. Que d'hommes capables de disserter à merveille sur toutes les nuances du devoir, et qui seront cependant hors d'état de devenir des hommes vertueux: ils ne sauront pas vouloir le bien qu'ils connaissent. C'est la raison qui juge ce qu'il faut faire, mais c'est la volonté seule qui nous détermine à le faire. L'éducation de la volonté est donc une partie essentielle de l'éducation morale.

Définition de la volonté.— Au dix-huitième siècle le mot de volonté était parfois employé pour désigner toutes les puissances de l'âme qui sont autres que l'intelligence : les inclinations, les tendances, les désirs ; et Condillac disait de la volonté « qu'elle comprend toutes les opérations qui naissent du besoin ». Dans la psychologie contemporaine, la signification du terme « volonté » est mieux définie, plus délimitée, et la volonté, ou puissance de faire ce qu'on veut, désigne proprement le pouvoir qu'a l'âme de se déterminer, avec conscience et réflexion, spontanément et librement, à une action de son choix.

La volonté chez l'enfant. — La volonté ainsi entendue est, comme la raison, le propre de l'homme L'homme seul, dans le plein exercice de ses facultés, est capable de vouloir. Sans doute l'animal, l'enfant, se déterminent par eux-mêmes, ils agissent, et par abus de mots le langage appelle volonté le principe de ces déterminations et de ces actions. Mais cette puissance irréfléchie de se déterminer et d'agir n'est qu'un semblant de volonté. L'enfant est volontaire, il n'a pas de volonté. Chez lui, comme chez l'animal, l'action, quelque spontanée qu'elle soit, n'est pas maîtresse d'elle-même : provoquée par le désir aveugle, par le besoin irrésistible, par le caprice désordonné, elle ne se possède pas; elle n'est que la pâle image de la véritable volonté humaine, qui réfléchit, qui calcule, qui sait où elle va, et qui par suite se maîtrise et se gouverne elle-même.

Différence de la volonté et du désir. — La volonté est assurément autre chose que le désir. Il n'est pas possible d'admettre avec certains philosophes que la volonté ne soit qu'un désir ardent et fort, de même que l'attention ne serait qu'une sensation dominante. La volonté ainsi comprise ne nous affranchirait pas de nos inclinations et de nos passions ; elle ne serait que la

consommation du désir. Elle rentrerait dans la catégorie des dispositions passives, fatales; elle ne serait
pas le principe de la liberté.

Le désir n'est que la sollicitation d'un objet agréable
qui nous procure du plaisir et par là nous engage,
nous détermine parfois à le rechercher. La volonté au
contraire est la résolution que nous prenons par nous-
mêmes d'accomplir un acte, agréable ou désagréable,
peu importe.

Il y a des cas où le désir et la volonté sont d'accord,
où nous voulons ce que nous désirons: même alors,
notre conscience distingue nettement l'attrait que la
chose désirée exerce sur la sensibilité, et le pouvoir que
nous avons de céder à cet attrait.

Dans d'autres cas, la volonté est en contradiction
avec le désir; et c'est alors surtout que la distinction
des deux faits est claire et éclatante. La paresse
m'attire et me plaît, par exemple: tous les plaisirs du
far niente hantent mon imagination, toutes les dispositions de mon corps me portent à l'indolence; et cependant, soutenu par l'idée de mon intérêt ou de mon
devoir, je résiste à ces impulsions; je veux travailler,
et je me mets au travail. Comment, dans ce cas et dans
tous les cas analogues, confondre le désir et la volonté,
le courant et la force qui remonte le courant?

Dans d'autres cas enfin, le désir est seul; par sa
violence il entraîne l'âme, qui n'a pas le temps de réfléchir, ni la force de vouloir; mais l'action alors n'est
pas plus volontaire, que l'esprit n'est véritablement
attentif, quand il est dominé, absorbé par une sensation. La fixité de la pensée qui se laisse captiver et
immobiliser, pour ainsi dire, par une impression forte,
n'est pas plus l'attention, que l'entraînement du désir
n'est la volonté. De même que l'attention à son gré
déplace, transporte la pensée, l'attache à l'objet qu'elle
a choisi ou l'en détache quand il lui plaît, de même la
volonté retient, arrête ou poursuit l'action qu'elle a
résolue.

Différence de la volonté et de l'idée. — Mais, dira-t-on, si la volonté se distingue du désir et de la sensibilité, c'est parce qu'elle se confond précisément avec l'idée, avec l'intelligence. Ce sont, en effet, des motifs empruntés à notre prévoyance, à notre raison, qui seuls peuvent contre-balancer l'attrait du désir et assurer le triomphe de la volonté. Mais de ce que la volonté se greffe, pour ainsi dire, sur une idée, ce n'est pas une raison de croire qu'elle soit la même chose que l'idée. Ne nous arrive-t-il pas à chaque instant d'avoir une idée très nette d'une action à faire, et cependant de ne pas la faire parce que nous ne le voulons pas?

Rapports de la volonté avec la sensibilité. — Mais, après avoir montré que la volonté est quelque chose de distinct et d'irréductible, après avoir établi qu'elle est une force indépendante, il faut se hâter d'ajouter que cette indépendance n'est pas absolue, que pour vouloir il n'est pas inutile de désirer, et qu'il est nécessaire de penser.

Ne nous imaginons donc pas que, pour préparer chez l'homme le règne de la volonté, il faille détruire chez l'enfant l'empire des désirs. Les enfants peu sensibles ont de grandes chances de devenir des hommes peu énergiques. Au contraire, des inclinations vives, ardentes, seront, pour peu que la réflexion s'y joigne, le berceau d'une volonté forte (1).

Excitons les désirs de l'enfant, en les dirigeant; apprenons-lui à aimer de plus en plus ce qu'il doit aimer, et, éclairés par l'intelligence, ses désirs se transformeront en volontés.

La volonté d'ailleurs, quelque énergique qu'on la suppose, est presque toujours trop faible pour engager une lutte constante avec les inclinations. A ce jeu elle userait bien vite ses forces. Sans doute la volonté ne manifeste toute sa puissance que dans l'effort et dans la lutte ; mais heureusement la lutte n'est pas toujours

(1) M. Sully fait remarquer avec raison que l'exercice de l'activité physique elle-même est une éducation rudimentaire de la volonté.

nécessaire, et s'il y a des volontés laborieuses, héroïques,
qui triomphent des passions qu'elles combattent, il y a
aussi des volontés faciles, aisées, qui ne sont que
l'adhésion d'une âme bien faite à des désirs légitimes.
En fait, la plupart de nos volontés sont de ce genre, et
dans le cours ordinaire d'une vie réglée, ce que l'on
veut est en même temps ce que l'on sent et ce que l'on
aime.

Le but de l'éducation doit donc être d'associer, d'unir
le désir et la volonté, de mettre d'accord le plaisir et le
devoir. Tout ce qu'on fera pour assagir les inclinations profitera aussi à la volonté et en rendra l'exercice
plus facile.

Rapports de la volonté avec l'intelligence. —
Les philosophes du dix-septième siècle, notamment
Bossuet, comptaient la volonté parmi les opérations
intellectuelles. Tout acte de volonté en effet suppose un
acte de pensée. La volonté pourrait être définie une
pensée qui agit. Il n'y a pas de volonté, a dit un philosophe, où il n'y a pas raison de vouloir. A proportion
que nous sommes plus éclairés et surtout plus réfléchis,
que nous concevons plus nettement ce que nous avons
à faire, que nous comprenons mieux pourquoi nous
devons le faire, nous sommes plus maîtres de nous-
mêmes, nous nous appartenons davantage, en un mot
nous avons plus de volonté.

Exerçons donc l'enfant à réfléchir, à ne pas se hâter
dans ses résolutions, à ne pas céder du premier coup
aux appels de ses désirs, à peser le pour et le contre,
avant de prendre une détermination ; et nous accroî-
trons ainsi la force de la volonté, dont le pouvoir variable se modifie à proportion que notre énergie intellectuelle diminue ou augmente.

La volonté et la liberté. — En montrant les différences et aussi les rapports de la volonté avec la sensibilité et avec l'intelligence, nous avons défini ses
caractères essentiels, qui sont la réflexion et la liberté.

Il n'y a d'actes véritablement volontaires que ceux

qui sont délibérés, qui supposent qu'on a pris un parti réfléchi. Et c'est précisément parce qu'il dérive, non d'un instinct inconsidéré et fatal, mais d'une décision étudiée et d'un choix, que l'acte volontaire est libre. La liberté réelle n'est pas autre chose que la faculté de choisir avec réflexion et en pleine connaissance de cause, entre plusieurs actions possibles, celle que nous préférons, celle que nous jugeons la meilleure. Sans doute cette liberté-là ne nous donne pas la puissance de rompre brusquement avec notre passé, de nous délier de toute solidarité avec ce que nous avons déjà fait, avec nos inclinations et nos habitudes d'esprit ; elle ne crée pas des actes absolument indéterminés, indépendants de toute condition, des miracles en un mot. Mais enfin elle nous affranchit dans la mesure du possible ; elle nous soustrait à l'impulsion du moment, à l'empire absolu des habitudes, au joug de la passion, à la tyrannie de la mode et de l'exemple ; elle fait que nous nous gouvernons par nous-mêmes et par notre raison, et c'est en cela que nous sommes libres.

Culture de la volonté. — La culture de la volonté est un des problèmes les plus délicats de l'éducation. Pour la développer et la fortifier, il faut d'abord respecter la spontanéité de l'enfant, qui est le germe de son indépendance et de sa liberté. Les parents qui songent trop à « briser les volontés de leurs enfants », préparent des caractères faibles et mous qui seront incapables de se conduire.

« Il ne faut pas, dit Kant, briser la volonté des enfants, mais seulement la diriger, de telle sorte qu'elle sache céder aux obstacles naturels (1). »

C'est la même pensée qui inspirait Rousseau, lorsque, dans les douze premières années de l'éducation d'Émile il soumettait la conduite de l'enfant à la seule règle de la nécessité :

(1) **Kant**, *Pédagogie*, p. 226.

« Que l'enfant sente de bonne heure sur sa tête altière le dur joug que la nature impose à l'homme, le pesant joug de la nécessité, sous lequel il faut que tout être fini ploie ; qu'il voie cette nécessité dans les choses, jamais dans le caprice des hommes (1). »

C'est aller trop loin cependant que de supprimer, dans la première éducation, les commandements des parents et des maîtres. Il est bon au contraire que la volonté de l'enfant sente à côté d'elle d'autres volontés ; mais à une condition, c'est que ces volontés soient elles-mêmes bien réglées, et que les ordres par lesquels elles se manifestent ne soient pas suivis de contre-ordres, qu'ils soient nets et inflexibles. Les caprices d'une autorité inconstante qui se contredit elle-même ne peuvent avoir que de funestes effets. Tiraillée en sens divers, la volonté de l'enfant deviendra elle-même capricieuse et mobile.

L'enfant ne doit être ni esclave ni despote. Il ne faut pas qu'il soit contraint d'obéir aveuglément à des ordres déraisonnables, ni contrarié dans toutes ses tendances. Il ne faut pas non plus qu'il soit satisfait dans toutes ses volontés.

« Les parents, dit Kant, se trompent ordinairement en refusant à leurs enfants tout ce qu'ils demandent. Il est absurde de leur refuser sans raison ce qu'ils attendent de la bonté de leurs parents.

« Mais, d'autre part, on gâte les enfants en faisant tout ce qu'ils veulent. On les empêche sans doute par là de témoigner leur mauvaise humeur, mais ils n'en deviennent que plus emportés. »

Il faut à la fois savoir céder et savoir résister, savoir résister surtout. En complaisant toujours aux caprices de l'enfant, en flattant ses instincts, nous émancipons sans doute sa volonté, mais nous la déréglons : en un sens nous l'affaiblissons. La volonté en effet suppose l'effort, l'empire sur soi-même. En résistant à l'enfant, on lui apprend à se résister à lui-même. C'est seulement s'il a pris l'habitude d'obéir à autrui qu'il deviendra capable d'obéir plus tard à sa propre raison.

Sentiment pratique de la liberté. — Il y a un grand intérêt pratique à nous arrêter souvent, à propos de nous-mêmes, sur des réflexions comme celles-ci : « Telle faute pouvait être évitée. Telle qualité pouvait être acquise plus vite. Enfin on pouvait faire autrement et mieux ! » C'est là un moyen assuré d'accroître notre foi dans l'efficacité de nos actes, de fortifier dans nos âmes la chose la plus précieuse de ce monde, je veux dire le sentiment pratique de notre liberté, en nous débarrassant de cette idée accablante de nécessité, dont Stuart Mill disait : « L'idée de nécessité pesait sur mon existence comme un mauvais génie. »

Habituons par conséquent l'enfant à faire de fréquents retours sur lui-même, à pratiquer dans une certaine mesure ces *examens de conscience*, que recommandaient déjà les philosophes de l'antiquité. Le *calendrier moral* de Franklin, inscrivant chaque jour les infractions qu'il avait commises aux divers préceptes du devoir, est une ingénieuse application de la même idée (1).

Éducation de la liberté. — L'homme n'est véritablement homme que quand à des sentiments vifs et élevés, à une intelligence éclairée, il joint une volonté ferme et toujours prête. Mais cette qualité est plus rare qu'on ne le croit. Sans doute, s'il ne s'agit que de cette volonté inférieure qui, tout en disant : « Je veux », ne fait en réalité qu'obéir à l'inclination ou à l'habitude, nous usons de notre volonté à chaque instant de notre vie. Mais s'il faut réserver le nom de volonté pour l'acte délibéré, résolu avec réflexion, qui ne voit que la conscience humaine s'élève rarement à cet effort ? Le plus souvent nous agissons, nous ne dirons pas sans

---

(1) Il faudrait, en d'autres termes, faire pour l'esprit ce que le colonel Amoros faisait pour le corps : il remettait à chaque élève ce qu'il appelait la *feuille physiologique*, où étaient notés à la fois et l'état de chaque organe au commencement du cours de gymnastique et les progrès accomplis après chaque mois d'exercices.

motif, ce qui est impossible, mais sans motif réfléchi,
et nos actions ne sont pas réellement voulues. Il y a des
hommes qui manquent presque absolument de volonté,
qui ne s'appartiennent pas à eux-mêmes en quelque sorte,
et qui vivent d'une vie passive, machinale, esclaves de
leurs propres passions et jouets des influences extérieures. Même ceux qui réfléchissent le plus ne réfléchissent pas autant qu'ils le pourraient : il y a en nous
des trésors d'énergie que nous ne savons pas exploiter,
et nous avons certainement plus de forces que nous
n'avons de volonté.

Aucun acte n'est indifférent. — Pour élever vraiment la liberté, pour lui assurer toute sa puissance, il
faut considérer qu'aucun de nos actes n'est indifférent.
Si nous cédons une fois à une inclination mauvaise, en
nous promettant de lui résister le lendemain, nous
commettons une grave imprudence : demain, en effet,
nous n'aurons pas la même force pour lui résister. Tout
acte accompli est un commencement d'habitude, et
l'habitude entrave notre volonté. Par cela seul que
nous aurons, même une seule fois, agi dans un sens,
nous serons un peu plus disposés à agir de la même
façon.

Surveillons donc tous les actes de l'enfant. Ne lui
passons aucune faute, sous prétexte qu'elle restera
isolée, et qu'il sera temps de s'y opposer lorsqu'elle se
renouvellera. Dans toute velléité, quelque légère qu'elle
soit, il y a une volonté en germe ; dans toute action,
un commencement d'habitude.

La volonté et les habitudes. — L'activité de l'enfant et de l'homme se manifeste, on le sait, sous trois
formes : l'instinct, la volonté, l'habitude. Le plus
possible il faut substituer la volonté à l'instinct ; c'est-
à-dire les résolutions réfléchies aux impulsions aveugles ; mais doit-on combattre les habitudes comme on
combat les instincts ? Non : car il dépend de nous que
l'habitude ne soit qu'une manière aisée de faire sans
effort ce que nous avons préalablement fait avec

réflexion, avec volonté : l'habitude consolide l'œuvre de la liberté.

On a dit, non sans justesse : « Deux obstacles presque invincibles nous empêchent d'être les maîtres de nos volontés, l'inclination et l'habitude. » Ce serait cependant une erreur grave et dangereuse que d'attribuer à ces deux ennemis de la volonté une puissance insurmontable. L'inclination peut toujours être contrôlée, confrontée avec nos intérêts et notre devoir, et réprimée par un acte énergique de vouloir. Quant à l'habitude, à l'origine surtout, elle est entièrement sous la dépendance de la volonté, puisqu'il dépend de nous d'empêcher la répétition de l'acte qui engendre l'habitude. Même quand elle est invétérée, nous pouvons venir à bout de la vaincre, sinon en une fois et par un seul effort de volonté, du moins par une résistance prolongée et par une tactique habile.

Nécessité des habitudes. — L'éducation n'est, en grande partie, que l'art de former de bonnes habitudes. Aussi ne comprend-on pas que Rousseau ait dit avec plus d'esprit que de sens : « Il ne faut laisser prendre à Émile aucune habitude, si ce n'est de n'en avoir aucune. »

Kant, lui aussi, condamne les habitudes, pour cette raison que « plus un homme a d'habitudes, moins il est libre et indépendant ».

L'idéal de Kant et de Rousseau serait une liberté toujours agissante que rien ne gênerait, une liberté toujours en éveil, toujours en mouvement, qui se déterminerait à nouveau par un effort spécial dans toutes les circonstances de la vie : or l'habitude est une « obéissance », puisqu'elle nous enchaîne au passé (1). Mais l'idéal de Rousseau et de Kant est irréalisable ; il est impossible de demander, à chaque instant de l'existence, ce déploiement d'énergie que suppose tout exercice nouveau de la liberté. La faiblesse humaine est trop heureuse

_____

(1) Voyez Vinet, _l'Éducation, la Famille et la Société._

de pouvoir s'appuyer sur de bonnes habitudes qui la dispensent d'efforts sans cesse renouvelés, et qui lui rendent facile, aisé, presque instinctif, l'accomplissement du devoir. Le corps ne peut être toujours éveillé et debout : il faut qu'il dorme et qu'il se couche; de même l'activité ne saurait rester incessamment en éveil : il faut qu'elle se repose et qu'elle s'endorme, pour ainsi dire, dans les molles et douces démarches de l'habitude. Une fois que la volonté a épuré les inclinations et réglé les habitudes, elle peut se décharger en partie sur le sentiment et sur la routine du gouvernement de l'âme : comme un général qui, après avoir pacifié un pays, remet l'épée au fourreau, mais sans désarmer complètement, car l'imprévu des circonstances et les changements de la vie peuvent à chaque instant exiger de nouveaux efforts de volonté.

Objectera-t-on que l'habitude diminue l'effort et par conséquent le mérite ? Nous répondrons avec M. Marion : « Le mérite et l'effort ne sont pas toute la moralité. Je suis plus sûr qu'un homme fera le bien, lorsque le bien ne lui coûtera aucune peine (1). »

Ne demandons pas à la volonté une série continue de tours de force. D'ailleurs les habitudes, si nombreuses qu'elles soient, ne suppriment jamais la liberté, surtout si l'on fait de la liberté elle-même, c'est-à-dire de la délibération réfléchie, une habitude supérieure, qui domine toutes les autres.

Comment se forment les habitudes. — L'éducation a donc grand besoin de former de bonnes habitudes, habitudes d'esprit, habitudes de sentiment et d'action. Comment les formera-t-elle ? Comment réussira-t-elle à établir cette seconde nature, qui constituera le caractère définitif de l'homme?

A vrai dire, les habitudes se forment d'elles-mêmes par la répétition d'un même acte : les unes dérivent des inclinations, des instincts; les autres, d'actions réfléchies

---

(1) Cours de M. Marion, sur *la Science de l'éducation*, résumé dans la *Réforme universitaire*, 1er avril 1885.

auxquelles la volonté a collaboré. Le rôle de l'éducateur est donc de surveiller soit les instincts, soit les premières manifestations de la volonté. Qu'il coupe court, dès l'origine, aux tendances mauvaises; qu'il arrête dans leur première éclosion les inclinations vicieuses. C'est dans ses racines surtout qu'il faut couper le mal.

> « L'habitude, dit Montaigne, commence d'une façon douce et humble : elle établit en nous peu à peu, et comme à la dérobée, le pied de son autorité ; mais elle nous découvre bientôt un furieux et tyrannique visage, et c'est à peine s'il nous est encore donné de nous ravoir de sa prise. »

En s'opposant par tous les moyens en son pouvoir, au besoin par des punitions, aux actes mauvais, le maître empêchera de naître les mauvaises habitudes. Pour favoriser les bonnes, il n'aura qu'à encourager l'enfant à agir, et avec l'aide du temps l'habitude se formera. Il n'est guère possible d'imposer d'emblée des habitudes nouvelles qui seraient en contradiction avec la nature de l'enfant. S'il répugne à l'acte que vous lui ordonnez cette action faite contre son gré ne laissera pas après elle une certaine tendance à se reproduire, ce qui est la condition essentielle de la formation des habitudes. S'il s'agit donc d'habitudes un peu difficiles, auxquelles l'enfant ne tend pas de lui-même, sachons ménager les transitions; tâchons de choisir le moment favorable, où l'action que l'on veut transformer en habitude coûtera le moins de peine à l'enfant; contentons-nous d'abord qu'il l'accomplisse avec indifférence : il la répétera ensuite avec plaisir, et l'habitude sera formée. Insinuons en un mot et n'imposons pas les habitudes: « Une idée nouvelle, disait Fontenelle, est comme un coin : ce n'est pas par le gros bout qu'il faut l'enfoncer. »

Comment on corrige les mauvaises habitudes.
— Mais, quelle que soit la surveillance du maître, il n'est pas dit que sous l'influence des circonstances extérieures une mauvaise habitude ne vienne à apparaître chez l'élève. D'ailleurs, quand il entre à l'école, l'enfant a

déjà contracté certaines dispositions, certains plis de
l'esprit et du cœur. Est-il possible de corriger ce que
la coutume a une fois introduit de vicieux dans l'activité
de l'enfant ?

Assurément ce n'est pas chose facile ; et il faudrait
presque toujours désespérer du succès, si l'on n'avait
d'autres moyens pour l'atteindre que de combattre de
front la mauvaise inclination passée en habitude, surtout si l'on voulait y réussir tout de suite. Le temps a
présidé à la formation de l'habitude : le temps est nécessaire aussi pour en assurer la disparition. Patien-
tons par conséquent ; soyons satisfaits, si nous parvenons d'abord à espacer le renouvellement de l'action
mauvaise. Peu à peu, l'empire de la volonté renaîtra :
l'enfant se débarrassera graduellement de son penchant, surtout si nous avons su habilement faire naître
des habitudes différentes qui l'entraînent d'un autre
côté.

La volonté et l'éducation publique ou privée.
— Au premier abord, on serait tenté de croire que l'éducation privée est plus favorable que l'éducation publique à la culture de la volonté. A l'école, en effet, tout
est réglé d'avance ; tout est uniforme; pas d'initiative;
un niveau commun ; l'enfant n'est jamais abandonné à
lui-même; les moindres heures de la journée ont leur
occupation définie. A la maison, au contraire, l'enfant
s'appartient davantage; il n'est pas soumis à une règle
aussi inflexible ; il dispose lui-même de son temps et de
son travail; il a plus d'initiative.

Et cependant, à regarder les choses de près, on arrive
à se convaincre que l'école vaut mieux que la maison
paternelle pour l'apprentissage de l'énergie. Auprès de
ses parents, l'enfant s'efféminе; sous leur direction
souvent incertaine et variable, il ne met pas assez de
suite dans ses actions; il flotte au gré de leurs ordres
contradictoires, au gré de ses propres caprices ; il
n'apprend pas à obéir à une loi fixe, immuable. La
volonté véritable, c'est l'obéissance librement consentie

à la loi morale, et, pour former l'enfant à cette obéissance, l'obéissance à un règlement précis est la meilleure des préparations. « L'obéissance à la loi, dit un auteur inconnu, cité par madame Necker de Saussure, soumet la volonté sans l'affaiblir, tandis que l'obéissance aux hommes la blesse et l'énerve. »

Madame Necker n'hésite pas à reconnaître que « l'éducation publique l'emporte décidément, sous le rapport de l'affermissement du caractère, du développement des vertus mâles et de l'énergie ».

« Dans la famille l'élève échappe difficilement à la mollesse. Dans un paisible ménage il n'y a aucune énergie à déployer. Tous les faibles sont protégés, nul n'a besoin de se défendre lui-même ou de défendre d'autres que lui : condition fort heureuse sans doute, mais où la force d'âme ne s'acquiert pas. Au collège, il n'en est pas ainsi : le jeune homme apprend à connaître ses droits comme ceux des autres ; il s'accoutume à résister aux sollicitations comme aux menaces, quand il croit avoir l'équité pour lui. Il acquiert l'esprit de conduite, l'art de se mettre en équilibre avec ses pareils, de connaître jusqu'à quel point il faut leur imposer par sa fermeté, ou s'en faire aimer par sa complaisance (1). »

Il y aurait encore d'autres raisons à donner. Dans la famille l'enfant n'a pas facilement des opinions à lui : il vit avec des personnes qui lui sont supérieures en expérience, qu'il doit respecter, et qu'il aime d'ailleurs trop, le plus souvent, pour les contrarier en différant d'opinion avec elles. Au collège ou à l'école, il vit avec des égaux ; il a le droit d'avoir son franc parler. Dans la famille, l'enseignement est généralement trop aisé ; la leçon est pour ainsi dire toute *mâchée;* l'enfant n'a pas assez d'efforts à faire pour se l'assimiler. Au collège, il a besoin de travailler davantage par lui-même, et de chercher dans sa réflexion personnelle les moyens de comprendre des leçons uniformément données à tous (2).

(1) Voyez le chap. III du l. VIII, *Considérations sur l'éducation publique et éducation privée.*

(2) Voyez sur ce sujet un article assez suggestif de M. Faguet, *l'Éducation*

Éducation personnelle. — Ce n'est pourtant pas à l'école que s'achève l'éducation de la volonté. C'est seulement dans la société, au contact des difficultés de la vie, que la personnalité humaine se forme véritablement. Et voilà pourquoi sans doute Coménius réservait à l'université, c'est-à-dire à la vie libre de l'étudiant, le soin de développer la volonté. L'expérience est la véritable école de la volonté.

« Au collège, nous aplanissons la route devant les pas de l'enfant : et justement l'obstacle est l'éducation de la volonté. Nous enseignons ; mais justement on ne sait bien que ce qu'on découvre. Nous sommes des guides, de qui ? de ceux qui devront se conduire eux-mêmes. »

Cette opposition qui existe entre le développement de la volonté personnelle, et le régime scolaire même le plus adouci et le plus libre, disparaît le jour où l'enfant est livré à lui-même. C'est alors surtout que son activité volontaire trouvera les occasions de s'exercer et de s'accroître. Mais c'est alors aussi que sa volonté va courir les plus grands dangers. En vain on lui aura appris à vouloir dans le cercle limité des actions de l'enfance ; il sera sujet à le désapprendre dans le vaste champ des actions viriles.

« C'est que, comme on l'a justement remarqué, avec la volonté, l'œuvre de l'éducation n'est jamais terminée. Un enfant qui a appris à lire, n'a plus à y revenir, c'est fini. Avec la volonté, ce n'est jamais fini, et il y a toujours à y revenir(1). »

Difficulté de l'éducation de la volonté. — Avec l'aide d'une volonté déjà formée, le succès de l'éducation intellectuelle, comme de l'éducation morale, est assuré. Mais pour l'éducation de la volonté elle-même, où est le point d'appui, le levier sur lequel nous nous appuierons ? Ne faut-il pas déjà avoir un peu de volonté pour en acquérir davantage ? Que faire avec les natures

de la volonté dans l'enseignement public (Revue de l'enseignement secondaire, première année, p. 498. Paris, Paul Dupont).

(1) Rousselot, Pédagogie, p. 263.

faibles qui n'ont point de ressort ? Est-il possible de leur donner la volonté qu'elles n'ont pas ?

« C'est la volonté qu'il s'agit de redresser, dit Gauthey, et l'on veut qu'elle se redresse elle-même : que la faiblesse produise la force et que le mal engendre le bien (1). »

La Rochefoucauld disait dans le même sens : « La faiblesse est le seul défaut qu'on ne saurait corriger. »

Heureusement la nature ne nous propose pas souvent ce problème insoluble. Il est rare, si cela arrive jamais, qu'un enfant soit absolument dépourvu des germes de la volonté. S'il n'en a pas suffisamment pour combattre ses défauts, il en aura toujours assez pour acquérir certaines vertus : car, selon la remarque de Bourdaloue, « il en coûte moins de s'enrichir de mille vertus que de se corriger d'un seul défaut ».

La bonne volonté. — Il ne servirait de rien de former la volonté, si on ne lui donnait pas pour compagnon l'amour du bien. En elle-même, en effet, la volonté peut être un instrument de vice comme un instrument de vertu. Les grands criminels font preuve de volonté à leur façon. On peut vouloir le mal avec la même énergie que le bien.

C'est donc la bonne volonté qu'il faut surtout élever et affermir, la bonne volonté dont Kant disait dans une page qu'on ne saurait trop citer :

« De tout ce qu'il est possible de concevoir dans ce monde et même en général hors de ce monde, il n'y a qu'une seule chose qu'on puisse tenir pour bonne sans restriction : c'est la bonne volonté. L'intelligence, la finesse, le jugement et tous les talents de l'esprit, le courage, la résolution, la persévérance, comme qualités du tempérament, sont sans doute des qualités bonnes et désirables à beaucoup d'égards ; mais ces dons de la nature peuvent aussi être extrêmement mauvais et pernicieux, lorsque la volonté qui en fait usage, et qui constitue essentiellement ce qu'on appelle le caractère, n'est pas bonne elle-même.

« La bonne volonté ne tire pas sa bonté de ses effets ni de ses résultats, ni de son aptitude à atteindre tel ou tel but proposé, mais seulement du vouloir, c'est-à-dire d'elle-même ; et considérée en elle-même, elle doit être estimée incomparablement supérieure à tout ce qu'on peut exécuter par elle au profit de quelques penchants ou même de tous les penchants réunis. Quand un sort contraire ou l'avarice d'une nature marâtre priverait cette bonne volonté de tous les moyens d'exécuter ses desseins; quand ses plus grands efforts n'aboutiraient à rien, et quand il ne resterait que la bonne volonté toute seule, elle brillerait encore de son propre éclat, comme une pierre précieuse : car elle tire d'elle-même tout ce qu'elle vaut. »

Importance de la volonté dans la vie. — La bonne volonté, l'énergie dans le bien, est la seule chose qui donne à la vie son prix et sa dignité.

« Cette énergie, dit M. Blackie, ne s'acquiert que par l'exercice : si vous vous figurez trouver grand service dans les livres, dans les discussions savantes, vous vous trompez. Livres, discours, cela peut vous éveiller au bien, cela peut être, dans votre voyage, comme le poteau indicateur qui vous empêche de vous égarer au départ, mais ne peut vous faire avancer d'un pas : ce voyage, vos pieds seuls ont à le faire. Malheur à vous, si vous ne portez pas en vous-même votre boussole (1) ! »

Il faut, en d'autres termes, que l'homme trouve en lui-même sa règle de conduite et les forces nécessaires pour s'y conformer. La volonté est l'agent essentiel de la vertu. Elle n'importe pas d'ailleurs uniquement pour la moralité de la vie : elle est nécessaire pour le bonheur et le succès. Sans elle on ne saurait réussir dans le monde, triompher des difficultés, plier les circonstances. Dans les affaires grandes ou petites, on a toujours besoin de la volonté. Elle est même un élément du génie, que Buffon définissait « une longue patience ». Les inventeurs, les bienfaiteurs de l'humanité n'ont accompli leur œuvre qu'au prix de nobles efforts et d'une énergique persévérance. Enfin, à tous les degrés de l'échelle sociale, la volonté est le principe de la qualité essentielle de l'homme : le caractère. Le caractère, en effet, est moins l'ensemble de nos habitudes et

(1) M. Blackie, op. cit. p. 87

de nos goûts, que la possession d'une volonté ferme, éclairée, juste et bonne, capable de tenir tête aux événements; et le caractère ainsi compris est l'idéal de l'éducation morale.

LEÇON XII

LES SENTIMENTS SUPÉRIEURS, L'ÉDUCATION ESTHÉTIQUE, L'ÉDUCATION RELIGIEUSE

Les sentiments supérieurs. — L'amour du vrai. — La véracité. — La recherche de la vérité. — L'amour du beau. — Éducation esthétique. — L'éducation esthétique chez les anciens. — Les arts et la morale. — Les arts source de plaisir. — Témoignage de Stuart Mill. — Les arts à l'école primaire. — Culture de l'amour du beau. — Moyens indirects. Exercices spéciaux. — Culture du goût. — L'art moralisateur. — Excès à éviter. — Le sentiment religieux. — L'éducation religieuse à l'école primaire. — La religion et la morale.

Les sentiments supérieurs. — L'éducation morale ne serait pas complète, si elle se proposait seulement la culture des sentiments affectueux et bienveillants, le développement de la conscience, le progrès de la volonté et de l'énergie morale : elle doit avoir aussi en vue la culture des sentiments supérieurs, qui tiennent également de l'intelligence et de la sensibilité, et où se mêlent à la fois les conceptions les plus hautes de la raison et les émotions les plus nobles du cœur. Ces sentiments sont l'amour du vrai, le goût du beau, l'amour du bien dont nous avons déjà parlé (1), et le sentiment religieux.

L'amour du vrai. — Sous sa forme la plus humble, l'amour du vrai, c'est l'horreur du mensonge ; sous sa forme la plus élevée, c'est la recherche de la vérité, l'instinct scientifique.

La véracité. — Les pédagogues ont souvent étudié les moyens de favoriser chez l'enfant la tendance à la

(1) Voyez la 10ᵉ leçon

véracité, que M. Bain compte, avec la justice et la bienveillance, parmi les trois vertus fondamentales.

Le mieux est d'abord de donner soi-même l'exemple
de la véracité la plus scrupuleuse.

Miss Edgeworth condamne avec raison les « mensonges ingénieux » que Rousseau recommande aux instituteurs de l'enfance. « Tôt ou tard, dit-elle, les enfants
découvrent qu'on les trompe, et alors leur défiance
devient incurable. La droiture est la meilleure des politiques. Cette maxime est aussi vraie en éducation qu'en
affaires (1). »

Mais l'exemple ne suffit pas : on doit y joindre
d'autres précautions ; Rousseau a dit, avec raison, qu'il
ne faut jamais tenter la véracité de l'enfant et le ques-
tionner sur ce qu'il a intérêt à taire ou à dénaturer. « Il
faut, dit aussi miss Edgeworth, prendre son parti d'un
verre cassé plutôt que de mettre à l'épreuve la sincérité
de l'enfant. » Si par une sévérité déplacée nous provo-
quons l'enfant à dissimuler ses petites fautes, craignons qu'une fois entré dans cette voie il n'y persé-
vère et ne prenne l'habitude du mensonge.

D'autre part, lorsque l'enfant avoue de lui-même ses
négligences et ses étourderies, témoignons-lui que nous
sommes satisfaits de sa sincérité plus que fâchés de sa
faute. « Le plaisir d'être estimé, de mériter la confiance,
dit miss Edgeworth, est délicieux pour les enfants. »

Si au contraire l'enfant est disposé à mentir, montrons-lui, sans le gronder trop fort, que le résultat de sa
dissimulation est la perte de notre confiance.

« Un bon moyen de correction, dit M. Marion, sera de faire
voir qu'on n'attache plus foi aux paroles de l'enfant surpris en
flagrant délit de mensonge, et de faire contrôler ce qu'il
avance par ses camarades ; il faudra lui dire d'un ton sévère
et triste qu'on se voit dans la pénible nécessité de ne pas croire
ce qu'il affirme, et témoigner au contraire une confiance absolue
à ceux de ses camarades qui n'ont jamais menti.

« L'habitude du mensonge sera bien invétérée, si elle résiste
à un pareil traitement employé en temps utile (2). »

(1) *Éducation pratique*, ch. viii, *de la Vérité*.
(2) M. Marion, *Leçons de psychologie*, p. 196.

En d'autres termes, l'éducation de la véracité aura pour instruments les autres sentiments de l'enfant : d'abord son vif désir d'être aimé, estimé par ses parents et par ses maîtres, de posséder leur confiance ; plus tard le sentiment de la dignité personnelle que le mensonge avilit.

La recherche de la vérité. — Mais ce n'est pas tout de dire la vérité que l'on sait, il est nécessaire aussi de rechercher la vérité que l'on ne sait pas. L'éducation n'a pas de plus sérieuse mission que d'inculquer l'amour du vrai, de combattre la crédulité et l'erreur. Elle sera aidée dans cette tâche par la curiosité naturelle de l'enfant, qui, une fois excitée, aspire à tout connaître, à tout comprendre. Il n'est pas assurément question de la satisfaire en toutes choses, surtout à l'école primaire. Mais si l'enfant ne peut savoir tout ce qui est vrai, du moins on doit ne lui apprendre rien qui soit faux.

De plus en plus l'éducation doit élever les enfants dans un esprit scientifique et proposer à leur croyance, non des illusions qui les flattent, mais des vérités qui les instruisent. Habituons donc l'élève à n'accepter que des opinions dont il se rende compte, qu'il puisse contrôler par lui-même. Sans vouloir prématurément exciter son esprit critique, demandons-lui de ne se prononcer qu'à bon escient et après réflexion. Il ne s'agit pas sans doute de faire de lui un petit cartésien qui ne se rende jamais qu'à l'évidence ; mais, le plus souvent qu'il sera possible, faisons appel à sa raison. Le plaisir qui accompagne naturellement la vérité bien comprise le détournera peu à peu des opinions aveugles et irréfléchies. Il en viendra à aimer le vrai pour lui-même, à s'éprendre de la science, à sentir le besoin de la recherche personnelle et à goûter le plaisir de la découverte.

L'amour du beau. — Nous n'avons pas à nous préoccuper ici de la définition exacte et rigoureuse du beau : laissons ce soin aux professeurs d'esthétique.

Pour nous le beau se définit surtout par les sentiments qu'il excite dans l'esprit, par le charme dont nous enveloppent les productions de la nature et les œuvres de l'art, par l'admiration dont elles nous remplissent.

Que le petit enfant est sensible au beau, c'est ce qui ne saurait être contesté. Certains animaux eux-mêmes paraissent avoir je ne sais quel sentiment vague de la beauté. M. Pérez établit par de nombreux exemples que même avant trois ans l'instinct musical, l'instinct du beau visuel se développent et se manifestent. Dans ses affections pour les animaux, dans ses préférences pour certaines personnes, dans ses goûts pour les images, l'enfant témoigne déjà qu'il distingue confusément ce qui est beau de ce qui est laid. Un joujou joli, un visage agréable, une fleur brillante l'attirent et lui plaisent.

Éducation esthétique. — Une éducation complète ne saurait laisser sans culture ces dispositions naturelles. Elle doit les développer pour elles-mêmes, et par cela seul qu'elles font partie de notre nature, qu'on mutilerait si on les laissait s'éteindre; elle doit les développer encore et les former, à raison de l'influence heureuse qu'elles peuvent exercer, si elles sont bien dirigées, sur l'éducation morale.

Il faut donc faire une place à ce qu'on peut appeler *l'éducation esthétique*. Dans son extension la plus large, cette éducation comprendrait à la fois l'appréciation de toutes les beautés de la nature ou de l'art, le goût littéraire, le sentiment musical, la connaissance des arts plastiques, et aussi les divers talents qui permettent non seulement de sentir la beauté dans les œuvres des autres, mais de la réaliser dans des œuvres personnelles. Il ne s'agit pas ici de cette culture spéciale, qui fait les critiques, les artistes et les poètes. Mais, considérée simplement comme un élément de l'éducation générale, en vue d'assurer le bonheur et la perfection relative de la personne humaine, l'éducation esthétique a encore son importance, et il est à regretter que, chez les peuples modernes, elle n'ait pas encore obtenu le crédit dont elle jouissait chez les peuples anciens.

L'éducation esthétique chez les anciens. — Pour moraliser les hommes, les anciens, surtout les Grecs, comptaient sur l'art plus encore que sur la religion. A Athènes, l'éducation morale était avant tout une éducation esthétique. Platon pensait que l'âme s'élevait au bien par le beau. « Beau et bon » sont deux mots que les Grecs associaient constamment.

« Il faut, disait Platon, chercher des artistes habiles, capables de suivre à la trace la nature du beau et du gracieux, afin que les jeunes gens élevés parmi leurs ouvrages comme dans un air pur et sain, en reçoivent sans cesse de salutaires impressions par les yeux et par les oreilles, afin que dès l'enfance tout les porte insensiblement à aimer, à imiter la beauté et à établir entre elle et eux un parfait accord. N'est-ce pas pour cette raison que la musique est la partie principale de l'éducation, parce que le nombre et l'harmonie, pénétrant dans l'âme, s'en emparent et y font entrer la grâce à leur suite, lorsqu'on donne l'éducation comme il convient, au lieu que le contraire arrive lorsqu'on la néglige? Un jeune homme élevé comme il faut dans la musique saisira avec la plus grande perspicacité tout ce qu'il y a d'imparfait et de défectueux dans les ouvrages de l'art ou de la nature, et en sera justement affecté; par cela même il louera ce qu'il remarquera de beau, lui donnera entrée dans son âme, en fera sa nourriture et se formera ainsi à la vertu ; tandis qu'il aura un mépris et une aversion naturelle pour ce qu'il trouvera de vicieux, et cela dès l'âge le plus tendre, avant d'être éclairé des lumières de la raison ; mais sitôt qu'elle sera venue, il l'embrassera comme une amie, à la connaissance de laquelle la musique l'aura préparé. »

Ce que Platon désigne sous le nom de *musique*, c'est ce que nous appellerions aujourd'hui l'art en général; et à ses yeux l'art est, pour ainsi dire, un échelon de la vertu, une préparation à la vie de la raison.

Les anciens ont toujours eu une tendance à ne pas isoler la morale et à la confondre, tantôt avec la recherche du vrai, tantôt avec l'amour du bien. Tandis que Socrate affirmait que le bien et le vrai sont même chose, les stoïciens proclamaient l'identité de la beauté et de la vertu.

Les arts et la morale. — Il y a en effet des rapports étroits entre les arts et la morale.

« L'art doit être enseigné à l'enfant, dit M. Marion, parce qu'il a une puissance éducatrice incomparable. Le beau est essentiellement *ordre et harmonie*. De l'imagination et de l'esprit, cet ordre et cette harmonie passent dans le cœur, et bientôt se manifestent au dehors par l'élégance et par la grâce : une juste proportion s'observe dans les mouvements et finit par se retrouver dans les actes. Le bon goût prend aisément la forme du respect de soi-même. N'est-ce pas un lieu commun, que l'art adoucit les mœurs privées et publiques ? Il y a des fautes et des tendances morales dont un esprit habitué à vivre dans le commerce de la beauté ne saurait concevoir ou souffrir l'idée (1). »

Le mal en effet est chose laide, et la délicatesse d'une âme sensible à la beauté s'en offense et y répugne. Et si l'on entre dans le détail des différentes beautés que la nature ou l'art ont ménagées pour le charme et l'ennoblissement de la vie, l'influence moralisatrice du beau apparaît plus éclatante encore. Les spectacles de la nature apaisent les passions et nous enveloppent de leur pureté et de leur innocence. Les arts plastiques nous révèlent tout au moins et nous communiquent la grâce, l'élégance des mouvements du corps. La musique, le plus pénétrant des arts, et auquel les anciens attribuaient un rôle prépondérant dans l'éducation de la vertu, la musique transmet à l'âme je ne sais quelle contagion d'ordre et d'harmonie. La poésie enfin nous élève, nous enchante par ses inspirations plus précises ; elle nous émeut d'admiration pour toutes les belles œuvres qu'elle célèbre et qu'elle propose comme des modèles à l'enthousiasme qu'elle excite en nous.

Les arts source de plaisirs. — Les arts ne sont pas seulement un élément de la culture morale, ils doivent être recommandés aussi comme le principe de quelques-unes des émotions les plus douces, les plus vives, et aussi les plus élevées dont puisse jouir la nature humaine. Il ne saurait être question de sevrer l'homme du

(1) M. Marion, *Leçons de psychologie*, p. 200.

plaisir : tâchons qu'il le cherche et qu'il le trouve dans les pures jouissances de l'art !

« Dans les émotions que donnent les arts, dit M. Bain, nous devons, avant tout, voir une source de plaisir. Leur rôle dans l'éducation intellectuelle est celui de tout plaisir qui n'est pas excessif : ils nous animent, nous reposent et nous encouragent au travail.

Les plaisirs artistiques en effet n'ont rien de troublant ni de corrupteur : ils calment, ils pacifient l'âme ; ils la disposent, loin de l'en détourner, aux études sérieuses ; ils ne compromettent ni la délicatesse des sentiments, ni la force de la raison. Ils occupent mieux que ne le ferait tout autre divertissement les heures de loisir, les intervalles de la vie active ; et quand on les quitte, on se reprend sans effort, sans trouble, aux travaux et aux obligations de sa profession ou de son métier. A ceux qui seraient tentés de nier l'influence moralisatrice de l'art, qui ne voudraient pas comprendre combien il est puissant pour purifier et ennoblir les âmes, nous aurions donc à répondre encore que les sentiments esthétiques sont bons par eux-mêmes, qu'ils nous procurent des joies exquises, salutaires et saines, qu'ils sont bons aussi parce qu'ils remplacent d'autres sentiments et se substituent aux plaisirs inférieurs, d'ordre purement matériel, où les mœurs se perdent et où le cœur s'avilit. « Si nous considérons l'éducation comme un moyen de rendre les hommes heureux, dit M. Bain, elle doit certainement comprendre la connaissance des arts. »

Témoignage de Stuart Mill. — Les esprits les plus scientifiques, les plus épris de l'amour de la vérité, ne restent pas insensibles en général à la séduction des arts. C'est ainsi que Stuart Mill raconte dans ses *Mémoires* que sa première éducation, sous la direction d'un père rigoureux, avait été tout entière vouée à la réflexion abstraite, à la logique, à la science. A trois ans il savait le grec ; à douze ans il était logicien ; à treize ans il apprenait le calcul intégral. De cette éducation exclusivement intellectuelle, de cette instruction à outrance, que résulta-t-il? Pendant ses années d'adolescence il fut saisi d'une profonde tristesse, d'un véritable dégoût de la vie. A vingt ans il passe un hiver à vouloir se noyer chaque jour. Un livre de poésie tombe entre ses mains, il prend goût à la musique : et le voilà sauvé, réconforté par le sentiment. Il comprend alors l'importance des premières émotions, des sentiments qui attachent à la vie, en l'embellissant par leurs charmes.

Les arts à l'école primaire. — Les arts ont trop peu pénétré encore dans l'éducation populaire. L'enfant du peuple dispose de si peu de temps pour son instruction, il lui faut en cinq ou six ans apprendre tant de choses immédiatement utiles, acquérir tant de connaissances pratiques, qu'on hésite à lui imposer encore cette charge nouvelle qui résulte d'une étude même élémentaire des arts.

Et cependant il serait bien désirable que l'éducation populaire ne fût pas exclusivement subordonnée à la recherche de l'intérêt matériel, et qu'on y réservât une place, la plus large possible, à la culture désintéressée du goût et du sentiment du beau.

« L'homme du peuple, dit éloquemment M. Ravaisson, sur lequel pèse d'un poids si lourd la fatalité matérielle, ne trouverait-il pas le meilleur allégement à sa dure condition, si ses yeux étaient ouverts à ce que Léonard de Vinci appelle *la bellezza del mondo*, s'il était ainsi appelé à jouir, lui aussi, du spectacle de ces grâces que l'on voit répandues sur tout ce vaste monde, et qui, devenues sensibles au cœur, selon l'expression de Pascal, adoucissent plus que toute autre chose ses tristesses, et plus que toute autre chose lui donnent le pressentiment et l'avant-goût de meilleures destinées ? »

Culture de l'amour du beau. — C'est dès la première enfance qu'il faut accoutumer l'enfant à respirer, pour ainsi dire, les beautés qui l'entourent. Même à la campagne, où les œuvres d'art manquent, les choses jolies, belles ou sublimes, que présente le spectacle de la nature, suffiront pour cette première éducation esthétique. Plus tard, devenu laboureur, l'homme des champs se sentira peut-être soutenu dans son rude travail par l'amour qu'on aura su lui inspirer pour les beautés champêtres.

« De bonne heure il faut rendre l'enfant sensible à la beauté des arbres, des fleurs, des oiseaux, des insectes, de toutes ces merveilles à côté desquelles il passerait peut-être sans les voir : il faut le conduire à la source pure des jouissances désintéressées de l'admiration (1). »

« Pour la langue de l'imagination, disait dans le même sens madame Necker de Saussure, le premier vocabulaire est dans la nature. »

« C'est, dit aussi Herder, une preuve de la profonde barbarie dans laquelle nous élevons nos enfants, que de négliger de leur donner, dès leur bas âge, une profonde impression de la beauté, de l'harmonie et de la variété que présente notre terre (2). »

Moyens indirects. — A l'école, la décoration même de la salle de classe, les ornements simples dont on l'embellira, les images qui pareront ses murs, les illustrations des livres de classe, seront des moyens indirects de préparer l'enfant à goûter tout ce qui est beau. Il n'est pas possible d'espérer que l'enfant de nos écoles vive, comme le petit Athénien, parmi les chefs-d'œuvre de l'art, et pour ainsi dire, au milieu d'un peuple de statues. Du moins qu'on l'entoure le plus possible d'objets qui ne choquent point le goût ; que même dans ses jouets on écarte tout ce qui est laid, repoussant, tout ce qui serait de nature à donner de mauvaises habitudes à l'ouïe et à la vue (3). Qu'on lui ouvre

(1) Mademoiselle Chalamet, *l'École maternelle*, p. 150.

(2) Herder, *Idées*, l. I, ch. iv.

(3) Un écrivain élégant et judicieux, M. Rigault, insiste avec vivacité sur les inconvénients que présentent les premiers jouets, quand ils sont laids :

«Pourquoi du hochet, de ce bonhomme de métal, le premier jouet de l'enfant, fait-on presque toujours un être difforme, bossu par devant et par derrière, avec une bouche qui se fend, un nez qui se recourbe et qui va rejoindre le menton? La première imitation de la nature qui frappe les yeux de l'enfant, c'est la figure d'un monstre. Il fait connaissance avec l'art par l'entremise du laid. Ce n'est pas tout : dans le corps de ce bonhomme cagneux et bossu on pratique un sifflet aigu, dont le son déchire l'ouïe naissante de l'enfant. C'est, dit-on, pour le divertir. Voilà la première idée qu'on lui donne de la musique. Il débute dans la vie par une fausse note. Je suis persuadé que chaque année l'éducation de l'enfant par le hochet détruit en germe dans notre pays une foule de peintres et de musiciens. » (Rigault, *Œuvres complètes*, t. IV, p. 276.)

aussi les trésors des arts, par des promenades dans les musées et dans les bibliothèques.

Exercices spéciaux. — Mais à ces moyens indirects il faut joindre des exercices spéciaux, et les récents programmes officiels ont avec raison accru la place accordée au dessin et au chant dans les écoles primaires (1).

Ces études **doivent** d'ailleurs rester très élémentaires.

« L'école, dit M. Rendu, ne doit faire ni des mécaniciens, ni des agriculteurs, ni des géomètres, ni des gymnastes : elle n'a pas davantage à faire des musiciens. L'école *initie* l'enfant aux connaissances dont il aura besoin, devenu homme ; elle ébauche, et n'achève pas (2). »

M. Ravaisson, dans le remarquable article que nous avons déjà cité, donne la préférence au dessin, et au dessin de la figure humaine. Peut-être, quoi qu'il en dise, pour les élèves de l'école primaire, pour de futurs ouvriers, le dessin d'ornement, le dessin géométrique, a-t-il plus d'utilité et les prépare-t-il mieux aux professions qui occuperont leur vie.

Culture du goût. — Une éducation esthétique élémentaire doit développer le goût, plus encore que le talent d'exécution : non pas ce goût raffiné et purement critique, qui épluche simplement les défauts des œuvres d'art, et qui ne convient qu'à des spécialistes ; mais ce goût large et bienfaisant, qui confine à l'enthousiasme, qui s'attache à toutes les beautés, qui ne s'exerce pas seulement dans l'appréciation des qualités littéraires, mais dans la jouissance de tous les arts.

« Très peu d'hommes sont artistes, dit M. Bain, et les autres jouissent des œuvres produites par les premiers. Sans jouer d'un instrument, on acquiert le goût de la musique en écoutant de bons morceaux. Pour les arts qui parlent aux yeux, peinture, sculpture, architecture, le goût exige une instruction prolongée. Pour la poésie, tout professeur de littérature doit

(1) Voyez la seconde partie de cet ouvrage.
(2) E. Rendu, *Manuel de l'enseignement primaire.*

développer le goût poétique, au double point de vue du plaisir que nous y trouvons et du discernement des beautés (1). »

C'est assurément le goût littéraire et poétique qu'il est le plus facile de développer, d'abord parce que les chefs-d'œuvre sont, en ce genre, plus nombreux qu'en aucun autre, ensuite pour cette raison que les modèles littéraires sont à la portée de tous, et qu'il n'est pas nécessaire, pour en jouir, de forcer les portes d'un musée.

L'art moralisateur. — Nous ne saurions trop le redire, la culture esthétique nous préoccupe moins comme éducation désintéressée des facultés artistiques que comme alliée de l'éducation morale. C'est ce rôle de l'art qu'un moraliste contemporain a mis nettement en relief dans le morceau qui suit :

« On connaît le système de ces pères, de ces mères, de ces précepteurs qui s'imaginent que, dans l'éducation, les gronderies seules sont efficaces, qu'on ne forme, qu'on ne pétrit une jeune âme qu'avec des sentences. Dans cette sorte d'éducation ou plutôt de régime, si les maximes en nature ne sont pas facilement avalées, on pense devoir recourir à une tromperie salutaire ; on délayera le remède dans un conte pour le faire passer sans que le patient s'en doute ; on imitera ce médecin de l'antiquité qui, ne pouvant faire prendre à une femme une plante amère, s'avisa d'en nourrir une chèvre, dont le lait, dès lors imprégné de la vertu médicinale, rendit, dit-on, la santé à la malade abusée. On prend ainsi mille moyens insidieux et sournois pour infuser les préceptes de l'honnêteté. Ne dirait-on pas que l'honnêteté est une chose affreuse et dégoûtante, qu'il faut sans cesse édulcorer et sophistiquer pour la faire admettre ? A supposer que cette éducation soit bonne, est-elle la seule ? N'arrive-t-il pas que des enfants profitent davantage à vivre avec un honnête homme qui vit noblement, qui n'exprime que de grands sentiments, qui par ses discours, ses exemples, répand autour de lui une influence bienfaisante, sans avoir jamais recours au langage des _moralités ?_ On peut dire que dans les sociétés l'art ressemble à un honnête homme. S'il sait ce qu'il doit être, s'il est grand et pur, s'il est délicat, il instruit, il épure par sa délicatesse même, il enseigne en se montrant (2). »

_____

(1) _Science de l'Éducation,_ l. III, ch. m.
(2) Article de M. Martha, dans la _Revue des Deux-Mondes,_ 15 avril 1879.

Excès à éviter. — Mais, quoi qu'on pense de la vertu éducatrice de l'art, il faut se défier pourtant de l'exagération, et résister à ceux qui disent que « la beauté est le mot de l'éducation, comme la beauté est le mot de l'univers ». Non, l'éducation réelle de l'homme ne peut malheureusement pas se contenter des douces et vagues inspirations de l'art ; l'enfant ne saurait grandir dans les hymnes et les cantiques, *in hymnis et canticis* ; autant vaudrait dire qu'il doit être élevé dans les jeux et une perpétuelle récréation. Les plaisirs esthétiques ont beau être des plaisirs purs et élevés, ils ne sont après tout que des plaisirs ; ils participent de la nature de la sensibilité, et la sensibilité ne saurait être la règle de la vie.

L'abus des sentiments esthétiques énerve, affaiblit l'âme, et fait des esprits délicats à l'excès qui ne savent plus affronter avec courage les laideurs de la vie réelle. « Les délicats sont malheureux », disait La Fontaine ; et il laissait entendre par là que les délicats n'ont pas assez de force pour résister aux épreuves de la vie, pour surmonter les difficultés et les obstacles. Mettons dans les cœurs une noble aspiration à l'idéal ; mais n'oublions pas que la vie est faite de réalités, que l'existence ne ressemble nullement à une poésie aimable, mêlée de chansons, où nous n'aurions qu'à suivre la pente séduisante des plaisirs du goût. Il y a des efforts à faire, des luttes à soutenir, des misères à combattre ; et pour préparer l'homme aux combats de la vie, il faut un apprentissage viril ; il faut développer la raison plus encore que l'imagination : il faut cultiver la science plus que l'art et que la poésie.

Le sentiment religieux. — Quelle que soit l'importance du sentiment religieux dans la vie, nous n'en dirons ici que quelques mots, ce sentiment étant surtout lié à des doctrines, à des croyances confessionnelles, dont la philosophie de l'éducation n'a pas à s'occuper.

Tandis qu'en Angleterre et ailleurs on demande encore au maître de l'école primaire d'enseigner la religion,

« en la présentant à la fois avec son caractère propre et comme base de la morale la plus élevée (1) », nous avons en France pris le parti de séparer l'école de l'Église, et de laisser aux ministres des différents cultes le soin de catéchiser les enfants.

Est-ce à dire que nous croyons devoir écarter de l'enseignement proprement dit tout ce qui est relatif à l'éducation religieuse? Non assurément. En dehors des formes et des rites, en dehors des dogmes particuliers, il y a une aspiration naturelle de l'homme vers la religion, c'est-à-dire, selon la définition qu'en donne M. Marion, « vers un ensemble de croyances qui dépassent le savoir positif et qui ont trait à la place de l'homme dans la nature ainsi qu'à sa destinée (2) ».

A notre sens, le rôle de l'éducateur sera surtout négatif en pareille matière; j'entends qu'il doit respecter scrupuleusement toutes les croyances de l'enfant, ne rien dire, ne rien faire qui puisse blesser les sentiments religieux que lui ont inculqués ses parents ou ses maîtres ecclésiastiques. Mais faut-il aller au delà ? Faut-il que l'instituteur sorte de cette attitude de déférence et de respect, pour intervenir directement et activement dans la culture du sentiment religieux? Beaucoup de grands ou de bons esprits n'hésitent pas à répondre affirmativement.

L'éducation religieuse à l'école primaire. — Un des organisateurs des programmes de 1882, M. Paul Janet, a nettement défini le rôle qui convient à l'éducation religieuse dans l'enseignement moral. Nous lui laissons la parole :

« Le couronnement naturel de l'instruction morale à l'école primaire sera la connaissance de Dieu. On apprendra aux enfants que la vie a un but sérieux, que les hommes ne sont pas le produit du hasard, qu'une pensée sage veille sur l'univers et qu'un œil vigilant pénètre dans toutes les consciences.

« Il appartiendra aux cultes particuliers d'enseigner et de pres-

---

(1) *Science de l'éducation*, p. 305.
(2) *La Réforme universitaire*, cours de M. Marion, 13e leçon.

crire des actes déterminés sous forme traditionnelle. On s'efforcera surtout d'éveiller dans les âmes le sentiment religieux. On leur fera comprendre que le sentiment et la pensée de Dieu peuvent se mêler à tous les actes de la vie, que toute action peut être à la fois morale et religieuse, en étant l'accomplissement de la volonté de la Providence. *Qui travaille prie*, dit le proverbe. Une vie qui fait effort pour se conserver pure et vertueuse est une prière continuelle. Quant à la prière déterminée, sous forme particulière, elle est du domaine des religions positives. Il nous semble que cette manière d'entendre les devoirs envers Dieu ne peut offenser personne, car l'État ne s'engage pas a soutenir que la piété purement intérieure est suffisante, et il laisse aux différents cultes à montrer qu'elle ne l'est pas. Ceux qui pensent ainsi n'en seront que plus autorisés à demander aux parents de compléter l'éducation religieuse de leurs enfants par l'enseignement de l'Église (1). »

La morale et la religion. — En parlant ainsi, M. Janet s'inspire de quelques-uns des plus grands maîtres de la pédagogie moderne, de Rousseau et de Kant notamment.

Pour Kant, la morale et la religion sont inséparables et ont entre elles des rapports intimes. Mais voici comment le philosophe allemand entendait ces rapports.

A ses yeux, c'est la morale qui est la base et le principe de la religion; c'est la religion qui est la conséquence de la morale. C'est parce qu'on croit d'abord au devoir, au devoir impérieusement révélé par la conscience, qu'on s'élève ensuite à l'idée de Dieu et à l'espérance d'une destinée immortelle (2).

« La religion, dit-il, est la loi qui réside en nous, en tant qu'elle tient son autorité d'un législateur et d'un juge suprême ; c'est la morale appliquée à la connaissance de Dieu. Quand on n'unit pas la religion à la moralité, elle n'est plus qu'une manière de solliciter la faveur céleste. Les cantiques, les prières, la fréquentation des églises, toutes ces choses ne doivent servir qu'à donner à l'homme de nouvelles forces et un nouveau courage pour travailler à son amélioration : elles ne doivent être que l'expression d'un cœur animé par l'idée du devoir. Ce ne sont que des préparations aux bonnes œuvres, mais non de bonnes

(1) *Rapport* de M. Paul Janet à la section permanente du *Conseil supérieur* 20 juin 1882.
(2) Kant, *Pédagogie*, p. 243.

œuvres, et l'on ne peut plaire à Dieu qu'en devenan meilleur... Il ne faut pas commencer par la théologie. La religion qui est fondée seulement sur la théologie ne saurait contenir quelque chose de moral. On n'y aura d'autres sentiments que la crainte du châtiment d'une part, et d'autre part, l'espoir de la récompense, ce qui ne produira qu'un culte superstitieux. Il faut donc que la moralité précède et que la théologie suive, et c'est là ce qui s'appelle la religion. »

En d'autres termes, Dieu ne doit apparaître dans la conscience que derrière le devoir. De l'idée de la loi nous nous élevons à l'idée du législateur. Les reproches de la conscience sont comme les ambassadeurs de Dieu dans notre âme.

Quelque difficile que soit pour l'intelligence enfantine la marche que nous venons d'indiquer, nous pensons qu'elle est la seule qui convienne dans un enseignement laïque, dans une instruction universelle. N'introduisons pas nous-mêmes l'enfant dans les querelles religieuses. Soyons sobres sur toutes ces questions qui divisent les hommes, et où la clarté absolue n'est pas faite. La religion n'est rien, si elle est une série de formules apprises par cœur et imposées de force. Respectons la liberté de l'enfant. Ne gênons en rien son élan vers l'idéal, vers l'infini ; mais n'essayons pas de le contraindre, en l'obligeant à croire ce qu'il ne comprend pas. Travaillons surtout pour la morale ; bâtissons les principes moraux sur des fondements assez solides pour que, dans un jour de crise qui emporterait les croyances religieuses, la croyance au devoir ne disparaisse pas avec elles.

DEUXIÈME PARTIE

PÉDAGOGIE PRATIQUE

PREMIÈRE LEÇON

MÉTHODES EN GÉNÉRAL

Pédagogie pratique. — La méthode en général. — Les méthodes d'enseignement. — Ce qu'on appelle méthodologie. — Utilité des méthodes. — Abus de l'étude des méthodes. — Méthodes et modes d'enseignement. — Méthodes et procédés. — Méthode générale. — Classification des méthodes. — Ordre et enchaînement extérieur des vérités enseignées : induction ou déduction. — Forme extérieure de l'enseignement : exposition suivie ou interrogations. — Énumération des quatre méthodes essentielles. — Réduction de diverses méthodes aux types indiqués. — Analyse et synthèse. — Emploi confus de ces mots. — Ce qu'on appelle méthodes analytique et synthétique. — Y a-t-il une méthode intuitive. — Divers sens du mot intuition. — L'intuition sensible et intellectuelle. — Méthode expérimentale. — Esprit général de la méthode.

Pédagogie pratique. — La pédagogie pratique n'est que l'application des règles générales établies dans la pédagogie théorique. Après avoir étudié en elles-mêmes les diverses facultés dans leur développement naturel et dans leur culture scolaire, il s'agit d'examiner, à la lumière des principes posés, les différentes parties du programme des études et les principales questions de la discipline. En d'autres termes, du *sujet* de l'éducation, l'enfant, nous passons maintenant à l'*objet* de l'éducation, c'est-à-dire aux méthodes d'enseignement et aux règles du régime scolaire.

La méthode en général. — La méthode en général, c'est l'ordre que l'on met volontairement dans ses pensées, dans ses actes, dans ses entreprises (1). Agir

(1) M. Rousselot définit la méthode, le chemin le plus droit et le plus sûr pour arriver à découvrir la vérité, ou à la communiquer, lorsqu'elle est découverte. (*Pédagogie*, p. 398.)

méthodiquement, c'est le contraire d'agir avec irréflexion, à la légère, sans suite et sans plan. Port-Royal
définissait justement la méthode « l'art de bien disposer
une suite de plusieurs pensées ».

Entendue dans ce sens large, la méthode s'impose à
toutes les parties de l'éducation, comme à toutes les
œuvres humaines. Le premier devoir d'un maître, c'est
de ne pas marcher au hasard, de ne point compter sur
l'inspiration du moment, sur les bonnes fortunes de l'improvisation, de se conduire toujours par principes, avec
choix et intention, d'après des règles fixes, dans un
ordre prémédité, c'est-à-dire calculé et voulu. L'absence
de méthode est la ruine de l'éducation. Il n'y a rien à
espérer d'une discipline qui hésite et tâtonne, d'un enseignement qui reste incohérent et désordonné, qui
flotte au gré des circonstances et des occasions, qui,
n'ayant rien prémédité, se laisse prendre au dépourvu.

Les méthodes d'enseignement. — Dans un sens
plus précis et plus particulier, *méthode* désigne tout
ensemble de procédés raisonnés, de règles, de moyens
que l'on pratique et que l'on suit, dans l'accomplissement d'une œuvre quelconque.

De même que, pour découvrir la vérité, il y a des
méthodes que la logique étudie, il y aura, pour communiquer, pour enseigner la vérité, d'autres méthodes
dont l'étude constitue la pédagogie pratique.

Ces méthodes varieront avec la nature des objets de
l'enseignement. On enseignera la géographie autrement
que la grammaire, les mathématiques autrement que
la physique. Elles varieront aussi avec l'âge de
l'enfant : il n'est pas possible de présenter l'histoire
aux élèves du cours élémentaire sous la même forme
qu'aux élèves du cours supérieur. Elles varieront par
suite avec les divers degrés de l'enseignement : elles
seront autres à l'école primaire et à l'école normale ;

Cette définition n'est pas satisfaisante parce qu'elle omet ce qui est précisément l'élément essentiel du sens du mot ; méthode se dit de quelque chose de
calculé, de réfléchi, de voulu.

autres dans l'enseignement primaire en général, et dans l'enseignement secondaire.

En d'autres termes, les méthodes d'enseignement devront toujours se conformer et s'adapter à ces trois principes généraux : 1° les caractères propres des connaissances que l'on communique à l'enfant ; 2° les lois de l'évolution mentale aux divers âges de la vie ; 3° le but propre et l'étendue de chaque degré d'instruction.

Ce qu'on appelle méthodologie. — L'étude des méthodes d'enseignement constitue une des divisions les plus importantes de la science pédagogique. Pour lui donner un nom, les pédagogues étrangers ont emprunté à la philosophie le grand mot de *méthodologie*. D'autres l'ont appelée *didactique* ou art d'enseigner. M. Daguet risque l'appellation de *méthodique* (1).

Des ouvrages spéciaux ont été consacrés à la méthodologie, qui elle-même se subdivise et comprend plusieurs parties. Les professeurs de pédagogie, en Belgique et en Suisse, distinguent la méthodologie *générale*, qui traite des principes communs à toute méthode, et la méthodologie *spéciale*, qui examine successivement les diverses matières de l'enseignement, et recherche les meilleurs moyens à employer dans chaque science, dans chaque étude. C'est une distinction analogue à celle qui est admise dans les traités de logique, où l'on étudie la méthode générale, applicable à toutes les sciences, avant de consacrer des chapitres spéciaux à la méthode particulière à chaque science.

Utilité des méthodes. — Il s'en faut que les pédagogues soient arrivés à s'entendre sur l'utilité des méthodes, sur la nécessité de les étudier. Les uns sont disposés à tout accorder aux méthodes, les autres rien ou presque rien.

Les méthodes, d'après Talleyrand, sont les maîtres des maîtres : « véritables instruments des sciences, elles

(1) M. Daguet, *Manuel de pédagogie*, 4° édition. Neuchatel, 1881, p. 126.

sont pour les instituteurs eux-mêmes ce que ceux-ci sont pour les élèves (1). »

Pestalozzi, qui pourtant manquait de méthode et qui assure « qu'il avançait dans son enseignement sans savoir ce qu'il faisait, guidé seulement par un sentiment très obscur, mais très vif », Pestalozzi estimait très-haut ces règles systématiques qu'il n'avait pas assez de force de réflexion pour s'imposer à lui-même. A certains moments il pousse jusqu'au fanatisme, jusqu'à la superstition, son enthousiasme pour les méthodes, précisément pour ce qui lui manquait le plus. Il se reniait lui-même, il reniait ses qualités propres d'inspiration et de sentiment, sa personnalité toujours active, toujours vivante, quand il prononçait ces étranges paroles :

« Je crois qu'il ne faut pas songer à obtenir, en général, un seul progrès dans l'instruction du peuple, aussi longtemps qu'on n'aura pas trouvé des formes d'enseignement qui fassent de l'instituteur, au moins jusqu'à l'achèvement des études élémentaires, le simple instrument mécanique d'une méthode qui doive ses résultats à la nature de ses procédés, et non à l'habileté de celui qui la pratique. Je mets en fait qu'un livre scolaire n'a de valeur qu'autant qu'il peut être employé par un maître sans instruction aussi bien que par un maître instruit (2). »

Non, il ne s'agit pas de faire de l'instituteur un automate, de la méthode un mécanisme qui supplée à l'intelligence, aux qualités personnelles de l'instituteur. Si nous recommandons l'étude des méthodes, c'est précisément pour chasser de l'enseignement la routine, la tradition incertaine, et non pour y introduire sous une autre forme une sorte de mécanique savante. Les méthodes sont des instruments ; mais les instruments, quelque parfaits qu'ils soient, ne

---

(1) C'est aux méthodes à conduire les instituteurs dans la véritable route, à simplifier pour eux, à abréger le chemin difficile de l'instruction. Non seulement elles sont nécessaires aux esprits communs : le génie le plus créateur lui-même en reçoit d'incalculables secours. » (*Rapport à l'Assemblée constituante*, édition Hippeau, 1881, p. 129.)

(2) *Comment Gertrude instruit ses enfants*, traduction Darin, 1882, p. 43.

valent que par l'habileté de la main qui les emploie. Au paradoxe de Pestalozzi opposons la sagesse des nations et le proverbe qui dit : « Tant vaut le maître, tant vaut la méthode. » Rappelons-nous aussi que les méthodes ne sont pas des règlements immuables, des lois despotiques et à jamais fixées : c'est à l'initiative du maître de les modifier d'après les résultats de son expérience, d'après les inspirations de son propre esprit. Les méthodes, comme le dit madame Necker de Saussure, « doivent être dans un état de perpétuel perfectionnement ».

Ainsi entendues, non comme des lois servilement admises par un respect superstitieux, mais comme des instruments que l'on manie avec liberté, les méthodes, nul ne le contestera, peuvent rendre des services considérables.

« La méthode, dit M. Marion, est une condition nécessaire du succès, et met comme un abîme, au point de vue de l'efficacité des efforts, entre des gens d'égale bonne volonté. Descartes allait jusqu'à dire que, sensiblement égaux quant aux dons de l'intelligence, les hommes ne diffèrent tant de puissance dans la recherche de la vérité que par la méthode qu'ils y appliquent. Ce qui est certain, c'est qu'en tout genre d'opérations pratiques, toutes choses égales d'ailleurs, celui qui procède rationnellement a sur celui qui vit d'expédients, au jour le jour, trois grands avantages pour le moins : ayant commencé par bien fixer son but, il risque moins de le perdre de vue et de faire fausse route ; — ayant médité sur les moyens dont il dispose, il a plus de chances de n'en omettre aucun bon et de prendre toujours le meilleur ; — enfin, sûr à la fois du but et des moyens, il ne tient qu'à lui d'aller aussi vite que possible : « Un boiteux dans le droit chemin, disait Bacon, arrive avant un coureur qui s'égare (1). »

Abus de l'étude des méthodes. — Mais, pour convaincu que nous soyons de l'utilité des méthodes, nous ne pensons pourtant pas qu'il faille s'attarder dans l'étude des généralités abstraites qui les dominent. Si l'on n'y prend garde, les pédagogues de notre temps

(1) M. Marion, article *Méthode*, dans le *Dictionnaire de pédagogie*.

se laisseront aller à construire une sorte de scolastique nouvelle, toute hérissée de formules savantes, de divisions subtiles, de termes pédantesques. Ils en viendront à faire d'une étude toute simple, toute pratique, une logique d'une nouvelle espèce, d'un aspect vraiment rébarbatif, où les grands mots succèdent aux grands mots, où les choses réelles sont oubliées. Défions-nous de l'esprit formaliste qui tend toujours à reprendre ses droits, parce qu'il est plus facile d'aligner des mots sur le papier que d'éveiller des sentiments dans le cœur ou d'enrichir l'esprit de notions positives.

Ouvrez un de ces manuels de pédagogie qui sont fort à la mode chez nos voisins de Belgique et d'Allemagne. Vous y trouverez d'interminables pages consacrées à la distinction des *principes*, des *modes*, des *formes*, des *procédés*, des *méthodes* de l'enseignement (1). Vous y verrez des catalogues touffus qui n'énumèrent pas moins de huit formes d'enseignement : la forme *acroamatique*, ou d'exposition non interrompue, la forme d'exposition interrompue ou *érotématique*, qui ne comprend pas moins de sept autres formes distinctes, les formes *catéchétique, socratique, euristique, répétitoire, examinatoire, analytique et synthétique, paralogique :* tout cela sans préjudice de la distinction des méthodes et de ses procédés : procédés *intuitif, comparatif, d'opposition, étymologique, de raisonnement, descriptif, d'observation intérieure, répétitoire, synoptique, de reproduction,* et onze autres procédés encore !

Que peut-il sortir de bon de cette fastidieuse analyse, de ce numérotage compliqué, de cette science purement verbale, où l'on emploie des centaines de mots pour ne rien apprendre des choses elles-mêmes ? L'enseignement deviendrait un art bien laborieux, s'il fallait, pour être bon professeur, avoir logé dans sa

---

(1) Voyez, pour ne citer que celui-là, le *Cours complet de pédagogie et de méthodologie*, de M. Th. Braun, inspecteur des écoles normales de Belgique. Bruxelles, 1385, 954 pages.

mémoire toutes ces définitions de pure forme, toutes ces insipides abstractions. On dit que l'éducation moderne tend à se rapprocher de la nature. Hélas! nous sommes loin de la nature avec ces abstracteurs de quintessence pédagogique qui *coupent un cheveu en quatre*, qui distinguent et analysent les choses les plus simples, qui inventent plusieurs termes barbares pour désigner les mêmes opérations. On a cru pendant longtemps qu'il était impossible de bien raisonner sans connaître les catégories et les règles du syllogisme. N'allons pas nous imaginer, par une illusion analogue, que, pour bien enseigner, il faille avoir chargé sa mémoire de tout ce fatras pédagogique, de ces nomenclatures aussi vaines que prétentieuses.

Ce n'est pas seulement leur inutilité qui nous effraye. Nous craignons aussi qu'elles ne détournent l'esprit de préoccupations plus sérieuses, et que cette nourriture creuse ne fasse perdre le goût des aliments solides et substantiels. Nous craignons que ce qui fait la vraie force de l'enseignement, la vie, le sentiment intérieur, l'inspiration libre et originale, ne succombe sous ce réseau d'abstractions qui enlace l'esprit et le fait plier sous le poids de ses dangereuses puérilités.

Écartons par conséquent toutes ces discussions stériles qui consistent à savoir, par exemple, quels sont les principes généraux, les principes spéciaux, les principes positifs, les principes négatifs de l'enseignement (1); ou bien encore « si l'analyse est une *méthode* ou une *forme* (2) ». Contentons-nous de quelques notions précises et aussi sommaires que possible.

Méthodes, modes et procédés d'enseignement. — Sans vouloir multiplier les distinctions, il est impossible pourtant de confondre avec les méthodes proprement dites ce qu'on est convenu d'appeler les *modes* de l'enseignement.

Les modes d'enseignement ne dépendent ni de

(1) M. Braun, *ouvrage cité*, p. 200.
(2) *Ibid.*, p. 235.

l'ordre que l'on suit, ni des moyens que l'on emploie pour instruire les enfants : ils ont simplement trait aux divers groupements des élèves, aux diverses façons dont l'enseignement est distribué.

Ou bien en effet le maître s'adresse à un seul élève, c'est le *mode individuel;* ou bien il s'adresse à plusieurs élèves à la fois, à toute une classe, c'est le *mode simultané;* ou bien le maître s'efface et charge les enfants de s'instruire les uns les autres, c'est le *mode mutuel.*

Le mode individuel, à vrai dire, n'est à sa place que dans l'éducation privée, où un précepteur est en tête-à-tête avec un seul enfant. A l'école il ne peut être question de procéder ainsi, et l'on a quelque peine à s'imaginer une classe où le maître répéterait quarante fois à quarante élèves ce qu'il suffit de dire une fois à tous.

C'est pourtant à ce système, ou à peu près, qu'on avait recours autrefois, dans l'enfance de l'école. Au dix-septième siècle, par exemple, *l'École paroissiale*, manuel scolaire du temps, dit en propres termes : « Ceux qui iront lire au maître ne se trouveront que deux à la fois.... Le maître fera venir les écrivains deux à deux à sa place pour corriger leurs exemples (1). » Tout ce qui reste, tout ce qui peut rester de l'enseignement individuel, dans une classe régulièrement organisée, ce sont les interrogations que le maître adresse à un seul élève; et encore ces interrogations doivent-elles être faites à voix haute, pour que tous les élèves participent à l'exercice.

Quant au mode mutuel, il n'est qu'un expédient auquel la nécessité a pu donner l'idée de faire appel, alors que les maîtres étaient rares, les ressources du budget médiocres, et qu'il fallait à peu de frais instruire tant bien que mal un très grand nombre d'enfants (2). Presque universellement abandonné aujourd'hui et condamné en fait, le système mutuel n'a jamais pu être considéré

(1) *L'École paroissiale.* 1654, 3ᵉ partie, ch. iv.
(2) Voyez pour plus de détails notre *Histoire de la Pédagogie.*

en théorie **comme** un mode rationnel d'organisation scolaire.

Reste donc le mode simultané (1), qui est le seul possible dans les classes plus ou moins nombreuses, si l'on veut que sans perte de temps un enseignement sérieux, celui d'un maître expérimenté et non d'un moniteur sans autorité, soit directement transmis à tous les élèves.

Il est vrai que le mode simultané, s'il est la règle générale et la forme dominante de l'enseignement, ne doit pas proscrire absolument l'emploi accidentel, exceptionnel, des autres systèmes. Dans la mesure du possible le maître devra, même en s'adressant à tous, parler à chacun; il devra tenir compte de la vivacité des uns, de la lenteur des autres, diversifier son langage pour répondre aux diverses aptitudes, ne pas oublier enfin que si son enseignement est simultané, son attention, ses soins doivent rester individuels.

D'autre part, dans les écoles très nombreuses et dans celles où un seul instituteur a trois divisions à diriger, le maître a parfois besoin de faire appel à la bonne volonté de ses meilleurs élèves pour diriger le travail des autres, et de se rapprocher ainsi de l'enseignement mutuel : c'est ce que l'on appelle le mode *mixte* ou simultané-mutuel (2).

Méthodes et procédés. — On pourra retenir aussi, bien qu'elle ait moins d'importance, la distinction classique des méthodes et des *procédés :* les méthodes étant l'ensemble des principes qui président à l'enseignement, qui lui assignent son but, qui en règlent l'ordre, qui en déterminent la marche ; tandis que les procédés s'entendent des moyens particuliers que l'on emploie

---

(1) Les pédagogues suisses distinguent encore l'enseignement *magistral*, que M. Daguet définit « celui qui est entièrement donné par le maître, sans coopération de la part des élèves ». (*Manuel de pédagogie*, p. 138.)

(2) « En s'adressant à chacun de ses élèves individuellement, le maître apprend mieux à les connaître, à les traiter selon leurs caractères particuliers, et il peut mieux suivre e développement de leur esprit. » (Wilm, *Essai sur l'éducation du peuple.*)

dans l'application des méthodes. Ainsi démontrer les vérités géométriques est une méthode ; les exposer au tableau et les faire répéter ensuite par les élèves, ce sera un procédé. Exposer didactiquement les faits de l'histoire est une méthode ; exiger des élèves des rédactions, ce sera un procédé (1).

Méthode générale. — Plus la pédagogie entrera dans le détail des méthodes, dans l'examen minutieux des procédés, plus elle se rapprochera de son but, qui est, non de construire de belles théories, mais de rendre des services pratiques. Cependant, avant d'aborder les différentes parties des études, avant de rechercher les règles qui conviennent spécialement à chacune d'elles, il n'est pas sans utilité de jeter un coup d'œil sur les méthodes générales de l'enseignement, sur les règles applicables à toutes les branches du programme. Outre qu'il est intéressant en soi de ramener à l'unité les diversités apparentes et de rechercher les principes essentiels au milieu de la multitude des applications particulières, les pédagogues ont tellement allongé la liste des méthodes, ils nous proposent un si grand luxe, un si pompeux appareil d'instruments pédagogiques, qu'il est nécessaire de simplifier leurs classifications et d'essayer d'introduire quelque clarté dans un sujet qu'on semble embrouiller à plaisir.

Classification des méthodes. — Ce n'est plus deux ou trois méthodes, en effet, que distinguent les pédagogies classiques : à en croire les écrivains qui font autorité dans la matière, il y aurait plus d'une douzaine de méthodes différentes (2). Devant ce catalogue sans fin on conçoit que l'instituteur éprouve une sorte d'effroi. Y a-t-il donc tant de manières de bien faire, et un bon enseignement comporte-t-il tant de raffine-

---

(1) Voyez E. Rendu, *Manuel de l'enseignement primaire* p. 8.
(2) M. Braun distingue trois catégories de procédés, les uns relatifs à l'*exposition* du maître, par exemple le raisonnement ou la description ; les autres relatifs à l'*application* (c'est-à-dire au travail de l'élève), par exemple la rédaction exacte, ou l'amplification de ce qui a été dit ; les autres enfin relatifs à la *correction* des devoirs, la correction par le maître, celles par l'élève.

ments et de complications ? Non, et il suffit de quelque attention pour se convaincre que ces classifications, que ces tableaux peuvent être aisément réduits sans faire tort aux choses et rien qu'en élaguant un vain étalage de mots.

Nous ne nous en rapporterons donc pas au *tableau synoptique* de M. Daguet, qui distingue les méthodes *éducative, rationnelle, pratique, progressive, synthétique, analytique, intensive, inventive, intuitive,* auxquelles il faudrait ajouter, d'après d'autres pédagogues, les méthodes *expérimentale, socratique, inductive, déductive, démonstrative, expositive,* sans compter les méthodes composées qui résultent de l'accouplement de deux méthodes simples, la méthode *analytico-synthétique, démonstrative-expositive, démonstrative-interrogative,* etc., etc. (1). Nous nous efforcerons de montrer qu'au fond, derrière ce verbiage, se dissimulent simplement deux ou trois distinctions solides ; que les méthodes pourraient être réduites à deux, si l'on considère uniquement l'*ordre* que l'on suit dans la distribution, dans la liaison des vérités ou des faits enseignés, et qu'elles sont tout au plus au nombre de quatre, si l'on tient compte, non seulement de l'enchaînement intérieur qui lie les diverses propositions dont se compose une étude quelconque, mais de la *forme* que le maître donne à son enseignement.

Ordre intérieur des vérités exposées : induction ou déduction.—Considérons d'abord le premier élément, le premier facteur de la méthode, l'ordre logique qui, dans tout enseignement, préside à la succession des propositions.

A ce point de vue, le professeur qui communique la vérité, comme le savant qui la découvre, ne dispose que de deux méthodes : l'induction ou la déduction. Ou bien il prend les faits pour point de départ, il les fait

(1) On peut encore distinguer comme méthodes les systèmes suivis de préférence par divers pédagogues, et l'on a alors les méthodes Jacotot, Pestalozzi, Fræbel, etc.

observer, expérimenter aux élèves, il les classe d'après leurs rapports, et il conduit l'enfant à la loi qui les domine : c'est l'application pédagogique de la méthode inductive. Ou bien il s'appuie sur des vérités générales et des définitions, qu'il explique et qu'il fait comprendre, et par déduction il passe de ces principes, de ces règles, aux applications, aux cas particuliers qui en découlent naturellement : c'est alors la méthode déductive.

Prenons des exemples. Il s'agit d'enseigner la grammaire : si l'on expose d'abord la règle, pour en chercher ensuite les applications, on déduit ; si au contraire on présente premièrement à l'enfant des exemples, des cas particuliers, pour lui suggérer ensuite l'idée de la règle, on induit. Le professeur de géométrie qui pose au début des axiomes, des définitions, et qui prouve que tel ou tel théorème en est la conséquence nécessaire, fait une démonstration ou, ce qui revient au même, une série de déductions. Le professeur de physique, qui fait appel à l'observation de ses élèves, qui expérimente devant eux, qui leur montre les corps qu'il s'agit de connaître, qui en analyse les éléments, emploie tour à tour les divers procédés de l'induction. En histoire aussi, on déduit ou l'on induit, suivant que l'on prend pour point de départ, soit la définition de la féodalité par exemple, soit les différents faits qui constituent la féodalité.

Forme extérieure de l'enseignement : exposition suivie ou interrogations. — Mais l'enseignement ne diffère pas seulement par la marche inductive ou déductive que l'on imprime à la suite des propositions ; il faut aussi tenir compte de la forme extérieure que l'on donne à l'enseignement en le transmettant aux élèves. Je peux en effet procéder de deux manières : ou bien exposer moi-même l'objet de la leçon, parler magistralement, enseigner par un discours suivi ; ou bien, en interrogeant les élèves, leur suggérer, leur faire découvrir à eux-mêmes ce que je veux leur apprendre (1). De là une nouvelle distinction et deux méthodes différentes : la méthode d'exposition, et la méthode d'interrogation ou méthode socratique.

Énumération des quatre méthodes essentielles. — Mais, hâtons-nous de le faire remarquer, les deux éléments de la méthode, l'*ordre* et la *forme*, ne se séparent pas en fait : ils se réunissent au contraire. En d'autres termes, soit qu'on induise, soit qu'on déduise, il faut ou exposer, ou interroger.

De là, par conséquent, quatre méthodes générales, auxquelles toutes les autres doivent être ramenées :

1° La méthode d'induction sous forme expositive ;

2° La méthode d'induction sous forme interrogative ;

3° La méthode de déduction ou de démonstration sous forme expositive ;

4° La méthode de déduction sous forme interrogative.

Chacune de ces méthodes a ses caractères et ses avantages propres. D'une façon générale on peut dire que le choix de l'induction ou de la déduction est déterminé surtout par la nature de la science que l'on enseigne : les mathématiques ne se prêtent guère qu'à l'emploi de la déduction ; les sciences physiques veulent être traitées inductivement. D'autre part, la préférence à donner à l'exposition suivie ou au système des interrogations dépend en grande partie de l'âge et de l'intelligence des enfants auxquels on s'adresse. Quand Fénelon disait, non sans exagération d'ailleurs : « Faites le moins possible de leçons en forme, » il pensait surtout aux petits enfants, dont la faiblesse s'accommode mal d'un long discours suivi. L'exposition continue est cependant nécessaire dans un

---

(1) « Supposons que nous ayons à donner une leçon sur les caractères distinctifs des trois règnes de la nature. Ou bien je partirai de la division des trois catégories d'êtres, pour passer ensuite aux caractères distinctifs des minéraux, des végétaux et des animaux, et je terminerai par des exemples. Ou bien je suivrai la même marche, mais en procédant par interrogations, telles que : « Qu'entend-on par histoire naturelle ? — Quel en est le triple objet ? — De quoi traitent la géologie, la botanique, la zoologie ? — Quelles sont les différences essentielles des minéraux, des végétaux, des animaux ? — Citez des exemples, etc. (M. Horner, *Guide pratique de l'instituteur*. Paris, 1882, p. 9.)

grand nombre de cas, ne serait-ce que pour abréger les lenteurs de l'enseignement. En revanche, la méthode interrogative a cet avantage qu'elle intéresse plus directement l'activité de l'élève : elle est la méthode par excellence pour faire découvrir la vérité, pour la suggérer sans l'imposer.

Réduction des diverses méthodes à ces quatre types. — Cela dit, il est facile de constater que la plupart des méthodes distinguées à tort par les pédagogues peuvent être ramenées aux quatre types que nous venons d'établir et se confondent avec eux (1).

Qu'est-ce, par exemple, que la méthode dite *inventive*, sinon la méthode d'induction et d'interrogation, celle qui, écartant les leçons didactiques, demande à l'élève un effort personnel et lui fait trouver par lui-même ce qu'on veut lui enseigner ?

Il est inutile de parler de la méthode *euristique*, qui ne diffère en rien de la méthode *inventive*. Seulement *inventif* vient d'un mot latin, et *euristique* d'un mot grec. Que la diversité des expressions ne nous fasse pas croire à une diversité réelle des méthodes.

Méthode *démonstrative* est simplement synonyme de méthode *déductive*, la démonstration n'étant qu'un ensemble de déductions.

La méthode *catéchétique* (2), qui consiste à poser des questions et à demander des réponses, ne diffère pas essentiellement de la méthode interrogative; pas plus que la méthode *socratique*, qui veut que le professeur, à l'imitation du grand philosophe grec, stimule par ses interrogations le bon sens et la raison des élèves.

(1) Nous ne saurions souscrire à l'opinion de M. Buisson qui, par réaction sans doute contre l'abus de la distinction des méthodes, tombe dans l'excès contraire et déclare « qu'à proprement parler il n'y a qu'une méthode en pédagogie, méthode universelle, qui embrasse toute l'éducation ». Et cette méthode serait la méthode intuitive. (Voyez le *Rapport sur l'instruction primaire à l'Exposition universelle de Vienne en* 1875, ch. iv)

(2) Ce mot est très à la mode en Belgique, où il est la souche de toute une famille de mots. M. Braun définit successivement la *catéchèse*, qui est la leçon donnée sous forme de questions et de réponses, le *catéchiste*, tout homme qui enseigne de cette façon, le *catéchumène*, ou l'élève instruit d'après cette méthode, etc (*Op. cit.*, p. 249.

C'est par abus de mots que M. Daguet décore du nom de méthodes ce qu'il appelle les méthodes *éducative*, *rationnelle*, *pratique* et *progressive*. Ce sont là les caractères généraux de l'enseignement, les tendances essentielles de la pédagogie moderne: c'est l'expression du but qu'il faut poursuivre ; ce ne sont pas, à vrai dire, des méthodes, c'est-à-dire des systèmes coordonnés de moyens et de procédés (1).

Restent les prétendues méthodes *analytique*, *synthétique*, *intuitive*, *expérimentale*, sur lesquelles de plus amples explications sont nécessaires (2).

Analyse et synthèse. — Je ne connais pas de termes plus mal définis, dont le sens ait été plus obscurci par l'abus qu'on en a fait, que les mots *analyse* et *synthèse*. Aussi serait-ce sans regret que je les verrais disparaître du vocabulaire de la pédagogie (3), où ils n'apportent guère, avec leur allure prétentieuse et emphatique, que beaucoup de confusion et d'obscurité, sans aucun profit certain.

L'analyse et la synthèse n'ont véritablement de sens précis qu'en chimie, où elles désignent les deux opérations inverses qui consistent, soit à décomposer, soit à recomposer les corps, en séparant ou en unissant les éléments qui les constituent. Partout ailleurs, en grammaire, en mathématiques, les mots analyse et synthèse ne sont employés que par analogie, pour exprimer des opérations qui ont des rapports vagues avec l'analyse et la synthèse chimiques.

Emploi confus de ces mots. — Les esprits les plus précis et les plus nets échouent dans leurs efforts pour définir la signification de l'analyse et de la synthèse. Littré par exemple nous dit :

(1) On a fait observer avec raison qu'il était tout à fait impropre d'employer le mot de méthode pour désigner tel ou tel procédé scolaire : méthode de lecture, méthode d'écriture, de calcul, de dessin. « Il semblerait, dit M. Buisson, qu'il y ait autant de méthodes que de branches d'études ou de manuels scolaires. »

(2) Il s'en faut que nous ayons énuméré toutes les méthodes qu'il a plu à la fantaisie des pédagogues de distinguer et de baptiser à part. Citons encore les méthodes *naturelle*, *morale*, *historique*, *universelle*, etc.

(3) Ils figurent encore dans le *Programme officiel*.

« La méthode analytique ou de décomposition part de faits actuels et cherche à en dégager les éléments : on l'appelle aussi *méthode de découverte*. La méthode synthétique au contraire est celle qui, après avoir reconnu un grand nombre de vérités, les réunit toutes sous un principe général, et en forme ainsi une synthèse ; on l'appelle aussi *méthode de doctrine*, parce que, *quand on enseigne une science, on part ordinairement de principes généraux pour en déduire les conséquences* (1). »

N'en déplaise à Littré, la dernière partie de cette définition est contradictoire : déduire les conséquences d'un principe général, n'est nullement la même chose que ramener à un principe général un grand nombre de vérités. Dans le premier cas, on a affaire à une véritable déduction ; dans le second, plutôt à une opération inductive.

Ce qu'on appelle méthode analytique et méthode synthétique. — Ce qui suffit à prouver qu'on a tort d'introduire en pédagogie les mots « analyse » et « synthèse », c'est que les différents auteurs ne parviennent pas à s'entendre sur l'emploi de ces expressions : ce que les uns appellent synthèse, d'autres l'appellent analyse, et inversement.

Ainsi, pour la plupart des pédagogues l'analyse est l'équivalent de l'induction, de l'invention, de la recherche expérimentale ; la synthèse, au contraire, est à peu près la même chose que la déduction, la démonstration, l'exposition didactique. Mais ce sens, qui est le vrai, n'est pourtant pas universellement admis. Les pédagogues suisses, par exemple, vont au rebours de l'usage général.

« La forme qui convient le mieux à un livre élémentaire, dit M. Daguet, c'est la forme *synthétique* ou *progressive*, c'est-à-dire qui va du particulier au général. La *forme analytique*, qui va du général au particulier et débute par la définition, peut être suivie dans les ouvrages que l'on emploie dans le cours supérieur (2). »

De même M. Horner déclare que « la *démonstration* a pour

---

(1) *Dictionnaire de la langue française*, au mot *Analyse*.
(2) Daguet, *op. cit.*, p. 148.

synonyme la déduction et l'analyse ; que la voie *inventive* se confond souvent avec l'induction, la synthèse et l'euristique (1). »

C'est précisément l'inverse de l'opinion de M. Charbonneau, d'après lequel « la méthode démonstrative est aussi nommée *synthétique*, tandis que l'*inventive* est appelée *analytique* (2). »

Nous croyons que l'usage le plus général est conforme à cette dernière opinion. Mais de toutes ces hésitations et contradictions il nous paraît résulter que le mieux est de laisser l'analyse et la synthèse au langage des savants, et de les éliminer du vocabulaire de la pédagogie, où elles ne font qu'embrouiller un sujet par lui-même assez simple. Dans tous les cas il est facile de reconnaître, d'après ce que nous avons dit, que la méthode analytique n'est qu'un autre mot pour désigner la méthode inductive, et la méthode synthétique un synonyme de la méthode de déduction et de démonstration.

Y a-t-il une méthode intuitive? — Y a-t-il vraiment une méthode intuitive ? On n'en saurait douter, si l'on écoute les cris d'enthousiasme qui de toutes parts saluent l'avènement de cette méthode souveraine, destinée, paraît-il, à remplacer toutes les autres et à régénérer l'instruction. Et cependant, à considérer attentivement les choses, on se convaincra que la prétendue méthode intuitive ou bien n'est qu'un procédé spécial, qui peut et qui doit être rattaché aux méthodes essentielles que nous avons distinguées, ou bien, si on l'entend dans un sens plus étendu, qu'elle se confond avec l'esprit général qui doit animer et vivifier toutes les parties de l'enseignement.

Divers sens du mot intuition. — L'usage et la mode font parfois courir aux mots d'étranges aventures. Voici le mot *intuition* qui, au dix-septième siècle, signifiait, dans le langage de la théologie, la vision immédiate et mystique de Dieu, et qui, dans

(1) Horner, *op. cit.*, p. 12.
(2) Charbonneau, *Cours de pédagogie*, p. 261.

le langage de la philosophie, s'entendait de l'évidence des vérités immatérielles, de la connaissance des principes de la raison : aujourd'hui, je ne sais par suite de quelle confusion, ce même mot, descendu des hauteurs de la métaphysique, est employé par les pédagogues comme synonyme de perception sensible et matérielle (1).

En Suisse, en Belgique, en Allemagne, la *méthode intuitive* est presque toujours confondue avec l'*enseignement par les sens*, et spécialement avec l'*enseignement par l'aspect*.

La méthode intuitive consiste à soumettre les choses à l'examen direct des organes des sens, et spécialement de la vue.

« L'enseignement intuitif est celui qui s'adresse à l'esprit et au cœur par l'intermédiaire des sens, et particulièrement de la vue (2). »

L'intuition sensible et l'intuition intellectuelle.

— Mais en France on a généralisé le sens du mot « intuition », et la méthode intuitive, au dire des maîtres de notre pédagogie, comprend toute autre chose que les leçons sensibles et l'enseignement par l'aspect. Il y aurait une intuition intellectuelle et même une intuition morale.

L'intuition intellectuelle serait, d'après M. Buisson, la conscience claire et nette de toutes les opérations de notre esprit.

« J'ai conscience de mon état, de mes désirs, de mes sentiments, de mes volontés ; je les vois et je les sens en moi-même, pour ainsi dire, plus clairement et plus directement encore que l'œil ne voit les couleurs ou que l'oreille n'entend les sons (3). »

Ce serait la raison aussi, et par là l'intuition revient à son sens primitif, l'adhésion immédiate de l'esprit aux grandes vérités spéculatives.

(1) Horner, *op. cit.*, p. 63.
(2) *Traité théorique et pratique de méthodologie*, par Achille V. A. Namur. 1880, p. 152.
(3) Voyez *Dictionnaire de pédagogie*, article *Intuition*.

Quant à l'intuition morale, M. Buisson la définit ainsi :

« C'est la prise de possession à la fois par l'esprit, par le cœur et par la conscience, de ces axiomes de l'ordre moral, de ces vérités indémontrables et indubitables qui sont comme les principes régulateurs de notre conduite. Il y a une intuition du bien et du beau, comme il y a une intuition du vrai ; seulement elle est plus délicate encore, plus irréductible à des procédés démonstratifs, plus résistante à l'analyse, plus fugitive et plus inexplicable, parce qu'elle se complique d'éléments étrangers à l'intelligence proprement dite, parce qu'il s'y mêle des émotions, des sentiments, des influences de l'imagination, des mouvements du cœur. »

L'intuition dans son sens le plus restreint. — De ces explications il résulte d'abord que l'intuition, et par suite la méthode intuitive, désignent des choses vraiment très différentes.

Dans son sens le plus restreint, et prise comme synonyme de perception sensible, l'intuition a inspiré les *leçons de choses*, la substitution des réalités concrètes aux abstractions et aux mots, comme premier exercice de l'intelligence (1). Assurément nous acceptons le principe posé par Pestalozzi : « L'intuition est la source de toutes nos connaissances, » à condition pourtant que par le mot *source* on entende seulement l'origine initiale de nos idées qui, empruntées d'abord à la perception et à l'observation, ont besoin ensuite d'être élaborées par nos facultés de réflexion. Mais il est bien évident qu'en ce sens l'intuition, si elle est le point de départ d'une méthode, de la méthode inductive, ne constitue pas elle-même une méthode.

Multiplions tant que nous voudrons pour l'enfant les intuitions, c'est-à-dire les perceptions vivantes et claires ; admettons même que l'intuition a quelque chose de propre et de caractéristique, qu'elle ne peut pas être confondue avec la simple perception. Accordons qu'il ne suffit pas de présenter un objet à la vue de l'en-

(1) Voyez plus loin, la leçon III.

fant pour qu'il y ait intuition véritable, qu'il faut pour produire cet état particulier de l'esprit, des conditions spéciales, parce que l'œil ne voit pas toujours, même quand il regarde, parce que les sens se fatiguent, et qu'il y a, pour exciter une impression vive et nette dans l'esprit, un moment à saisir qui ne dure pas. Il n'en reste pas moins vrai que l'intuition n'est tout au plus, à ce point de vue, qu'une observation plus pénétrante, une perception plus intense des réalités sensibles ; qu'elle peut bien être, par conséquent, un élément important de la méthode qui a pour objet de nous faire connaître exactement les choses, mais non cette méthode tout entière, qui ne saurait se passer de la réflexion, de la comparaison et du raisonnement.

De même, s'il s'agit de l'intuition intellectuelle, de celle qui saisit d'emblée les axiomes, la méthode intuitive n'est encore que le point de départ, le fondement rationnel de la méthode déductive, qui doit sans doute s'appuyer sur des principes bien compris, sur des propositions évidentes, mais qui sur ces principes construit, grâce au raisonnement, tout l'échafaudage de la science.

L'intuition dans son sens le plus large. — Mais, entendue dans son sens large, l'intuition est-elle davantage le principe d'une méthode distincte d'enseignement?

En quoi consiste-t-elle, en dehors de son application aux leçons de choses? M. Buisson répond :

« Elle consiste en une certaine marche de l'enseignement, qui réserve à l'enfant le plaisir et le profit, sinon de la découverte et de la surprise, ce qui serait peut-être trop promettre, au moins de l'initiative et de l'activité intellectuelle (1). »

La méthode intuitive serait donc celle qui, selon le mot de Fénelon, « remue les ressorts de l'âme de l'enfant ». Il s'agirait de le faire juger par intuition,

(1) *Dictionnaire de pédagogie*, article déjà cité.

après lui avoir appris à percevoir par intuition. « Faire penser l'enfant », dit encore M. Buisson, serait l'essence de la méthode intuitive.

Mais n'est-ce pas forcer le sens du mot qu'appeler encore « intuition » la pensée personnelle, l'intelligence claire et nette qui résulte des efforts de l'attention, la participation active de l'élève à l'enseignement qu'il reçoit?

D'ailleurs, si tel est le vrai sens, la véritable application pédagogique de l'intuition, n'est-il pas évident qu'il n'y a pas là de méthode à proprement parler, la méthode supposant toujours une série de procédés, de moyens, et l'intuition ainsi comprise n'étant que le caractère général qui convient à tout enseignement ?

L'intuition doit accompagner toutes les parties des **études,** comme la conscience enveloppe tous les phénomènes de l'âme, **comme la lumière éclaire tous les** objets du monde extérieur. Elle est, si l'on veut, l'âme de toute méthode, l'inspiratrice de tout enseignement qui veut non seulement transmettre sèchement des connaissances, mais provoquer la vie et la chaleur de l'esprit, et par l'instruction assurer l'éducation; mais, encore une fois, elle n'est pas une méthode. Dire avec M. Buisson qu'elle consiste, « non dans l'application de « tel ou tel procédé, mais dans l'intention et dans l'ha- « bitude générale de faire agir, de laisser agir l'esprit « de l'enfant en conformité avec ses instincts intel- « lectuels (1) », c'est précisément reconnaître qu'elle est à la pédagogie, ce que la recherche de la vérité est à la science, la poursuite du beau à la poésie : un idéal, un but suprême, mais nullement un ensemble de moyens pratiques organisés en méthode.

Méthode expérimentale. — On sait quels services a rendus à la science la substitution de la méthode expérimentale à la méthode du raisonnement pur et de l'hypothèse abstraite. Les sciences de la nature n'exis-

---

(1) Voyez la conférence de M. Buisson sur l'*Enseignement intuitif*, dans le volume des *Conférences pédagogiques* faites aux instituteurs, en 1878.

tent véritablement que depuis le jour où la logique expérimentale de Bacon, rompant avec les vieilles traditions du syllogisme, a consacré une révolution que les savants du seizième siècle avaient déjà préparée ; depuis le jour où les penseurs se sont décidés à observer, à expérimenter, et à induire patiemment des faits observés le s lois qui les dominent.

Désormais souveraine dans le domaine des sciences concrètes et quand il s'agit de la découverte de la vérité, la méthode expérimentale ne peut-elle pas être transportée dans la pédagogie et s'appliquer à l'enseignement des vérités qu'elle a servi à découvrir ? En d'autres termes, pour former et pour instruire l'intelligence de l'enfant, l'art de l'éducation ne doit-il pas employer des procédés d'observation et d'expérience analogues à ceux que la science a mis à profit pour s'organiser elle-même ?

La réponse ne saurait être douteuse, et il est facile de montrer que les méthodes mises en honneur par les pédagogues du siècle dernier ne sont que des formes diverses de la méthode expérimentale.

Qu'est-ce, par exemple, que la méthode dite intuitive, sinon un appel constant à l'expérience et à l'observation ? De même la méthode, que de noms différents on appelle tour à tour méthode inventive, méthode euristique, méthode analytique, méthode inductive, et qui revient toujours à faire découvrir par l'enfant la vérité qu'on veut lui enseigner, n'est autre chose qu'un fragment détaché de la grande méthode expérimentale.

En résumé, la méthode expérimentale n'est donc qu'un autre nom, plus ambitieux, pour désigner tout ou partie de la méthode inductive.

Esprit général d'une bonne méthode. — Toutes les considérations qui précèdent n'ont d'autre utilité pratique que d'obliger le maître à réfléchir sur les principes mêmes de l'enseignement, sur la nécessité de tenir compte à la fois, et de la nature des enfants auxquels il s'adresse, et de la nature des connaissances

qu'il communique. Qu on n'aille pas s'imaginer qu'il
suffit, pour bien enseigner, de connaître les distinctions
abstraites de la pédagogie. La première condition pour
être un bon professeur, ce sera toujours de posséder à
fond la science qu'on est chargé de professer. Un pédagogue anglais, M. Laurie, le fait observer avec
raison : « Un maître dont l'intelligence est cultivée, et
dont la volonté est fortifiée par l'expérience, par la
raison, par la religion, peut être en état de produire
chez les autres les qualités qu'il possède lui-même, et
d'adapter *inconsciemment* les procédés qu'il emploie à
une méthode exacte (1). » Mais, quelque bien doué qu'il
soit sous le rapport de l'instruction ou de l'intelligence,
il sera toujours inférieur à un maître qui aux mêmes
qualités personnelles joindra ce que donne de force,
d'assurance, de décision, la connaissance réfléchie des
lois naturelles du développement de l'intelligence, des
caractères de chaque étude scolaire, et par conséquent
des méthodes qui trouvent le plus facilement le chemin
de l'esprit et se conforment le mieux à chaque-objet
d'enseignement.

(1) M. Laurie, *Primary Instruction in relation to Education.* Edimbourg
1883. p. 27.

LEÇON II

LA LECTURE ET L'ÉCRITURE

Subordination des différentes études. — La lecture et l'écriture. — Leur place dans le programme. — Divers degrés de la lecture. — Réserves sur l'importance des méthodes particulières. — Distinction des principales manières d'apprendre à lire. — Méthode d'épellation. — La vieille et la nouvelle épellation — Méthode phonétique ou de syllabation. — Méthodes synthétique et analytique. — Enseignement simultané de la lecture et de l'écriture. — Applications diverses de cette méthode. — Procédés accessoires. — Procédé phonomimique. — Conseils généraux. — Lecture courante. — Lecture expressive. — Observations critiques sur l'enseignement de la lecture. — Progrès constatés. — L'enseignement de l'écriture. — Différents procédés. — Conditions nécessaires pour apprendre à bien écrire. — Conseils généraux. — Observations pratiques sur l'enseignement de l'écriture. — Conclusion.

Subordination des différentes études. — En faisant étudier successivement et à part les différentes branches du programme, l'instituteur ne perdra pas de vue ce principe général que, si chaque partie doit être étudiée en elle-même, elle doit l'être aussi en vue du tout, c'est-à-dire concourir à l'éducation générale de l'esprit, éveiller l'intelligence, la munir de bonnes habitudes d'ordre, d'application, de suite dans les idées. Cette remarque s'applique même à la lecture et à l'écriture qui constituent la base élémentaire de tout enseignement.

La lecture et l'écriture. — Longtemps la lecture et l'écriture ont composé à elles seules, avec le calcul, le programme entier des écoles primaires. Aujourd'hui, ces connaissances élémentaires ne sont plus que les conditions d'études plus complètes, qui répondent plus amplement aux nécessités sociales et aux besoins de la nature humaine. Ce sont, d'après une expression très juste, « des connaissances instrumentales », c'est-à-dire des instruments nécessaires pour acquérir d'autres connaissances. Mais la lecture et l'écriture, bien qu'elles ne soient que les moyens préliminaires de l'instruction, n'en ont pas moins, ou plutôt ont, pour cette raison même, une importance spéciale.

Leur place dans le programme. — « La lecture et l'écriture sont nécessairement le fond de l'enseignement des cours élémentaires, dit M. Gréard. Avant tout, il faut assurer cette première base. » Mais la lecture et l'écriture restent jusqu'à la fin des classes primaires un des objets principaux des soins de l'instituteur.

Voici comment s'exprime, à ce sujet, le programme officiel :

Classe enfantine. — Premiers exercices de lecture. Lettres, syllabes, mots.
Premiers éléments d'écriture.
Cours élémentaire. — Lecture courante avec explication des mots.
Écriture en gros, en moyen et en fin.
Cours moyen. — Lecture courante avec explications.
Écriture cursive ordinaire.
Cours supérieur. — Lecture expressive.
Écriture cursive, ronde, bâtarde.

Même au début, et dans le cours élémentaire, la lecture et l'écriture ne doivent pas retenir seules l'attention de l'enfant, à l'exclusion de toute autre étude. Des exercices divers de langue, des leçons de choses simples et familières, des éléments de dessin, des notions de calcul et de géographie, peuvent et doivent les accompagner.

« S'il est possible, dit M. Gréard, de commencer presque en même temps le calcul, c'est parce que l'épellation et la numération, le tracé des lettres et celui des chiffres sont des exercices de même degré et à peu près de même nature. »

Tristes classes que celles où l'élève n'a le choix qu'entre son syllabaire et son cahier d'écriture ! Ne se-

rait-ce que pour faire diversion à ces travaux monotones, l'instituteur doit proposer à l'enfant d'autres
exercices. Surtout il doit se rappeler qu'il n'a pas à faire
seulement de ses élèves des machines à lire et à écrire,
et qu'il doit en tout temps viser à ouvrir et à exciter l'esprit par des connaissances positives, par des leçons
morales.

Divers degrés de la lecture. — La lecture, qui est,
comme disent les pédagogues qui se croient obligés de
la définir, « la traduction du langage écrit en langage
parlé (1) », paraît chose toute simple à ceux qui savent
lire. Mais pour l'enfant qui apprend à lire, rien de plus
compliqué et de plus pénible. « L'étendue et la compli-
cation de cette acquisition intellectuelle, dit M. Bain,
sont si grandes, qu'elles exigent plusieurs années de travail, même avec des élèves qui n'ont pas commencé de
très bonne heure. » Quand l'enfant sait épeler ses lettres,
les parents trop confiants chantent souvent victoire, et
croient que tout est fini. La vraie difficulté, la lecture
des mots, ne commence pourtant qu'alors : il faut souvent bien des mois pour que l'élève passe de l'épellation
de son alphabet à la lecture courante.

On doit donc distinguer divers degrés dans la lecture :
le premier degré, où l'élève apprend à distinguer ses
lettres, à en savoir les noms, où il les assemble péniblement pour prononcer les syllabes et les mots ; le
second degré, où l'élève lit couramment, sans hésitation,
sans tâtonnement ; le troisième degré, qui correspond à
ce qu'on appelle la lecture expressive.

**Réserves sur l'importance des méthodes parti-
culières**. — Dans l'enseignement de la lecture élémentaire, comme dans toutes les parties de l'enseignement,
il faut se défier de la superstition des méthodes. A vrai
dire, l'esprit qui anime l'instituteur, les qualités intellectuelles et morales qui le distinguent, vaudront
toujours mieux que les meilleurs procédés. Lakanal,

---

(1) M. Bain la définit l'art de prononcer les mots lorsqu'on voit les caractères conventionnels qui les représentent. (*Science de l'éducation*, p. 177.)

jugeant, en l'an IV, un concours que le conseil des Cinq-Cents avait ouvert pour la composition de livres élémentaires, concluait qu'il n'existait pas en France un seul bon ouvrage sur l'art d'apprendre à lire et à écrire : « Jusqu'ici, disait-il, c'est la patience des instituteurs et des élèves qui a tout fait. » Eh bien, malgré les progrès accomplis, et quoique nous soyons dotés aujourd'hui d'un grand nombre de bonnes méthodes de lecture, c'est encore sur la patience, sur l'habileté de l'instituteur qu'il faut surtout compter. Le maître doit savoir animer la leçon de lecture, y intéresser l'enfant, rendre attrayant, s'il le peut, un travail par luimême aride et monotone. Il aura déjà beaucoup fait s'il a su inspirer à ses élèves le désir d'apprendre à lire.

C'est ce que disait Rousseau, non sans quelque exagération :

« On se fait, dit-il, une grande affaire de chercher les meilleures méthodes d'apprendre à lire ; on invente des bureaux, des cartes ; on fait de la chambre d'un enfant un atelier d'imprimerie. Locke veut qu'il apprenne à lire avec des dés. Ne voilà-t-il pas une invention bien trouvée ? Quelle pitié ! Un moyen plus sûr que tout cela, et celui qu'on oublie toujours, est le désir d'apprendre. Donnez à l'enfant ce désir, puis laissez là vos bureaux et vos dés ; toute méthode lui sera bonne. »

Dans le même sens on a souvent fait remarquer que les méthodes de lecture, même les mieux imaginées, ne produisaient de résultat que par la façon dont on les appliquait.

« Dans cette partie de l'enseignement, comme dans toutes les autres, le procédé vaut par le maître qui l'applique. Tel instituteur a obtenu dans son école, grâce à un ensemble de moyens trouvés par lui, les résultats les plus satisfaisants : sous sa direction des générations d'élèves se sont instruites avec moins d'efforts qu'ils n'auraient eu sans doute à en faire ailleurs; il cède à la tentation, bien naturelle en vérité, de résumer dans un petit ouvrage la méthode qu'il a su se former à lui-même, et il espère rendre par là aux élèves dont les maîtres l'adopteron les mêmes services qu'il a rendus aux siens. Par malheur, l'événement ne répond pas toujours à son attente (1). »

(1) Mlle Chalamet, op. cit., p. 155.

Distinction des principales manières d'apprendre à lire. — Au premier coup d'œil que l'on jette sur les innombrables procédés que l'esprit ingénieux et fécond des pédagogues a successivement mis en usage pour apprendre à lire, et que la mode a tour à tour patronnés, on serait tenté de croire qu'il est impossible de ramener à quelque unité ce chaos de syllabaires, de tableaux de toute espèce (1). Avec un peu plus de réflexion on se convainc pourtant que cette diversité, en apparence infinie, tient plutôt à des modifications de détail, à des combinaisons accessoires et superficielles, qu'à des différences essentielles et profondes.

La première distinction qui s'impose est celle des systèmes où l'enseignement de la lecture est séparé de tout autre, où il reste isolé et réduit à lui-même, et des méthodes, fort en honneur depuis quelques années, surtout en Allemagne, qui combinent l'enseignement de l'écriture avec celui de la lecture.

Considérons d'abord les procédés où la lecture n'est pas unie à l'écriture. En écartant les moyens accessoires qui viennent les compliquer, on peut les réduire à deux : la méthode d'épellation, et la **méthode** de syllabation directe sans épellation.

La méthode d'épellation. — La méthode la plus généralement employée dans notre pays, malgré les critiques qui en ont été faites, c'est la vieille manière d'apprendre à lire qui consiste à faire d'abord *nommer* les lettres, au lieu de les faire *prononcer*, puis à les faire assembler pour en former des syllabes.

« Quand on réfléchit à toutes les difficultés qu'elle présente, à l'effort d'abstraction qu'elle exige chez les enfants, au travail que supposent la décomposition et la recomposition des syllabes, à l'impossibilité pour l'élève de saisir la correspondance entre les lettres épelées l'une après l'autre et le son composé qui en résulte, on demeure étonné qu'avec des procédés si défectueux les enfants finissent par apprendre à lire. » « Quiconque sait lire,

(1) Voyez sur l'historique des divers systèmes de lecture l'excellent article *Lecture*, de M. Guillaume, dans le *Dictionnaire de pédagogie*.

disait Duclos, sait l'art le plus difficile, s'il l'a appris par la méthode vulgaire (1). »

L'ancienne et la nouvelle épellation. — Les lettres ont reçu chacune un nom, et ce nom ne correspond pas à la valeur relative qu'elles ont, comme sons, dans la composition des mots. De là le défaut déjà relevé, il y a deux siècles, par les grammairiens de Port-Royal dans les procédés de la vieille épellation :

« En prononçant séparément les consonnes et en les faisant appeler aux enfants, dit l'un d'eux, Guyot, on y joint toujours une voyelle, savoir e, qui n'est ni de la syllabe ni du mot : ce qui fait que le son des lettres appelées est tout différent de celui des lettres assemblées. Par exemple, on fait épeler aux enfants le mot *bon*, lequel est composé de trois lettres, b, o, n, qu'on lui fait prononcer l'une après l'autre. Or, *b* prononcé seul fait *bé* ; o prononcé seul fait encore o, car c'est une voyelle ; mais n prononcée seule fait *enne*. Comment donc cet enfant comprendra-t-il que tous ces sons qu'on lui a fait prononcer séparément, en appelant ces trois lettres l'une après l'autre, ne fassent que cet unique son *bon* ? On lui a fait prononcer trois sons, dont il a les oreilles pleines, et on lui dit ensuite : Assemblez ces trois sons et faites-en un, savoir, *bon*. » Et Guyot proposait, pour remédier à cet inconvénient, « qu'on ne nommât les consonnes que par leur son naturel, en y ajoutant seulement l'*e* muet, qui est nécessaire pour les prononcer (2). »

La nouvelle épellation donne donc aux lettres un nom plus rapproché de leur valeur relative. En outre, elle ne décompose la syllabe qu'en deux parties, le *son* et l'*articulation*, sans tenir compte du nombre des lettres qui entrent dans la composition de l'un ou de l'autre (3).

L'avantage de la méthode d'épellation, c'est que, décomposant le mot et en distinguant les éléments, elle est une meilleure préparation à l'étude de l'ortho-

(1) M. Buisson, *Rapport sur l'instruction primaire à l'exposition universelle Vienne.* Paris, Imprimerie nationale, 1875.

(2) *Grammaire générale* de Port-Royal, ch. vi.

(3) Voyez E. Rendu, *Manuel*, etc., p. 137. — Au système de la nouvelle épellation il faut rattacher les méthodes Dupont Michel, Peigné, Néel, Henry Gervais, Maître, Villemoureux.

graphe. Mais, en revanche, comme méthode de lecture proprement dite, elle est évidemment plus longue, plus laborieuse. Rien n'empêche d'ailleurs qu'on ne revienne à l'épellation un peu plus tard, lorsqu'elle devient indispensable pour l'étude de l'orthographe, et que les premières difficultés sont vaincues. M. Bain le fait justement remarquer :

« Un certain nombre de maîtres, dit-il, regardent comme très important de commencer par faire prononcer les mots courts en bloc et sans les épeler... Au fond il ne semble pas qu'il y ait une grande différence entre les deux méthodes, qui reviennent au même une fois les premiers degrés franchis (1). »

Méthodes phonétiques ou de syllabation. — C'est dans les pays allemands surtout qu'est devenu populaire, par opposition à la méthode d'épellation, le système qui consiste à faire saisir et reproduire par l'enfant le *son* de chaque lettre, et non à faire nommer le signe graphique qui la représente (2). De ce principe sont sorties un grand nombre de méthodes différentes, qui se rattachent toutes à l'idée de la *statilégie*, ou lecture immédiate sans épellation préalable. On les appelle aussi méthodes de *syllabation*, parce qu'elles présentent à l'élève, non des lettres isolées, mais des syllabes.

Ainsi, dans le système de la vieille épellation, le mot *enfant* a six éléments, *e-n-f-a-n-t*; dans la nouvelle épellation, il en a trois, *en-f-ant*; dans la méthode sans épellation, il n'en a que deux, *en-fant* (3).

Méthodes synthétique et analytique. — Les pédagogues, qui usent et abusent volontiers des mots d'analyse et de synthèse, n'ont eu garde d'omettre

(1) *Science de l'éducation*, p. 178.
(2) En France, il faut citer comme principaux initiateurs de cette méthode M. de Laffore, auteur de la *Statilégie* (1827), M. Dupont, auteur de la *Citolégie* (1814) MM. Lamotte, Perrier, Meissas et Michelot, qui publièrent en 1832 la *Méthode de lecture sans épellation*. Les tableaux et syllabaires d'Abria, de Béhagnon, de Regimbeau, se rattachent aussi au même type.
(3) Jacotot, au lieu de partir de la lettre et de la syllabe, partait du mot tout entier. Voyez *J. Jacotot et sa Méthode*, par B. Pérez, 1883. p. 94.

ces expressions favorites dans les dénominations qu'ils ont appliquées aux divers systèmes de lecture, et, à vrai dire, la nature de l'objet à étudier justifierait ici plus qu'ailleurs l'emploi de ces termes.

Le mot en effet est un composé, comme les corps qu'analyse la chimie. Il est formé d'éléments qui sont les lettres. De sorte qu'il est permis d'appeler analyse, par analogie avec les méthodes chimiques, la méthode qui consiste à présenter d'abord le tout, le mot entier, pour en décomposer les éléments, et d'appeler synthèse le procédé inverse qui fait d'abord étudier les lettres, pour en former les syllabes et recomposer progressivement les mots.

C'est dans ce sens que la plupart des pédagogues définissent les méthodes analytiques et synthétiques de lecture.

« La méthode analytique, dit M. Horner, part du tout pour arriver aux parties ; elle exerce les enfants à lire d'abord le mot *rose* en entier, puis par syllabes, *ro-se*, d'où elle descend aux premiers éléments de ce mot, c'est-à-dire aux lettres.

« La méthode synthétique consiste à partir des premiers éléments des mots pour arriver aux syllabes ; des syllabes on passe aux mots, des mots aux phrases (1). »

De cette distinction il résulte que la méthode dite synthétique correspond aux vieilles méthodes; « la méthode analytique, au contraire, dit M. Horner, presque inconnue dans les écoles françaises, est universellement suivie, ou du moins préconisée, en Allemagne et dans la Suisse française. »

Mais les mots analyse et synthèse sont décidément si obscurs, si difficiles à manier qu'un pédagogue autorisé de l'école française, M. Brouard, prétend en sens inverse que dans les méthodes analytiques on décompose la syllabe en tous ses éléments, et qu'il les confond avec les « anciennes méthodes (2) ». D'après le même

_____

(1) M. Horner. *op. cit.*, p. 111 et suivantes.

(2) M. Brouard, *Inspection des écoles primaires*, p. 232. M. Guillaume, dans son intéressant article du *Dictionnaire de pédagogie*. dit au contraire et avec raison : « La plus ancienne méthode procédait par synthèse. »

auteur, la méthode synthétique, qui a pour caractère essentiel, au dire des pédagogues suisses et belges, de partir de l'élément le plus simple, la lettre, pour s'élever aux divers groupements qui constituent les syllabes et les mots, la méthode synthétique « ne décomposerait pas ou décomposerait le moins possible ».

Peut-être cet exemple de confusion et de contradiction absolue dans l'emploi des mêmes termes, achèvera-t-il de convaincre nos lecteurs qu'il conviendrait de renoncer pour toujours, dans le langage pédagogique, aux grands mots d'analyse et de synthèse. Si pourtant on tient à les conserver pour distinguer les diverses marches suivies dans l'étude de la lecture, nous n'hésitons pas à dire que la seule signification logique qu'on puisse leur attribuer est bien celle du pédagogue suisse que nous avons cité.

Enseignement simultané de la lecture et de l'écriture. — Il ne faudrait pas croire que le système qui associe et combine l'enseignement de la lecture avec l'enseignement de l'écriture, qui essaye de les faciliter, de les animer l'un par l'autre, soit chose entièrement nouvelle. Dans son *Alphabet pour les enfants* (1750) le Français Delaunay recommande aux parents de « mettre la plume à la main de l'enfant dès qu'il commence la lecture ». Montaigne raconte qu'on lui avait appris en même temps à lire et à écrire. Jacotot, lui aussi, associait l'enseignement de la lecture et de l'écriture.

Mais c'est surtout dans ces dernières années, et à l'étranger, que cette méthode a rencontré vogue et crédit, au moins en théorie. « Depuis quarante ans, dit un pédagogue allemand, il ne s'est produit qu'un seul article de revue en faveur de l'ancienne méthode d'épellation, ce qui n'empêche pas qu'on n'épelle encore dans la moitié peut-être des écoles allemandes, du moins des écoles rurales (1). »

(1) Cité par M. Buisson, *Rapport*, etc., p. 156.

Voici comment M. Buisson décrit ce procédé :

« Dans le nouveau système d'enseignement, on donne à l'enfant un joli petit livre illustré. C'est son premier livre, et cependant il ne commence pas par un alphabet; il commence par des images : une *roue* par exemple, ou un *nid*, ou un *chapeau* (en allemand *Rad*, *Nest*, *Hut*). Au-dessous de l'objet gracieusement dessiné le nom est écrit en grosses lettres : c'est toujours un mot court et facile, ce que Vogel appelait un mot *normal* (1). Le maître parle aux élèves de l'objet qu'ils ont sous les yeux, à la fois dessiné et écrit; puis il leur montre les caractères qu'on emploie pour écrire le nom de cet objet. Il écrit lui-même au tableau le mot entier, pour le décomposer sous leurs yeux, pour leur faire prononcer isolément la voyelle, pour leur montrer comment les consonnes la modifient ; puis il leur fait chercher, deviner en quelque sorte, par analogie, quelques mots usuels où se retrouvent les mêmes sons et par conséquent les mêmes lettres ; enfin il leur fait chercher dans leurs livres, çà et là, des caractères semblables à ceux qu'ils viennent d'apprendre. Voilà pour l'exercice de l'ouïe et de la vue; celui de la main en est le complément immédiat, et très souvent même c'est par celui-là que l'on commence. Le maître trace au tableau noir quelques lignes horizontales et verticales, enseigne aux enfants un petit nombre de termes de convention dont il va se servir (tels que : en haut, en bas, à droite, à gauche, ligne courte ou longue, etc.) ; puis, quand tout le monde a pris en main la plume, il dicte à toute la classe les mouvements à faire, c'est-à-dire les lignes à tracer. Les élèves écrivent donc en mesure, et en quelque sorte au commandement militaire. Ce curieux exercice leur est plus facile qu'il ne le serait chez nous, d'abord parce que les caractères de la cursive allemande sont presque exclusivement rectilignes, ensuite parce que l'enfant a été généralement préparé dans le *Kindergarten* aux petits dessins de Frœbel et que l'écriture n'est plus pour lui qu'une application nouvelle des mêmes exercices. Il apprend donc simultanément à lire et à écrire, tout en continuant à dessiner comme au jardin d'enfants (1). »

Nous admirons l'art ingénieux qui a présidé à l'organisation d'un enseignement de ce genre, où l'on associe le travail des mains à l'exercice de l'ouïe et de la vue, où l'effort d'imagination représentative que suppose la lecture est aidé par l'activité physique qu'exige l'ap-

---

(1) M. Buisson, *Rapport*, etc., p. 151.

prentissage de l'écriture ; où l'écriture elle-même est facilitée par des exercices préparatoires de dessin ; où enfin l'on rattache habilement à l'étude des signes du langage de petites leçons de choses, qui lui communiquent quelque variété et quelque attrait. On aurait grande envie de préférer cette méthode vivante et animée aux procédés ordinaires, qui imposent à l'enfant « la répétition sans fin de sons et d'assemblages de sons qui ne disent rien à l'esprit, la continuité impitoyable de ces exercices monotones d'épellation, que suivent les exercices non moins sévères d'écriture sur l'ardoise ou le cahier ». Peut-être en viendra-t-on un jour à pratiquer usuellement dans nos écoles cette méthode idéale. Mais on voit quels efforts elle exige de la part de l'instituteur. A vrai dire, le caractère général des réformes qu'a suggérées à la pédagogie moderne l'esprit d'innovation et de progrès, c'est de charger le maître de toute la peine dont on décharge l'élève. Il ne faut donc pas espérer, de longtemps encore, que la méthode que nous venons de décrire puisse se généraliser dans les écoles publiques. Ajoutons que, quelque effort qu'on fasse, quelque ingénieuse invention que l'on mette à soulager l'enfant, on ne parviendra jamais à supprimer dans l'enseignement de la lecture ce que cet enseignement comporte de mécanique et d'artificiel. Il ne peut y avoir une méthode de lecture parfaitement naturelle et rationnelle, par cette excellente raison que les lettres sont des signes de convention, et qu'il n'y a pas de rapport naturel entre ces signes et les idées qu'ils expriment.

Applications diverses de cette méthode. — Mais la théorie anticipe toujours sur la pratique, au moins sur la pratique usuelle, et les pédagogues étrangers distinguent déjà deux manières différentes d'appliquer l'enseignement simultané de la lecture et de l'écriture, suivant que l'on procède d'après la marche analytique ou d'après la marche synthétique.

Nous ne parlerons pas ici de ce qu'on appelle la

méthode synthétique et la *méthode analytique-synthétique d'écriture-lecture* (1). Retenons seulement de toutes les tentatives l'idée générale qui les domine, à savoir, que l'écriture étant plus facile et relativement plus attrayante que la lecture, il est bon de faire marcher de front ces deux études. Qu'on n'objecte pas que les lettres écrites sont différentes des lettres imprimées : tous les pédagogues sont unanimes à reconnaître que le passage de l'écriture aux caractères imprimés ne présente aucune difficulté pour l'enfant. N'attendons pas que l'enfant sache lire pour lui mettre entre les mains le crayon ou la plume (2).

« Les caractères de l'alphabet se gravent plus promptement dans la mémoire, si l'élève a la main assez exercée pour les tracer sur le tableau noir ou sur l'ardoise (3). »

Procédés accessoires. — Ce qui ajoute à la multiplicité apparente des méthodes de lecture, ce sont les procédés accessoires qu'on y ajoute pour fixer et soutenir l'attention de l'enfant. Tels sont le système Gervais, où des cartons dits *syllabateurs* glissent l'un contre l'autre et servent à assembler les lettres et les syllabes ; l'appareil Chéron qui remplace les rubans et les syllabateurs par deux baguettes ; les tableaux Néel, qui simplifient l'exercice des baguettes ; la méthode Lambert, où deux roues concentriques présentent l'une les articulations, l'autre le son ; la méthode Maître, où deux rubans se déroulent pour servir au même usage ; la méthode Mignon, qui emploie un tableau mural à caractères mobiles ; la méthode Thollois, qui est une

(1) Voyez sur ce sujet des détails intéressants dans le *Rapport* déjà cité de M. Buisson sur l'exposition de Vienne.

(2) Très usitée déjà en Italie, en Allemagne, en Suisse, en Belgique, en Hollande, la méthode d'écriture-lecture n'a pas donné lieu encore à un grand nombre de publications en langue française. Citons l'*Enseignement simultané* de M. Lonay (Liège), le *Cours de lecture*, etc., du frère Marianus (Namur). La méthode d'*écriture-lecture* a été appliquée à l'école annexe de l'école normale de la Seine, grâce à l'initiative de M. Maurice Block, sous le nom de *méthode Schuler*.

(3) *Science de l'éducation*, p. 178.

reproduction du bureau typographique de Dumas par les méthodes à images de Regimbeau, de Larousse et de Tel est encore le procédé phonomimique.

Procédé phonomimique. — Le principe de ce procédé n'est pas nouveau. Coménius avait déjà placé en tête de son *Orbis pictus* un alphabet à images, où à chaque lettre correspondait un cri d'animal ou bien un son familier à l'enfant. C'est la même idée qui inspire le *procédé phonomimique* de M. Grosselin, appliqué par madame Pape-Carpantier, dans son syllabaire à l'usage des salles d'asile. Les lettres de l'alphabet y sont associées aux gestes de la phonomimie.

Conseils généraux. — Quelle que soit la méthode employée, l'instituteur doit se préoccuper avant tout d'introduire l'intelligence et la vie dans la leçon de lecture. Qu'il ne mette pas seulement en jeu la mémoire mécanique de l'enfant; qu'il intéresse ses autres facultés, son jugement, son imagination. La leçon doit être courte (2), coupée au besoin par des questions qui l'animent, par des diversions qui l'égayent. N'oublions pas que la lecture est la première initiation de l'enfant à l'étude, au travail scolaire : prenons garde que ce premier contact ne lui soit trop pénible, et que par un apprentissage trop désagréable de la lecture, il ne soit dégoûté à jamais de l'étude.

Lecture courante et expliquée. — La lecture courante est un des exercices les plus importants de l'école primaire. Par là en effet l'enfant ne s'habitue pas seulement à vaincre les difficultés de la lecture proprement dite ; il apprend sa langue, il acquiert des connaissances nouvelles ; il se rend compte du sens des mots. Le choix d'un bon livre de lecture courante est d'une importance capitale : « c'est la cheville ouvrière de l'école. » Que le maître, en le faisant lire, explique d'avance le sujet du morceau qui va être lu ; qu'il en commente avec soin tous les termes.

(1) Voyez notre *Histoire de la pédagogie*.
(2) M. Rendu admet que la leçon de lecture peut s'étendre sans inconvénient de 20 à 30 minutes.

« La *lecture expliquée*, dit un inspecteur général, est un des signes les plus encourageants du progrès qui s'accomplit dans notre instruction primaire. Sans doute cette explication est souvent sèche, indigeste, purement grammaticale et *lexicologique*, mais c'est un germe qui ira se développant... Ce sera la partie la plus vivante et la plus vivifiante de la classe, quand tous les instituteurs auront compris la nécessité de la préparer chaque matin avec un soin scrupuleux (1). »

Lecture expressive. — « La lecture expressive, dit M. Rousselot, est la lecture naturelle, dont le ton est approprié aux idées et aux sentiments exprimés dans le morceau lu. » Sans vouloir transformer nos écoles en conservatoires de déclamation, il est permis de se plaindre que les maîtres donnent généralement si peu d'attention à l'art de la lecture. Les pédagogues américains s'en préoccupent beaucoup, et ils demandent que « l'enfant lise avec sentiment, intelligence et grâce, qu'il comprenne ce que l'auteur a voulu exprimer, qu'il entre dans l'esprit du texte, qu'il maîtrise sa voix. »

« Tout instituteur doit être un bon lecteur. A l'heure présente, en Amérique, sur cent instituteurs il n'y en a pas un qu'on puisse appeler un bon lecteur (2). »

En France, grâce à l'initiative de M. Legouvé, on commence à comprendre même dans les écoles primaires l'importance de l'art de la lecture, « qui est la base de l'art de la parole et qui repose sur des principes positifs et précis (3). »

Observations critiques sur l'enseignement de la lecture. — Nous empruntons aux *Rapports* de l'Inspection générale un certain nombre d'observations critiques, recueillies sur le vif, et qui marquent avec précision quelques-uns des défauts les plus ordinaires de l'enseignement de la lecture :

(1) *Rapport*, etc., 1881, p. 71.
(2) Page, *Theory and Practice of teaching*. New-York, 1869, 19ᵉ éd., p. 51.
(3) Voyez M. Legouvé, *Art de la lecture*. Voyez aussi la *Conférence sur la lecture à haute voix* de M. Anquetil (Sorbonne, 1868), et la *Circulaire ministérielle* du 30 septembre 1878.

« On ne fait pas de la lecture un exercice assez intelligent : les explications dont elle devrait être accompagnée manquent très souvent. — La lecture reste lourde, monotone. — La diction est inarticulée, sourde, confuse. — L'instituteur ne s'impose pas toujours l'obligation de lire le premier pour donner le ton et l'exemple. — La leçon de lecture n'est qu'un exercice mécanique qui ne conduit à aucun résultat utile. — Les enfants lisent mal parce qu'ils ne comprennent pas ce qu'ils lisent. — Dans peu d'écoles la lecture est expressive et bien expliquée. — Il semble que le prix de la lecture soit le prix de la course : on lit pour lire, on lit trop vite, comme s'il ne s'agissait que d'assouplir la langue et le gosier des enfants. — Beaucoup d'instituteurs s'imaginent que l'enfant doit écrire seulement quand il sait lire(1). »

Progrès constatés. — A côté des défauts signalés, mettons en regard les éloges accordés à certaines écoles, les progrès constatés en maint endroit :

« La nouvelle épellation est seule en usage. Les instituteurs suivent en général les méthodes de Villemeureux, Ruck, Néel, Lemaître et Grosselin. — La méthode employée devient plus rationnelle, le procédé moins mécanique. — L'écriture et la lecture, enseignées simultanément, se prêtent un mutuel secours. — L'enseignement de la lecture et de l'écriture se fait au tableau noir, à la grande joie des enfants. — A la lecture machinale a succédé une lecture plus intelligente, mieux raisonnée, expliquée par le maître et souvent résumée par l'élève. — Les instituteurs commencent à comprendre que la lecture bien faite doit être la base de tout leur travail ; quelques-uns préparent sérieusement cette leçon. — Les méthodes les plus suivies sont celles de Néel, Larousse et Régimbeau. »

L'enseignement de l'écriture. — Tous les pédagogues sont unanimes aujourd'hui pour reconnaître que l'enfant doit être exercé à écrire dès son entrée à l'école (2), et qu'il ne faut pas attendre pour cela qu'il soit parvenu à la lecture courante. De plus en plus on reconnaîtra la vérité de cet axiome pédagogique que « dessin, écriture et lecture s'appellent et se soutiennent ».

(1) Voyez les *Rapports* de l'inspection générale, 1881-1882.
(2) « La lecture et l'écriture, dit M. Gréard, sont nécessairement le fond de l'enseignement du cours élémentaire. Mais on ne saurait penser à entretenir les enfants des règles les plus simples de la langue avant qu'ils en soient arrivés à lire couramment de petites phrases. »

D'autre part, il n'est pas inutile de rappeler que la leçon d'écriture elle-même, quelque mécanique qu'elle soit, peut devenir pour l'instituteur une occasion d'appeler l'attention des élèves sur le sens des mots qu'ils copient, sur la signification morale des phrases qu'ils écrivent. A ce point de vue le choix des modèles proposés à l'enfant a quelque importance (1).

Différents procédés. — Il n'y a pas, à proprement parler, de méthodes distinctes pour l'enseignement de l'écriture; il y a seulement des procédés divers. Les principaux sont le *calque*, l'*imitation des modèles*, les *cahiers préparés*.

On s'étonne que certains pédagogues recommandent encore le calque et l'emploi de transparents. C'est le cas de M. Rendu, qui veut bien reconnaître pourtant qu'il faut se hâter d'y renoncer, dès que l'enfant a pris quelque habitude d'écrire.

L'imitation des modèles abandonne l'enfant à ses propres forces et au début constitue peut-être un exercice trop ardu. Le plus tôt possible cependant il faut recourir à ce procédé, soit en présentant à l'élève des modèles sur papier, soit en traçant les caractères et les mots au tableau noir : ce qui, entre autres avantages, a celui de favoriser l'enseignement collectif.

Les cahiers préparés, où l'enfant n'a d'abord qu'à calquer, mais où les lignes directrices deviennent de plus en plus rares à mesure qu'on avance, sont la méthode qui convient le mieux à l'inexpérience des commençants. Ce système est la combinaison du calque et de l'imitation, c'est-à-dire celui que recommande la

---

(1) Nous sommes disposé pour notre part à croire que tout enseignement peut avoir sa portée éducative, et c'est pour cela que le choix des modèles d'écriture ne nous paraît pas chose indifférente. Mais il nous semble exagéré d'admettre avec certains pédagogues (M. Braun, *op. cit.*, p. 378) que l'étude de l'écriture ou de la calligraphie peut développer le sentiment esthétique, et, par conséquent, exercer une influence salutaire sur le sentiment moral, former le jugement... » Cela rappelle un peu trop le *Bourgeois gentilhomme* de Molière et ce que le maître à danser y dit de l'excellence de son art. « L'étude de la calligraphie, dit aussi le *Traité* déjà cité de Achille V. A. doit cultiver le sentiment du beau et du bien. »

Conduite des écoles chrétiennes. Il peut être admis au début, à condition qu'on ne prolonge pas trop longtemps cet exercice trop commode. « L'élève, dit M. Berger, doit être le plus tôt possible exercé à imiter librement des modèles et s'habituer en quelque sorte à marcher sans lisières (1). »

Une autre différence provient, dans l'enseignement de l'écriture, de l'emploi de l'ardoise et du crayon, du papier et de la plume (2). Pestalozzi, qui subordonnait l'écriture au dessin, a vivement recommandé l'usage de l'ardoise (3), parce que l'enfant manie le crayon plus facilement que la plume, et parce que sur l'ardoise il efface rapidement ses fautes. M. Brouard en revanche fait remarquer que l'ardoise, « le papier du pauvre », n'est jamais qu'un expédient, et que l'usage de l'ardoise rend la main lourde et contracte les doigts (4).

Enfin une autre distinction dérive de la préférence accordée, soit à l'écriture *cursive* ou *anglaise*, soit à l'écriture *française* mélange de la bâtarde et de la coulée. M. Buisson constate, d'après les publications exposées à Vienne, en 1873, « qu'il y a partout réaction contre l'abus de l'*anglaise* (5) ». Les programmes officiels français n'exigent plus aujourd'hui que la *cursive*, la *bâtarde* et la *ronde* (6).

De toutes ces distinctions et de quelques autres sont sorties un grand nombre de méthodes diverses, qui à des degrés variés peuvent être appliquées avec profit, pourvu que le maître sache s'inspirer, en les employant, de quelques principes essentiels (7).

---

(1) *Manuel*, etc.

(2) M. Horner condamne absolument cette méthode surannée.

(3) Voyez l'article *Écriture* dans le *Dictionnaire de pédagogie*, 2e partie.

(4) « Il y a quelques communes, dit un inspecteur général, où j'ai eu à recommander l'emploi de l'ardoise pour faire écrire et dessiner les tout jeunes enfants. Les calligraphes de profession et les marchands de cahiers ont répandu contre l'ardoise un préjugé qu'il est bien difficile de détruire. »

(5) Voyez dans l'ouvrage *Comment Gertrude instruit ses enfants* (traduct. Darin, 1883), p. 153 et suivantes.

(6) Le programme des écoles normales primaires de 1882 exigeait en outre la *gothique* et la *coulée*.

(7) Nous citerons surtout les méthodes Taupier (Hachette), Taiclet (Paul)

Conditions nécessaires pour apprendre à bien écrire. — La force de l'imagination représentative, l'intuition nette, exacte et complète des formes à tracer, voilà une des conditions essentielles pour apprendre à écrire. Une autre condition, c'est l'habileté de la main, habileté qui est en partie naturelle, mais qui s'acquiert aussi par un exercice suffisant et par les précautions que l'on prend pour assurer la bonne position du corps, la bonne tenue de la plume.

Voici, d'après le *Manuel* de M. Rendu, les principes de la bonne tenue pour écrire (1) :

« Le *corps* droit, d'aplomb sur le devant du siège, comme pour manger ;

« Les *jambes* en avant, non croisées ni repliées en arrière,

« Le *bras* gauche, oblique sur la table et soutenant le corps; la *main* à plat ; les *doigts* sur le cahier pour l'avancer ou le reculer ;

« Le *cahier* un peu incliné à gauche ;

« Le *bras droit* libre de ses mouvements, presque aux deux tiers sur la table, écarté du corps de la largeur de la main ;

« La *plume* entre les trois premiers doigts, allongés sans raideur ;

« La *main droite* ni en dedans ni en dehors, n'ayant pour point d'appui que les extrémités des deux petits doigts repliés, de telle sorte que la plume prolongée vienne à l'épaule ;

« Enfin la *tête* un peu inclinée en avant, autant seulement que la vue l'exige (2). »

Conseils généraux. — L'enseignement de l'écriture ne saurait être considéré comme un exercice mécanique auquel suffit le cahier donné à l'élève. Le maître doit y intervenir constamment, et voici quelques-unes des règles auxquelles il se conformera.

Le maître doit avoir non seulement une bonne écriture, mais le talent d'écrire au tableau noir.

Dupont), Reverdy (Bernheim), Gédalge, Flamant (Belin), Colombel (Fouraut), Godchaux, Maire, etc.

(1) E. Rendu, *op. cit.*, p. 159.

(2) Voyez l'ouvrage de M. le D\u1d63 Dally, *les Déformations scolaires*, Paris, Masson éditeur. M. Dally appelle l'attention sur les nombreux cas de déviation de la taille qu'il a observés dans les écoles. Il les attribue aux principes sur lesquels certains pédagogues font reposer l'enseignement de l'écriture.

La leçon d'écriture doit être préparée comme les autres leçons.

Il ne faut pas abuser des exercices de calligraphie et de copie machinale; tous les devoirs de calcul, de rédaction, de dictées surtout, doivent être des exercices d'écriture courante et soignée (1).

Le maître ne doit pas assister de sa chaire aux exercices d'écriture : après avoir donné sa leçon au tableau noir, il doit circuler de banc en banc pour diriger les élèves, pour surveiller la tenue du corps, de la main, de la plume, pour corriger les fautes, pour redresser les lettres mal faites.

« En enseignant l'écriture, les maîtres n'auront pas à former d'habiles professeurs de calligraphie, mais à mettre les enfants à même d'écrire couramment et lisiblement. »

On ne saurait trop proscrire tout le vain luxe calligraphique, les puérils chefs-d'œuvre de l'écriture, les traits de plume qui ne visent qu'à l'ornement.

Observations pratiques sur l'enseignement de l'écriture. — Voici quelques-uns des défauts ou des progrès signalés dans les *Rapports* de l'inspection générale, touchant l'enseignement de l'écriture :

« Il y a beaucoup de cahiers d'un genre très divers : les instituteurs m'ont paru passer trop aisément des uns aux autres. »

Rien n'est mauvais en effet comme l'emploi successif de cahiers conçus d'après des méthodes différentes. Un tel défaut de suite ne peut que compromettre ou tout au moins retarder les résultats.

« — L'ardoise, ce moyen si simple d'occuper les enfants, est rarement utilisée. — Le maître, au lieu de faire lui-même le modèle au tableau noir pour toute une division, préfère donner un modèle tout fait. — L'écriture est rarement *professée*. —

_____

(1) « Le temps consacré aux exercices d'écriture proprement dite sera d'une heure au moins par jour dans le cours élémentaire, et se réduira graduellement à mesure que les divers devoirs dictés ou rédigés pourront en tenir lieu. » (*Arrêté* du 27 juillet 1882.)

L'instituteur ne se donne pas la peine d'examiner et de corriger les cahiers. — Les progrès dans l'écriture ne seront jamais sensibles tant que l'instituteur ne s'imposera pas la tâche de circuler dans les bancs pendant la leçon, d'aller d'un élève à l'autre pour surveiller la position du corps, la tenue de la plume, en un mot voir comment les enfants exécutent leur copie, pour rectifier sous leurs yeux les lettres qui lui paraissent défectueuses. — Les modèles n'apportent la plupart du temps à l'esprit de l'élève ni une connaissance nouvelle, ni un conseil utile, ni une idée morale. — Il faudrait interdire l'usage du cahier d'écriture en gros aux commençants : ils ne peuvent reproduire les caractères du modèle qu'en faisant des mouvements du poignet et du bras qui leur font prendre une mauvaise tenue et nuisent aux progrès ultérieurs. La grosseur des lettres à la portée du débutant est la moyenne. »

On peut contester la justesse de cette dernière observation. Le programme officiel recommande précisément pour le cours élémentaire l'usage de « l'écriture en gros, en moyen et en fin ».

En fait cependant, comme le constatent les rapports que nous analysons, « l'écriture en gros est généralement abandonnée pour faire place à la moyenne (1) ».

— L'écriture est généralement bonne, nette et ferme. La suppression du cahier brouillon et l'emploi du cahier unique ont hâté le progrès, en enlevant à l'enfant et au maître l'idée qu'on n'aurait plus de cahiers de parade à exhiber dans les jours solennels. — On donne plus de soins à l'écriture expédiée qu'on ne faisait autrefois. — Les bonnes écritures sans apprêt, mâles, courantes, ne se rencontrent que dans les premières divisions. — Les corrections et les rectifications au tableau noir commencent à se généraliser. »

Conclusion. — De tout ce qui précède il résulte que dans l'enseignement de la lecture et de l'écriture, ces deux fondements de toute instruction élémentaire, les procédés intelligents, attrayants, remplacent de plus en plus la routine et les procédés mécaniques. L'écriture et la lecture ne doivent pas être abandonnées aux hasards

(1) M. E. Rendu est d'avis qu'il faut « commencer par l'écriture moyenne de 5 millimètres, pour arriver promptement (en deux ou trois mois) à la fine ». (*Manuel*, p. 154.)

d'une monotone épellation ou d'un insipide travail de copie : elles doivent être professées, enseignées par le maître, comme des éléments essentiels de l'étude de la langue maternelle

LEÇON III

LES LEÇONS DE CHOSES

Origine des leçons de choses. — Malentendus sur le sens du mot.
— Définition des leçons de choses. — Abus des leçons de choses.
— Formalisme nouveau. — Diverses formes des leçons de choses.
— Leur domaine propre. — Leurs caractères. — Règles des leçons
de choses. — Nécessité d'un plan suivi. — Ordre à suivre dans
l'étude des qualités des objets. — Préparation des leçons de
choses. — Musées scolaires. — Principaux défauts à éviter. —
Superfluité de certaines leçons de choses. — Les mots sans les
choses. — Abus de la perception sensible. — Que les leçons de
choses ne constituent pas un cours régulier. — Programmes actuels. — Ce qu'on peut appeler la méthode des leçons de choses.

Origine des leçons de choses. — Tout le monde
parle aujourd'hui des leçons de choses, tous les instituteurs prétendent faire des leçons de choses. Mais, il y
a trente ans, le mot était inconnu, dans notre pays au
moins, et c'est à une vogue toute nouvelle qu'est dû le
crédit de cet enseignement.

Pratiquée en Amérique, sous le nom de *leçon sur le
objets* (*objects lesson*), la leçon de choses est l'application
du principe que Rousseau et Pestalozzi ont popularisé,
à savoir : qu'il faut placer dans l'enseignement les
choses avant les mots, que les sens, et particulièrement
la vue, sont les facultés qui se développent les premières, et que c'est à elles qu'il faut d'abord s'adresser.

D'un autre côté, l'introduction des leçons de choses
dans le cadre des études scolaires est le résultat de
cette tendance moderne qui pousse les pédagogues à
développer de plus en plus le caractère éducatif de
l'enseignement. La leçon de choses en effet vaut
moins par les connaissances qu'elle communique qu.

par la manière dont elle les communique, par l'action qu'elle exerce sur les facultés d'observation, sur l'attention de l'enfant, par l'intérêt qu'elle cherche à créer en présentant à l'élève des notions familières, accessibles à son intelligence, en retenant son esprit sur des choses qu'il connaît déjà en partie, et qu'on veut seulement lui faire mieux connaître.

Essayons d'abord de définir exactement le sens qu'il convient d'attacher à l'expression de *leçons de choses;* nous rechercherons ensuite comment cet enseignement doit être distribué et à quelles conditions il peut porter tous ses fruits.

Malentendus sur le sens du mot. — La leçon de choses a eu le même sort que la prétendue méthode intuitive : on a employé ces expressions au hasard pour désigner des pratiques scolaires qui n'ont qu'un rapport lointain avec elles. Comme toutes les nouveautés, la leçon de choses est devenue un grand mot vague, que chacun a interprété à sa manière.

« Une longue observation du monde scolaire, dit mademoiselle Chalamet, nous a convaincue que, si l'on veut ne point s'entendre, il n'est pas de plus sûr moyen que de parler de leçons de choses. Il est, croyons-nous, peu des questions d'enseignement qui donnent lieu dans la pratique à d'aussi étranges malentendus. Il n'y a pas bien longtemps, causant avec un des professeurs d'une grande école, nous lui demandions si l'on faisait dans sa classe beaucoup de leçons de choses. « Nous en « faisons constamment, nous fut-il répondu: nous donnons aux « élèves des explications à propos de tout. » En assistant avec assiduité, pendant un certain temps, aux leçons de ce professeur, nous nous assurâmes, en effet, que pour lui l'enseignement des leçons de choses consistait à verser à flots les explications verbeuses (1). »

C'est en partie à madame Pape-Carpantier qu'il faut attribuer la responsabilité de cette extension abusive du sens des leçons de choses. Les modèles qu'elle nous a laissés témoignent d'une invention ingénieuse et

(1) Mademoiselle Chalamet, *École maternelle,* p. 96.

d'une exquise délicatesse. Mais ils prouvent aussi que la leçon de choses était pour elle une sorte de procédé encyclopédique, qu'elle appliquait à tout enseignement, un moule banal où elle faisait tout entrer (1).

« La leçon de choses, disait-elle, enseigne par les réalités mêmes, et de chaque réalité elle fait sortir une connaissance utile et un bon sentiment. »

Définition des leçons de choses. — Une des meilleures définitions qu'on ait données des leçons de choses est celle que nous empruntons à M. Bain, qui a écrit sur ce sujet un des chapitres les plus remarquables de sa *Science de l'éducation.*

« Les leçons de choses doivent s'étendre à tout ce qui sert à la vie et à tous les phénomènes de la nature. Elles portent d'abord sur des objets familiers aux élèves, et complètent l'idée qu'ils en ont en y ajoutant les qualités qu'ils n'avaient pas tout d'abord remarquées. Elles passent ensuite à des objets que les élèves ne peuvent apprendre à connaître que par des descriptions ou des figures, et finissent par l'étude des actions les plus cachées des forces naturelles (2). »

Dans sa dernière partie, la définition de M. Bain est elle-même un peu trop large, puisqu'elle tend à embrasser les parties les plus hautes des sciences physiques. Nous persistons à croire que la leçon de choses doit être seulement un instrument de début, et qu'il ne faut pas la continuer jusqu'au terme de l'enseignement. Nous ne partageons pas sur ce point l'avis de M. H. Spencer qui veut que les leçons de choses soient continuées dans la jeunesse, de façon qu'elles se confondent insensiblement avec les investigations des naturalistes et des savants (3).

Voici quelques autres définitions qui peuvent servir à nous éclairer sur la nature et sur le but des leçons de choses :

(1) Madame Pape-Carpantier, *Conférences faites à la Sorbonne en* 1867
(2) *Science de l'éducation*, p. 184.
(3) *De l'éducation*, p. 137.

« L'objet déclaré des leçons de choses, dit M. H. Spencer, c'est de donner à l'enfant l'habitude d'observer à fond. »

« La leçon de choses est un procédé d'enseignement, une des applications de la méthode intuitive (1). »

« Les leçons de choses peuvent être définies des leçons destinées à enseigner les éléments des connaissances par l'usage même des objets (2). »

Le pédagogue américain Johonnot oppose nettement les leçons de choses aux leçons de mémoire et de récitation :

« La supériorité de la nouvelle méthode sur l'ancienne, pour développer l'attention et exciter l'intérêt, est manifeste. L'instruction nouvelle fait appel à l'expérience, et provoque une activité intense des facultés d'observation. Elle nourrit l'esprit de connaissances réelles et l'arrache à l'état d'inattention et de passivité qui était le résultat de l'ancienne routine (3). »

La leçon de choses en effet est en opposition directe avec la leçon du livre. Elle dérive de la réaction, d'ailleurs excessive, que la pédagogie moderne a dirigée contre l'instruction purement livresque, comme l'appelait Montaigne.

Abus des leçons de choses. — On peut dire qu'en un sens les leçons de choses ont trop bien réussi, que la mode s'en est emparée, et qu'elle a failli les compromettre par l'abus qu'on en a fait.

Outre qu'on les a célébrées avec un enthousiasme excessif, on les a appliquées indistinctement à toutes les parties de l'enseignement. Il y a eu des *leçons de choses* en morale, en histoire (4) ; on a confondu les leçons de choses avec les expériences et les démonstrations de la science.

C'est dans ce sens que madame Pape-Carpantier disait avec une exagération fâcheuse :

---

(1) Article *Leçons de choses*, de M. Platrier, dans le *Dictionnaire de pédagogie.*

(2) Wickersham, *Methods of instruction*, p. 141.

(3) Johonnot, *Principles and Practice of teaching*, p. 84.

(4) D'après M. Braun (*op. cit.*, p. 309), les leçons de choses portent généralement : « 1° sur la nature ; 2° sur l'homme ; 3° sur la vie sociale ; 4° sur Dieu. »

« Le savant dans son amphithéâtre fait une leçon de choses quand il exécute, sous les yeux mêmes de ses disciples, les délicates et brillantes opérations dont il les entretient. »

La leçon de choses, comme son nom l'indique, doit être maintenue dans le domaine des connaissances où il s'agit réellement de choses qu'on puisse montrer, d'objets sensibles qui frappent les yeux de l'enfant. Mais de plus elle n'est et ne peut être qu'une initiation élémentaire aux connaissances de cette espèce ; elle ne doit jamais prendre la forme d'une leçon didactique.

Formalisme nouveau. — La leçon de choses n'est rien, ou bien elle est une méthode vivante d'enseignement, où le maître fait preuve de sagacité, d'invention, où il dispose, avec liberté toujours, avec originalité s'il le peut, les connaissances familières qu'il veut communiquer à ses élèves, où à l'exposition il mêle l'interrogation, où il fait appel sans cesse, et en s'inspirant des circonstances, des réponses qui lui sont déjà faites, à l'initiative de l'enfant.

Mais l'esprit formaliste et scolastique reprend toujours ses droits, et les leçons de choses, mal comprises, sont devenues bien vite une nouvelle mécanique scolaire. « C'est ainsi que de nombreux livres scolaires portent, par un contresens peu explicable, le titre de *Leçons de choses* (1). » On en est venu, dans quelques écoles primaires, à *dicter* des leçons de choses. On est allé plus loin encore ici (2) :

« *Lire* une leçon de choses est déjà joli, mais il y a mieux, et nous en avons vu *jouer*. C'était dans une station thermale. La ville d'eaux possédait une école. Un dimanche la directrice invita les baigneurs à assister à la distribution des prix. Il y avait un programme pour la fête, et ce programme promettait, entre autres choses, la *représentation* d'une leçon de choses...

(1) Mademoiselle Chalamet, *op. cit.*, p. 97.
(2) « Les leçons de choses, dit Johonnot, ne doivent jamais être tirées d'un livre. Le nom seul de cet exercice semblerait rendre inutile un avertissement de ce genre ; mais il s'est trouvé des maîtres assez *profondément stupides* (*sic*) pour obliger leurs élèves à apprendre par cœur les modèles de leçons de choses donnés dans les manuels. »

En effet deux petites filles montent sur l'estrade : l'une d'elles
est la maitresse, l'autre joue le rôle des élèves ; et elles se
mettent l'une et l'autre à réciter avec volubilité une leçon
dialoguée (1). »

Diverses formes des leçons de choses. — Après
avoir essayé de définir les caractères essentiels de
toute leçon de choses, il faut se hâter de reconnaître
qu'il y a différentes manières d'appliquer ce procédé
pédagogique.

M. Bain distingue trois formes principales de la
leçon de choses :

1° La leçon de choses peut consister à mettre un
objet concret sous les yeux de l'élève, à titre d'exemple,
pour lui faire saisir une idée abstraite : par exemple,
quand on lui présente quatre pommes, quatre noix,
pour éveiller en lui la notion du nombre quatre.

2° La leçon de choses peut consister à mettre en jeu
les cinq sens, à faire voir, toucher, observer, les qualités de certains objets : sous cette forme la leçon de
choses n'est que l'éducation des sens.

3° La leçon de choses enfin peut être employée pour
augmenter le nombre des conceptions, pour faire
acquérir la connaissance d'objets, de faits, de réalités
formées soit par la nature, soit par l'industrie. C'est ce
fait que l'on exprime d'ordinaire en disant que la
leçon de choses cultive ou développe la faculté de
conception et d'imagination.

« On se fonde alors sur ce que l'enfant connaît et conçoit
déjà, pour les dépeindre, des objets qu'il ne connaît pas et lui
en donner ainsi des idées dont il pourra ensuite tirer parti
pour d'autres études. C'est ainsi que l'on peut faire concevoir à
des enfants une idée, un peu confuse peut-être, du chameau du
désert du palmier, des pyramides d'Égypte (2). »

Domaine propre des leçons de choses. — A en
croire les pédagogues américains, les leçons de choses

(1) Mademoiselle Chalamet.
(2) *Science de l'éducation*, p. 190.

auraient un champ illimité d'action, aussi illimité que la nature. Elle s'étendrait à l'histoire elle-même (1). Elle s'appliquerait aux choses idéales aussi bien qu'aux objets matériels. « Dans un sens large le terme *chose* signifie tout ce qui est ou peut être l'objet de la pensée, une opération mentale, comme la perception, un pouvoir moral, comme la conscience (2). » Il y aurait donc des leçons de choses même en psychologie.

M. Bain, mieux inspiré, limite aux seuls objets sensibles le domaine des leçons de choses :

> « La leçon de choses, dit-il, ouvre aux élèves trois vastes domaines, l'histoire naturelle, les sciences physiques et les arts utiles ou tout ce qui sert aux besoins journaliers de la vie ordinaire. »

Nous pensons, comme le pédagogue anglais, que le domaine des leçons de choses est nécessairement réduit aux sciences, ou plutôt aux connaissances familières, usuelles, qui ont réellement pour objet des choses qu'on puisse montrer, faire toucher (3). Il faut en exclure nettement l'histoire, la grammaire, les sciences abstraites, comme l'arithmétique, et toutes les sciences morales.

Leur vrai caractère. — Ce qui achève de distinguer la leçon de choses, ce n'est pas seulement la nature des objets auxquels elle s'applique, c'est la manière dont elle est donnée. Elle ne doit pas avoir le caractère didactique d'une exposition continue, elle doit être une conversation perpétuelle.

M. H. Spencer se plaint avec raison que dans les manuels de leçons de choses on indique longuement une liste de faits que l'on *dira* à l'enfant. D'après lui, il faut

(1) Wickersham, *op. cit.*, p. 144.
(2) Johonnot, *op. cit.*, p. 87.
(3) Les pédagogues belges veulent que les leçons de choses exercent le plus de sens possible, même l'odorat et le goût. L'instituteur, dans les leçons d'intuition, ne se contentera pas de montrer ; il fera, selon les cas, ouïr (le son d'un métal), palper (le poli ou le poids), flairer (les plantes), goûter (les fruits) l'objet proposé à l'examen des élèves (*Traité de méthodologie*, par Achille V., p. 156.)

seulement provoquer l'enfant à les découvrir par son observation personnelle. Dans la leçon de choses, c'est l'enfant surtout qui doit parler.

« Il faut, dit M. Spencer, écouter tout ce que l'enfant a à nous dire sur chaque objet qu'on lui montre ; il faut l'encourager à dire le plus qu'il peut, appeler quelquefois son attention sur des faits qui lui ont échappé, et lui fournir ensuite ou lui indiquer de nouvelles séries d'objets, sur lesquels il puisse de même s'exercer par un examen complet. »

La leçon de choses doit être une transition entre l'enseignement maternel et l'instruction scolaire proprement dite, une initiation à certaines études, et non une méthode générale.

Le maître y est moins un professeur qui expose ce qu'il sait qu'un excitateur de l'intelligence. Voilà pourquoi nous ne pensons pas, malgré l'opinion contraire de M. Spencer, qu'il faille continuer la leçon de choses au delà des premières années de l'instruction scolaire. La leçon de choses développe surtout les connaissances matérielles, la faculté d'observation sensible. Or il faut le plus tôt qu'on le peut se passer, dans l'enseignement, des choses concrètes et matérielles, pour jeter résolûment l'enfant dans le domaine des idées abstraites et générales. Assurément dans l'enseignement de l'histoire, du calcul à tous ses degrés, dans l'enseignement élevé des sciences physiques et naturelles, il ne faudra pas s'interdire, il est même ordonné de faire par occasion appel à l'imagination de l'enfant et aux représentations sensibles. Mais cela ne sera qu'un accident, une exception, tout au plus un élément particulier de la leçon. Cet appel à l'expérience ne constituera plus une leçon de choses proprement dite.

Règles des leçons de choses. — Il ne faudrait pas conclure, de ce que la leçon de choses est avant tout une conversation libre et familière du maître avec ses élèves, qu'elle n'a pas de règles et pas de principes.

« Elle en a au contraire, dit madame Pape-Carpantier, de très fixes et qui sont tout à fait indépendantes de la fantaisie des maîtres... Ses principes et ses règles sont ceux mêmes des opérations de l'entendement humain. »

La première de ces règles, c'est que chaque leçon ait « son but défini », sa portée limitée.

« Le maître, ajoute M. Bain, doit réfléchir à la direction qu'il veut imprimer à la leçon. Que les leçons soient d'abord plus ou moins décousues, c'est ce qu'il est peut-être impossible d'empêcher ; mais peu à peu il faut qu'il leur donne une certaine unité (1). »

Nécessité d'un plan suivi. — Il ne faut pas seulement que chaque leçon de choses ait son but défini ; il faut aussi que les leçons de choses qui se succèdent soient liées et pour ainsi dire subordonnées les unes aux autres. Les leçons de choses ne seraient qu'un chaos de conversations stériles et de bavardages sans profit, si elles étaient décousues, si elles allaient à l'aventure dans le vaste champ qui leur est ouvert.

« Les leçons de choses doivent être faites dans un esprit systématique, chacune tendant à son objet propre, mais se rattachant par des relations palpables à celle qui a précédé et à celle qui va suivre, de sorte que l'élève soit amené à saisir les rapports des choses et mis en état de les associer dans sa mémoire. Rien de plus inutile que des leçons de choses sans suite et sans ordre (2). »

Préparation des leçons de choses. — Ce qui n'est pas moins nécessaire, c'est que chaque leçon soit préparée avec soin. Rien ne doit être livré au hasard dans ces entretiens familiers, et il faut que le maître soit d'autant plus prêt sur toutes les parties de son sujet que l'imprévu d'une question posée par les élèves pourrait le surprendre et le déconcerter.

« Les leçons de choses demandent une préparation si sérieuse,

---

(1) « Il faut, dit M. Bain, faire le plan d'une série de leçons arrangées de telle sorte que chacune d'elles prépare la suivante : il faut se guider, à mesure qu'on avance, sur ce qu'on a déjà enseigné. »

(2) Johonnot, *op. cit.*, p. 92.

une connaissance si approfondie du sujet, tant de tact et d'esprit, enfin une collection si judicieusement formée d'objets divers, que cet enseignement ne pénètre pas encore dans les classes. On en parle bien à l'école, quelques instituteurs même se flattent d'y réussir ; mais jusqu'à présent on ne peut guère leur tenir compte que de l'intention (1). »

Ordre à suivre dans l'étude des qualités des objets. — Madame Pape-Carpantier tenait beaucoup à ce que, dans l'observation des qualités des choses, on s'astreignît à un ordre invariable, dérivé, d'après elle, de la marche naturelle que l'esprit suit dans ses perceptions. Il faudrait, à l'en croire, procéder toujours de la même manière et appeler successivement l'attention de l'enfant sur la couleur, la forme, l'usage et la matière ou les éléments constitutifs de l'objet étudié.

M. Bain n'est pas du même avis :

« Pour faire une leçon de choses, dit-il, on recommande le plus souvent au maître d'indiquer d'abord l'apparence ou les qualités sensibles d'un objet, et d'en faire ensuite connaître les usages. Il vaudrait mieux commencer par indiquer ces usages, en choisissant ceux qui se présentent le plus naturellement, parce qu'un usage est une qualité en action, et que notre intérêt à connaître les objets est d'abord éveillé par l'action qu'ils exercent (2). »

Et, prenant pour exemple le verre, M. Bain fait remarquer qu'il est inutile de dire aux élèves que le verre est dur, lisse, transparent, ce qu'ils savent déjà très bien. Ce qui les intéressera au contraire, ce qui les instruira, ce sera de les amener à réfléchir sur les usages du verre, peut-être aussi sur les circonstances diverses de sa découverte, sur son histoire.

Musées scolaires. — Les leçons de choses exigent l'organisation dans l'école de petits musées scolaires, où l'instituteur trouve à sa portée les objets qui servent de texte à la leçon.

Ces musées devront être en grande partie constitués par les élèves eux-mêmes :

(1) *Rapports et inspection générale,* 1879-1880, p. 210.
(2) *Science de l'éducation* p. 185.

« On demande aux enfants, par exemple, d'apporter le lendemain des feuilles de deux arbres qu'ils n'ont jamais pensé peut-être à distinguer, le poirier et le pommier, le pin et le sapin, ou telles espèces de peuplier ; ou bien c'est telle pierre, tel minéral, tel échantillon de bois, tel produit manufacturé qui se trouve dans la contrée, mais qui manque au petit musée scolaire : il doit toujours manquer quelque chose à un musée scolaire, et je ne serais pas fâché si l'on me disait que chaque génération scolaire est obligée de le reconstituer, pour ainsi dire à neuf, par ses propres recherches ; le grand profit à tirer de ces petits musées de leçons de choses, ce n'est pas de les avoir, c'est de les faire (1). »

« Le musée scolaire, dit dans le même sens M. Cocheris, est l'œuvre du temps, et il doit contenir surtout des échantillons de l'industrie locale et des spécimens des produits naturels qui développent la richesse du pays (2). »

On se plaint quelquefois, non sans raison, que les musées scolaires aient pris, dans certaines écoles, des proportions exagérées. Il ne s'agit pas en effet de réunir une collection de curiosités, ou d'établir un musée de luxe, d'inutilités, destiné à frapper l'imagination des visiteurs de l'école ; il s'agit de recueillir, pour en faire usage, les objets qui peuvent réellement servir à l'instruction de l'enfant. Le meilleur musée n'est pas celui où se pressent sous d'élégantes vitrines le plus de spécimens : c'est celui dont on se sert le plus.

Mais en général, dans nos écoles, les musées scolaires ou n'existent pas, ou existent à peine à l'état embryonnaire.

« Les musées scolaires ne se développent que lentement. Quoi de plus facile pourtant que de recueillir tout près de soi, chez l'épicier, le pharmacien, le grainetier, le droguiste, dans les champs et les jardins, les éléments d'une collection utile ? Les musées scolaires manquent ; les collections de Deyrolle sont inconnues (3).

Quand ils existent, on ne sait pas en faire usage :

(1) Nous ne condamnons pourtant pas l'emploi des collections toutes préparées, comme par exemple la collection Dorangeon (publiée chez Delagrave), à condition que le maître en use librement.
(2) *Rapports*, etc., 1879-1880, p. 20.
(3) *Ibid.*, p. 3.

« Les échantillons disparaissent généralement sous une épaisse couche de poussière. »

Principaux défauts à éviter. — Mais ce qui importe encore bien plus que les conditions matérielles de la leçon de choses, conditions fournies par les musées scolaires, c'est la manière dont l'instituteur entend cet exercice.

A raison même de la liberté qui caractérise ce mode d'enseignement, la leçon de choses est d'une application délicate; et un grand nombre de défauts, d'inconvénients possibles doivent être signalés et évités.

Superfluité des leçons de choses. — Les leçons de choses telles qu'on les pratique quelquefois sont assurément superflues. Elles prodiguent un temps précieux, comme le fait remarquer M. Bain, à des choses que les enfants savent déjà ou qu'ils peuvent apprendre d'eux-mêmes, par leurs observations personnelles, par leurs conversations avec leurs parents ou avec leurs camarades. On se rappelle les exercices fastidieux que Pestalozzi imposait à ses élèves devant la vieille tapisserie de la salle d'école : *Il y a un trou dans la tapisserie. Le trou de la tapisserie est rond*, etc. Combien de leçons de choses qui ne sont ainsi qu'un stérile bavardage, où l'on apprend aux enfants avec force répétitions que la neige est blanche, que l'encre est noire, que le verre est transparent, que l'oiseau a deux pattes et une tête, que le cheval a deux yeux, deux oreilles et quatre jambes, etc. ?

Les mots sans les choses. — La leçon de choses mal comprise a pu parfois devenir un pur exercice verbal. Pestalozzi, un des premiers qui s'en soient servis, l'employait comme un moyen d'enseigner le sens exact des mots. Ses exercices d'intuition étaient surtout des exercices de langage. Assurément il est bon et utile d'associer aux exercices d'observation l'apprentissage de la langue. Mais il faut bien se garder, à propos de l'objet qu'on montre à l'enfant, et sous prétexte d'en analyser les qualités, de prononcer devant lui des mots techniques, des mots savants, dont il est incapable de comprendre le sens. Comme on l'a dit, « une seule recommandation résume toutes les autres : *Que la leçon de choses ne dégénère jamais en une leçon de mots.* »

Abus de la perception sensible. — Un pédagogue américain, M. Wickersham, fait remarquer avec raison que « le système des leçons de choses tend à retenir l'instruction dans le *concret*, alors que l'enfant est déjà en état de saisir l'*abstrait* (1) ».

« Les éléments de tous les genres de connaissances doivent être enseignés au moyen des objets ; mais il s'en faut que le but supérieur de l'étude soit de familiariser l'esprit avec les choses matérielles. L'enseignement par les choses, s'il est poussé trop loin, rabaisse l'éducation... Dès que l'enfant a appris à compter à l'aide d'objets sensibles, il doit commencer à compter sans leur secours ; dès qu'il a été habitué à saisir les formes matérielles, il doit être exercé à considérer les formes idéales. »

La leçon de choses n'est évidemment qu'un moyen pour s'élever plus haut ; c'est, en quelque sorte, un passage qu'il faut traverser pour aller plus loin, mais où il serait imprudent de stationner trop longtemps.

Que les leçons de choses ne sont pas un cours régulier. — L'erreur d'un grand nombre d'instituteurs a été de considérer les leçons de choses comme une matière spéciale du programme des études, et par suite d'y apporter les habitudes ordinaires de l'enseignement, la régularité d'un cours suivi. La leçon de choses, pour être vraiment conforme aux principes qui l'ont inspirée, doit rester libre, souple, variable et mouvante, comme les jeunes esprits auxquels elle s'adresse. Trop souvent elle a dégénéré en interrogations monotones, en nomenclatures sèches et uniformes.

« On ne doit pas souhaiter, dit M. Buisson, de voir la leçon de choses commencer et finir à heure fixe. Qu'elle se fasse tantôt à l'occasion de la leçon d'écriture ou de lecture, tantôt à

_____

(1) *Methods of instruction*, p. 158.

propos d'une dictée, d'une leçon d'histoire, de géographie, de grammaire, etc. Qu'elle se fasse en deux minutes au lieu de vingt, elle n'en vaudra que mieux. Souvent elle consistera, non pas en une série de questions numérotées, mais en une question vive, précise et nette, qui provoquera une réponse semblable ; souvent ce sera un croquis au tableau noir qui vaudra mieux que toute une description. Un jour, la leçon de choses sera une visite à un établissement industriel, à un monument historique ; ou bien une promenade topographique, ou une course dans les bois, une chasse aux insectes ou aux plantes. »

M. Buisson étend peut-être un peu trop, comme la plupart des pédagogues, le sens de la leçon de choses et la confond à tort avec l'esprit général d'un enseignement intelligent et attrayant. Mais, cette réserve faite, il faut être de son avis et considérer la leçon de choses, non comme un enseignement systématique qui serait emprisonné dans des cadres immuables, mais comme une forme d'instruction infiniment variable et s'adaptant toujours aux circonstances.

Programmes actuels. — Le programme officiel ne parle guère des leçons de choses que pour les écoles maternelles, en y rattachant les connaissances sur les objets usuels et les premières notions d'histoire naturelle (1).

Le programme des écoles primaires proprement dites est muet sur les leçons de choses; mais il est pourtant évident qu'il les recommande implicitement, puisque, dans l'exposé des motifs qui précède l'énumération des différentes matières de l'enseignement, la vraie méthode est définie en ces termes (2) :

« En tout enseignement le maître, pour commencer, se sert d'objets sensibles, fait voir et toucher les choses, met les enfants en présence de réalités concrètes....

---

(1) Voyez les *programmes* annexés à l'*arrêté du* 28 juillet 1882. Voyez aussi le *programme spécial des leçons de choses* de la classe enfantine, qui répartit mensuellement les sujets de ces leçons. Ce programme, emprunté en grande partie au travail publié par M. Cadet dans le *Dictionnaire de pédagogie* (article *Leçons de choses,* 2° partie), n'est d'ailleurs qu'un exemple, une indication.

(2) L'arrêté du 27 juillet parle expressément de « leçons de choses » pour les commencements des sciences physiques.

« L'enseignement primaire est essentiellement *intuitif*, c'est-à-dire qu'il compte avant tout sur le bon sens naturel, sur la force de l'évidence, sur cette puissance innée qu'a l'esprit humain de saisir du premier regard et sans démonstration, non pas toutes les vérités, mais les vérités les plus simples et les plus fondamentales. »

La méthode des leçons de choses. — En un sens, la méthode des leçons de choses peut être entendue comme synonyme de l'art qui doit animer toutes les parties de l'enseignement et s'efforcer de les rendre vivantes et pratiques.

Avec quel enthousiasme Mme Pape-Carpantier, en 1868, parlait de la méthode nouvelle !

« Mais qui fait donc la valeur des leçons de choses ? A quoi tient qu'elles sont si réputées, si hautement recommandées, et qu'elles sont en effet si profitables ?

« Ah ! cela tient à une grande loi terriblement méconnue, qui ne veut pas qu'il y ait de *patient* en éducation ; qui veut que l'élève y soit un agent actif, aussi actif que le maître ; qu'il soit son collaborateur intelligent dans les leçons qu'il en reçoit, et que, selon l'expression du catéchisme, il coopère à la grâce.

« Ce qui fait la valeur des leçons de choses, ce qui les rend aimables et efficaces, c'est qu'elles sont conformes à cette loi ; c'est qu'elles font appel aux forces personnelles de l'enfant, qu'elles mettent en jeu, en mouvement, ses facultés physiques et intellectuelles, qu'elles satisfont à son besoin naturel de penser, de parler, de se mouvoir et de changer d'objet. C'est qu'elles parviennent à son esprit par l'intermédiaire de ses sens, qu'elles se servent de ce qu'il sait, de ce qu'il aime, pour l'intéresser à ce qu'il ne sait pas ou n'aime pas encore, parce qu'elles sont pour lui, en un mot, le *concret*, et non l'*abstrait* (1).

(1) *Conférences pédagogiques* faites à la Sorbonne. Paris, 1861, 2ᵉ partie p. 73

LEÇON IV

L'ÉTUDE DE LA LANGUE MATERNELLE

Importance de l'étude de la langue française. — Difficultés de cet enseignement. — Le but. — Les principes. — Anciennes méthodes. — Réforme tentée. — Progrès réalisés. — Divers éléments d'un cours de langue. — Nécessité de l'enseignement grammatical. — Vraie méthode grammaticale. — Le livre de grammaire. — Qualités d'une bonne grammaire. — Grammaire historique. — Enseignement de l'orthographe. — Dictées. — Analyse logique et analyse grammaticale. — Ordre à suivre. — Exercices d'invention et de composition. — Rédactions sur images. — Exercices d'élocution. — Exercices littéraires.

Importance de l'étude de la langue française. — Est-il bien nécessaire d'insister aujourd'hui sur l'importance capitale de l'étude du français à l'école primaire? Tout le monde est d'accord pour lui attribuer le premier rang. « Elle forme, dit M. Bréal, le commencement et le centre des études, elle est pour les élèves le principal instrument de progrès. »

L'étude de la langue française vaut d'abord par elle-même. Qui pourrait en contester l'utilité pratique immédiate? On ne devient véritablement un homme que par le pouvoir d'exprimer sa pensée avec correction et netteté. On n'est un citoyen qu'à la condition de parler la langue nationale, la langue de ses concitoyens. La connaissance de la langue est d'ailleurs la clef de toutes les autres connaissances. La langue usuelle nous met en communication avec nos semblables et satisfait aux besoins de la vie. La langue littéraire nous

ouvre les trésors de la pensée humaine, et la techno-
logie ceux de la science bien faite.

Mais l'étude de la langue vaut aussi par son influence
sur l'éducation intellectuelle. Savoir sa langue, c'est
savoir penser. La richesse du vocabulaire dont vous
disposez correspond à l'abondance des idées que vous
possédez : autant de mots nouveaux ajoutés à ceux que
vous connaissez déjà, autant de conquêtes de votre
esprit sur l'inconnu. D'autre part, la propriété de
l'expression équivaut à la précision de la pensée. Enfin
la correction grammaticale que vous savez mettre dans
la construction de vos phrases est en relation directe
avec la logique qui règle vos jugements et vos raisonnements. Apprendre la langue maternelle, ce n'est donc
pas seulement acquérir le matériel des mots, c'est, par
le maniement du langage, développer et former la
pensée, dont le langage n'est que l'instrument.

Difficultés de cet enseignement. — Pour les
enfants de condition aisée, dont les parents parlent
purement le français, l'étude de la langue offre des
facilités particulières. Pour eux et pour eux seuls, la
langue française est la langue maternelle : ils l'ont
apprise sans effort et par l'usage sur les genoux de
leur mère. Mais pour combien d'enfants de la campagne
n'en est-il pas ainsi (1) ! Dans leur famille ils n'ont
entendu parler autour d'eux qu'un français incorrect, ou même des patois provinciaux. Pour eux la
langue nationale est vraiment une langue étrangère,
qu'il leur faut étudier péniblement sur les bancs de
l'école.

D'ailleurs, même aux enfants qui ont toujours été
nourris de bon français, l'apprentissage instinctif de la
langue ne saurait suffire. Il leur reste toujours pour le
moins à étendre leur vocabulaire, nécessairement

---

(1) Les patois sont encore fort en usage ; il ne faudrait pourtant pas aller
jusqu'à dire avec M. Brachet: « Dans la région du Midi les gens cultivés comprennent et écrivent le français, mais emploient plus volontiers entre eux le
patois même dans les grandes villes. (*Nouvelle Grammaire française*, p. 5.)

restreint, à se rendre compte du sens des mots qu'ils ont vaguement retenus et qu'ils n'entendent que confusément, à apprendre l'orthographe, enfin à réfléchir sur les règles de la grammaire, sans lesquelles la correction de leur style ou de leur langage serait toujours mal assurée. C'est la nature qui délie la langue de l'enfant et qui, avec l'aide des parents, lui apprend à parler ; mais c'est l'étude seule qui, avec l'aide des maîtres, lui apprend à bien parler.

Le but. — L'étude de la langue est demeurée longtemps, dans nos écoles, synonyme de l'étude de la grammaire. On croyait avoir tout fait quand on avait enseigné la distinction des dix parties du discours, la conjugaison, la syntaxe. Nous nous faisons aujourd'hui une tout autre idée de l'enseignement du français, de son étendue et de sa portée. Cet enseignement comprend trois choses essentielles, et toutes trois d'un prix inestimable.

Il s'agit : 1° de comprendre la langue française, 2° de savoir la parler, 3° de savoir l'écrire.

Le moins qu'on puisse demander, c'est que les élèves de nos écoles comprennent leur langue. Il n'est pas question assurément de leur enseigner les vingt mille mots dont se compose le français et de faire de leur esprit un dictionnaire vivant. Ce qu'il faut, c'est qu'ils connaissent, avec le plus d'exactitude possible, les quelques centaines d'expressions qui constituent le fond de la langue. La possession d'un vocabulaire net et précis est la préparation nécessaire à la lecture des bons auteurs. Trop d'enfants sortis de nos écoles ne prennent jamais goût aux lectures personnelles, en partie parce qu'ils rencontrent dans les livres trop de mots dont ils ne comprennent pas le sens.

Un autre but essentiel de l'étude de la langue est d'apprendre à la parler. Les occasions d'écrire sont rares pour les enfants du peuple ; les occasions de parler sont de tous les jours et de tous les instants. Qui donc n'a pas besoin, quelle que soit l'humilité de sa condition, de s'exprimer avec facilité, avec correction, sinon avec élégance ? Il ne s'agit pas sans doute de faire des bavards ni des discoureurs, mais il faut mettre le futur citoyen en état de communiquer sa pensée, de converser avec ses semblables, de traiter lui-même ses affaires et de discuter ses intérêts.

Enfin on ne négligera pas la parole écrite, bien qu'elle ait moins d'importance que la parole proprement dite. Pour être les plus nouveaux, les plus récemment introduits dans nos écoles, les exercices de composition et de rédaction ne sont ni les moins intéressants ni les moins utiles. L'enseignement du français serait une dérision, s'il se contentait de faire apprendre les règles de la grammaire, d'inculquer laborieusement la science de l'orthographe à des enfants qui ne seraient jamais appelés à appliquer ces règles, à se servir de cette science dans des écrits personnels. La grammaire, l'orthographe, sont choses excellentes, mais à une condition pourtant, c'est qu'on en use ; c'est qu'elles ne soient pas pour les enfants comme des armes aux mains de soldats qui en ignoreraient le maniement.

Les principes. — Ainsi compris, l'enseignement de la langue est une étude vivante et pratique qui déborde de tous les côtés du vieux cadre étroit des récitations grammaticales et des dictées orthographiques. Pour atteindre son véritable but, cet enseignement se conformera à la méthode naturelle, qui va de l'exemple à la règle, de l'expérience à la loi, de l'usage familier, de l'exercice concret au précepte général et abstrait. Il faut apprendre la grammaire par la langue, non la langue par la grammaire, disait Herder, et M. H. Spencer déclare dans le même sens que « la grammaire, ayant été faite après la langue, doit être enseignée après elle. » « Depuis longtemps, disait aussi le P. Girard, la saine didactique nous crie : Peu de règles, beaucoup d'exercices. »

L'enfant arrive à l'école n'ayant presque aucun usage de la langue maternelle. Qu'on supplée à ce qui lui manque par des lectures graduées dans des auteurs faciles. Qu'à défaut des conversations qu'il n'a pas entendues, le livre l'enveloppe pour ainsi dire de ses mots précis, de ses constructions correctes, d'une atmosphère de français pur et net. Qu'on l'exerce lui-même à parler, à construire des phrases, oralement d'abord, plus tard par écrit. Que le maître donne l'exemple d'une prononciation exacte, d'un langage régulier. Que le tableau noir présente à l'élève des modèles de propositions simples; et l'enfant, familiarisé peu à peu avec les expressions et les tournures de sa langue, sera mûr pour les études didactiques qui, sans cette préparation, l'auraient infailliblement rebuté et fatigué sans profit.

Anciennes méthodes. — Sachons donc rompre avec les anciennes méthodes qui réduisaient l'étude de la langue à la grammaire, dont on présentait les règles « comme les articles indiscutables d'un code pénal, qu'il fallait appliquer sans les raisonner ni les comprendre ».

Sans remonter bien haut dans le passé, voici, au point de vue de l'enseignement grammatical, quelques résultats de l'enquête de 1861 (1):

« A un enseignement mécanique il faut substituer un enseignement rationnel (Eure). — On apprend trop par cœur (Calvados). — Les élèves récitent, mais n'exercent point leur intelligence (Ardèche). — Le paysan sent que l'instruction est mal dirigée, qu'elle n'est point assez pratique (Bas-Rhin). — L'enseignement est trop abstrait (Doubs). — Les méthodes étant défectueuses, les parents considèrent l'enseignement comme inutile (Pas-de-Calais). — Que l'enseignement devienne plus pratique (Somme). — L'enseignement est trop abstrait (Dordogne). — L'enseignement est trop obscur (Nord). — L'enseignement est trop théorique (Corrèze).

Réforme tentée. — Cet enseignement mécanique et passif qui faisait appel à la mémoire de l'enfant, au détriment de son intelligence, est depuis longtemps jugé et condamné.

Des circulaires ministérielles ont dénoncé le mal et proposé le remède. Rappelons celle de M. Fortoul (31 oct. 1854), de M. Rouland (27 août 1857), de M. Duruy (7 oct. 1866), de M. Jules Simon (8 oct. 1872).

Nous en citerons quelques passages qui indiquent nettement la direction qu'il convient de donner à l'enseignement de la langue maternelle :

« Dans le cours de *français*, beaucoup de maîtres abusent de la grammaire et croient avoir tout fait quand ils ont mis dans la mémoire de leurs élèves un grand nombre de règles, de distinctions et de mots techniques. Insistez pour que dans cette étude on évite les abstractions et les subtilités ; pour qu'on s'attache aux applications et aux exemples, surtout aux exemples que fournissent la lecture et l'explication des grands écrivains. C'est par là que la langue, avec ses principales règles, ses finesses et ses idiotismes, s'apprend bien mieux que dans la grammaire. » (Circulaire du 31 octobre 1854.)

« Le vieil enseignement doit être remplacé par des leçons vivantes. Il faut réduire la grammaire à quelques définitions simples et courtes, à quelques règles fondamentales qu'on éclaire par des exemples ; il faut aussi, à mesure que l'intelligence des enfants se développe, les mettre en présence des plus beaux morceaux de notre littérature, leur y faire reconnaître d'abord le sens et jusqu'aux nuances des mots, la suite et l'enchaînement des idées, plus tard les inversions, même les hardiesses du génie, et compter dans cet exercice encore plus sur cette logique et cette grammaire naturelle qu'ils portent en eux, que sur le vieux bagage d'abstractions et de formule dont on accable leur mémoire sans profit pour leur intelligence. Lhomond disait il y a près de cent ans : « La métaphysique ne « convient point aux enfants, et le meilleur livre élémentaire, c'est « la voix du maître, qui varie ses leçons et la manière de les « présenter selon les besoins de ceux auxquels il parle. » (Circulaire du 7 octobre 1866.)

« L'enseignement de la grammaire ne se bornera plus désormais à l'étude purement mécanique des règles, mais ces règles reviendront pour le professeur matière à explications. »

Progrès réalisés. — Les conseils que nous venons de rappeler ont été en partie entendus, et les rapports de l'inspection générale constatent partout des progrès réels dans l'enseignement de la langue :

« L'étude de la langue est faite d'une façon plus rationnelle : la leçon de grammaire, moins longue, ne précède plus l'explication du maître et ne tient plus lieu de tout comme autrefois ; les longues séries d'analyses et de verbes écrits ont fait leur temps, même dans les écoles médiocres, et sont remplacées par des exercices de rédaction plus intéressants et plus profitables. Le grand souci des maîtres est d'arriver à obtenir une rédaction simple et claire. — Les longues dictées sont devenues plus rares. — Une place moins large est donnée aux leçons de grammaire apprises par cœur. — Les conjugaisons des verbes se font oralement. — Chaque règle de grammaire est l'objet de nombreuses applications. — On habitue les enfants à faire quelques narrations et quelques petites lettres. »

D'autre part, M. Gréard signale les **améliorations** réalisées dans les écoles de Paris.

« Nos méthodes sont en progrès. Aujourd'hui les exercices barbares de cacologie et de cacographie sont absolument proscrits des classes (1) ; on s'attache aux recherches étymologiques, ainsi qu'à l'étude des familles de mots, et rien n'est plus propre à exercer chez les élèves l'esprit d'analyse, à enrichir leur vocabulaire, à ouvrir le champ à leur pensée, et à leur faciliter en même temps, sans grand appareil de science, l'application des règles fondamentales de l'orthographe usuelle. On ne définit plus guère les parties du discours qu'après avoir multiplié les exemples qui conduisent naturellement l'élève à trouver la définition, et c'est une amélioration excellente ; mais il faudrait l'appliquer à l'étude de la syntaxe comme aux éléments de la grammaire. Quel sens peut avoir pour l'enfant ce terme de *proposition complétive*, s'il n'a pas été exercé à compléter une pensée, et une pensée dont il ait la pleine intelligence, qui soit sienne ou devienne sienne ? Le travail de l'analyse logique qui ne repose pas sur ce travail intérieur de l'esprit porte à vide ou à faux. »

Divers éléments d'un cours de langue. — Il y a quelques années encore, la grammaire, à elle seule, était le tout de l'enseignement de la langue ; elle en est assurément une partie essentielle, mais il s'en faut qu'elle en soit le seul élément.

L'enseignement de la langue française, **d'après le programme des écoles normales, comprend :**

(1) La cacologie était un recueil de locutions vicieuses, la cacographie un recueil de fautes d'orthographe, de textes fautifs, que l'on mettait entre les mains de l'élève pour qu'il le corrigeât.

1° Des exercices de lecture et de récitation ;

2° Un cours de grammaire avec des exercices pratiques, tels que dictées, analyses, exercices d'étymologie et de dérivation ;

3° Des exercices de composition et de style auxquels se rattachent des notions d'histoire littéraire.

D'autre part, le programme des écoles primaires énumère, en dehors des leçons de grammaire proprement dite, une série d'exercices distincts : les exercices oraux, les exercices de mémoire, les exercices écrits (dictées, rédactions, etc.), les exercices d'analyse, et la lecture à haute voix par le maître.

Enfin l'arrêté du 27 juillet 1882 dit expressément :

« L'enseignement du français (exercices de lecture, lectures expliquées, leçons de grammaire, exercices orthographiques, dictées, analyses, récitations, exercices de composition, etc.) occupera tous les jours environ deux heures. »

Ajoutons qu'en dehors des exercices spéciaux qui ont pour objet propre l'enseignement de la langue, tous les exercices de la classe peuvent concourir au même but, étendre et fixer le vocabulaire de l'élève, l'habituer à s'exprimer avec correction et propriété.

Nécessité de la grammaire. — On n'a pas attendu le dix-neuvième siècle pour rêver la suppression absolue de la grammaire dans le cours de langue. Nicole, dans son livre de l'*Éducation d'un prince*, répondait en ces termes aux partisans de cette utopie :

« La pensée de ceux qui ne veulent point du tout de grammaire n'est qu'une pensée de gens paresseux qui se veulent épargner la peine de la montrer, et bien loin de soulager les enfants, elle les charge infiniment, puisqu'elle leur ôte une lumière qui leur faciliterait l'intelligence des leçons, et qu'elle les oblige d'apprendre cent fois ce qu'il suffirait d'apprendre une seule fois (1). »

Laissons de côté la question de paresse : car il serait tout aussi juste de dire que le système qui consiste à mettre un livre de grammaire entre les mains des

(1) Nicole, *De l'éducation d'un prince*. — M. Bain dit dans le même sens: « La grammaire abrège et simplifie le travail en généralisant tout ce qui peut être généralisé. »

élèves et à les laisser s'y débrouiller tout seuls est « une pensée de gens paresseux ». Mais Nicole a raison de soutenir que les règles grammaticales préparées par des explications, éclairées par des exemples, soulagent l'esprit de l'enfant et lui économisent un temps précieux. Autant l'intelligence est rebutée par des principes abstraits qu'on lui impose prématurément, autant elle est disposée à aller d'elle-même au-devant des règles générales qui résument son expérience et qui sortent naturellement des exemples dont elle est nourrie. Elle s'y repose avec plaisir, comme une armée victorieuse s'installe dans des forteresses où elle assure sa conquête et d'où elle domine les étapes parcourues.

Quelque élémentaire que soit l'étude de la langue, elle comporte donc, selon nous, la connaissance des règles grammaticales, qui ne sont que le résumé de l'usage, le code d'une langue définitivement fixée. Le progrès pédagogique consiste ici, non à supprimer les règles, mais à les simplifier et à réformer la façon dont on les enseigne.

Vraie méthode grammaticale. — La vraie méthode grammaticale, d'après tout ce qui vient d'être dit, consiste donc à s'appuyer surtout sur l'usage de la langue et à faire sortir les règles des exemples que l'élève invente de lui-même, qu'il trouve dans les livres, ou que le maître lui suggère.

C'était la méthode du P. Girard, qui donnait comme base à l'enseignement grammatical l'usage même de la langue que l'enfant apporte de la famille, usage complété et rectifié à l'école par les exercices qui lui ont appris à lire et à écrire.

« Souvenez-vous, disait-il, que la multitude des exemples répétés et analysés est le meilleur code de la langue, puisqu'il ait passer dans une pratique raisonnée les règles que dans une autre méthode il aurait sèchement à prescrire (1). »

_____

(1) M. Bain se trompe quand il affirme que la généralité des élèves ne peuvent étudier la grammaire avec fruit avant l'âge de dix ans. « La grammaire, ajoute-t-il, est plus difficile que l'arithmétique. »

Il est inutile de donner un nom à cette méthode qui est la méthode de la raison et du bon sens; et nous ne pensons pas que l'on ait fait faire le moindre progrès à l'étude de la langue quand on aura dit, avec certains pédagogues, qu'elle doit « être enseignée d'une manière analytico-synthétique (1) ».

Le livre de grammaire. — « S'il est possible, point de grammaire entre les mains des élèves » : ainsi s'exprime la circulaire ministérielle du 20 août 1857. Nous ne pensons pas qu'il convienne d'aller jusque-là, et de se priver du secours du livre dans un enseignement aussi capital que celui de la langue française. Un livre est nécessaire, au moins pour les élèves du cours moyen et du cours supérieur, un livre bien fait, dont l'instituteur use discrètement, avec intelligence.

« Jusqu'à présent, dit M. Bréal, le livre était le personnage essentiel de la classe, et l'instituteur n'était que le commentateur du livre. C'est au contraire par la bouche du maître que les enfants doivent d'abord connaître les règles. Le livre sera consulté comme un *memento*. »

Mais, quelque disposé que l'on soit à faire grande la part des explications orales, le livre est nécessaire. C'est l'avis de M. Bain qui donne de fortes raisons pour justifier son opinion :

« Dans un livre on ne met que ce qu'il est bon de dire de vive voix, et si le maître peut s'exprimer plus clairement que le meilleur livre qui existe, il n'y a qu'à rédiger ce qu'il a dit et à en faire un livre nouveau. Quelque bonne que soit la méthode du maître, elle peut être imprimée pour servir d'exemple aux autres, ce qui produira des livres meilleurs, de sorte que la réforme qui propose de supprimer entièrement les livres aboutira simplement à produire un livre nouveau... On dira peut-être que les enfants ne sont pas d'âge à étudier dans un livre des règles qu'on peut parfaitement leur enseigner de vive voix. En cela il y a beaucoup de vrai, bien que ce ne soit pas une raison de supprimer entièrement le livre, dont les élèves pourront toujours se servir pour repasser l'enseignement du maître et pour se préparer aux interrogations sur ce sujet. Si l'enseignement d'une classe est exclusivement oral, ses progrès seront nécessairement très lents (1). »

Qualités d'une bonne grammaire. — Fénelon indiquait déjà avec précision les caractères d'un bon livre de grammaire :

« Un savant grammairien, disait-il, court risque de composer une grammaire trop curieuse et trop remplie de préceptes. Il me semble qu'il faut se borner à une méthode courte et facile. Ne donnez d'abord que les règles les plus générales ; les exceptions viendront peu à peu. Le grand point est de mettre une personne le plus vite qu'on peut dans l'application sensible des règles par un fréquent usage; ensuite cette personne prend plaisir à remarquer le détail des règles qu'elle a suivies d'abord sans y prendre garde (2). »

Après trois cents ans, les critiques et les observations de Fénelon sont encore opportunes, et les pédagogues les plus autorisés de notre temps ne font que les répéter.

« En général, dit M. Berger, les grammaires publiées pour les élèves sont trop détaillées, et elles ne sont pas encore affranchies du plan des grammaires latines... Nos grammairiens se complaisent trop à des classifications, à des distinctions qui ne reposent sur rien d'essentiel.. Nous croyons qu'il serait possible de beaucoup diminuer l'étendue de nos grammaires classiques, sans nuire à la solidité des connaissances en matière de langage (3). » La simplicité sera donc la première qualité d'une bonne grammaire. Et il faut que cette simplicité se manifeste par le petit nombre des règles. Trop de grammaires encore recommandent la simplicité pour la forme, sans s'y astreindre en fait; il ne convient pas de distinguer les propositions subjectives, complétives-directes, complétives-indirectes, circonstantielles, attributives, etc.

Grammaire historique. — On sait quelle révolution a été accomplie dans les études grammaticales par l'introduction de la méthode historique. « La grammaire traditionnelle, dit M. Michel Bréal, formulait

(1) *Science de l'éducation*, p. 255.
(2) *Lettre sur les occupations de l'Académie française*, II.
(3) Article *Grammaire* de M. Berger, *Dictionnaire de pédagogie*, 1re partie

ses prescriptions comme les décrets d'une volonté aussi impénétrable que souveraine; la grammaire historique fait glisser dans ces ténèbres un rayon de bon sens... » Elle substitue les explications aux simples affirmations: elle rend compte de l'usage présent par l'usage ancien :

« Quoi de plus naturel, dit M. Brachet, que de faire servir l'histoire de la langue à l'explication des règles grammaticales, en remontant depuis l'usage actuel jusqu'au moment où elles ont pris naissance ? Outre l'avantage d'être rationnelle, la méthode historique en possède un autre : la mémoire retient toujours plus nettement ce dont notre esprit s'est rendu compte, et l'élève se rappellera d'autant mieux les règles de la grammaire qu'elles auront un point d'appui dans son intelligence. C'est cette méthode que les Allemands, toujours attentifs à éveiller le jugement de l'enfant, emploient depuis longtemps dans leurs écoles pour l'enseignement de la langue nationale (1). »

Il est évident que, malgré son intérêt, la grammaire historique ne peut être introduite sans difficulté à l'école primaire.

D'abord la grammaire historique d'une langue dérivée, telle que la nôtre, remonte jusqu'aux origines, jusqu'aux langues d'où elle est issue, jusqu'au latin et au grec; et le latin et le grec sont vraiment et doivent rester des langues mortes pour l'enseignement primaire (2).

D'autre part, les origines purement nationales de notre langue, les curiosités du vieux français, jetteraient elles-mêmes les maîtres et les élèves dans des recherches savantes qui ne sont pas leur affaire.

Aussi M. Bain a-t-il raison de dire :

« Il ne faut pas faire une part trop grande à ce travail pendant les premières années. Les acceptions et les tournures actuellement admises doivent être nos seuls guides; car, si la connaissance d'une forme archaïque peut quelquefois expliquer un usage, elle ne peut en aucune façon le modifier (3). »

---

(1) Brachet, *Nouvelle Grammaire française*, Préface. Voyez la grammaire de Ayer.

(2) Nous ne pensons pas, malgré ce qu'on en a dit dans ces dernières années, qu'il faille souhaiter l'introduction des études latines dans les écoles normales.

(3) *Science de l'éducation*, p. 258.

Enseignement de l'orthographe. — L'orthographe n'est qu'une connaissance de pure forme, « la réglementation de la langue écrite ». Il ne faut donc pas considérer l'art de l'orthographe, malgré son importance, comme le but essentiel de l'enseignement du français. La connaissance de la langue elle-même est autrement complexe et autrement utile.

On sait la différence qui sépare l'orthographe d'usage et l'orthographe de règles ou de principes. Notons sur ce point une remarque intéressante de M. Horner :

« Contrairement à ce qui se pratique, nous devons accorder plus de soins et plus de temps à l'orthographe d'usage qu'à l'orthographe de règles : car l'orthographe de règles n'apprend à écrire que le bout des mots, une lettre sur les cinq ou six dont se compose la majorité des mots, la dernière lettre, tandis que toutes les autres se rattachent à l'orthographe d'usage (1). »

C'est une exagération de dire que « l'orthographe d'usage ne s'apprend que par l'usage (2) ». Elle doit être sans doute le résultat naturel des lectures faites par l'élève ; mais on ne saurait oublier que l'orthographe d'usage elle-même a ses règles. L'étude de la dérivation et de la composition des mots rendra de grands services sous ce rapport.

« Pour l'orthographe d'usage, plus difficile à apprendre que l'orthographe de règles, la dérivation est le guide le plus sûr dans la majorité des cas (3). »

Dictées. — La dictée est le procédé essentiel, l'exercice propre de l'orthographe, qui ne s'apprend pas moins par l'habitude et la mémoire que par l'étude des règles et par le raisonnement (4). Mais si les dictées

---

(1) M. Horner, *op. cit.*, p. 165.
(2) *Ibid.*
(3) M. F. Cadet, article *Langue maternelle*, dans le *Dictionnaire de pédagogie*, 1ʳᵉ partie.
(4) On ne saurait souscrire à l'opinion des pédagogues qui prétendent qu'il est inutile d'instituer des exercices d'orthographe proprement dits, et qu'il suffit de s'en tenir aux exercices de lecture, d'écriture, de rédaction et de grammaire. A l'école primaire surtout, où l'enfant n'est pas aidé dans l'étude de l'orthographe française par la connaissance du latin et du grec, les exercices d'orthographe s'imposent.

sont utiles, c'est à condition qu'on n'en abuse pas et qu'on les choisisse avec sagacité.

« On fait trop de dictées dans nos écoles, et on y recherche avec trop de prédilection « les dictées difficiles » ; il y a des écoles où, aux approches des examens, on ne fait plus que des dictées (1). »

Il ne faut ni des dictées trop longues (2), ni des dictées trop fréquentes, ni des dictées où l'on accumule à plaisir les difficultés.

Une autre règle importante, c'est de ne pas imposer à l'enfant des dictées où abondent des mots qu'il n'a jamais vus, et qu'il est condamné à orthographier au hasard. Aussi beaucoup de pédagogues recommandent-ils avec raison aux instituteurs d'épeler ou d'écrire au tableau tous les termes de la dictée que l'écolier ne connaît pas. L'orthographe s'apprend surtout par la vue, par la mémoire des yeux.

De plus, les dictées doivent correspondre aux règles déjà étudiées et n'en être que l'application.

Il ne faut pas, d'autre part, qu'elles soient prises au hasard, sans qu'on tienne compte de l'âge, de l'intelligence des enfants. Elles doivent, comme tous les autres exercices, concourir à l'éducation générale.

Est-il nécessaire d'ajouter qu'elles devront toujours être corrigées avec soin, que l'énoncé des règles violées suivra toujours l'indication des fautes commises (3)?

Analyse grammaticale et analyse logique. — Il ne saurait être question de supprimer, dans l'enseignement de la langue, l'analyse grammaticale et l'analyse logique. On en a certainement abusé; on en fait

---

(1) Article *Orthographe* de M. Rouzé, *Dictionnaire de pédagogie*, 1re partie.

(2) Dans les écoles américaines on ne dicte pas généralement des textes suivis : on dicte de longues listes de mots isolés, comme dans le recueil français le *Pautex*.

(3) Tous les pédagogues condamnent la correction trop fréquemment employée qui se fait au moyen de l'épellation de toutes les lettres. On ne doit s'arrêter que sur des difficultés réelles.

un emploi vicieux, quand l'instituteur l'impose comme un travail routinier et machinal, imaginé surtout pour se débarrasser des élèves, pour n'avoir pas à s'occuper d'eux. Mais l'analyse est nécessaire, parce que, pour l'enfant, le langage n'est qu'un tout confus dont il ne démêle pas les divers éléments et dont il ne saisit pas nettement la construction.

Les exercices d'analyse peuvent être appliqués sous forme d'exercices oraux au tableau noir. L'analyse faite de vive voix est, au début surtout, préférable à l'analyse écrite (1). Ce qui importe surtout, c'est le choix des textes analysés :

Les monotones et interminables analyses, qui imposent à l'enfant un travail d'écriture plus qu'un travail de réflexion, sont justement condamnées. Leur résultat le plus clair était de dégoûter de l'étude.

« Je voudrais, dit à ce sujet M. Gréard, que nos maîtres, sans se priver entièrement des ressources que leur offrent les recueils spéciaux, s'habituassent de plus en plus à chercher eux-mêmes leurs textes de dictées dans les œuvres classiques, à créer leurs exemples ou à les faire créer par l'élève avec les matériaux que fournit l'enseignement de la classe. Notre littérature contient en tout genre, — développements moraux, descriptions récits, lettres, — tant de pages d'une langue transparente, d'un sens exquis ! L'histoire nationale est si riche en traits tout préparés, en quelque sorte, pour servir d'exemples de grammaire ! Que ce soit du moins sur ces textes et sur ces exemples bien choisis qu'on exerce l'enfant à l'analyse. Ce qui a contribué à la défaveur où est tombée l'analyse, c'est d'abord l'abus qu'on en a fait, sans doute, mais c'est aussi le caractère bizarre et fastidieux des textes auxquels elle était généralement appliquée et des devoirs auxquels elle donnait lieu. L'exercice en est nécessaire, si l'on veut que l'enfant arrive à se bien rendre compte des rapports des différents termes de la proposition ou de la phrase ; il n'en faut combattre que l'excès ou la mauvaise direction, et pour cela il suffit de ne faire d'analyse, le plus souvent au moins, qu'au tableau, oralement, en termes sobres, sur des phrases claires et intéressantes. »

_____

(1) Le programme dit expressément : « _Cours élémentaire :_ Exercices d'analyse le plus souvent oraux, quelquefois écrits. » Et il maintient cette recommandation pour le cours moyen : « Analyse grammaticale, surtout orale. »

Ordre à suivre. — Les pédagogues ne sont pas d'accord sur la place qu'il convient d'assigner à l'analyse grammaticale et à l'analyse logique. Le programme officiel de 1882 donne le premier rang à l'analyse grammaticale; mais nombre d'écrivains veulent au contraire que l'on commence par l'analyse logique.

« Pour faire l'analyse d'une forme du langage, dit madame Pape-Carpantier, il faut d'abord faire l'analyse de la pensée qu'elle exprime; en d'autres termes, une analyse logique, c'est-à-dire simplement l'étude des idées et de leurs rapports, doit précéder l'analyse grammaticale proprement dite, c'est-à-dire l'étude de la forme des mots et de la contexture (1). »

« Dans le développement progressif de la raison, dit de même M. C. Marcel, la perception d'un objet précède toujours la considération de ses parties : nous arrivons à l'intelligence de notre langue en passant de la phrase aux mots (2). »

Les pédagogues suisses tendent au contraire à préférer l'ordre inverse ou même à sacrifier complètement l'analyse logique.

« Dans les écoles supérieures, *si l'on a du temps à perdre*, dit M. Horner, on pourra s'accorder le luxe de quelques excursions dans le désert de l'analyse logique (3). »

Nous persistons à croire que l'analyse logique est utile et nécessaire, à condition qu'on ne s'engage pas dans une terminologie trop compliquée et trop savante, et que dans le classement et la dénomination des propositions on choisisse la méthode la plus simple et la plus claire.

Exercices d'invention et de composition. — L'enfant de l'école primaire doit être exercé avec discrétion à la composition, ou tout au moins aux éléments de la composition française.

---

(1) *Manuel de l'instituteur*, 2e année, p. 47.
(2) *L'Étude des langues ramenée à leur véritable principe*, t. II, p. 28.
(3) M. Horner, *op. cit.*, p. 176.

« Quel est l'enfant qui oserait se flatter de n'avoir jamais de lettre à écrire, de mémoire à dicter ou de rapport à rédiger (1) ? »

Assurément il y a entre le langage parlé et le langage écrit des relations si étroites, qu'on aura déjà beaucoup fait pour habituer l'enfant au travail de la rédaction, si dès son entrée à l'école on a su le faire causer, si dans les interrogations, dans les leçons de choses, on a tenu la main à ce qu'il s'exprimât correctement. Mais les exercices oraux ne sauraient dispenser des exercices écrits.

Quelques pédagogues semblent mettre sur le même rang les exercices d'invention et ceux de composition :

« Les idées, dit M. Gréard, ne viennent pas d'elles-mêmes à l'esprit de l'enfant : il faut lui apprendre à en trouver. Encore moins prennent-elles toutes seules l'ordre et la forme qu'elles doivent revêtir : il faut lui apprendre à composer (2). »

A vrai dire, nous ne pensons pas que l'invention doive jouer un grand rôle à l'école, et l'importance qu'on lui accorde ne nous paraît être qu'une réminiscence de l'enseignement secondaire. Au lycée, il peut être question de former de futurs écrivains, et en général des hommes qui auront besoin de tirer de leur propre fonds des idées originales. A l'école, il ne faut penser qu'à mettre de futurs ouvriers en état d'exprimer correctement et nettement les idées qui sortiront tout naturellement et sans recherche des besoins et des circonstances de la vie.

Voilà pourquoi il ne faut pas s'exposer, avec les enfants de l'école primaire, quand on leur propose un sujet de composition, à recevoir cette réponse, qui revient souvent sur leurs lèvres : « Je ne sais que dire ! » Fournissons-leur les idées de leur travail par des entretiens, par des lectures, ou tout au moins par le choix du sujet emprunté à leur expérience.

---

(1) M. Horner, op. cit., p. 154. — Les exercices de composition sont en très grand honneur dans les écoles des États-Unis.

(2) De l'instruction primaire à Paris.

« Les premiers exercices de rédaction consisteront, dit
M. Horner, à reproduire en partie par écrit ou à récapituler les
leçons de choses... On abordera ensuite la description écrite
d'objets usuels, mais cette description sera toujours précédée
d'une leçon orale et suivie d'une récapitulation méthodique au
tableau noir. »

« L'idée première d'un développement de quelques phrases,
quatre ou cinq au plus, pour commencer, sera fournie par le
maître; le cadre même du développement sera préparé; il
s'agira pour l'enfant de le remplir, en indiquant les causes, les
effets, les circonstances accessoires de temps, de lieu, etc. Cette
sorte de thème pourra même servir parfois de texte à l'exercice
d'orthographe. De quelque façon que le devoir soit donné, la
correction se faisant en classe, au tableau noir, et chaque élève
fournissant le complément d'idées plus ou moins justes, plus ou
moins heureuses qu'il a trouvé, ce sera pour le maître l'occasion
de faire comparer les contributions des uns et des autres, et
d'exercer le jugement de tous. »

Et M. Gréard conclut qu'il s'agit moins d'apprendre
aux enfants à écrire que de développer leur jugement
et leur sens moral. Nous n'y contredirons pas; mais il
ne faut pas oublier que l'habitude d'une rédaction
aisée, correcte, au besoin élégante, a bien aussi son prix
et qu'elle convient à tout le monde. « La première
qualité du langage, dit M. Bréal, c'est la propriété
des termes, et l'on est en droit de l'exiger de l'ouvrier
et du paysan aussi bien que du littérateur et du philosophe. » Or ce n'est pas en faisant parler seulement,
c'est aussi en faisant écrire qu'on apprend à l'enfant à
se rendre bien compte du sens des mots.

Rédactions sur images. — On est tellement préoc-
cupé aujourd'hui de faciliter le travail de l'enfant qu'on
a recours parfois à des raffinements, à des procédés qui
peuvent avoir leur utilité à condition qu'on n'en abuse
pas. Tel est l'usage des *rédactions sur images*, impor-
tation américaine, application de l'enseignement intuitif à l'exercice de la composition. L'enfant n'a, dans
ce cas, qu'à bien voir et à dire ce qu'il voit dans l'image
placée sous ses yeux. Mais cet exercice récréatif ne saurait être généralisé, et il vaudra toujours mieux faire

décrire aux enfants les choses elles-mêmes, les réalités concrètes et vivantes.

Un raffinement du même genre est l'exercice qui consiste à traduire en prose un morceau de vers.

« Cet exercice, dit M. F. Cadet, peut au moins rendre le service de faire distinguer la langue poétique de la langue ordinaire, dans l'emploi des mots et la construction des phrases (1). »

Nous ne croyons pas, quant à nous, qu'il y ait grand intérêt à pratiquer cette sorte de transposition, de *transmutation*, comme disent les pédagogues belges. Il vaut bien mieux user de simplicité avec l'enfant et lui demander de raconter une promenade qu'il a faite, un événement auquel il a assisté.

Exercices d'élocution. — Ce qui n'importe pas moins que la rédaction, c'est l'élocution : savoir parler est encore plus nécessaire que de savoir écrire. De là l'importance accordée par les pédagogues suisses et belges aux exercices oraux. En France, notre programme officiel demande la reproduction orale de petites phrases lues ou expliquées, puis de récits faits par le maître, le résumé de morceaux lus en classe, le compte rendu de lectures, de leçons, de promenades, d'expériences, des exposés de morceaux littéraires ou historiques.

Exercices littéraires. — Sans être trop prétentieux, on peut assurer que de plus en plus l'école primaire elle-même initiera l'enfant à l'étude de la littérature française, et lui inspirera le goût de continuer toute sa vie, par des lectures personnelles, un travail plein d'attraits.

La loi du 28 mai 1852 dit formellement : « L'enseignement primaire comprend la langue et les éléments de la littérature française. »

C'est surtout sous forme de lectures faites par le maître, de récitations faites par l'élève, que sera donné cet enseignement. On pourra y joindre des analyses littéraires, qui auront l'avantage d'habituer l'élève à

---

(1) Article *Langue maternelle* dans le *Dictionnaire de pédagogie*.

écrire en même temps qu'elles exerceront son goût et le mettront en rapport plus intime avec les beautés littéraires. Bien entendu, tous ces exercices devront être pratiqués avec discrétion. C'est dans l'enseignement de la littérature surtout que l'instituteur doit se rappeler cette réflexion de M. Gréard : « L'objet de l'enseignement primaire n'est pas d'embrasser, sur les diverses matières auxquelles il touche, tout ce qu'il est possible de savoir, mais de bien apprendre dans chacune d'elles ce qu'il n'est pas permis d'ignorer. »

LEÇON V

L'ENSEIGNEMENT DE L'HISTOIRE

L'histoire à l'école primaire. — But de l'enseignement de l'histoire. — Influence de l'histoire sur le développement de l'esprit. — Caractères et limites de cet enseignement. — Notions fondamentales de l'histoire. — Deux systèmes de distribution des matières. — Avantages et inconvénients de l'ancien système. — Programme actuel. — Ce qu'on appelle la méthode régressive. — Autrefois et aujourd'hui. — Méthode générale à suivre. — Défauts ordinaires de l'enseignement historique. — Vœux du corps enseignant. — Ce qu'on peut appeler l'intuition en histoire. — Une leçon sur la féodalité. — Le livre. — Les sommaires et les récits. — Le rôle du maître. — Le rôle de l'élève. — Procédés accessoires. — L'histoire et l'instruction civique. — L'histoire et la géographie. — Conclusion.

L'histoire à l'école primaire. — Il y a vingt ans, l'enseignement de l'histoire n'avait pas encore fait son entrée dans nos écoles primaires.

Même au jour des grands projets et à l'époque héroïque, je veux dire sous la Révolution, les plus hardis organisateurs de nos écoles nationales, Talleyrand et Condorcet, n'avaient pas inscrit l'histoire dans leurs programmes. C'est que, dans l'ardeur de leur lutte contre l'ancien régime, dans leur enthousiasme, par endroits fanatique, pour l'ordre de choses nouveau, les premiers révolutionnaires en venaient presque à croire que l'histoire de France avait seulement commencé le 5 mai 1789. Pourquoi rappeler le souvenir d'un passé à jamais aboli ? A quoi bon raconter la longue histoire de la monarchie française ? Cette histoire avait disparu dans la nuit du 4 août avec les abus et les privilèges !

Aussi, dans les quelques plans ou décrets de cette époque qui firent une place à l'enseignement historique, n'est-il guère question que de l'histoire de la Révolution : dans le projet de Romme, « des traits et anecdotes de la Révolution »; dans la loi du 27 brumaire an III, « de l'histoire des peuples libres ».

Ces préjugés, qui, sous prétexte de faire aimer la Révolution, concluaient à l'oubli de tout ce qui avait précédé, ont heureusement disparu. Dès 1833, un historien, M. Guizot, introduisait l'histoire, et surtout l'histoire de France, dans les écoles primaires supérieures : il est vrai que, par un préjugé inverse, l'histoire contemporaine était exclue du programme. En 1867, un autre historien, M. Duruy, accomplissait la même réforme au profit des écoles primaires ; la loi du 10 avril 1867 ajoutait aux matières obligatoires de l'enseignement les éléments de l'histoire de France, que la loi de 1850 comptait seulement au nombre des matières facultatives. Enfin, la loi du 28 mars 1882, énumérant les diverses parties de l'instruction primaire, y place « l'histoire, particulièrement celle de la France *jusqu'à nos jours* » (1).

But de l'enseignement de l'histoire. — Quand on apprend l'histoire de France aux petits Français, le but est assurément de développer leurs sentiments patriotiques, de les former aux vertus civiques. L'histoire est en effet une admirable école de patriotisme. Grâce à elle, la patrie cesse d'être une froide abstraction : elle devient un être vivant et réel, dont l'enfant suit la destinée à travers les siècles, réjoui, enorgueilli par ses succès, ému, attendri par ses revers. Instruit des principaux événements de l'histoire nationale, familia-

---

(1) L'enseignement de l'histoire, à l'heure actuelle, fait partie du programme obligatoire des écoles populaires dans la plupart des pays civilisés. La France n'a fait, sur ce point, que se conformer à des exemples venus de l'étranger.

Dans les écoles des *Frères* une petite part est faite à l'histoire. La *Conduite des écoles chrétiennes* (édition de 1880) dit que, « à partir des secondes classes, on donnera quelques notions d'histoire sainte et d'histoire nationale aux enfants que le frère directeur jugera assez avancés sur les autres spécialités ».

risé avec le nom de ses hommes illustres, l'enfant croira entrer dans une grande famille, qu'il chérira d'autant plus qu'il la connaîtra mieux. Il se sentira engagé à défendre l'héritage de ses pères, quand il saura au prix de quels sacrifices il a été acquis et maintenu. Il sera prêt à imiter les beaux et nobles exemples de ses ancêtres, lorsqu'un récit fidèle en aura nourri son imagination.

Influence de l'histoire sur le développement de l'esprit. — Mais l'histoire offre d'autres avantages encore. Même réduite à ses éléments les plus simples et mise à la portée des enfants, elle contribue à émanciper la raison, à former le jugement. Entre l'homme ignorant et borné, dont la pensée ne dépasse pas l'horizon des événements présents, et celui qui, même médiocrement instruit de l'histoire de son pays, a quelque idée du cours des âges, du laborieux enfantement d'où est sortie la France moderne, quelle distance et quel abîme ! Il y a des études dont on peut dire qu'elles sont les libératrices de l'esprit ; l'histoire est au premier rang, avec les sciences. De combien d'attardés les préjugés ne s'évanouiraient-ils pas, si l'histoire intelligemment étudiée leur présentait le spectacle des changements accomplis, des merveilleuses transformations qui ont renouvelé la face du monde ! De combien d'aventuriers et de sectaires ne guérirait-on pas la folie, si l'on pouvait pour quelques mois les renvoyer à l'école primaire, et leur faire toucher du doigt dans l'histoire la lenteur nécessaire du progrès social ! L'histoire apprend la patience à ceux qui en manquent et l'espoir à ceux qui se découragent. D'une part, elle donne des ailes à l'imagination ; d'autre part, les connaissances historiques sont comme un lest qui équilibre l'esprit et modère le jugement.

Caractères et limites de cet enseignement. — Il ne saurait être question, à l'école primaire, d'aborder l'étude de l'histoire universelle. La France doit être l'unique objet de l'enseignement. Les faits de l'histoire ancienne ou de l'histoire générale n'y seront introduits qu'à raison de leurs rapports intimes avec l'histoire de notre pays, et dans la mesure même où ils expliquent et éclairent les destinées de la France (1).

Il importe en outre que l'histoire de France soit prise à ses débuts, pour être continuée et conduite jusqu'au bout. Dans les écoles d'Amérique, le moyen âge est presque complètement sacrifié. Cela se conçoit chez un peuple jeune, qui date d'un siècle à peine. Il ne saurait en être de même chez nous. Notre histoire est un tout qui ne peut se scinder. Pour bien comprendre la Révolution, il faut connaître la féodalité et la monarchie absolue. Rien de ce qu'ont fait, rien de ce qu'ont souffert nos ancêtres, ne peut nous laisser indifférents (2). La vieille histoire du moyen âge est d'ailleurs particulièrement intéressante pour l'enfant : le pittoresque y domine ; les récits dramatiques y abondent.

Ce n'est point seulement par fragments, par récits détachés, c'est dans un cours régulier et suivi que doit être présenté aux enfants le vaste ensemble de l'histoire de leur pays (3). Sans doute, avec les débutants, il est bon et il est peut-être nécessaire de recourir d'abord aux anecdotes, aux biographies. Mais le plus tôt possible il faut obliger l'enfant à suivre le cours des temps, à apprendre dans son ordre chronologique la succession des faits :

« Ne procédez pas par le pêle-mêle, dit avec raison M. Lavisse.

(1) « Les notions d'histoire générale seront le complément naturel de l'histoire de la France : car on ne sait pas toute l'histoire de son pays, si l'on n'a point appris quelle place il occupe dans le monde. Elles seront aussi le complément de l'éducation patriotique : nos enfants doivent apprendre dès l'école quels sont les *intérêts* de la France, quels *dangers* la menacent, quelles *espérances* lui sont ouvertes, quels *devoirs* lui sont imposés. » (M. Lavisse, *Histoire générale.*)

(2) M. Daguet demande qu'on ne laisse point dans l'ombre l'histoire du peuple, des classes laborieuses, comme il arrive trop souvent dans les livres même les plus complets en apparence, où il n'est question que des princes et des rois.

(3) « Une condition importante de l'enseignement de l'histoire, c'est qu'il soit *intégral.* » (M. Brouard, *Inspection des écoles primaires*, p. 274.)

Tissez fermement la trame sur laquelle vous dessinerez les grands faits et les grandes figures de l'histoire (1). »

Complet et régulier, l'enseignement de l'histoire doit aussi s'imposer d'être sobre, sans cesser d'intéresser et de plaire (2). A l'école primaire surtout, il importe d'éviter à la fois la sécheresse d'une simple nomenclature chronologique et l'abondance d'une érudition trop riche. Il faut s'en tenir aux grands faits pour échapper à la fatigue et à la confusion.

« Nos bons maîtres, dit M. Gréard, savent qu'en histoire c'est la trame solide des grands événements et des idées génératrices qu'il y a lieu de graver dans l'intelligence des enfants, sans se perdre dans le détail des faits accessoires et des idées secondaires. »

Enfin, sans rien omettre d'essentiel, le maître intelligent saura choisir les faits qui méritent plus que d'autres de retenir l'attention et d'être plus amplement racontés et expliqués. Ce qui pourra le guider dans ce choix, c'est la définition donnée par Voltaire : « La véritable histoire est celle des mœurs, des lois, des arts et des progrès de l'esprit humain. » Il ne s'égarera pas, comme les historiens d'autrefois, dans les détails oiseux et dans les descriptions qui n'ont point de valeur pratique.

« Supposez que vous avez lu avec soin, dit M. Spencer, non seulement *Les quinze batailles décisives qui ont été livrées dans le monde* (titre d'un ouvrage anglais), mais le récit de toutes les autres batailles que mentionne l'histoire : votre vote aux élections prochaines en sera-t-il plus judicieux ? »

Notions fondamentales de l'histoire. — Les pédagogues anglais se préoccupent, non sans raison, de la difficulté qu'éprouve l'enfant à entrer dans le monde de l'histoire, à en comprendre les notions fondamentales, ce que M. Bain appelle les *éléments de*

---

(1) « Dans une histoire destinée à des enfants il importe beaucoup moins de tout dire que de ne rien oublier d'essentiel. » (M. Ed. Zévort, *Histoire de France*, Cours moyen, *Avertissement*.)

(2) Article *Histoire* du *Dictionnaire de pédagogie*.

l'histoire (1). L'enfant voit de bonne heure autour de lui des collines, des vallées, des cours d'eau, des plaines, des villages et des villes : il sera donc facilement initié aux études géographiques. Mais la société, l'État, les pouvoirs publics, l'idée même du passé, voilà ce qui dépasse l'esprit de l'enfant, réduit qu'il est à ses sensations et enfermé dans le cercle étroit de la famille ou de l'école.

Aussi les pédagogues anglais sont-ils d'avis que le professeur d'histoire donne d'abord une courte série de leçons, leçons orales ou bien empruntées à un bon livre, où il s'efforcerait de rendre intelligibles quelques-unes des idées simples et fondamentales de l'histoire : un État, une nation, une dynastie, un monarque, un parlement, la législation, la justice, l'impôt, etc. (2). On ne saurait trop vivement répudier une pareille méthode, qui rétablirait, au début de l'enseignement historique, les abstractions qu'on a eu tant de peine à bannir des commencements des autres études. Ces prétendus *éléments* historiques ne sont que des notions générales, dont l'enfant n'a nullement besoin pour comprendre les faits particuliers, pour s'attacher aux récits émouvants. L'histoire est avant tout une science de faits, et c'est avec les enfants surtout qu'il faut lui conserver ce caractère. Peu à peu, et avec le progrès des études, ces notions, appuyées sur les faits, s'éclairciront d'elles-mêmes.

. **Deux systèmes de distribution des matières.** — C'est une question délicate de savoir lequel vaut le mieux, ou bien du programme ancien qui présentait trois fois aux enfants de l'école primaire l'ensemble de notre histoire nationale, en proportionnant l'étendue des développements et en ajustant la nature des questions au progrès de l'âge et de l'esprit des élèves (3), ou bien de l'ordre suivi dans l'enseignement

(1) *Science de l'éducation,* p. 188.
(2) Fitch, *op. cit.,* p. 370.
(3) *Organisation pédagogique de la Seine.*

secondaire et qui consiste à diviser l'histoire de France en plusieurs périodes, à en faire plusieurs parts, chacune d'elles étant attribuée à une classe différente.

Avantages et inconvénients de l'ancien système. — D'après l'ancienne méthode, on repassait à trois reprises par le même chemin, mais en l'élargissant chaque fois; et il est impossible de méconnaître les avantages de ce système qu'on aurait eu tort d'abandonner complètement. Par l'effet de la répétition les faits se gravent mieux dans la mémoire des enfants; de plus, dans ce système, dès le cours élémentaire l'élève a une idée, quelque incomplète qu'elle soit, de l'ensemble de l'histoire nationale. Enfin, comme elles portent trois fois sur les mêmes sujets, les leçons peuvent être habilement graduées et adaptées à l'âge des élèves.

Mais les inconvénients d'une triple répétition ne sont pas moins évidents. D'abord l'ennui est à craindre : dans les deux derniers cours il n'y a plus de surprise, plus rien d'absolument nouveau pour l'élève.

En outre, il est à redouter que le maître, obligé de faire voir en une fois toute l'histoire de France, ne puisse s'étendre à loisir sur les époques les plus importantes. Or, avec les enfants surtout, l'histoire ne vaut que par les détails. De là, à ce qu'il semble, la nécessité de diviser le cours en plusieurs parties, afin de ne pas accabler l'esprit des commençants sous le poids d'une chronologie trop longue et trop compliquée.

Programme actuel. — Ces réflexions paraissent avoir inspiré les rédacteurs du programme de 1882, qui ont organisé sur un plan nouveau les études historiques.

Voici le texte même des programmes actuels. On remarquera qu'ils sont très brefs, qu'ils n'entrent pas dans le détail, qu'ils établissent simplement la répartition des matières, laissant avec raison au maître la liberté de se mouvoir à son aise dans les cadres qui lui sont tracés :

Cours élémentaire : Récits et entretiens familiers sur les plus grands personnages et les faits principaux de l'histoire nationale, jusqu'au commencement de la guerre de Cent ans.

Cours moyen : Cours élémentaire d'histoire de France, insistant exclusivement sur les faits essentiels depuis la guerre de Cent ans.

Cours supérieur : Notions très sommaires d'histoire générale : pour l'antiquité, l'Égypte, les Juifs, la Grèce, Rome ; pour le moyen âge et les temps modernes, grands événements, étudiés surtout dans leurs rapports avec l'histoire de France.

Revision méthodique de l'histoire de France : étude plus approfondie de l'histoire moderne (1).

Présentée d'abord sous forme de récits et d'anecdotes, mais toujours d'après l'ordre chronologique, jusqu'à la guerre de Cent ans, l'histoire de France ne constitue donc une exposition régulière, suivie et didactique que dans le cours moyen. Elle s'achève sous cette forme durant les deux années du cours moyen, mais dans le cours supérieur elle est revue méthodiquement d'un bout à l'autre, elle est approfondie dans ses périodes les plus récentes.

Le système actuel est un juste milieu entre les deux méthodes que nous avons indiquées. D'une part, pour les deux premiers cours, l'histoire est divisée en deux parties : depuis les origines jusqu'en 1328, depuis 1328 jusqu'à nos jours. D'autre part, le troisième cours, à part l'addition de quelques notions d'histoire générale, est consacré à une revision méthodique et sur certains points approfondie.

Ce système mixte échappe aux défauts et réunit les avantages des deux systèmes exclusifs. Il a cependant à nos yeux un inconvénient grave : c'est de retenir trop longtemps, sur les époques les plus reculées de notre histoire, les plus jeunes enfants de l'école.

N'est-il pas à craindre que, dépaysés jusqu'à neuf ans dans des siècles lointains, où rien ne leur rappelle le présent, les débutants n'apportent pas à l'étude de l'histoire un assez vif intérêt (2) ?

(1) Voyez l'arrêté du 27 juillet 1882, réglant l'organisation pédagogique et les plans d'étude des écoles primaires et les programmes qui y sont annexés.

(2) Il faut remarquer que cet inconvénient est à peu près évité pour les en-

Ce qu'on appelle la méthode régressive. — Cet inconvénient est si réel que certains pédagogues ont eu l'idée de recommander une méthode étrange, qu'on appelle en Allemagne la méthode *régressive* et qui consisterait à apprendre l'histoire à rebours, en commençant par la fin, en remontant le cours des âges.

« En Angleterre, à l'école primaire, dit M. Gréard, on commence l'étude de l'histoire par l'époque contemporaine, afin de bien asseoir l'intelligence de l'élève dans les idées du temps où il est appelé à vivre. »

Ce système n'a eu chez nous que de rares imitateurs (1). Je sais bien qu'en géographie on part de l'école du village pour rayonner peu à peu sur le monde entier. Mais il est impossible en histoire de suivre la même marche ; il faut se résigner aux conditions nécessaires de chaque étude, et il serait absurde de vouloir intervertir l'ordre chronologique.

Autrefois et aujourd'hui. — Retenons d'ailleurs de cette tentative bizarre une idée juste et pratique : c'est que le plus souvent possible il faudra, dans l'enseignement de l'histoire, rapprocher le passé du présent, et éclairer les événements anciens par des comparaisons avec les événements contemporains. Comme on l'a dit, « dans l'enseignement primaire toute leçon d'histoire devrait commencer par le mot *autrefois* et continuer par le mot aujourd'hui ».

Méthode générale à suivre. — L'ordre à suivre est indiscutable : c'est l'ordre des temps. Mais la méthode. quelle sera-t-elle ?

Disons d'abord qu'elle ne devra pas être la même

fants qui ont fréquenté la salle d'asile. Le programme des écoles maternelles fait en effet une place à l'histoire sous cette rubrique : *Anecdotes, récits, biographies*, tirés de *l'histoire nationale*. Il est évident que c'est surtout aux périodes les plus récentes et presque à l'époque contemporaine que seront empruntés ces récits et ces biographies ; mais combien d'enfants qui entrent à l'école primaire sans avoir passé par l'école maternelle !

(1) « J'ai rencontré des instituteurs qui avaient commencé l'étude de l'histoire par l'époque contemporaine... » (*Rapport* de M. Le Bourgeois sur l'état de l'instruction primaire en Algérie, 1880, p. 55.)

pour les différents cours. Ce qui est possible et désirable avec les élèves les plus avancés ne l'est pas toujours avec les commençants.

Ajoutons que l'enseignement de l'histoire, plus qu'aucun autre peut-être, comporte une grande variété, une grande liberté de moyens. Nous n'irons pourtant pas jusqu'à dire avec M. Bain « qu'il échappe presque à toute méthode ».

Non, il y a des règles générales à suivre (1). Il y a des procédés accessoires à employer, et la meilleure preuve, c'est que les hommes chargés d'inspecter les écoles trouvent beaucoup à redire à ce qui s'y fait au point de vue de l'enseignement historique.

Défauts ordinaires de l'enseignement historique. — Dans les *Rapports* des inspecteurs généraux de l'instruction primaire, nous relevons un certain nombre d'observations relatives aux imperfections les plus ordinaires de l'enseignement de l'histoire :

« L'histoire est récitée, mais non sue. — L'histoire n'est presque partout qu'une simple récitation. — On explique la leçon après coup. — On récite sans comprendre : les explications sont généralement insuffisantes. — Partout il y a abus des leçons sur les Mérovingiens, les Carlovingiens, les premiers Capétiens. — L'instituteur s'enfonce dans les ténèbres des premiers siècles : quant aux temps modernes, silence absolu. — L'histoire n'est presque nulle part conduite jusqu'à l'époque où elle commence à devenir pour nous le plus intéressante. — On se borne le plus souvent à l'étude des dynasties et à la chronologie des batailles. — L'instituteur semble aborder avec crainte l'histoire de la Révolution. — Les interrogations sont beaucoup trop rares. — La leçon est rarement préparée par l'instituteur. — L'histoire est généralement la matière la plus négligée. — L'enseignement de l'histoire n'est donné le plus souvent qu'à la division supérieure. » (*Rapports* de 1879-1880.)

« — On donne encore une trop large place aux récits de batailles. — On se contente de faire réciter purement et simplement le texte du livre, sans y ajouter aucun développement. — On isole

---

(1) Il est très exagéré de dire avec M. Bain : « On ne peut jamais enseigner l'histoire aux enfants d'une manière systématique. » M. Bain convient pourtant qu'on peut « éviter les méthodes vicieuses », ce qui n'a pas de sens, ou revient à dire qu'il y a des méthodes correctes et normales, l'opposé des méthodes vicieuses.

trop l'histoire de la *géographie*. — On commence les cours, et rarement on les termine. — L'exercice de la rédaction manque le plus souvent. — L'étude de l'histoire qui se fait exclusivement par le livre reste sans profit. » (*Rapports* de 1880-1881.)

En résumé, l'histoire serait encore trop souvent un exercice de pure récitation, où le livre jouerait un rôle exclusif. L'instituteur n'y participerait point assez par des expositions orales, par des explications et des commentaires. En outre, il s'attarderait trop aux origines, et, soit pour avoir mal pris son temps, soit par suite de je ne sais quels scrupules, il abregerait ou même omettrait l'histoire de la Révolution et de l'époque contemporaine. Les récits de batailles l'emporteraient encore sur l'analyse plus utile des institutions et des mœurs. Enfin les procédés qui sont le complément indispensable d'un bon enseignement. les interrogations, les rédactions, seraient totalement négligés.

Vœux du corps enseignant. — Après les plaintes des inspecteurs, écoutons les vœux du corps enseignant lui-même. Nous les empruntons au recueil officiel, où ont été réunies les résolutions adoptées par les conférences départementales, à l'occasion du congrès pédagogique de 1881. Toutes ne sont pas irréprochables ; mais la plupart confirment les critiques des inspecteurs généraux, et prouvent que l'élite au moins du corps enseignant est d'accord dans ses aspirations avec les volontés de ses chefs. Disons d'ailleurs que les vœux dont il s'agit ne se rapportent qu'à la division élémentaire ou petite classe.

« Enseignement par l'aspect au moyen de gravures. — Enseignement par l'explication des images. — Passer rapidement sur les origines. — Costumes, industrie ; comparaison, au moyen de dessins et de gravures, des travaux de nos ancêtres avec ce qui se fait aujourd'hui. — Que l'histoire, rendue aussi émouvante que possible, soit enseignée aux enfants sous forme de biographies ou de récits. L'histoire doit être anecdotique. — L'enseignement de l'histoire consiste en anecdotes instructives et amusantes, racontées par le maître et répétées par les élèves. — L'enseignement donné sous forme de *leçons de choses* (méthode *anecdotique-biographique*) ne peut et ne doit comprendre que les grands faits, les grandes époques de notre histoire, et cependant il doit être *intégral* (*Instituteurs de Maine-et-Loire*). — Remonter le cours des âges en faisant de l'histoire (*Instituteurs du Gard*). — L'enseignement de l'histoire sera uniquement oral. — Des tableaux représentant les grands faits de notre histoire nationale orneront la classe. — Une collection d'une vingtaine d'images, présentant d'une manière bien nette et bien saillante les principaux personnages de l'histoire de France, serait nécessaire. — L'enseignement de l'histoire se fera par de petits récits que les élèves seront appelés à reproduire au moyen de questions préparées à l'avance. Il servira à développer chez les enfants, non seulement la mémoire, mais encore le jugement et surtout les principales vertus civiques (*Instituteurs de la Seine*).

Ce qu'on peut appeler l'intuition en histoire. — On aura été frappé, en lisant les extraits qui précèdent, de l'importance que des juges compétents attachent aux méthodes et aux procédés qui rendent l'enseignement de l'histoire intéressant et animé. Il ne s'agit pas de s'adresser à la mémoire seule, bien que la mémoire soit la grande alliée de l'histoire. Il faut s'adresser aussi aux facultés de raisonnement, faire comprendre les événements, les faire juger. Il n'importe pas tant de savoir où mourut Marcellus, disait Montaigne, que « pourquoy il feut indigne de son debvoir de mourir là ». Il faut surtout parler à l'imagination et, pour ainsi dire, ressusciter le passé sous les yeux de l'enfant. Que le récit du livre, que la leçon du maître aient assez de relief et de couleur pour que l'enfant voie en quelque sorte les choses et les hommes dont on lui parle.

« Animez vos récits de tons vifs et familiers, disait déjà Fénelon. Faites parler tous vos personnages : les enfants, qui ont l'imagination vive, croiront les voir et les entendre (1). » Et dans le même sens Guizot écrivait: « Il faut que les personnages historiques deviennent pour les enfants des êtres réels, vivants, qu'ils aiment ou qu'ils haïssent, qu'ils estiment ou qu'ils repoussent (2). »

_____

(1) *De l'éducation des filles*, ch. VI.
(2) Guizot, *Histoire de France racontée à mes petits-enfants*.

A cette intuition de l'esprit qui sera la conséquence d'un récit bien fait, il n'est pas inutile de joindre, quand on le peut, l'intuition réelle des yeux, en montrant à l'enfant des vignettes, des gravures, qui représentent les principaux personnages, les grandes scènes de l'histoire.

« Huit ou dix gravures bien faites, dit M. Buisson, avec ou sans couleur, en apprennent plus à l'enfant sur les civilisations anciennes que bien des pages de descriptions. Une vue des pyramides ou des hypogées de la haute Égypte, une reproduction exacte des monuments, des vaisseaux, des armes, des costumes de Rome ou de la Grèce, animent et soutiennent singulièrement les récits du maître : c'est la leçon de choses transportée dans le passé le plus lointain (1). »

Mais les images ne sont pourtant qu'un accessoire, et c'est surtout à l'art du professeur ou de l'écrivain qu'il appartient d'animer l'enseignement de l'histoire et d'y intéresser l'enfant.

« Pendant les premières années, dit madame Pape-Carpantier, l'histoire doit être présentée aux enfants sous forme anecdotique. Les faits racontés doivent être non seulement choisis au point de vue moral, mais présentés d'une manière animée et pittoresque. Que l'instituteur y mette un peu de cette action qui est recommandée à l'orateur, afin que son récit fasse tableau dans l'imagination des petits élèves. Les enfants aiment dans un récit ce qui est dramatique. Nous devons donner du mouvement à nos figures, les faire parler, agir, vivre en un mot... Il faudrait que chaque trait détaché fût, autant que possible, accompagné d'un tableau des mœurs contemporaines du fait raconté : par exemple, la vie mystérieuse des druides dans les forêts qui couvraient autrefois le sol de notre patrie (2). »

Une leçon sur la féodalité. — Pour faire comprendre comment un maître habile peut réussir à animer une leçon d'histoire, même sur un sujet difficile, à y intéresser la classe entière par des descriptions saisissantes, par des dessins au tableau, à rendre le passé clair et vivant par un appel incessant à l'expérience

(1) M. Buisson, *l'Instruction primaire à Vienne*, p. 181.
(2) *Manuel de l'instituteur.*

ou au raisonnement de l'enfant, le mieux sera de citer un exemple que nous emprunterons à M. Lavisse.

Il s'agit d'une leçon faite à Paris, au faubourg Saint-Antoine, dans une classe d'enfants de huit ans :

« J'arrivai au moment où un jeune maître commençait une leçon sur la féodalité. Il n'entendait pas son métier, car il parlait de l'hérédité des offices et des bénéfices, qui laissait absolument indifférents les enfants de huit ans, auxquels il s'adressait. Entre M. Berthereau, le directeur de l'école ; il interrompt, et s'adressant à toute la classe : « Qui est-ce qui a déjà vu ici un château du temps de la féodalité ? » Personne ne répond. Le maître, s'adressant alors à un de ces jeunes habitants du faubourg Saint-Antoine : « Tu n'as donc jamais été à Vincennes ? — Si, monsieur. — Eh bien ! tu as vu un château du temps de la féodalité. » Voilà le point de départ trouvé dans le présent. « Comment est-il ce château ? » Plusieurs enfants répondent à la fois. Le maître en prend un, le conduit au tableau, obtient un dessin informe qu'il rectifie. Il marque des échancrures dans la muraille. « Qu'est-ce que cela ? » Personne ne le savait. Il définit le créneau. « A quoi cela servait-il ? » Il fait deviner que cela servait à la défense. « Avec quoi se battait-on ? avec des fusils ? » La majorité : « Non, monsieur. — Avec quoi ? » Un jeune savant crie du bout de la classe : « Avec des arcs. — Qu'est-ce qu'un arc ? » Dix voix répondent : « Monsieur, c'est une arbalète. » Le maître sourit et explique la différence. Puis il dit comment il était difficile de prendre avec des arcs et même avec les machines du temps un château, dont les murailles étaient hautes et larges, et continuant : « Quand vous serez ouvriers, bons ouvriers, que vous voyagerez pour votre travail ou pour votre plaisir, vous rencontrerez des ruines de châteaux. » Il nomme Montlhéry et autres ruines dans le voisinage de Paris. « Dans chacun d'eux, il y avait un seigneur. Que faisaient tous ces seigneurs ? » Toute la classe répond : « Ils se battaient. » Alors le maître dépeint devant ces enfants, dont pas un ne perd une de ses paroles, la guerre féodale, mettant les chevaliers en selle et les couvrant de leurs armures. « Mais on ne prend pas un château avec des cuirasses et des lances. Alors la guerre ne finissait pas. Et qui est-ce qui souffrait surtout de la guerre ? Ceux qui n'avaient pas de châteaux, les paysans qui, dans ce temps-là, travaillaient pour le seigneur. C'est la chaumière des paysans du seigneur voisin qu'on brûlait. « Ah ! tu « me brûles mes chaumières, disait le seigneur attaqué ; je vais te « brûler les tiennes. » Il le faisait, et il brûlait, non seulement les chaumières, mais encore les récoltes. Et qu'arrive-t-il quand on brûle les récoltes ? Il y a la famine. Est-ce qu'on peut vivre sans manger ? » Toute la classe : « Non, monsieur. — Alors, il a bien fallu trouver un remède. » Le voilà qui parle de la trêve de Dieu; puis il commente : « C'est une singulière loi, par exemple. Comment! on dit à des brigands : « Restez tranquilles « du samedi soir au mercredi matin, mais le reste du temps ne « vous gênez pas, battez-vous, brûlez, pillez, tuez! » Ils étaient donc fous, ces gens-là? » Une voix : « Bien sûr. — Mais non, ils n'étaient pas fous. Écoutez-moi bien. Il y a ici des paresseux. Je fais ce que je puis pour qu'ils travaillent toute la semaine; mais je serais à moitié content de les voir travailler jusqu'au mercredi. L'Église aurait bien voulu qu'on ne se battît pas du tout; mais, comme elle ne pouvait l'obtenir, elle a essayé de faire rester les seigneurs tranquilles une moitié de la semaine. C'était toujours cela de gagné. Mais l'Église n'a pas réussi. Il fallait la force contre la force, et c'est le roi qui a mis tous ces gens à la raison. » Alors le maître explique que les seigneurs n'étaient pas égaux les uns aux autres, qu'il y avait au-dessus du maître de tel château un seigneur plus puissant et plus élevé, habitant dans un autre château. Il donne une idée presque juste de l'échelle féodale, et, tout en haut, place le roi. « Quand des gens se battent entre eux, qui est-ce qui les arrête? » Réponse : « Les sergents de ville. — Eh bien, le roi était un sergent de ville. — Qu'est-ce qu'on fait de ceux qui ont battu et tué quelqu'un? » Réponse : « On les juge. — Eh bien! le roi était un juge. Est-ce qu'on peut se passer de gendarmes et de juges ? — Non, monsieur. — Eh bien, les anciens rois ont été aussi utiles à la France que les gendarmes et les juges. Ils ont fait du mal dans la suite, mais ils ont commencé par faire du bien. Qu'est-ce que je dis, aussi utiles? Bien plus ; car il y avait alors plus de brigands qu'aujourd'hui. C'étaient des gens féroces que ces seigneurs, n'est-ce pas? » La classe : « Oui, monsieur. — Et le peuple, mes enfants, valait-il mieux? » Réponse unanime, d'un ton convaincu : « Oui, monsieur. — Eh bien! non, mes enfants. Quand ils étaient lâchés, les gens du peuple étaient des gens terribles. Ils pillaient, brûlaient, tuaient, eux aussi; ils tuaient les femmes et les enfants. Pensez qu'ils ne savaient pas ce qui était bien, ni ce qui était mal. On ne leur apprenait pas à lire (1). »

Le livre. — Il y a loin de cet enseignement varié et attrayant à la méthode trop souvent en usage, qui consiste à faire lire un livre, parfois à le faire apprendre machinalement par cœur.

Chez les Frères des écoles chrétiennes, la leçon d'histoire se borne « *pour l'ordinaire... à lire dans le livre*

(1) *Revue des Deux-Mondes.*

ce qui est l'objet de la leçon : le maître donne à mesure et *successivement* les explications nécessaires ». La *Conduite des écoles chrétiennes* admet pourtant que le maître prenne la parole dans certains cas, et raconte, avec le plus d'intérêt possible et en détail, l'événement qu'il s'agit d'étudier (1).

Ce que le règlement des écoles chrétiennes ne semble autoriser que comme une exception doit être, selon nous, la règle habituelle (2).

Le maître doit intervenir le plus possible, soit par des conversations familières, dans la petite classe, soit par une exposition suivie, avec les plus grands élèves.

Nous ne songeons pas du reste à proscrire le livre qui, en histoire surtout, est nécessaire pour l'exactitude des dates et la mémoire des faits. Il serait imprudent de livrer l'enfant aux hasards de la mémoire et aux erreurs possibles des cahiers de dictées.

A défaut de livre spécial, comme en Allemagne, il faut tout au moins que le livre de lecture, « cette encyclopédie de l'école primaire », contienne avec tout le reste les notions historiques dont on juge la connaissance indispensable (3).

Mieux valent encore des livres historiques élémentaires, composés à l'adresse exclusive des écoles primaires, et semblables à ceux qui ont été publiés depuis quelques années dans notre pays, qui évitent l'aridité, les longues nomenclatures, les généalogies, les détails superflus, « qui laissent aux enfants des impressions d'ensemble, des vues nettes et le goût de l'histoire ».

Les sommaires, les récits. — Un livre d'histoire élémentaire doit comprendre au moins deux parties essentielles : d'une part des sommaires ou des résumés, d'autre part des récits.

---

(1) *Conduite des écoles chrétiennes*, p. 57.

(2) Le grand instrument dont le maître devra se servir, ce sera partout et toujours la leçon orale.

(3) Voyez l'*Instruction primaire à Vienne*, de M. Buisson, ch. viii. Tous ces passages ont été recopiés par M. Braun. op. cit., p. 438 et suiv.

Les résumés devront être aussi complets et en même temps aussi brefs que possible (1).

L'élève les apprendra par cœur ; car il y a, en histoire même, une part à faire à la récitation littérale. Ces résumés auront surtout pour résultat d'assurer la précision des idées. Ils établiront dans l'esprit de l'enfant la succession rigoureuse, l'ordre des événements. Par là on échappera à la méthode des anecdotes éparses, ou des biographies sans lien, qui n'est acceptable que pour les petits enfants.

Les récits ne sauraient être trop multipliés dans un livre d'histoire élémentaire. Ils ne doivent pas être appris par cœur, et ne peuvent être que l'objet d'une lecture attentive, animée par des explications orales, par les interrogations du maître, par les réponses des élèves. C'est par les récits que l'enfant sera surtout intéressé à l'étude de l'histoire ; il y trouvera les portraits des grands hommes, les traits de mœurs, les beaux exemples, tout ce qui caractérise les diverses époques.

Bien entendu, en dehors des résumés et des récits, le livre d'histoire se compose aussi d'un *texte*, plus ou moins développé, où les événements sont présentés dans leur ordre, avec les réflexions qu'ils suggèrent. Ce texte, dans un livre d'histoire moins élémentaire, sera à lui seul tout l'ouvrage.

Le rôle du maître. — On ne saurait trop le répéter, le maître a le principal rôle dans l'enseignement de l'histoire.

« Il y a longtemps que Lhomond l'a dit, le meilleur livre, c'est la parole du maître. Nous ne demandons pas pour cela que l'on *professe* : car ce mot éveille l'idée du pédantisme, et le maître qui s'écoute a peu de chances de se faire écouter. Des

---

(1) Nous employons indifféremment l'un pour l'autre le mot sommaire ou le mot résumé. Cependant les auteurs de livres élémentaires ne sont pas tout à fait d'accord là-dessus. Par exemple M. Zévort distingue dans ses livres élémentaires les *sommaires* (qui sont pour lui ce que sont les *résumés à réciter* dans les livres de M. Lavisse) des *résumés* chronologiques qu'il place à la fin de chaque chapitre.

explications simples et sobres précédées ou suivies de questions qui les éclairent, voilà ce que recommandait Lhomond (1). »

Le maître doit expliquer, commenter le livre; mais il doit aussi se passer du livre, se risquer à esquisser lui-même le récit d'un événement, d'une période historique. Dans le cours supérieur surtout, il substituera la parole vivante à la lecture morte et trop souvent incomprise. S'il veut s'y préparer à l'avance, savoir au juste ce qu'il va dire et dans quel ordre, sa parole vaudra mieux que le meilleur des livres.

Le rôle de l'élève. — L'élève, dans l'étude de l'histoire, ne devra pas être seulement un lecteur ou un auditeur attentif: il faudra l'exercer à parler, à raconter lui-même ce qu'il aura appris de son livre ou de son maître. Aucun enseignement ne se prête mieux que celui de l'histoire aux interrogations et à l'exercice de la parole. En outre l'élève, comme le recommande M. Gréard, sera convié à faire le résumé de la leçon orale. De petits devoirs écrits, des rédactions, pourront aussi lui être demandés sur les sujets qui auront été étudiés en classe, afin que son travail personnel s'ajoute à celui du maître, et que l'histoire ne soit pas seulement pour lui, comme elle l'est trop souvent, l'occasion d'une lecture facile, faite avec distraction et sans profit sérieux.

Procédés accessoires. — L'imagination des pédagogues, celle surtout des éditeurs, a multiplié les inventions de toute espèce pour faciliter l'étude de l'histoire. Nous comptons peu en général sur ces procédés auxiliaires, tels que les tableaux synoptiques, les tableaux généalogiques. Cependant des pédagogues autorisés recommandent l'emploi des tableaux muraux.

« Il ne serait pas inutile, dit M. Pécaut, que le maître composât lui-même deux tableaux chronologiques très succincts : l'un de 28 ou 30 dates et faits principaux, à l'usage de la première classe;

(1) M. Gréard, *l'Enseignement primaire à Paris.* Malgré M. Gréard, il est nécessaire que le maître professe, qu'il soit un professeur.

l'autre de 10 ou 12 dates et faits pour la deuxième classe, qu'il aurait soin d'écrire en gros caractères et de placarder au mur sous les yeux de tous. Ces tableaux, auxquels on adresserait chaque jour les élèves, une fois bien gravés dans la mémoire, leur fourniraient des points de repère pour s'orienter dans leurs lectures, et des cadres précis pour y emmagasiner les faits dans un ordre suffisant (1). »

Ce qui n'est pas à dédaigner non plus, ce sont les images sous toutes leurs formes. « Il est à souhaiter, dit M. Buisson, que l'imagerie populaire, sortant enfin de son répertoire trivial, devienne chez nous, comme elle l'est déjà en quelques pays, un moyen de répandre les connaissances utiles, et avant tout celle de l'histoire du pays (2). »

L'histoire et l'instruction civique. — L'histoire est la préface naturelle de l'instruction civique, c'est-à-dire des notions relatives à la constitution actuelle de la société où l'enfant est appelé à vivre (3).

« Les Américains, dit M. Buisson, traitent l'histoire en vue de l'éducation politique. Leurs livres de lecture contiennent d'assez nombreux morceaux sur les républiques anciennes. Dans les temps modernes on insiste avant tout sur les institutions politiques et sociales... On donne en devoirs aux élèves des sujets comme ceux-ci : Parallèle de Pitt et de Washington (4). »

« Certains pédagogues, dit M. Braun, pensent que l'histoire et l'instruction civique doivent se tenir, se faire l'une avec l'autre, l'une par l'autre (5). »

Sans aller jusqu'à confondre ces deux enseignements, on ne doit pas oublier les rapports qui les lient. L'instruction civique ne peut être que le couronnement des études historiques. Et, tout en racontant avec impartialité l'histoire de son pays, le maître aura raison

(1) *Rapports d'inspection générale*, etc., 1879-1880, p. 95.

(2) Nous avons en ce genre les *Tableaux d'histoire de France* édités par Lahure. C'est l'histoire de France en gravures.

(3) « L'enseignement de l'histoire et de la géographie *auquel se rattache l'instruction civique.* » Ainsi s'exprime l'arrêté du 27 juillet 1882.

(4) *L'Instruction primaire à Vienne*, p. 184.

(5) M. Braun, *op. cit.*, p. 641.

d'orienter son enseignement dans le sens de l'éducation politique qu'il convient de donner aux enfants.

L'histoire et la géographie. — L'histoire a des relations plus intimes encore avec la géographie ; on ne saurait séparer le récit des événements historiques de la description du sol où ces événements se sont accomplis.

« Le maître, disent les *directions* placées en tête du programme de l'enseignement de la Seine, le maître tracera au tableau noir, et fera tracer par les élèves au tableau et sur le papier, les cartes de la France aux principales époques de notre histoire. Les pays, villes et lieux divers dont il est parlé dans les livres seront toujours montrés sur les cartes. »

La géographie et la chronologie, dit un vieil adage, sont les deux yeux de l'histoire ; et en effet, si l'on ne connaît pas le théâtre où les hommes ont agi, il est difficile de se faire une idée juste de leur activité.

Conclusion. — Ainsi comprise, l'histoire est vraiment une étude profitable et un enseignement fait pour les enfants. N'écoutons ni Jacotot, qui en nie absolument l'utilité, ni même M. Bain, qui prétend que « de toutes les études du jeune âge il n'en est pas « d'aussi embarrassante que l'histoire. » Pour intéresser les enfants il suffit qu'elle soit à la fois « claire et vivante », selon les expressions de Guizot, qu'elle s'adresse à la fois à leur imagination et à leur mémoire. Pour leur être utile, il suffit qu'elle soit entendue surtout comme une école de morale et de patriotisme. Il serait sans doute prétentieux de demander que l'enfant de l'école primaire connût en philosophe les causes, l'enchaînement des événements, qu'il discernât les principes derrière les faits. Il est cependant nécessaire, dans une certaine mesure, que pour l'enfant du peuple lui-même l'enseignement historique soit autre chose qu'une simple narration de faits, et qu'on l'exerce à juger le bien et le mal dans les actions humaines. « L'histoire n'est vraiment l'histoire, dit M. Guizot, dans la préface du

livre où il la raconte à ses petits-enfants, que si on
saisit la liaison des événements qui se succèdent, si elle
apparaît dans son ensemble comme l'évolution d'un
peuple. » Rattachons donc par la réflexion les écrits
détachés aux grands faits, aux grands personnages
qui sont « comme les sommets de l'histoire » ; exigeons
de l'enfant que la succession chronologique des événements soit nettement établie dans son esprit ; distin-
guons avec précision les grandes périodes : tout cela,
sans cesser d'être aussi simples, aussi élémentaires
que possible, et en nous rappelant qu'en histoire
comme ailleurs il faut savoir beaucoup pour être
capable de bien enseigner un peu.

LEÇON VI

L'ENSEIGNEMENT DE LA GÉOGRAPHIE

Progrès des études géographiques. — Méthodes nouvelles : Rousseau, Pestalozzi. — Définition de la géographie. — Utilité de la géographie. — Division de la géographie. — Pourquoi on doit commencer cette étude de bonne heure. — La géographie à l'école primaire. — Programme actuel. — Deux méthodes possibles. — Géographie nationale. — La bonne méthode. — Part à faire à la mémoire. — Les cartes en général. — Cartes d'atlas. — Cartes murales. — Cartes en relief. — Cartes dessinées par l'élève. — Le globe. — Les livres de géographie. — Le rôle du maître. — Observations critiques.

Progrès des études géographiques. — Les études géographiques sont assurément en progrès dans notre pays. On a si souvent répété sur tous les tons que les Français étaient le peuple du monde le plus ignorant en géographie, que nous avons fini par nous piquer d'honneur; nous avons fait des efforts sérieux pour rattraper nos voisins les Allemands. Même à l'école primaire, l'enseignement de la géographie fait assez bonne figure. Les rapports des inspecteurs généraux constatent que partout il y a progrès, que la géographie est enseignée avec soin par les maîtres, que cette étude est peut-être celle qui plaît le plus aux élèves.

Ce développement tient sans doute avant tout à la situation morale que de trop récents désastres ont faite à nos esprits. Le jour où notre sol a été envahi, où notre territoire a été mutilé par des étrangers qui, grâce à leurs cartes, semblaient être chez eux, nous avons mieux compris l'importance et le prix des études géographiques.

Mais ce progrès dérive aussi de l'heureuse transformation qui, dans ces dernières années, a profondément modifié les conditions de l'enseignement de la géographie. A une sèche et aride nomenclature de noms propres, à la récitation d'un vocabulaire inintelligible, la pédagogie moderne a substitué une étude vivante et pleine d'attraits, qui s'adresse aux sens, à l'intelligence, qui représente à l'enfant par des instructions vives et claires le coin de terre où il est né, le pays pour lequel il doit savoir mourir au besoin, la terre entière enfin, où, à défaut de voyages réels, il est heureux de pouvoir au moins promener son imagination. Et en même temps que changeait l'esprit général de l'enseignement de la géographie, une habile industrie mettait à son service et introduisait dans l'école des instruments de travail nouveaux, des globes, des cartes en relief, des cartes murales, des cartes de toute espèce, tout un appareil enfin qui facilite la tâche du maître et égaye le travail de l'élève.

Méthodes nouvelles : Rousseau, Pestalozzi. — De toutes les études, la géographie est celle qui semble le mieux s'adapter aux procédés de la pédagogie nouvelle, à la méthode qui veut que les choses devancent les mots. Rousseau allait si loin dans cette voie qu'il n'admettait d'autre moyen que les voyages pour apprendre la géographie. Mais s'il s'égare, comme toujours, par l'exagération d'une idée juste, il a du moins marqué avec sagesse le point de départ de tout enseignement géographique :

« Pour Émile, les deux premiers points de géographie seront la ville où il demeure et la maison de campagne de son père ; ensuite les lieux intermédiaires, ensuite les rivières du voisinage... Qu'il fasse lui-même la carte de tout cela (1). »

Pestalozzi, comme Rousseau, demandait que l'enseignement de la géographie se rattachât aux premières sensations de l'enfance. A Berthoud il faisait observer

(1) *Émile*, livre III.

à ses élèves, non sur la carte, mais sur le terrain, le petit coin du pays qu'ils habitaient.

Par la vue même des choses, il leur donnait une idée des collines, des montagnes, des rivières, des divers faits géographiques. Puis, une fois que l'enfant avait acquis par une intuition directe, ou tout au moins par analogie, par induction du petit au grand, de la flaque d'eau à la mer, de la rigole à la rivière, la connaissance des termes de la géographie physique, Pestalozzi l'initiait à la géographie politique par des moyens analogues. Prenant pour point de départ la maison familiale, il dirigeait ensuite l'attention des enfants sur le village, sur l'église, sur la maison d'école, sur la mairie, sur la route qui conduisait à la ville, sur la ville elle-même, sur les magistrats qui y siégeaient. Enfin, passant à la géographie mathématique, il plaçait l'élève en présence des phénomènes astronomiques, lui faisait observer le lever et le coucher du soleil, la grande Ourse et l'étoile polaire ; et ainsi il l'exerçait à s'orienter et à déterminer la position d'un lieu par rapport à un autre.

Définition de la géographie. — Il ne serait pas exact de répéter après un auteur américain : « La géographie est moins une science qu'une collection de connaissances empruntées à différentes sciences (1). »

L'objet de la géographie est au contraire parfaitement défini : elle est la description de la surface de la terre ; elle étudie tout ce qui est relatif à la forme de notre globe, aux phénomènes extérieurs et superficiels du monde terrestre. Seulement, il faut le reconnaître, certains géographes profitent de ce que leur science touche en quelque sorte à toutes choses pour étendre démesurément leur domaine.

La géographie a des rapports si intimes avec plusieurs autres sciences qu'une tendance naturelle entraîne le géographe à franchir la frontière qui les en sépare.

(1) Wickersham, *Methods of instruction*, p. 367.

Sous prétexte que les cours d'eau sont alimentés par la pluie, le géographe ne doit pas se laisser aller à faire un cours de physique et de météorologie. Parce que la description du sol comporte l'indication de la nature des terrains, il ne faudrait pas non plus confondre la géographie avec la géologie. De même pour la botanique, pour la zoologie, pour l'économie politique : ne profitons pas de leurs relations avec les études géographiques pour empiéter sur leur domaine propre.

Ce défaut n'est pas toujours évité. C'est ainsi que M. Bain donne pour point de départ à l'étude de la géographie une série de leçons sur les outils et les instruments, sur les minéraux, sur les plantes, sur les animaux. Il ne faut pas, selon nous, encombrer la géographie de ces notions parasites qui ne se rapportent qu'indirectement à son objet.

Ce n'est pas que nous voulions interdire au professeur de géographie toute incursion sur les sujets qui avoisinent l'étude de la géographie elle-même. Il y a profit et intérêt à l'enrichir de tout ce qui peut, soit donner la raison des faits qu'elle expose, soit animer l'enseignement par des rapprochements intéressants et féconds.

Utilité de la géographie. — La géographie poursuit d'abord le même but que l'histoire.

Si l'histoire de France est, pour ainsi dire, l'âme de la patrie, la géographie nationale en est le corps. Elle enseigne à sa manière le patriotisme, en faisant connaître le territoire de la patrie, les frontières qu'on a perdues et celles qu'on a conservées, en faisant aimer le beau sol de la France, son climat doux et tempéré, ses richesses naturelles qui en font un pays privilégié.

Le P. Girard, dans son *Explication du plan de Fribourg*, faisait déjà valoir, non sans exagération, la portée morale de la géographie.

« La géographie, disait-il, se prête merveilleusement à la sublime intention... Que le lecteur en juge d'après cet essai. Il est dans son ensemble une introduction à la vie sociale qui parle aux sens, qui parle à l'esprit, et qui bien sûrement doit dire quelque chose au cœur. Il est propre à inspirer l'amour de la patrie et les sentiments qui s'y rattachent (1). »

Ne forçons pourtant pas les choses et ne disons point que la fin principale de l'enseignement géographique est de développer l'intelligence ou le cœur, « de stimuler le sentiment religieux » (2). Non, la géographie vaut surtout par son utilité pratique (3). Elle fournit aux futurs artisans des connaissances nécessaires, des notions positives dont ils auront besoin pour leur commerce ou leur industrie. Elle a en outre le mérite d'introduire l'esprit dans le monde de la science proprement dite et de lui révéler déjà quelques-unes des lois de la nature.

Division de la géographie. — Tout le monde comprend la distinction de la géographie physique et de la géographie politique.

La géographie physique, dit le *Dictionnaire* de Littré, est la description de la terre par rapport aux dispositions de sa surface, continents, eaux, bassins, montagnes, etc.

La géographie politique est la description de la terre par rapport aux sociétés et aux États.

En d'autres termes, la géographie physique étudie les aspects naturels de la terre, tandis que la géographie politique y ajoute la considération de l'œuvre des hommes, la description des habitants, de leurs travaux et de leur vie sociale.

Il est évident que l'étude de la géographie physique doit précéder celle de la géographie politique. Mais il peut y avoir profit, même dans un cours élémentaire, à réunir les deux enseignements, ne fût-ce que pour créer l'intérêt.

(1) *Explication du plan de Fribourg en Suisse*, dédiée à la jeunesse de cette ville pour lui servir de première leçon de géographie, 1827.

(2) M. Braun, *op. cit.*, p. 605.

(3) « Le service militaire, auquel tout citoyen est contraint, réclame une certaine connaissance de la géographie, pour l'officier surtout. » (M. Horner, *op. cit.*, p. 19.)

« On sépare d'ordinaire très nettement la géographie physique de la géographie politique. C'est là une séparation fautive, et qui ne facilite guère les moyens d'apprendre vite et bien. La pratique de l'enseignement prouve au contraire que les détails physiques et politiques se complètent et s'étayent pour ainsi dire les uns les autres, que ceux-ci aident à retenir ceux-là, et réciproquement (1). »

Il faut encore distinguer la géographie astronomique, qui est la description de la terre par rapport au ciel, aux climats, aux saisons; la géographie économique, qui traite des productions industrielles de chaque pays, de l'agriculture, du commerce. Mais la première peut, en un sens, se rattacher à la géographie physique, la seconde à la géographie politique (2).

M. Bain entend dans un sens très élevé la géographie physique, qui tient le milieu, dit-il, entre la géographie ordinaire et les hautes sciences, physique, chimie, météorologie, botanique, zoologie et géologie. « Elle introduit, ajoute-t-il, dans la science géographique les considérations de cause et d'effet. Un cours de géographie physique doit suivre et compléter la géographie proprement dite, — que M. Bain appelle géographie descriptive, — et servira d'introduction aux sciences fondamentales (3). »

M. Buisson a caractérisé avec éloquence la portée d'un enseignement élevé de la géographie physique et de la géographie politique :

« Grâce aux progrès qu'ont accomplis dans leurs domaines divers les sciences physiques et naturelles, et en même temps les sciences historiques et politiques, la géographie n'est plus, ne peut plus être une science isolée et restreinte : elle ne décrit pas seulement, elle explique. La vue des phénomènes actuels suggère, soit pour le passé, soit pour l'avenir, les plus fécondes inductions; les accidents du sol, qu'on se bornait autrefois à enregistrer comme autant de bizarreries de la nature, ont trouvé eux-mêmes leurs lois, leurs raisons d'être, leur

---

(1) M. Foncin, *la Deuxième Année de géographie*, Préface.
(2) On distingue encore la géographie administrative, la géographie historique, etc.
(3) *Science de l'éducation*, p. 207.

place dans une harmonie universelle. Toute cette surface terrestre devient un monde vivant et mouvant, et la monotonie
ou le désordre que l'ignorance y trouvait fait place à de grandes
notions générales, aussi importantes par leurs applications
pratiques que par leur portée scientifique. Ce ne sont plus des
noms à retenir, ce sont de grandioses phénomènes qu'il s'agit
de saisir dans leur ensemble et dans leurs détails; c'est la physionomie de tout un relief orographique, de tout un réseau
hydrographique, qu'il faut envisager; c'est la structure et la
configuration de chaque région dont il faut se pénétrer, pour y
rattacher les innombrables phénomènes qui en dépendent et
dont aucun n'est un jeu du hasard, depuis les particularités du
sol et du climat jusqu'à celles de la faune et de la flore qui s'y
développent.

« Quand on connaît de la sorte le théâtre physique où va
s'exercer l'activité humaine, y a-t-il rien de plus riche en enseignements que la géographie historique, politique, statistique?
Dès que l'homme entre dans cette science, une double action
s'offre sans cesse à l'étude : celle qu'exercent sur l'homme la
situation, le climat, la forme, la nature du pays où il naît, et
en retour celle que l'homme déploie pour modifier toutes ces
circonstances, pour les combattre ou bien pour les exploiter,
pour tirer parti de la terre et du sol, de l'air et de l'eau, selon
le degré d'intelligence et d'énergie dont il est doué. Ainsi
l'étude de la géographie ne se sépare pas de celle des civilisations; c'est une sorte de monument universel où se grave
dans tous ses épisodes marquants, depuis l'âge des cavernes
et des stations lacustres jusqu'à l'heure où nous vivons,
l'histoire des influences de la nature sur l'homme et des conquêtes de l'homme sur la nature. C'est de la science ainsi
entendue que Herder pouvait dire avec élan : « Accuser la géographie d'aridité, autant vaudrait accuser l'Océan de sécheresse (1). »

**Pourquoi on doit commencer cette étude de
bonne heure.** — Comme le faisait déjà remarquer
Nicole, « la géographie est une étude très propre pour
les enfants » : d'abord, parce qu'elle dépend beaucoup
des sens ; en outre parce qu'elle est assez divertissante ;
enfin parce qu'elle n'a pas besoin du raisonnement, ce
qui manque le plus à cet âge (2).

Ajoutons que d'autres études ne sauraient se passer

(1) *L'instruction primaire à Vienne.* p. 185.
(2) *De l'éducation d'un prince*, p. 37.

du concours de la géographie. L'histoire et la géographie doivent marcher de front.

M. Bain estime au contraire qu'il faut retarder l'étude de la géographie, sous prétexte que les notions géographiques répondent à la faculté de conception pure, c'est-à-dire à la représentation imaginative, sans aucun appel à l'émotion et au sentiment (1). Mais, à l'encontre de M. Bain, nous pensons d'une part que la faculté de conception concrète est très développée chez l'enfant, et qu'en outre il est possible d'animer l'enseignement de la géographie (2).

La géographie à l'école primaire. — La géographie, tout au moins la géographie nationale, est un enseignement obligatoire dans la plupart des pays civilisés.

En France la loi du 15 mars 1880 la comptait, comme l'histoire, au nombre des matières simplement facultatives. La loi du 10 avril 1867 a placé les éléments de la géographie de la France au nombre des études obligatoires. Enfin la loi du 20 mars 1882 énumère au nombre des matières que comprend l'enseignement primaire, « la géographie, particulièrement celle de la France ».

Programme actuel des écoles primaires. — Il est intéressant de rechercher d'après quels principes et de quelle manière le règlement de 1882 a réparti entre les trois cours de l'école primaire les matières de l'enseignement géographique.

Deux méthodes possibles. — En histoire, nous nous sommes demandé s'il fallait donner dès le début à l'enfant une vue d'ensemble du cours des siècles, ou bien procéder par études partielles et par périodes. De même, en géographie, c'est une question de savoir s'il faut donner d'abord du monde entier une idée générale, ou bien concentrer exclusivement l'attention du débu-

---

(1) En Suisse l'enseignement de la géographie ne commence qu'au cours moyen.

(2) L'étude de la géographie descriptive fait partie du programme de nos écoles maternelles (art. 30 du décret du 2 août).

tant sur la géographie de son pays natal, pour n'aborder que plus tard la géographie de l'Europe et de l'univers.

La réponse ne saurait être douteuse. Le point de départ de l'enseignement géographique est assurément dans l'étude de la géographie locale. Entre l'ancien système, qui étudiait d'abord le *globe*, qui « commençait par où l'on doit finir », comme disait le P. Girard, et la nouvelle méthode, qui part du village ou de la ville que l'on habite pour s'étendre de proche en proche et embrasser peu à peu la terre entière, notre choix ne peut hésiter.

Mais d'autre part il ne faut pas retenir trop longtemps l'enfant sur ces études primordiales. L'enseignement de la géographie, c'est-à-dire de la science qui a pour objet la description de la terre, ne répondrait plus à sa définition ni à son but, si l'on ne mettait le plus tôt possible l'enfant en présence de la terre. La géographie générale doit se joindre et se combiner avec la géographie locale. Toutes les parties de la géographie sont en quelque sorte coordonnées, tandis que les périodes de l'histoire, dans une certaine mesure, sont indépendantes les unes des autres. De là une différence profonde dans les méthodes à suivre.

« Après les notions préliminaires tirées de la connaissance du département, et avant qu'on entrât dans le détail de la France, je voudrais, dit M. Levasseur, un maître en ces matières, je voudrais que l'instituteur, le globe en main, donnât en quelques heures une idée sommaire de la forme de la terre, de ses océans et de ses continents. Il importe que l'élève sache bien quelle place la France occupe en Europe, l'Europe sur la terre, et quelle est la forme de la terre. »

Le règlement de 1882 s'est conformé à ces sages recommandations, et dès le cours élémentaire l'élève étudiera :

1° La géographie locale (maison, rue, hameau, commune, canton, etc.);

2° La géographie générale (la terre, sa forme, son étendue, ses grandes divisions, leurs subdivisions).

Géographie nationale. — Le centre de l'enseignement géographique à l'école primaire, ce doit être notre propre pays (1). La France est le point de départ et le terme du voyage géographique que l'on propose à l'enfant. Mais le programme y joint avec raison des notions sommaires sur la géographie de l'Europe et sur la géographie des autres parties du monde, de la même façon qu'en histoire on complète l'histoire nationale par quelques notions d'histoire générale.

De même qu'en histoire il est nécessaire, pour éclairer véritablement l'esprit, de comparer le présent au passé, de même en géographie il est bon d'établir des comparaisons fréquentes entre le pays national et les pays étrangers.

« Dites à un écolier : La France produit 17 millions de tonnes de houille par an, il bâille et s'empresse d'oublier le chiffre. Ajoutez: La France produit 8 fois moins de houille que l'Angleterre... Il a compris, il est touché au vif, en sa qualité de Français (2). »

La bonne méthode. — Suivons donc la méthode qui consiste à partir de l'école du village, mais à condition de ne pas nous y oublier. Tel instituteur s'attarde à donner tant de détails sur la commune, sur le canton, qu'au bout de plusieurs mois il n'en est pas sorti. L'enseignement de la géographie doit le plus vite possible ouvrir à l'enfant de vastes horizons et étendre son regard sur le monde entier :

« Certainement, dit M. Élisée Reclus, il faut prendre toujours pour point de départ ce que l'enfant voit; mais ne voit-il que son école et son village? C'est là le petit bout de sa demeure ; mais il voit aussi le ciel infini, le soleil, les étoiles, la lune. Il voit les orages, les nues, les pluies, l'horizon au loin, montagnes, collines, dunes ou simples renflements, et les arbres

---

(1) M. Foncin, *op. cit.*, Préface.

(2) « A l'école, dit un pédagogue anglais, en trouvera des connaissances telles quelles sur la Russie, sur la Chine, unies à une complète ignorance sur la marche qu'un vaisseau devrait suivre pour aller de Londres à Sydney. » (M. Laurie, *Primary Instruction in relation to Education*, 1883, p. 145.)

et les broussailles. Qu'on lui fasse bien regarder toutes ces
choses, qu'on lui en parle. Voilà de la géographie vraie, et pour
cela l'enfant n'a pas à sortir du milieu qui l'entoure et qui se
montre à lui dans son infinie variété (1). »

Partout aujourd'hui la méthode de l'enseignement
géographique paraît établie d'après la même inspiration. M. Bain a pu dire que la géographie est, après
l'arithmétique, l'étude la plus avancée au point de vue
de la méthode.

Voici comment on peut définir cette méthode :

« Le maître parlera aux enfants surtout de choses qu'ils ont
vues. Après la pluie il leur montrera les ravins que l'eau a
creusés dans le sable de la cour, la manière dont cette eau
forme des lacs, entoure des îles, descend les pentes en minces
filets qui se réunissent les uns après les autres pour former
dans les parties basses de plus larges ruisseaux, et il leur expliquera comment ils ont sous les yeux une image en petit des
fleuves et de leurs affluents.

« Il leur fera remarquer que le soleil éclaire l'école d'une
manière différente le matin et le soir, et il leur apprendra à
connaître les points cardinaux et à s'orienter.

« Il leur tracera le plan de l'école sur le tableau, et il les ha-
bituera à distinguer ce qui est à droite de ce qui est à gauche,
ce qui est devant de ce qui est derrière. Il ne craindra pas
d'insister sur cette partie, de mesurer au besoin, en présence
des enfants et avec leur aide, la longueur des murs, l'étendue de
la cour et du jardin, et de reporter ces mesures sur le tableau...
Il tracera également le plan des environs de l'école ou même
du village, et il aura à cet égard atteint ce but quand ses élèves
seront capables de montrer sur ce plan, avec la baguette, le
chemin qu'il faut suivre pour se rendre de l'église à leur maison (2). »

Part à faire à la mémoire. — Autrefois on faisait
réciter la géographie ; aujourd'hui on la raconte à
la fois et on la montre. On la raconte, c'est-à-dire que
le maître l'expose : il fait une leçon de géographie
comme il fait une leçon d'histoire. On la montre, c'est-
à-dire qu'on fait un appel incessant, soit à la réalité

(1) Cité dans les *Lectures pédagogiques*, p. 345.
(2) *Rapport* de la commission de géographie instituée au ministère de l'Instruction publique en 1871.

même, soit à son image reproduite dans les cartes :

« Avec de très jeunes enfants, dit M. Levasseur, le maître indiquera à peine les rapports de cause à effet qui dépassent ordinairement le niveau d'une intelligence naissante ; il appuiera... sur les descriptions, et il fera comprendre, autant que possible par des images, par des formes sensibles, et chaque fois qu'il sera possible par la vue des objets mêmes et par des exemples familiers, les différentes notions de la géographie. »

Il y a cependant une part à faire à la mémoire: a tous les degrés de l'étude de la géographie, il y a des choses que l'enfant doit être capable de réciter. De même qu'on n'apprend pas la table de multiplication sans un exercice mécanique et habituel de la mémoire, de même on ne saurait se passer de savoir par cœur les noms qui désignent les points géographiques.

« L'enseignement de la nomenclature géographique nous paraît être un des trois points principaux de l'étude de la géographie, et cette nomenclature doit être apprise par cœur. Éclairons cette nomenclature de notions propres à prendre une idée à chaque mot, nous faisons d'abord apprendre le mot, sans quoi nous perdrions la précision de l'idée (1). »

Bien entendu, ces mots, en même temps qu'ils sont confiés à la mémoire, doivent être localisés sur la carte par l'imagination de l'enfant.

Les cartes en général. — De tout temps la géographie a été apprise avec l'aide des cartes ; mais c'est de nos jours surtout que les procédés cartographiques ont été perfectionnés et véritablement adaptés aux besoins de l'enfant.

« Les moyens d'expression de la géographie, dit M. Buisson, se perfectionnent si rapidement qu'avant peu tout le vieux système cartographique ne sera plus qu'une langue morte (2). »

Sans entrer dans les détails que comporterait une

---

(1) Voyez l'article *Géographie* de M. Schrader dans le *Dictionnaire de pédagogie*, 2° partie.

(2) *L'Instruction primaire à Vienne*, p. 186.

étude complète du sujet et que l'on trouvera dans les ouvrages spéciaux (1), indiquons au moins quelques points essentiels.

D'abord il faut distinguer les cartes toutes faites que l'on présente à l'élève de celles qu'on le charge de dresser lui-même.

Les cartes toutes faites sont ou des cartes d'atlas ou des cartes murales.

Cartes d'atlas. — Les cartes d'atlas « sont faites pour être vues de près et pour donner des renseignements détaillés » (2). Mais il faut craindre pourtant de les surcharger, d'y multiplier les indications qui empêchent la vue nette et précise. Les meilleures seront les plus simples et les plus claires. Les plus savantes et les plus belles ne sont pas toujours pédagogiquement les plus utiles.

Aujourd'hui l'usage s'est introduit de ne plus séparer la carte du texte. Les livres de géographie s'intitulent eux-mêmes des livres-atlas (3).

Il ne faut pourtant pas renoncer aux atlas distincts, dont la pédagogie française possède plusieurs excellents spécimens (4).

Cartes murales. — Les cartes murales ne sont pas moins nécessaires que les cartes d'atlas. Elles sont faites, dit l'auteur déjà cité, pour être vues de loin, pour donner des aspects, de grandes lignes, des vues d'ensemble. « Surtout elles sont destinées à exercer les facultés de l'enfant, sa mémoire et son raisonnement : c'est sur la carte d'atlas qu'on apprend d'abord la géographie ; c'est sur la carte murale que l'élève est interrogé, et voilà pourquoi certains géographes pensent que la carte murale d'*étude* devrait de préférence être muette. » C'est dans la même intention que dans les cartes murales allemandes les noms des

(1) Voyez par exemple le *Rapport sur la géographie à l'Exposition de Vienne* de M. Levasseur.

(2) M. Schrader, article *Géographie* du *Dictionnaire de pédagogie.*

(3) Voyez par exemple le *Cours de géographie* de M. Foncin.

(4) Voyez les petits atlas de Cortambert. (Hachette) et de Perigot (Délagrave).

fleuves, des montagnes, sont écrits en caractères très
fins, de sorte que les élèves ne puissent les lire machinalement et soient obligés de les reconnaître à leur
forme et à leur position.

Les cartes murales, dit M. Buisson, sont l'appareil géographique le plus essentiel de l'école primaire. Les Allemands ont
vu plus tôt que nous toute l'importance qu'il y faut attacher.
Les grandes cartes physiques des cinq parties du monde de
E. de Sydow ont fait époque dans l'enseignement géographique :
elles ont prouvé qu'on peut mettre à la portée des écoles une
représentation graphique à la fois assez sommaire pour être
très saisissante, et assez scientifique pour donner de chaque
partie importante une idée exacte, sinon complète (1). »

Cartes en relief. — On est unanime pour recon·
naître aujourd'hui les services que peuvent rendre les
cartes en relief. « Ce qui se fait sur les cartes ordinaires,
dit la *Conduite à l'usage des écoles chrétiennes*, peut
se faire avec au moins autant de fruit sur des reliefs
représentant les divers accidents géographiques ou
ceux seulement de telle ou telle contrée (2). »

Bien entendu, il faudra se défier de l'exagération en
pareille matière. L'industrie s'est emparée des cartes en
relief et en a fait souvent un objet de luxe, de pure
convention, un jouet plutôt qu'un instrument d'étude (3).

« On a été quelquefois trop loin dans l'application de cette
méthode, dit M. Braun, et on est retombé dans l'abstraction
ou la futilité. Ainsi il existe des cartes locales en relief, où, à
propos d'une ville fortifiée, on reproduit jusqu'aux canons sur leurs
affûts. C'est un vrai gaspillage de temps sans aucun profit (4). »

Mais, ces réserves faites, il est incontestable que les
cartes en relief sont les meilleures de toutes pour

---

(1) M. Buisson, *l'Instruction primaire à Vienne*, p. 196. La collection de
Kiepert plus recemment publiée est encore plus parfaite que la collection de
Sydow.

(2) *Conduite des écoles chrétiennes*, p. 59.

(3) On distingue aujourd'hui les *reliefs terminologiques*, qui sont comme un
résumé de la nomenclature géographique, et les reliefs ordinaires, qui représentent un pays, un petit pays surtout.

(4) M. Braun, *op. cit.*, p. 612.

donner à l'enfant l'idée nette d'un pays, pour l'élever à la conception de la réalité dont la carte n'est que l'image (1).

Cartes dessinées par l'élève. — La premiere chose à faire, et elle n'est pas sans difficultés, c'est d'apprendre aux élèves à lire la carte, à s'y reconnaître (2). Le programme recommande pour le cours élémentaire de donner simplement une « idée de la représentation cartographique, et d'exercer l'enfant à la lecture des plans et des cartes »; mais pour les cours moyens et supérieurs il demande « des exercices cartographiques au tableau noir et sur cahiers, sans calque », et aussi « des exercices cartographiques de mémoire ».

Ces exercices n'ont pas besoin d'être justifiés : ils exercent la main de l'élève, ils sont une préparation au dessin, ils sont le plus court moyen de fixer les souvenirs géographiques.

« En dessinant une carte, dit M. Bain, l'élève grave dans sa mémoire les traits principaux du pays que cette carte représente, tout comme, en copiant un passage d'un livre, il grave dans sa tête les expressions et les idées de l'auteur. »

Mais il faut avoir soin de ne pas abuser des devoirs cartographiques, dont le premier défaut, quand on les impose sans discrétion, est de prendre beaucoup trop de temps. Les spécialistes recommandent de n'exiger que des dessins de cartes peu compliqués et compris dans des limites naturelles (2); ce dernier conseil exclut, par exemple, les cartes qui ne représentent qu'un département isolé.

Le globe. — L'art inventif de nos contemporains a

(1) « Ce qui vaut le mieux pour la géographie, dit M. Bain, ce sont les modèles en relief, qui rendraient de grands services à la conception générale des formes d'un pays s'il était possible de les multiplier dans les écoles. »

(2) « Dans les manuels de pédagogie, dit M. Bain, on insiste beaucoup sur la nécessité de faire comprendre les cartes aux enfants. On leur montrera d'abord des plans de l'école et des endroits voisins qu'ils connaissent... Il est difficile généralement d'obtenir que les enfants s'élèvent de la carte à la conception réelle d'un pays. » (*Science de l'éducation*, p. 205.)

imaginé même des globes en relief ; mais ces essais
« semblent condamnés, dit M. Buisson, à donner des
intuitions grossièrement fausses », sans que cet inconvénient majeur soit compensé par aucun avantage.

Il en est autrement des globes ordinaires qui rendent
de grands services à l'enseignement :

> « Outre les notions cosmographiques, indispensable complé-
> ment de la géographie, il y a un ensemble de grandes compa-
> raisons entre les mers, les continents, les divisions et les confi-
> gurations de la surface terrestre, qui sont presque impossibles
> sans l'emploi fréquent de la sphère (1). »

Les livres de géographie. — « C'était autrefois,
dit M. Buisson, le principal moyen d'enseignement. On
apprenait la géographie dans un abrégé de quelques
pages, hérissé de noms propres et capable de rebuter
l'esprit le plus avide de culture (2). »

Il ne faut pourtant pas proscrire absolument le
livre : il suffit qu'on réduise la place qu'il occupait dans
les anciennes méthodes. Il est nécessaire surtout qu'il
soit bien fait, que le texte y soit toujours éclairé par
la carte placée en regard, et au besoin par des illustrations. Les Américains ont mis à la mode, et les
Français leur ont emprunté, ces livres élémentaires où
l'enfant trouve, à côté de la définition des termes géographiques, un golfe, une île, un cap, une montagne, à
la fois dessinés dans une image et représentés dans
une petite carte.

Le rôle du maître. — La parole du maître, en
géographie comme ailleurs, est le grand moyen d'action : c'est elle qui imprime à l'intelligence de l'élève
la première et décisive impulsion ; c'est elle qui éclaire
les points obscurs ; c'est elle qui anime l'enseignement.
Mais l'exposition orale des notions géographiques a
particulièrement besoin d'être soutenue par tout un
appareil scolaire, par le matériel géographique dont
nous avons essayé de donner une idée.

---

(1) Voyez M. Schrader, *op. cit.*, etc.
(2) *L'Instruction primaire à Vienne*, p 195.

Observations critiques. — Recueillons ici, pour l'enseignement de la géographie, comme nous l'avons fait pour les autres branches du programme, quelques-unes des observations critiques des inspecteurs généraux :

« On fait de la géographie un exercice de mémoire. — On apprend avec le livre, et non avec la carte. — La géographie n'est guère entendue que comme une science de noms. — On ne fait pas assez d'esquisses géographiques au tableau noir. — L'étude de la géographie commence généralement trop tard. — On ne se sert pas assez des globes qui ornent la chambre du maître d'école ou restent couverts de poussière. — La longitude, la latitude, on ne sait ce que c'est. — On insiste trop sur les termes géographiques, qui, au lieu d'être présentés à l'enfant successivement et à mesure des leçons de chaque jour, lui sont enseignés complètement avant de passer à autre chose. — On fait passer la partie administrative avant la partie physique. »

En résumé la géographie doit devenir de plus en plus une science de choses, et non, comme elle était autrefois, une science de mots. Elle doit être une mine féconde de connaissances positives, qui renseignent l'enfant non seulement sur les accidents naturels et les phénomènes physiques de son pays, mais aussi sur ses richesses industrielles, sur ses phénomènes économiques. Elle ne bornera pas d'ailleurs son enseignement aux frontières sentimentales de la patrie française : dans un temps où le pays fait de grands efforts pour développer sa puissance coloniale et ses territoires d'outre-mer, il est bon et il est nécessaire que la géographie fasse connaître aux fils de nos ouvriers et de nos paysans la nature physique et économique de ces contrées lointaines : par là on développera chez certains d'entre eux le goût des voyages, des entreprises coloniales, et nos possessions ne resteront pas des colonies sans colons.

LEÇON VII

L'ENSEIGNEMENT DES SCIENCES

L'enseignement des sciences à l'école primaire. — Importance de l'arithmétique. — Utilité pratique de l'arithmétique. — **Goût** de l'enfant pour le calcul. — Les trois cours d'arithmétique. — Méthode générale. — Moyens matériels. — Passage du concret à l'abstrait. — Les bouliers compteurs. — Les arithmomètres. — Calcul mental. — Arithmétique économique. — Choix des problèmes. — Part à faire à la mémoire. — Le système métrique. — Le mal dans l'enseignement de l'arithmétique. — Le bien. — La géométrie à l'école primaire. — But de l'enseignement de la géométrie. — Méthode à suivre. — Cours élémentaire. — Cours moyen et supérieur. — La tachymétrie. — Y a-t-il des leçons de choses en arithmétique et en géométrie? — Les sciences physiques et naturelles. — Programmes et méthodes. — Nécessité d'un livre. — Caractère pratique de cet enseignement. — Promenades scolaires.

L'enseignement des sciences à l'école primaire. — L'enseignement des sciences s'est notablement élargi et accru dans le programme des écoles primaires. De tout temps on y a enseigné l'arithmétique, qui constituait avec la lecture et l'écriture les trois éléments de la vieille instruction. Mais aujourd'hui le programme comprend, outre l'arithmétique, la géométrie, et aussi les éléments usuels des sciences physiques et naturelles (1).

Importance de l'arithmétique. — Les pédagogues belges ne comptent pas moins de douze résultats

(1) « L'enseignement scientifique occupera en moyenne, et suivant les cours, d'une heure à une heure et demie par jour, savoir : trois quarts d'heure ou une heure pour l'arithmétique et les exercices qui s'y rattachent, le reste pour les sciences physiques et naturelles (avec leurs applications), présentées d'abord sous la forme de leçons de choses, et plus tard étudiées méthodiquement. (*Arrêté* du 27 juillet, art. 16, V, 3°.)

distincts de l'enseignement de l'arithmétique (1). Sans
vouloir procéder à une énumération aussi compliquée
et aussi pédantesque, nous ferons observer que l'arithmétique est de toutes les matières enseignées à l'école
celle qui contribue le plus à former, à développer les
facultés de réflexion, et particulièrement le raisonnement. Sans doute, la grammaire, l'histoire, la géographie, bien enseignées, peuvent concourir à cette éducation ; mais, tandis qu'elles n'exercent le raisonnement
que par occasion et accidentellement, on peut affirmer
que l'arithmétique l'exerce constamment.

Les sciences abstraites en général, procédant par
raisonnements, par démonstrations rigoureuses, ont
d'ailleurs l'avantage de forcer l'esprit à ne pas se
payer de mots. Elles l'habituent à vouloir la clarté parfaite, la précision absolue, l'enchaînement logique et
serré.

« Le caractère particulier des sciences mathématiques est par
excellence déductif et démonstratif : elles nous présentent sous
une forme très voisine de la perfection tout le mécanisme de
cette méthode. Après avoir posé un très petit nombre de premiers principes ou évidents par eux-mêmes ou très faciles à
démontrer, les mathématiques en tirent et en déduisent un
nombre énorme de vérités et d'applications par un procédé éminemment exact et systématique. Or, quoique le mécanisme
déductif soit surtout fait pour servir dans le domaine des mathématiques, comme il n'y a pas de sujet où l'on n'ait besoin de
recourir à la déduction et à la démonstration, la connaissance
des mathématiques est une excellente préparation à l'emploi de
cette méthode. Définition rigoureuse des idées et des termes,
énonciation explicite de tous les premiers principes, la marche
en avant assurée par des déductions successives, dont chacune
repose sur une base déjà fermement établie ; aucune pétition de
principe, aucun fait admis sans démonstration ; pas de va-
riation dans le sens des termes : telles sont les principales conditions que suppose le type parfait d'une science déductive. Il
faut que l'élève sente bien qu'il n'a rien accepté sans une raison
claire et démontrée, qu'il n'a été influencé ni par l'autorité, ni
par la tradition, ni par le préjugé, ni par l'intérêt personnel (2). »

_____

(1) M. Braun, *op. cit.*, p. 442. Entre autres avantages l'arithmétique préser-
verait du danger de vouloir tout connaître et tout savoir.

(2) *Science de l'éducation.*

C'est surtout, bien entendu, un haut enseignement des mathématiques qui comporte ces caractères et assure ces avantages à l'éducation générale de l'esprit. Mais, sous sa forme élémentaire elle-même, l'étude des mathématiques aura pour résultat d'imposer d'abord à l'élève une grande concentration d'attention : car dans les vérités mathématiques tout se tient, tout se lie, et une seule minute d'inattention fait perdre tout le fruit du travail antérieur. En outre, le caractère rigoureux de la démonstration mathématique habitue l'enfant à ne pas se payer de mots, à ne se rendre qu'à l'évidence. Il n'y a pas de meilleure école pour enseigner l'ordre, la précision, à la fois la suite et la rigueur dans la pensée (1).

Utilité pratique de l'arithmétique. — Mais, sans parler plus longtemps des avantages de l'étude de l'arithmétique considérée comme discipline de l'esprit, il est évident que cet enseignement est indispensable à raison de son utilité pratique. Savoir compter est presque plus nécessaire que de savoir lire et de savoir écrire. Même les paysans ignorants, qui se passent de la lecture sans trop en souffrir, ne sauraient se passer de calculs élémentaires sur ce qu'ils dépensent, sur le salaire qu'ils ont à recevoir, sur les sacs de blé qu'ils ont à vendre, sur les animaux qu'ils entretiennent. Le calcul est d'un emploi journalier et universel (2).

Goût de l'enfant pour le calcul. — On pourrait croire qu'à raison de leur caractère général d'abstraction les exercices de calcul ne sont pas du goût de l'enfant, avide avant tout de perceptions sensibles. Il n'en est rien.

---

(1) « Le calcul, dit M. Frieh, est une science positive, et il n'y a pas deux manières différentes d'en concevoir les éléments primordiaux : tout y est fixe et invariable, au point que le plus savant mathématicien et le dernier élève d'une école primaire trouvent le même résultat en effectuant exactement une opération. Ce qu'il y a surtout de remarquable dans la science des nombres, c'est que tout s'y lie et s'y enchaine avec une précision parfaite; une notion en prépare une autre ; un principe engendre un autre principe. » M. Frieh, *les Premières Leçons de calcul.*

(2) Notons que le programme des cours supérieurs comprend les *premières notions de comptabilité.*

« Dans le grand nombre de classes, d'ordres très divers, qu'il nous a été donné ou de suivre de près ou de visiter, nous avons souvent remarqué que l'arithmétique était une des choses à propos desquelles l'enfant manifestait le plus vivement cette *joie d'apprendre* qui lui vient si naturellement lorsqu'on ne le gâte pas à plaisir en accumulant autour de lui les difficultés et les incohérences (1). »

Aussi l'étude du calcul doit-elle commencer dès l'entrée de l'enfant à l'école. Le programme des écoles maternelles comprend la numération orale et écrite, l'addition et la soustraction sur des nombres concrets jusqu'à cent, les quatre opérations sur des nombres de deux chiffres, et même des notions élémentaires sur le mètre, le franc et le litre.

Les trois cours d'arithmétique. — A tous les degrés de l'école primaire le programme exige des exercices de calcul mental et de calcul écrit. Mais il distribue progressivement les matières de l'enseignement, en réservant surtout les théories pour le cours supérieur

Dans le cours élémentaire, on fait appliquer *intuitivement* les quatre règles à des nombres qui ne dépassent pas cent. Voilà pour le calcul mental. On étudie les tables d'addition et de multiplication. Pour le calcul écrit, on s'exerce aux trois premières opérations sur des nombres entiers. La division est bornée aux diviseurs qui ne comptent pas plus de deux chiffres. De petits problèmes oraux ou écrits complètent l'enseignement.

Dans le cours moyen, après une revision qui s'impose particulièrement en arithmétique, dans une science où tout s'enchaîne, on apprend la division des nombres entiers; on aborde l'étude des fractions; on applique les quatre règles aux nombres décimaux ; on étudie le système légal des poids et mesures. On demande de plus en plus que les problèmes donnent lieu à des solutions raisonnées.

Dans le cours supérieur, nouvelle revision, avec un

(1) Mademoiselle Chalamet, *op. cit.*, p. 165.

développement plus considérable de la théorie et du raisonnement. On approfondit le système métrique. On aborde les parties les plus difficiles de l'arithmétique : les nombres premiers, les caractères de divisibilité, les facteurs premiers, le plus grand commun diviseur. On étudie la méthode de réduction à l'unité appliquée à la résolution des problèmes d'intérêt, d'escompte, de partage, de moyennes, etc. (1).

Méthode générale. — Intuitif à ses débuts, pratique à tous les degrés de son développement, tel doit être l'enseignement de l'arithmétique à l'école primaire. La méthode à suivre est désormais fixée pour cette science, et M. Bain a pu dire que « la manière d'enseigner l'arithmétique est peut-être de toutes les méthodes de l'enseignement élémentaire celle qui est la mieux comprise ».

Ajoutons que, sans cesser d'être pratique, la méthode de l'arithmétique doit tendre à donner aux enfants une connaissance raisonnée de la science du calcul. Il ne suffit pas que l'enfant soit exercé machinalement aux opérations de l'arithmétique ; il faut qu'il les comprenne et qu'il s'en rende compte. Par là, outre qu'il calculera mieux et plus sûrement, son esprit se fortifiera et s'affinera à la fois. « En arithmétique surtout, comprendre, c'est apprendre. »

Ce qui importe d'abord, c'est que l'élève acquière une idée exacte du nombre, idée qui n'est complète que quand « elle contient les idées d'augmentation et de diminution, d'addition et de soustraction ».

Moyens matériels. — Comme moyen d'initiation à la numération, les pédagogues recommandent les bâtonnets ou bûchettes (2). A vrai dire, tous les objets

---

(1) Voyez pour plus de détails l'article *Arithmétique* de M. Sonnet, dans le *Dictionnaire de pédagogie.*

(2) Voyez mademoiselle Chalamet, *op. cit.*, p. 166. « Les bâtonnets ou bûchettes nous semblent réunir le plus d'avantages. Ils sont d'un maniement facile et ils rendent aisé pour le maître le contrôle rapide du travail fait sur un grand nombre de tables. De plus, on peut en fabriquer au besoin partout sans de grands frais. »

concrets conviennent à cet usage, et le choix importe peu. Ce qui est essentiel, c'est de ne pas jeter tout de suite l'enfant dans l'étude de nombres abstraits ; c'est de recourir d'abord à l'intuition, au calcul intuitif ; qu'on emploie pour cela, soit les objets eux-mêmes placés dans les mains de l'enfant, soit des points, des lignes, figurés au tableau noir et qu'on présente à ses yeux.

« Les premières leçons sur les nombres, dit M. Bain, ont une grande importance. On montre aux yeux la différence qui existe entre un nombre et un autre en se servant de groupes concrets d'objets : l'identité du nombre se manifeste au milieu de la disparité des objets et des manières de les grouper, et les élèves acquièrent ainsi les idées de un, deux, trois, etc., jusqu'à dix objets réunis... Au début on se sert de petits objets faciles à manier, boules, cailloux, pièces de monnaie, pommes ; plus tard d'objets plus volumineux, par exemple, de chaises, d'objets accrochés au mur. En dernier lieu on prendra des points, des lignes assez courtes, ou d'autres signes simples, pour habituer les enfants à des exemples qui se rapprochent davantage de l'idée abstraite (1). »

Passage du concret à l'abstrait. — M. Horner expose très nettement la marche à suivre pour détacher peu à peu l'esprit de la considération des choses concrètes et le conduire à la notion abstraite. Il faut, dit-il, montrer d'abord à l'enfant des objets matériels, ou tout au moins des traits, des dessins qui représentent les nombres et leurs combinaisons. En second lieu, après que l'enfant se sera suffisamment exercé à opérer avec les objets, il faut dérober ces objets à sa vue et employer des nombres concrets : 4 noix, 6 tables, 8 chaises, etc. Un pas nouveau est fait, et, après avoir opéré quelque temps sur ces nombres concrets, il faut aller jusqu'au bout de la gradation, dépouiller le nombre de son vêtement sensible et employer les nombres abstraits.

Les bouliers compteurs. — Au lieu d'employer les premiers objets venus, on peut recourir à des appareils, notamment aux bouliers compteurs. Les

(1) *Op. cit.* p. 2?5.

bouliers compteurs sont des machines destinées à faciliter les premières notions de la numération. On en distingue de plusieurs espèces.

« Il y a, dit M. Braun, des bouliers très simples, à tiges verticales, uniquement faites pour enfiler des boules ou des cubes, des bouliers à barres verticales et horizontales ; d'autres dont les boules, en forme de sections de cylindres, peuvent s'ajouter bout à bout, et former des cylindres de longueurs diverses... (1). »

En France le boulier le plus en usage est le boulier numérateur de madame Pape-Carpantier (2).

Assurément cette machine peut rendre des services au début de l'enseignement des nombres, et elle est à sa place dans les écoles maternelles. Mais il faut prendre garde que l'abus de ces moyens matériels d'intuition numérique n'aille contre le but même que l'on poursuit.

Les bouliers compteurs ont été sévèrement jugés.

« Le boulier, dit M. Eugène Rambert, corrompt l'enseignement de l'arithmétique. La principale utilité de cet enseignement est d'exercer de bonne heure chez l'enfant les facultés d'abstraction, de lui apprendre à voir de tête, par les yeux de l'esprit. Lui mettre des choses sous les yeux de la chair, c'est aller directement contre l'esprit de cet enseignement. La nature a donné aux enfants leurs dix doigts pour boulier ; au lieu de leur en donner un autre, il faut leur apprendre à se passer du premier le plus tôt possible. On dit que le boulier donne au maître beaucoup de facilité pour ses explications. Je le crois. On a vite compté, sur le boulier, que 10 et 10 font 20 ; mais l'élève qui n'a fait que le compter sur le boulier a perdu son temps, tandis que celui qui l'a compté de tête a fait le plus utile des exercices. Il faut un complément et un correctif à l'enseignement par la vue : c'est au calcul qu'il convient de le demander (3). »

Il y a quelque exagération dans ce jugement qui s'appliquerait avec plus de justesse aux machines à compter. La plupart des pédagogues recommandent le

(1) M. Braun, op. cit., p. 452, d'après M. Buisson, l'Instruction primaire à Vienne, p. 209.

(2) C'est depuis 1812 que le boulier a été introduit dans nos petites écoles. C'est, dit-on, de la Russie qu'il nous vient, et la Russie elle-même le tenait de la Chine.

(3) Cité par M. Buisson, l'Instruction primaire à Vienne, p. 212.

boulier compteur pour l'école maternelle et souhaitent même qu'il soit introduit à l'école primaire, au moins pour le cours élémentaire. Il faut d'ailleurs qu'il soit employé avec intelligence, qu'il facilite le travail de l'élève sans le supprimer.

Machines à compter. — Ce qui, par exemple, doit être condamné sans réserve, ce sont les arithmomètres ou machines à compter, appareils fort compliqués, véritables manivelles, qui fournissent le résultat des opérations à effectuer et qui dispensent l'élève de tout travail.

L'emploi des appareils, quels qu'ils soient, ne doit pas faire oublier la nécessité du calcul mental :

« Chaque exercice fait, expliqué, développé d'abord au boulier, dit M. Leniant, doit toujours être répété ensuite *mentalement, de tête :* on ne recourt plus à l'instrument qu'en cas d'erreur ou d'hésitation de la part de l'élève : le boulier est une aide pour l'intelligence, rien de plus, mais aussi rien de moins. »

Calcul mental. — L'opinion pédagogique est fixée désormais sur la valeur et sur la nécessité du calcul mental, c'est-à-dire du calcul fait de tête, sans recours à des nombres écrits (1).

D'abord le calcul mental est une excellente gymnastique intellectuelle, puisqu'il force l'attention à se replier sur elle-même, à travailler intérieurement, sans l'aide d'aucun instrument matériel.

De plus, le calcul mental répond aux nécessités journalières de la vie. Combien de fois n'avons-nous pas besoin de résoudre rapidement de petits problèmes d'économie domestique qui ne demandent qu'un effort de réflexion ! Le marchand, la ménagère n'ont pas le temps de recourir au calcul écrit ; ils n'ont pas toujours sous la main la plume, le papier, l'encre. Il faut qu'ils trouvent tout de suite une solution.

(1) Voyez le *Calcul mental* de M. Brœunig.

Enfin le calcul mental est une préparation au calcul écrit. Au début on demandera surtout aux commençants des calculs de tête ; mais le calcul mental accompagnera le calcul écrit pendant toute la durée du cours d'arithmétique.

« Le calcul de tête, dit M. Rendu, est à l'esprit ce que les exercices de gymnastique sont au corps... Il a ses procédés, sa marche méthodique et progressive, ses exercices très variés, ses applications nombreuses. Il réclame, comme toutes les autres leçons, une préparation effective. »

Arithmétique économique. — Certains pédagogues anglais emploient volontiers le terme d'*arithmétique économique* pour caractériser l'arithmétique propre à l'école primaire.

« Le but de l'enseignement de l'arithmétique est atteint, dit M. Laur e, lorsque le jeune homme ou la jeune fille sait assez bien manier les nombres pour calculer avec facilité toutes les questions qui se présentent dans le cours ordinaire de la vie (1). »

Choix des problèmes. — Le sujet des problèmes doit être emprunté aux circonstances familières de l'existence, aux faits de l'économie rurale ou industrielle. Le choix doit varier avec les conditions de la vie de l'enfant : il sera autre à la ville, autre à la campagne.

« Il faut, dit M. Bain, tirer parti des problèmes pour faire connaître des faits utiles. Au lieu de faire entrer dans les opérations des nombres pris au hasard, nous pouvons employer des données numériques importantes, qui se rattachent aux phénomènes de la nature et aux usages de la vie, et devancer ainsi jusqu'à un certain point les exigences de la situation que les élèves occuperont plus tard. On pourra, par exemple, faire entrer dans une foule de questions les dates principales de la chronologie, certains nombres relatifs à la géographie, etc. (2).

Part à faire à la mémoire. — M. Spencer dit quelque part : « On apprend souvent maintenant la table de

---

(1) M. Laurie, *Primary Instruction*, p. 122.
(2) M. Bain, *op. cit.*, p. 217.

multiplication par la méthode expérimentale. » Nous
avouons ne pas trop comprendre la pensée du pédagogue anglais. M. Bain est beaucoup plus dans le vrai,
quand il dit :

« La mémoire doit retenir d'une manière exacte tout ce que
contiennent les tables d'addition et de multiplication, et la
promptitude plus ou moins grande avec laquelle un élève y
réussit donne la mesure de son degré d'aptitude pour cette sorte
d'études. Il y a là un genre de mémoire qui dépend très probablement d'une certaine maturité ou d'un certain développement du cerveau, de sorte que les exemples concrets les plus
multipliés ne sauraient la faire apparaître avant le temps.... La
table de multiplication est un grand effort de la mémoire spéciale des symboles et de leurs combinaisons : or ce travail ne
peut être allégé en aucune façon. Il faut que les associations
d'idées se forment avec assez d'énergie pour agir automatique-
ment, c'est-à-dire sans qu'on ait besoin de penser, de chercher
ni de raisonner, et pour cela nous ne pouvons compter que sur
le résultat de la répétition machinale de ces idées (1). »

Le système métrique. — L'étude du système métrique se lie à celle de l'arithmétique proprement dite.
Ici encore il importe de montrer aux enfants les objets
eux-mêmes, le mètre, le litre, etc. Il ne servirait de
rien d'apprendre par cœur des mots abstraits dont des
réalités concrètes n'auraient pas nettement fixé le sens
dans l'esprit.

« Parlez-vous du mètre? faites mesurer la longueur de la
classe, des bancs, du tableau, des tables des élèves. Les décimètres, centimètres, millimètres se présenteront naturellement ;
et les enfants, s'ils sont porteurs d'un bâton de la longueur
d'un mètre, demanderont d'eux-mêmes à y marquer les sous-
multiples (2). »

« L'enseignement par les yeux, dit dans le même sens
M. Buisson, s'applique naturellement et sans aucun inconvénient
au système métrique. »

On a remarqué avec raison que les *tableaux* de système métrique ne suffisent pas : il faudrait que chaque

(1) M. Bain, *op. cit.*, p. 216.
(2) *Rapports* de 1879-1880.

école possédât, en outre, une collection de poids et de mesures réels que l'enfant pût voir et manier.

Le mal dans l'enseignement de l'arithmétique. — Voici quelques-uns des défauts constatés par l'inspection générale dans les leçons de calcul.

« Il faudrait exiger un emploi plus fréquent du calcul mental. — Il y a excès de démonstrations théoriques. — Les élèves qui connaissent le mieux le système métrique sont fort embarrassés lorsqu'ils ont le mètre ou la balance en mains. — La plupart des instituteurs oublient que l'enseignement primaire doit être pratique avant tout. — Le calcul est trop abstrait et trop routinier. La mémoire joue le principal rôle, et le raisonnement fait défaut. — L'écolier compte passablement, résout les problèmes mais il est le plus souvent incapable d'expliquer ce qu'il a fait, par cette raison bien simple qu'en général il n'a pas été habitué à raisonner. — La méthode intuitive est surtout suivie avec les plus jeunes enfants ; mais, dès que les élèves connaissent la pratique des quatre premières opérations, toute trace de méthode disparaît. — Les questions théoriques sont mises de côté, et les livres de problèmes remplacent l'enseignement du maître. — Le calcul mental est enseigné sans méthode et lorsqu'on interroge un élève, on sent qu'il emploie les mêmes procédés que s'il avait une plume ou un crayon à sa disposition. — L'étude du calcul est trop souvent réduite à un exercice de mémoire, sans que les enfants acquièrent la pratique du calcul mental, si utile comme gymnastique de l'esprit, si indispensable pour ceux qui devront se passer de plume et de papier pour faire leurs comptes (1). »
— « Les éléments de l'arithmétique ne sont pas rendus assez sensibles. On apprend le mécanisme des opérations ; on ne comprend pas assez clairement ce qu'on fait et pourquoi on le fait. — Les diverses nomenclatures du système métrique sont récitées assez couramment ; mais la généralité des élèves n'a pas une idée nette et exacte des diverses unités ni des mesures effectives.... Il faudrait un compendium métrique dans toutes les écoles. — Trop de maîtres, et surtout trop de maîtresses, affectionnent encore les abstractions. Ils ne peuvent se résoudre à enseigner le calcul au moyen du boulier compteur, des cailloux, des bûchettes. Ils commencent toujours à faire écrire les nombres avant que les enfants aient une idée exacte de la quantité. — On apprend le système métrique, et l'on n'a pas vu un mètre (2). »

---

(1) *Rapports* de 1880-81.

(2) « Quiconque a l'expérience des écoles a pu remarquer, dit M. Rendu, 1° que généralement on ne s'y arrête pas avec un soin suffisant sur les premiers principes du calcul, sur la numération ; 2° que dans l'enseignement du calcul on exerce peu le raisonnement ; 3° qu'on perd son temps à poser des diffi-

Le bien. — Les mêmes rapports des inspecteurs généraux constatent pourtant quelques progrès dans l'enseignement de l'arithmétique :

« — L'arithmétique est de toutes les matières celle qui donne les meilleurs résultats. — Dans la plupart des écoles, on calcule assez bien et assez vite, la plume ou la craie à la main ; mais on n'est pas assez habitué à calculer de tête. — Le calcul est enseigné dès l'entrée à l'école, d'abord mentalement et oralement, puis sur les nombres écrits. — Il est rare de rencontrer des maîtres qui se bornent aux opérations machinales sur des nombres abstraits. — Les problèmes sont pratiques et bien choisis. — L'enseignement de l'arithmétique est raisonné; la démonstration se fait toujours au tableau noir, et les définitions ne servent qu'à résumer et à fixer les raisonnements. »

La géométrie à l'école primaire. — C'est dans le programme de 1882 que la géométrie apparaît pour la première fois comme matière d'enseignement obligatoire à l'école primaire (1). Assurément il ne saurait être question de pousser bien loin l'étude de cette science, qui comprend de si hautes et si difficiles parties : il est simplement question de lui emprunter quelques notions qui soient le complément naturel et parfois les auxiliaires de l'arithmétique.

Ce n'est pas sans protestation d'ailleurs que cette innovation a été consacrée dans notre législation scolaire. Les pédagogues suisses déclarent formellement que « la géométrie proprement dite ne saurait figurer dans le programme d'une école primaire (2) ».

Aussi bien ne s'agit-il pas de la géométrie proprement dite, mais seulement des éléments et des applications de cette science.

But de l'enseignement de la géométrie. — A l'école primaire, dans les trois cours, le but de l'enseignement géométrique doit être exclusivement pra-

cultés abstraites, au lieu d'emprunter aux circonstances de la vie ordinaire les données de problèmes utiles. » (*Manuel*, etc., p. 209.)

(1) La loi du 15 mars 1850 ne parlait pas de géométrie, mais elle comprenait dans les matières facultatives du programme « l'arpentage, le nivellement et le dessin linéaire ».

(2) M. Horner. *op. cit.*, p. 1.0.

tique. Il s'agit de faire servir ces connaissances : 1° à l'intelligence du système métrique ; 2° à l'évaluation des surfaces et des volumes que les usages de la vie obligent à considérer ; 3° à l'étude des opérations les plus simples de l'arpentage et du nivellement.

Méthode à suivre. — Pour la géométrie comme pour les autres sciences, il y a une initiation nécessaire, une préparation intuitive. C'est à l'école maternelle surtout, dans la classe enfantine, qu'il convient de donner sous une forme concrète les premières notions géométriques. Le programme recommande, pour la classe enfantine, « un choix d'exercices Frœbel, évitant les nomenclatures techniques, les définitions et l'excès de détail dans l'analyse des formes géométriques ».

Ce qu'il faut éviter par-dessus tout dans les commencements, c'est l'abus des mots techniques, ce sont les définitions abstraites que l'enfant répète comme un perroquet sans les comprendre. M. Leyssenne voudrait qu'avec les petits enfants on renonçât complètement aux termes de sphère, de cercle, etc., qu'on ne leur parlât que de boules et de ronds (1). Sans aller jusque-là, car il nous paraît nécessaire d'habituer le plus tôt possible l'enfant au vocabulaire propre à chaque science, nous pensons qu'il ne faut au moins employer le mot technique qu'en présence d'un objet matériel qui en fournisse à l'esprit la représentation sensible. Ne commençons pas par montrer à l'enfant des formes idéales dessinées sur le tableau noir. Montrons-lui des choses réelles, des figures et des solides, dont nous lui ferons remarquer les parties ou les propriétés.

« On prendra, dit M. Leyssenne, des solides en bois, en terre, en carton ; on les mettra entre les mains des enfants ; puis, lorsque ceux-ci les auront bien vus, bien touchés, bien retournés en tous sens, on leur dira que ceci est une ligne, ceci un angle, ceci un carré, ceci un cercle, etc., et on leur fera dessiner cette ligne, cet angle, ce carré, ce cercle.

Cours élémentaire. — Dans le cours élémentaire

1) Article *Géométrie* du *Dictionnaire de pédagogie.*

on ne fera guère que continuer ces exercices, qui sont comme l'alphabet de la géométrie, qui apprennent à déchiffrer cette science. On y joindra des exercices de mesure et de comparaison des grandeurs par le simple coup d'œil; on fera apprécier approximativement les distances; on les fera évaluer en mesures métriques. On montrera la difficulté de ces évaluations quand elles ne s'appuient que sur les sens

« Quand l'enfant, dit M. Spencer, a acquis une certaine somme de connaissances géométriques, on peut faire un pas de plus en l'habituant à éprouver l'exactitude des figures faites à l'œil. Il n'est pas douteux que la géométrie n'ait son origine dans les méthodes trouvées par les hommes du métier pour mesurer exactement les dimensions d'un bâtiment, la superficie d'un enclos, etc. C'est de la même manière qu'il faut présenter les vérités géométriques aux élèves. En leur faisant tailler des morceaux de carton pour édifier un château de cartes, dessiner des formes ornementales, en l'occupant de divers travaux qu'un maître inventif saura trouver, on peut, pendant un certain temps, le laisser faire ces tentatives lui-même. Il apprendra ainsi par expérience quelle est la difficulté d'arriver au but par le seul secours des sens. Plus tard il se servira du compas et en appréciera l'utilité. »

Cours moyen et supérieur. — Dans le cours moyen et supérieur, l'enseignement de la géométrie doit devenir plus rigoureux, plus didactique. Les moyens intuitifs devront céder la place aux procédés purement abstraits où le raisonnement doit jouer le grand rôle.

La tachymétrie. — On est tellement épris, de notre temps, des procédés intuitifs qu'on a essayé de les appliquer, non seulement aux éléments de la géométrie, où ils sont à leur place, mais à la géométrie tout entière. C'est le système de la *tachymétrie ou mesure rapide*, sorte de géométrie intuitive.

Voici en quoi consiste ce système. On opère, grâce à des appareils de carton ou de bois, la décomposition effective des divers volumes à évaluer; puis on groupe de différentes manières les parties ainsi décomposées, de sorte que l'on rend intuitif et tangible le théorème qui ne pourrait être démontré *in abstracto* que par une longue suite de raisonnements. Cette méthode de démonstration physique et concrète est appliquée même à la mesure du cercle et de la sphère, même aux propriétés du carré de l'hypoténuse et des triangles semblables. La tachymétrie en un mot matérialise la géométrie.

« Le but de la tachymétrie, dit-on, est d'ailleurs bien pratique : enseigner au cultivateur à compter combien il y a d'hectolitres dans l'amas de blé de son grenier ; au cantonnier, combien de mètres, de décimètres, de centimètres cubes dans le tas de cailloux de ses routes ; au soldat du génie, comment il s'y prendra pour se rendre compte des travaux qu'il exécute (1). »

Y a-t-il des leçons de choses en arithmétique et en géométrie ? — Nous ne pensons pas qu'il puisse y avoir en arithmétique ni en géométrie de véritables leçons de choses. Remarquons en effet que lorsqu'on présente à l'enfant des bûchettes pour lui apprendre à compter, des solides pour lui apprendre à se rendre compte des dimensions, ce n'est pas la chose elle-même, la bûchette ou le solide, qu'on veut lui faire étudier. On ne met ces objets sous ses yeux ou entre ses mains que pour lui faire dégager le plus tôt possible de ces réalités concrètes l'idée abstraite des nombres, l'idée abstraite de la forme géométrique.

Les sciences physiques et naturelles. — En introduisant les sciences physiques et naturelles à l'école primaire, on a voulu à la fois faire acquérir à l'enfant un certain nombre de connaissances positives, d'un prix infini pour la vie pratique, et lui donner l'habitude d'observer. Tandis que les sciences mathématiques en effet développent surtout l'attention intérieure et la force du raisonnement, les sciences naturelles et physiques exercent les sens, donnent l'habitude de voir et de tout voir. Or, comme on l'a dit, « l'esprit d'observation est le meilleur des professeurs ». L'enfant qui en est doué apprend de lui-même une multitude

(1) Cité, d'après M. Lagout, par M. Rendu. *Manuel.* etc., p. 228.

de choses qui échapperont toujours aux intelligences indifférentes et incapables d'observer.

Chaque spécialiste est disposé à exagérer la portée de la spécialité qu'il enseigne. Nous ne nous étonnerons donc pas que M. Paul Bert, par exemple, attribue aux sciences physiques et naturelles un rôle absolument prépondérant dans l'enseignement primaire (1). Mais il faut accorder qu'aucune étude n'est plus propice pour apprendre à voir juste, à ne rien croire sur parole, à débarrasser l'esprit des superstitions et des préjugés.

Programmes et méthodes. — Le programme insiste à dessein sur le caractère *très élémentaire* de l'enseignement des sciences physiques et naturelles à l'école primaire.

Il recommande les leçons de choses pour le premier cours, leçons d'ailleurs graduées d'après un plan régulier, et qui porteront sur l'homme, les animaux, les végétaux, les minéraux. Les objets seront montrés aux enfants, et le maître y joindra quelques explications simples et familières.

La physique n'apparaît qu'avec le cours moyen, et ne comporte que des notions sommaires sur les trois états des corps, sur l'air, sur l'eau, sur la combustion. De petites démonstrations expérimentales compléteront la leçon. D'autre part, dans le cours moyen, des leçons didactiques seront faites sur l'homme, sur les animaux, sur les végétaux. Il est évident que ce cours doit être aussi descriptif que possible.

La chimie elle-même est introduite dans le cours supérieur sous cette mention : *Idée des corps simples, des corps composés. Métaux et sels usuels.*

La physique est étudiée dans ses lois essentielles : pesanteur, chaleur, lumière, électricité, etc. Les instruments sont décrits et expliqués.

Enfin, dans ce même cours, la minéralogie vient

---

(1) La *Première Année d'enseignement scientifique,* 1881. avant-propos.

s'ajouter aux deux autres sciences naturelles, la botanique et la zoologie, dont on continue l'étude. En même temps on enseigne la physiologie de l'homme, on explique les principales fonctions du corps humain.

Nécessité d'un livre. — Les sciences physiques et naturelles ne peuvent être enseignées sans appareils, sans machines, sans musées.

Or il ne faut pas oublier que les écoles primaires sont, pour la plupart, dénuées d'instruments scientifiques et de collections d'histoire naturelle. Le livre est donc indispensable, un livre bien fait, qui n'exige que des expériences peu coûteuses, un livre élémentaire, et non pas seulement un livre abrégé.

> Prendre dans chaque science, dit M. Bert, les faits dominateurs, fondamentaux, les exposer avec assez de détails pour qu'ils apparaissent bien clairement à l'esprit de l'enfant et se fixent solidement dans sa mémoire, négliger les faits secondaires..., telles sont les règles principales que l'on doit s'imposer (1). »

Caractère pratique de cet enseignement. — Surtout, on devra écarter de l'enseignement des sciences physiques et naturelles tout ce qui serait théorie savante et élevée, tout ce qui ne serait pas aisément intelligible pour l'enfant. On se préoccupera aussi des applications pratiques que comportent les diverses partie de ces sciences. Le programme dirige les instituteurs dans cette voie, quand il leur demande d'insister sur « la transformation des matières premières en matières ouvrées d'usage courant », et ailleurs quand il propose des conseils pratiques d'hygiène, sur l'abus du tabac, de l'alcool.

Assurément les sciences ont pour premier résultat le développement de l'esprit ; elles ouvrent l'intelligence, elles agrandissent l'horizon, elles forment des hommes.

---

(1) « Les instruments que j'emploie, dit M. P. Bert, existent dans les plus modestes ménages, et pour quelques francs la foire prochaine fournira à notre instituteur le peu dont il aura besoin. » (M. P. Bert, *la Première Année d'enseignement scientifique*.)

« Il faut élever les *notions des sciences naturelles* à la dignité d'un appareil régulier d'éducation, réduire pour cela la quantité, mais rendre ce que l'on conserverait parfaitement assimilable, et en user, non pour accroître le bagage des connaissances, mais pour instituer des habitudes d'observation attentive, d'analyse exacte, de curiosité féconde et bien réglée (1). »

Mais les résultats matériels de cet enseignement n'ont pas moins de prix. C'est parce qu'elles sont l'initiation obligée à l'enseignement professionnel, parce qu'elles préparent aux arts et aux industries que les sciences de la nature nous paraissent particulièrement utiles et recommandables.

Promenades scolaires. — Rien ne convient mieux à l'enseignement des sciences physiques et naturelles que les promenades scolaires : soit qu'on les dirige dans les champs, dans les bois, dans les fermes, soit qu'on leur donne pour but un atelier, une usine quelconque. Mais il ne faut pas oublier que ces promenades doivent garder leur caractère de récréation et de divertissement. L'instruction doit y être donnée en présence des élèves, sous forme de conversations familières, et il ne faut pas que l'instituteur transporte en dehors de la classe les habitudes et l'apparat des leçons didactiques de l'école.

(1) *Rapports*, etc., 1879-1880, p. 75.

LEÇON VIII

LA MORALE ET L'INSTRUCTION CIVIQUE

L'éducation morale et l'enseignement de la morale. — L'enseigne
ment moral se mêle à tous les exercices. — Enseignement particulier de la morale. — Matière de l'enseignement moral. —
Portée et limites de cet enseignement. — Division des cours. —
Méthode inductive et déductive. — Caractères propres de l'enseignement moral. — Enseignement par le cœur. — Par la
réflexion. — Par la pratique. — Exercices pratiques. —
L'exemple du maître. — Moyens accessoires. — La lecture. —
La poésie. — Morale théorique. — L'instruction civique. —
Nécessité de l'instruction civique. — Méthode à suivre. — L'instruction civique et l'histoire. — L'instruction civique et la
politique. — Du droit des laïques en matière d'éducation
morale.

**L'éducation morale et l'enseignement de la
morale.** — Des inspecteurs généraux se plaignaient en
1881 que « jusqu'à présent l'éducation ne figurât pas
au programme de l'enseignement primaire » (1). Elle
n'y figurera jamais : car, si elle est le but principal, le
but essentiel de l'instruction, elle n'est pas matière de
programme. L'éducation morale est chose générale et
délicate qu'on ne peut emprisonner dans les cadres d'un
cours régulier et d'un enseignement technique. Il en est
autrement de la morale elle-même, qui doit être enseignée à part, comme une science et la plus haute de
toutes les sciences. Assurément un cours de morale,
quelque bien professé qu'il soit, ne suffira pas pour
faire un honnête homme ; mais il y contribuera, et c'est
avec raison que le législateur de 1882, à l'exemple de

(1) Voyez le *Rapport* de M. Baudouin, sur le département de la Seine-
Inférieure, 1880-81, p. 9.

ce qui se fait à l'étranger, a donné à la morale une place dans le programme des écoles primaires.

L'enseignement de la morale se mêle à tous les exercices. — Avant d'être l'objet défini d'un cours régulier, professé à certaines heures, l'enseignement de la morale doit être la préoccupation constante du maître et le résultat naturel de tous les exercices scolaires.

« Il y a, dit M. Janet, un premier mode d'instruction morale qui se mêle à l'enseignement tout entier, à toutes les études de l'enfant et même à toutes les actions de la vie. On peut enseigner la morale par la lecture, par l'écriture, par la grammaire, par l'histoire et même par les sciences. On apprendra à lire aux enfants dans de bons livres qui contiendront de petites leçons de morale ; on leur fera écrire, comme modèles, des maximes et des sentences qui resteront dans leur mémoire ; on peut leur faire des dictées empruntées aux récits des moralistes : l'histoire est à chaque pas une école de morale. Même l'arithmétique peut en être une ; car de la règle d'intérêt, par exemple, on peut tirer cette conséquence pratique : c'est qu'il ne faut point faire de dettes, ou que, si l'on en fait, il faut les payer. La morale se mêle encore aux actions de l'enfant, à toutes les heures de la journée, aux jeux, aux récréations même. A chaque instant l'instituteur est obligé d'enseigner la propreté, la politesse, l'obéissance, le travail, l'esprit de paix et de concorde. A ce premier point de vue, l'école est tout entière par elle-même une école d'instruction morale (1). »

Enseignement particulier de la morale. — Mais en dehors de cet « enseignement diffus et presque inconscient de la morale », qui résulte de tous les exercices de l'école, il doit y avoir un enseignement régulier, un cours de morale, bien simple assurément et bien modeste, mais distinct de tous les autres. La morale est une science qui peut et doit être enseignée pour elle-même, à l'école primaire comme ailleurs. Par là seulement on corrigera ce que l'éducation morale garde d'irrégulier, d'indéterminé et d'insuffisant, quand elle ne s'appuie que sur des leçons indirectes et une instruction décousue.

(1) *Rapport* de M. Paul Janet au Conseil supérieur de l'instruction publique.

De bons esprits ont pu hésiter sur cette question. M. Buisson, dans son *Rapport sur l'exposition de Philadelphie*, déclarait que, « à la différence des autres matières du programme, la morale ne peut avoir un temps marqué dans le tableau des exercices quotidiens ». Les programmes de 1881 ont prononcé, avec raison selon nous, dans un sens contraire ; car ils disent expressément :

« Il y aura chaque jour, dans les deux premiers cours, au moins une leçon qui, sous forme d'entretien familier ou au moyen d'une lecture appropriée, sera consacrée à l'instruction morale ; dans le cours supérieur, cette leçon sera, autant que possible, le développement méthodique du programme de morale. »

Matière de l'enseignement moral. — L'objet de l'enseignement de la morale à l'école primaire, c'est la connaissance pratique des devoirs beaucoup plus que l'expression théorique des principes moraux. Il s'agit moins de faire raisonner l'enfant en philosophe sur la nature de ses actions que de le préparer à accomplir en honnête homme toutes les obligations de la vie.

« Les maîtres et les maîtresses, dit M. Janet, devront enseigner aux enfants, pendant toute la durée de l'école, leurs devoirs envers la famille, envers la patrie, envers leurs semblables, envers eux-mêmes et envers Dieu. »

Les discussions savantes sur le bien et sur le mal, sur les caractères de la loi morale, sur le principe de l'obligation, doivent être à peu près proscrites de l'enseignement élémentaire de la morale. Elles sont à leur place dans les classes des lycées ; elles s'imposeraient sans profit aux intelligences insuffisamment préparées des enfants de l'école primaire.

Portée et limites de cet enseignement. — L'enseignement de la morale à l'école primaire ne doit être lié à aucune doctrine religieuse ; universel et commun à tous les enfants, à quelque confession qu'ils appartiennent, il ne parle que le langage de la raison, du sens commun : il reste humain, et n'empiète pas sur les croyances propres à telle ou telle religion.

« L'enseignement moral laïque se distingue de l'enseignement religieux sans le contredire. L'instituteur ne se substitue ni au prêtre ni au père de famille ; il joint ses efforts aux leurs pour faire de chaque enfant un honnête homme. Il doit insister sur les devoirs qui rapprochent les hommes, et non sur les dogmes qui les divisent. Toute discussion théologique et philosophique lui est manifestement interdite par le caractère même de ses fonctions, par l'âge de ses élèves, par la confiance des familles et de l'État ; il concentre tous ses efforts sur un problème d'une autre nature, mais non moins ardu, par cela même qu'il est exclusivement pratique : c'est de faire faire à tous ces enfants l'apprentissage effectif de la vie morale.

« Plus tard, devenus citoyens, ils seront peut-être séparés par des opinions dogmatiques, mais au moins ils seront d'accord dans la pratique pour placer le but de la vie aussi haut que possible, pour avoir la même horreur de tout ce qui est bas et vil, la même admiration de ce qui est noble et généreux, la même délicatesse dans l'appréciation des devoirs, pour aspirer au perfectionnement moral, quelques efforts qu'il coûte, pour se sentir unis dans le culte général du bien, du beau et du vrai, qui est aussi une forme, et non la moins pure, du sentiment religieux (1). »

Division des cours. — Dans l'enseignement de la morale, plus que dans aucun autre peut-être, il est nécessaire de suivre une marche progressive, de procéder d'abord par exemples, par récits familiers, pour s'élever peu à peu aux lois abstraites, aux règles générales.

C'est d'après ces principes qu'ont été organisés dans le programme officiel les divers cours de l'école primaire.

Dans la classe enfantine l'enseignement ne comprendra que de simples causeries mêlées aux divers exercices de la classe, de petites poésies apprises par cœur, des historiettes racontées par les institutrices.

Dans les trois cours de l'école primaire, voici comment le programme règle la progression de l'enseignement :

(1) Programme de 1882, *Éducation morale*, préambule.

Cours élémentaire. —Entretiens familiers. Lectures avec explications ; récits, exemples, préceptes. Enseignement par le cœur.

Cours moyen. — Lectures avec explications, comme précédemment (récits, exemples, préceptes), mais coordonnées et graduées suivant un plan méthodique.

Cours supérieur. — Petites leçons graduées d'enseignement moral, avec exemples à l'appui, conformément au programme.

C'est donc seulement dans le cours supérieur que l'enseignement prendra une forme didactique, doctrinale, et que le maître fera de véritables leçons.

Méthode inductive et déductive. — De quelque façon qu'on enseigne la morale, la méthode suivie se ramène toujours à l'induction ou à la déduction.

Ou bien en effet on part d'un exemple, d'un fait fourni par l'histoire, d'une fiction inventée par l'imagination du maître, d'une expérience de l'enfant, d'un accident survenu dans la classe, dans l'école, dans le village, pour faire découvrir à l'élève la vérité morale cachée derrière cet événement particulier : ce qui est faire une induction.

Ou bien on pose une règle morale, la définition d'une vertu, un précepte de conduite, et, après l'avoir expliquée en elle-même, on cherche avec l'enfant des applications pratiques de cette règle générale : en d'autres termes, on déduit.

« Tantôt, dit M. Janet, les maximes seront la conséquence d'une histoire ou d'une fable ; tantôt elles seront présentées comme principes, et l'histoire ou la fable deviendront la preuve ou l'application de la maxime. »

Caractères propres de l'enseignement de la morale. — La clarté, la logique, les qualités intellectuelles, qui peuvent assurer l'efficacité de tout autre enseignement, ne sauraient suffire à l'enseignement de la morale. Le maître est, dans ce cas, un éducateur plutôt qu'un professeur. Il ne s'adresse pas seulement à l'esprit ; il lui faut toucher le cœur, pénétrer la conscience, s'insinuer dans les profondeurs de l'âme. Il a besoin de gravité, de chaleur aussi, d'émotion communicative ; il doit sentir vivement lui-même les vérités morales qu'il enseigne aux autres.

« Pour que la culture morale soit possible et efficace, dit excellemment le programme, une condition est indispensable, c'est que cet enseignement atteigne au vif de l'âme ; qu'il ne se confonde ni par le ton, ni par le caractère, ni par la forme, avec une leçon proprement dite. Il ne suffit pas de donner à l'élève des notions correctes et à la mémoire de sages maximes ; il faut arriver à faire éclore en lui des sentiments assez vrais et assez forts pour l'aider un jour, dans la lutte de la vie, à triompher des passions et des vices. On demande à l'instituteur, non pas d'orner la mémoire de l'enfant, mais de toucher son cœur, de lui faire ressentir, par une expérience directe, la majesté de la loi morale : c'est assez dire que les moyens à employer ne peuvent être semblables à ceux d'un cours de science ou de grammaire. Ils doivent être non seulement plus souples et plus variés, mais plus intimes, plus émouvants, plus pratiques, d'un caractère tout ensemble moins didactique et plus grave. »

Enseignement par le cœur. — On nous a vivement reproché d'avoir écrit dans nos *Éléments d'instruction civique et morale* que « la pratique de la morale reposait sur la sensibilité (1) ». C'est cependant la pure vérité : le sentiment, quel qu'il soit, sentiment d'affection pour sa famille, pour ses camarades, pour ses concitoyens, au besoin sentiment religieux, noble émotion de l'âme pour le bien ; voilà les sources les plus fécondes de la vertu. Les pédagogues sont unanimes sur ce point.

« Le cœur chez l'enfant, dit M. Marion, devance le savoir, et c'est bien plutôt par le cœur que par la raison qu'on a prise sur lui. C'est donc au cœur qu'il faut s'adresser tout d'abord ; la sensibilité de l'enfant est déjà très vive, quand son intelligence s'éveille encore à peine. Autant on perdrait son temps à lui enseigner alors des préceptes généraux, autant on fait œuvre utile, si l'on s'applique à toucher son cœur, à lui donner l'amour et pour ainsi dire le tressaillement du bien, l'enthousiasme du mieux. »

« Du foyer des sentiments tendres et généreux, dit madame de Saussure, il rayonne sur l'intelligence je ne sais quelle vie, quelle douce chaleur dont elle est intimement pénétrée... Les sentiments ne sont pas seulement nécessaires à l'esprit pour com-

_____

(1) *Éléments d'instruction civique et morale*, 99ᵉ édition, p. 14.

pléter ses connaissances, ils décident de son **caractère même**, de sa nature et du genre de son action (1). »

Éducation par la réflexion. — Quelque persuadé que nous soyons des prérogatives du cœur et de l'émotion en matière de culture morale, nous ne songeons nullement à déprécier l'influence de l'intelligence elle-même dans l'éducation de la moralité. La vertu est affaire de jugement aussi bien que de sentiment. Il faut d'abord connaître où est le devoir; savoir bien en quoi il consiste, quelles raisons nous y obligent, quelles conséquences en résulteront, n'est pas chose inutile pour nous décider à l'accomplir.

L'instituteur fera donc appel au jugement de l'enfant, a sa réflexion. « Dans le cours moyen, dit M. Janet, nous devons nous adresser à la réflexion, sinon plus, au moins autant qu'au sentiment. »

« L'instituteur, dit M. Marion, doit donner à l'enfant des façons générales de penser, des règles générales pour juger sainement, un sentiment plus large de sa responsabilité. Si l'on veut que l'enfant s'habitue à ne rien faire sans se demander ce qui est bien ou mal dans chaque cas donné, il faut évidemment le munir de préceptes généraux sur le bien et sur le mal, et lui donner vraiment un *enseignement moral* (2). »

Éducation par la pratique. — Quand on a fait la part de l'esprit et du sentiment dans l'enseignement de la morale, il faut se hâter de faire celle de l'habitude et de la volonté. Ce qui importe avant tout, c'est que, par son action vigilante, le maître assure à tout instant. dans la vie scolaire, l'accomplissement des actes conformes à la loi morale. L'application intelligente de la discipline scolaire lui en fournira le moyen. Il laissera dire et laissera faire, sauf à faire remarquer ensuite à ses élèves leurs erreurs ou leurs torts. Il leur enseignera l'horreur de la délation, de la dissimulation, de l'hypocrisie ; « il mettra au-dessus de tout la franchise et la

(1) *L'Éducation progressive*, t. I, p. 277.
(2) Marion, *op. cit.*, p. 392.

droiture, et pour cela ne découragera jamais le franc parler des enfants, leurs réclamations, leurs demandes ».

« L'instituteur doit donner à l'enfant des habitudes... A sept ans l'enfant n'a pas encore toutes les habitudes bonnes qu'il doit avoir, et celles mêmes qu'il a ne sont pas aussi fortes qu'elles doivent le devenir. Il faut continuer à le former au bien, en lui inspirant, pour ainsi dire, à son insu, des façons correctes d'agir et de sentir. Les préceptes généraux seraient vains à cet âge ; ils sont rebutants et secs, parce qu'ils sont abstraits, et ils demeurent inefficaces. Rappelons-nous la remarque de M. Herbert Spencer : « Ce n'est pas seulement avec les enfants, c'est avec tous les esprits distraits et de peu de culture que les admonestations manquent leur but (1). »

« On n'apprend pas la morale à l'enfant pour qu'il la sache, mais pour qu'il la pratique. Il ne s'agit pas de la lui enseigner au sens ordinaire de ce mot, mais de la lui inculquer, ce qui est est tout autre chose. En inscrivant la morale dans le programme des écoles primaires, on n'a pas entendu y introduire un nouvel enseignement analogue aux autres, des leçons nouvelles pareilles aux autres leçons ; c'est l'éducation du cœur et du caractère qu'il s'agit d'assurer et de diriger le mieux possible (2). »

Exercices pratiques. — Cette nécessité de faire appel aux habitudes morales est si évidente, que les rédacteurs du programme officiel ont eu soin de recommander tout particulièrement les **exercices pratiques**, qui tendent à mettre la morale en action dans la classe même et en dehors des classes. Une surveillance attentive s'impose donc aux maîtres (3).

Ces exercices pratiques devront d'abord tenir compte des caractères individuels. Le maître doit connaître les dispositions propres de chaque enfant, afin d'intervenir pour corriger leurs défauts, pour exciter leurs qualités. L'éducation morale exige, à un bien plus haut degré que l'éducation intellectuelle, les soins particu-

---

(1) M. Marion, *op. cit.*, p. 391.
(2) *Ibid.*, p. 393.
(3) « Dans quelques écoles les enfants sont polis, respectueux envers tout le monde, et on leur inspire de bonne heure le sentiment du devoir. Mais il s'en faut qu'il en soit ainsi dans le plus grand nombre : les maîtres ne surveillent pas assez les élèves en dehors des classes ; ils ne s'appliquent pas suffisamment à former le cœur des enfants, et oublient trop souvent que l'instruction n'est rien sans l'éducation. »

liers, personnels, qui visent chaque nature d'enfant.

Il faut aussi que le maître se préoccupe de redresser les mauvaises habitudes, les préjugés, les superstitions que l'enfant apporte de la famille à l'école, dont il a été nourri dès le berceau, et que continuent à entretenir en lui les influences du milieu où il vit.

« ... L'enfant n'arrive point à l'âge de sept ans absolument neuf et moralement intact. Une sorte de perversion a déjà commencé pour lui faute de soins, et le maître qui le reçoit à l'école doit non seulement faire ce qui n'a pas été fait mais le plus souvent défaire ce qui s'est fait tout seul (1). »

L'exemple du maître. — Mais ce n'est pas l'enfant seul, avec ses habitudes déjà prises, avec ses préjugés contractés dès la naissance, qu'il faut surveiller dans ses actes, et exercer à mieux penser, à mieux faire. Le maître doit avant tout se surveiller lui-même.

« Pour que l'élève se pénètre de ce respect de la loi morale qui est à lui seul toute une éducation, il faut premièrement que, par son caractère, par sa conduite, par son langage, il soit lui-même le plus persuasif des exemples. Dans cet ordre d'enseignement, ce qui ne vient pas du cœur ne, va pas au cœur. Un maître qui récite des préceptes, qui parle du devoir sans conviction, sans chaleur, fait bien pis que perdre sa peine; il est en faute (2). »

Et ce n'est pas seulement quand il parle morale, c'est toujours et partout que le maître a le devoir de se présenter à l'enfant comme un exemple vivant de droiture et d'honnêteté. Un modèle réel, qui agit sous les yeux de l'enfant, sera toujours plus efficace que les modèles qu'on emprunte à l'histoire ou à la fiction.

Moyens accessoires. — Il faut sans doute, dans l'enseignement de la morale, moins sermonner que faire agir. Les exhortations faites avec gravité ont cependant leur prix.

M. Pécaut recommande avec raison aux directeurs

(1) M. Marion, *op. cit.*, p. 390.
(2) *Programme*, préambule.

et aux directrices d'école de réunir, chaque semaine
au moins, les élèves des premières divisions, pour les
entretenir pendant une demi-heure environ.

« Qu'ils entrent alors, dit-il, en communication plus directe
avec eux, qu'ils passent en revue l'histoire de la semaine écoulée,
rendant justice à tous, qu'ils signalent, avec les fautes et les
négligences, les efforts honnêtes et les bons résultats. Qu'ils
réservent pour cette séance une lecture intéressante, propre à
élever les enfants au-dessus du train vulgaire des études et à
les mettre en goût de lire eux-mêmes quelques bons livres de
la bibliothèque scolaire. Qu'à ce propos ils leur donnent avec
discrétion des conseils sur leur vie au dehors, sur leurs devoirs
de famille, sur les lectures à éviter. De telles causeries, bien
préparées, sérieuses sans raideur, auxquelles un habile directeur
ne manquerait pas d'associer ses adjoints, seraient la principale
leçon *éducative*, la leçon de morale cordiale, intéressante, non
dogmatique. L'enfant quitterait l'école mieux disposé à subir les
bonnes influences de la famille, mieux armé contre les mauvais
exemples de la rue et les excitations malsaines (1). »

La lecture. — C'est par la lecture surtout qu'on
pourra insinuer dans la tête et le cœur de l'enfant les
bonnes inspirations morales : soit par la lecture faite
en classe, avec des commentaires qui mettent en relief
les parties importantes du texte, soit par les lectures
personnelles de l'élève.

« Les bibliothèques scolaires, disent les *Rapports* des inspecteurs
généraux, quand elles seront prospères, fourniront à l'instituteur de puissants moyens d'éducation et de moralisation. L'influence des bons livres est considérable : aussi doit-on s'efforcer
de les faire pénétrer partout, pour développer par ce moyen
les sentiments moraux et élevés. »

La poésie. — Nous avons dit ailleurs les rapports
qui unissent le beau et le bon, l'art et la morale. On ne
sait pas encore dans nos écoles tirer des études littéraires tout le profit que l'éducation en attend.

« Si le sens moral et religieux consiste surtout dans l'hommage
de respect, de soumission, rendu à meilleur que soi, à l'idéal,
au bien, et en dernière instance à l'Être parfait, quoi de plus

(1) *Rapports*, etc., 1879-1880, p. 12.

propre à l'éveiller que de faire appel au sens de l'admiration
pour ce qui est beau : beau de pensée, de sentiment, de forme,
d'ordre ; pour tout ce qui, en dépassant notre niveau vulgaire,
nous sollicite à sortir de nous-mêmes et à monter plus haut
Reconnaissons ici une lacune immense, que je me borne à indiquer : la religion officielle, dogmatique, se retire de nos écoles,
et rien encore ne vient prendre sa place ; la morale ne fait qu'apparaître sur le seuil ; l'art sous ses diverses formes, mais en particulier sous la forme éminemment éducative de la poésie, ne
remplit à aucun degré son office de haute culture. Le chant
même, le chant choral, qui a toujours été l'instrument par
excellence de l'éducation religieuse, morale, patriotique, n'existe
pour ainsi dire nulle part dans nos écoles... (1). »

La morale théorique. — Bien que l'enseignement
de la morale à l'école primaire ait surtout un but pratique, il ne faudrait pas que l'instituteur négligeât de
donner à ses leçons un caractère élevé, général. Il ne
suffit pas d'apprendre aux enfants leurs devoirs particuliers et de les mettre en état de les pratiquer ; il faut
que le cours de morale soit aussi une occasion d'éveiller
la réflexion de l'enfant sur la nature de l'homme, sur
sa destination dans le monde.

« Le dernier cours, dit M. Janet, ne se terminera pas sans
que les enfants aient reçu quelques notions de ce que nous
appelons morale théorique, c'est-à-dire l'explication même des
principes de la morale, la distinction du bien et du mal, le devoir distinct de l'intérêt personnel, la conscience et le sentiment
moral, le mérite et le démérite, la sanction morale et la vie
future fondée sur la justice de Dieu. »

En d'autres termes, le maître n'a pas seulement à
favoriser les tendances particulières qui prépareront
l'enfant à l'accomplissement de tel ou tel devoir ; il doit
viser plus haut, et, par tous les moyens possibles, par
l'application stricte du règlement, par l'emploi judicieux
des punitions et des récompenses, par des exhortations
et des réprimandes, au besoin par des explications
théoriques, il s'efforcera de développer dans l'âme de
son élève ce qui est le principe de toute morale, le
sentiment de la responsabilité personnelle.

(1) *Rapports*, etc., 1879, p. 95.

L'instruction civique. — Récemment introduite dans les programmes de l'enseignement primaire, l'instruction civique pourrait, en un sens, se confondre avec la morale dont elle n'est que le complément. Il est impossible en effet de devenir un citoyen, si l'on ne commence par être un homme. Le meilleur principe des vertus civiques sera toujours la pratique des vertus individuelles et sociales.

C'est avec raison cependant qu'on a donné une place à part à l'enseignement civique, ne serait-ce que pour en mieux faire ressortir l'importance et l'utilité (1). Il n'est pas seulement question en effet d'un enseignement indirect de l'instruction civique, tel qu'il pourrait résulter de l'histoire, de la géographie, etc. Il y a lieu d'enseigner directement toutes les matières que comprend cette expression, en les rattachant d'ailleurs, comme l'indique le règlement de 1882, au cours d'histoire et de géographie.

Nécessité de l'instruction civique. — Ce n'est pas assez de dire que l'instruction civique est utile ; la vérité, c'est qu'elle est nécessaire. Elle l'est surtout depuis que la liberté politique, cette conquête de la République de 1848, s'est ajoutée à la liberté civile, cette conquête de la Révolution.

Dans un pays qui se gouverne lui-même, où chaque individu participe librement par ses votes à la direction des affaires publiques, comment admettre que la majorité des citoyens, ceux qui ne fréquentent que l'école primaire, restent dans l'ignorance de leurs obligations politiques et sociales ?

Vous leur demandez de respecter, d'aimer la Constitution, et ils ne connaissent pas la Constitution !

Vous leur demandez d'exercer des droits, de satisfaire à des devoirs, et ils ignorent le sens, la portée de ces droits et de ces devoirs !

_____

(1) Le titre exact de ce nouvel enseignement, d'après le programme officiel, est conçu en ces termes :

Instruction civique, droit usuel, notions d'économie politique.

Citoyens qui se parent de ce beau non sans savoir à quoi il oblige, électeurs qui votent sans connaître l'importance de leur vote, contribuables qui payent l'impôt sans comprendre à quoi sert l'impôt, habitants d'un pays qu'on ne leur a pas appris à aimer... : tels sont nécessairement les membres d'un peuple à qui manque l'instruction civique.

Sans doute les journaux remédient en partie à ces ignorances. Mais l'enseignement de la presse n'a rien de régulier, de suivi ; il est livré à mille hasards. D'ailleurs, il n'y a pas que de bons journaux ; et enfin le journal vient souvent trop tard pour guérir les préjugés politiques qu'on a laissés s'enraciner dans l'âme de l'enfant et du jeune homme.

Un écrivain distingué, Vitet, disait, il y a quelques années : « L'amour de la patrie n'est pas enseigné en France. » Si cette assertion est vraie, il importe qu'elle cesse de l'être et que les petits enfants de France apprennent à aimer non seulement leur pays, mais encore les institutions de leur pays.

« Sans l'éducation civique et politique, écrivait déjà Pestalozzi, le peuple souverain est un enfant qui joue avec le feu et qui risque à chaque instant d'incendier la maison. »

Dès 1877, M. Gréard réclamait l'introduction dans l'école française de ce qu'à l'étranger on appelle depuis longtemps l'instruction civique :

« Ce que le bon sens demande, disait-il, c'est qu'au respect des traditions nationales, qui est la base du patriotisme éclairé, se joigne dans l'esprit des enfants, arrivés, comme on dit, à l'âge de raison, la connaissance des lois générales de la vie publique de leur pays. Ce que nos élèves savent le moins, c'est ce qu'ils auraient, pour eux et pour tout le monde, le plus d'intérêt à savoir. Il n'est pas inutile assurément qu'ils aient une idée des capitulaires de Charlemagne ; mais combien n'est-il pas plus nécessaire de ne point leur laisser ignorer les principes de l'organisation sociale au sein de laquelle ils sont appelés à remplir leurs devoirs de citoyens ! Il ne faut pas, sans doute, que l'enfant soit absolument étranger au régime de nos anciennes provinces ; mais n'est-il pas plus indispensable encore qu'il possède

une notion exacte de tout ce qui constitue actuellement la vie
organique d'une commune, d'un département, de l'État ? Que
d'élèves pourraient, tant bien que mal, expliquer ce qu'étaient en
leur temps les Maires du palais, qui seraient fort embarrassés
de définir le rôle et les attributions du maire de leur arrondis-
sement ou de leur village ! Et si ces notions ne leur sont pas enseignées à l'école, comme elles peuvent l'être, comme elles le
sont dans tous les pays qui nous avoisinent, où et comment
les apprendront-ils (1) ? »

Méthode à suivre. — Rien de plus sec, de plus
monotone qu'un cours d'instruction civique, si l'on se
contente d'énumérer à l'enfant les notions adminis-
tratives et politiques dont il se compose. Mais il est
facile, si l'on en prend la peine, d'animer et de
vivifier cet enseignement, en prenant des exemples, en
s'appuyant sur l'histoire, surtout en se proposant pour
but d'exciter sans cesse des idées nationales et d'allumer la flamme du patriotisme.

Le but de l'instruction civique en effet n'est pas
seulement de faire entrer dans l'esprit de l'enfant
un certain nombre de connaissances positives ; c'est
surtout de cultiver de bonne heure dans son âme sa
disposition naturelle à aimer la patrie et à respecter
la loi.

Le programme indique la marche à suivre, qui
consiste, comme en géographie par exemple, à prendre
pour point de départ la commune, pour passer ensuite
et progressivement à l'étude du département et de
l'État. Familiarisé d'abord avec des institutions
qui sont pour ainsi dire à sa portée, qu'il voit fonc-
tionner dans son village, l'enfant n'aura pas de peine à
s'élever plus haut, et sera tout disposé à concevoir le
jeu plus compliqué du gouvernement lui-même. A une
condition pourtant, c'est que le maître sache éviter la
sécheresse, qu'il ne multiplie pas les détails inutiles, qu'il
excite la curiosité de l'enfant, qu'il fasse appel à ses
sentiments patriotiques, qu'il lui montre toujours quel

(1) M. Gréard, *l'Enseignement primaire à Paris de 1867 à 1877*, p. 251.

profit il tirera dans la vie des connaissances qu'il acquiert à l'école, et combien il a besoin de savoir tout ce qu'on lui enseigne sur ce point pour remplir plus tard ses devoirs de citoyen et en exercer les droits.

L'instruction civique et l'histoire. — Autre chose est l'histoire qui nous enseigne le passé de notre pays, autre chose l'instruction civique qui nous fait connaître son état présent, son organisation actuelle. Mais il ne faut pourtant jamais séparer « aujourd'hui et autrefois » ; et l'enseignement civique ne sera fécond que s'il provoque sans cesse la comparaison des institutions contemporaines et des institutions anciennes.

Bien entendu un large esprit de tolérance et même de respect devra animer l'instituteur dans les rapprochements qu'il aura à faire entre le passé et le présent. Il faudra craindre, en louant ce qui existe, de trop rabaisser et de dénigrer ce qui n'est plus.

M. Jules **Ferry** le disait éloquemment :

« Je n'aime pas qu'on dise aux enfants : Il n'y a que l'histoire contemporaine. Ah ! sans doute, ce fut une bonne idée et un sérieux progrès que d'introduire l'histoire contemporaine dans les programmes de notre enseignement élémentaire. Mais défions-nous d'un excès contraire ; ne croyons pas qu'il soit bien de dire à la jeunesse : Par delà 1789, par delà cette date éclatante et rénovatrice, il n'y a rien, rien que des tristesses, rien que des misères, rien que des hontes. Cela n'est pas vrai d'abord, et ensuite cela n'est pas sain pour la jeunesse (1). »

L'instruction civique et la politique. — A raison de ses rapports avec la politique l'enseignement de l'instruction civique se heurte à des écueils où il est facile d'échouer. Que l'instituteur se garde de faire de ses élèves de petits journalistes et des *politiqueurs* en herbe, sans oublier pourtant ce qu'il doit à son pays et au respect du gouvernement établi.

Comme on l'a dit, nous ne devons pas faire entrer la politique dans l'école, « si l'on entend par politique ce

(1) *Discours* au Sénat, du 10 juin 1882.

qui se passe jour par jour dans les Chambres, quel est le ministre d'aujourd'hui, quel sera le ministre de demain (1) »

Mais si l'on entend par politique la connaissance des grands principes de liberté, d'égalité et de solidarité fraternelle, qui sont la raison d'être des sociétés modernes, et que les fils de la Révolution ont à défendre contre les attardés et contre les impatients, si l'on entend par politique l'amour du pays et l'attachement à la République : oui, nous pensons qu'il n'est jamais trop tôt pour en inculquer l'idée et que cette politique-là est de tous les âges.

La loi du 22 mars 1882 a mis l'instruction morale et civique au nombre des matières obligatoires de l'enseignement dans les écoles primaires de garçons et de filles. Désormais l'instruction morale et civique prendra parmi les études essentielles, entre la grammaire et l'arithmétique, la place qu'elle a le droit de revendiquer, comme un instrument précieux d'éducation populaire, comme un enseignement particulièrement nécessaire dans un pays de suffrage universel, dans une grande démocratie, qu'il ne servirait de rien d'émanciper, si on ne l'éclairait pas en même temps sur ses droits et sur ses devoirs.

Du droit des laïques en matière d'éducation morale. — L'œuvre de l'instituteur n'est pas terminée quand il a cultivé et orné l'esprit de ses élèves, quand il les a munis du savoir technique pour les combats de la vie. Il tient de son titre de professeur, il a reçu de la confiance des familles une charge plus élevée encore : il est pour sa part et à son rang l'éducateur de la jeune génération.

Assurément il serait plus commode de se cantonner strictement — à supposer que cela fût possible — dans sa tâche professionnelle, d'être simplement un maître de français, d'histoire ou de mathématiques, de ne pas

(1) Voyez la conférence de M. Paul Bert, *l'Instruction dans une démocratie* conférence faite au Havre le 21 mai 1880.

dépasser la superficie de l'esprit, de ne pas toucher au fonds vivant et intime des croyances, de n'être en un mot, comme on l'a dit, qu'une sorte de « maître à danser de l'intelligence ».

Mais, qu'il le veuille ou non, par la nature même de sa fonction, par son action incessante sur l'âme des enfants confiés à sa garde, l'instituteur assume nécessairement une responsabilité plus haute. Il intervient, non seulement par des leçons directes de morale, mais par l'esprit qui se dégage de tout son enseignement, il intervient par son exemple encore dans la direction morale de ses élèves. Et je n'hésite pas à dire que c'est son devoir et son droit.

Oui, nous revendiquons hautement pour les maîtres laïques le titre d'éducateurs et de moralistes. Pour remplir ce rôle auguste, il n'est pas nécessaire de porter la robe du prêtre. Il suffit d'être un homme, un honnête homme.

De quel droit nous dira-t-on, enseignez-vous la morale ? Mais du droit qu'a tout homme de bien, qui est en même temps un professeur, de communiquer à ses élèves ce qui est précisément son trésor le plus précieux, les vérités morales, les plus essentielles et les plus importantes de toutes.

Ai-je besoin de dire que cette tâche, si elle est la plus noble, est aussi la plus délicate ? C'est en ce point surtout que les intentions de l'Université sont méconnues, son œuvre suspectée. On nous traite d'usurpateurs, d'ennemis de la religion, et dans le langage de certains partis politiques l'école primaire est devenue l'école sans Dieu, du jour où l'enseignement de la morale y a été officiellement introduit.

Nous mériterions ces injures, si nous avions un seul instant oublié ce que nous devons de respect et d'égards à la conscience religieuse, à la croyance confessionnelle de nos élèves. Mais n'est-il pas évident pour tout homme de bonne foi que pour prétendre enseigner la morale humaine, la morale éternelle, nous ne songeons en aucune façon à empiéter sur les droits des parents ou des ministres de la religion. Pour être les défenseurs convaincus et passionnés des droits de la société moderne, nous n'en savons pas moins ce qu'un gouvernement digne de ce nom doit de respect aux consciences religieuses. Quoi de plus respectable que la conscience d'un enfant, conscience naissante et encore indécise, proie facile offerte à toutes les doctrines, qui s'ouvre à nos enseignements avec la docilité ingénue du jeune âge et qui se laisserait si aisément façonner dans le moule où il nous plairait de la jeter! Mais cette conscience, Dieu nous garde d'y toucher et d'entreprendre sur elle, non seulement parce que cette conscience d'enfant est tout un avenir d'homme, parce qu'elle a ses droits propres, mais aussi parce que derrière elle, si nous étions assez coupables pour vouloir la détourner de ses aspirations naturelles, nous apercevrions la volonté des parents, les droits de la famille, tout l'héritage des croyances traditionnelles.

S'il est encore quelqu'un qui s'imagine qu'en enseignant l'instruction morale et civique à tous les degrés de l'enseignement public, nous avons voulu élever autel contre autel, opposer l'instituteur au prêtre ou au pasteur, établir je ne sais quelle concurrence entre le manuel et le catéchisme, que nous avons voulu, à côté de chaque temple ou de chaque église, installer une école d'irréligion et d'impiété, de façon que l'enfant au sortir de l'école primaire passât indifférent ou railleur devant les portes de l'église ou du temple, celui-là se trompe, et nous protestons contre ses imputations de toutes les forces de nos consciences d'hommes, de patriotes et de républicains.

Nous avons pensé seulement qu'alors qu'il s'agissait de ce qui est l'intérêt vital d'une grande nation, je veux dire la moralisation du peuple, il n'était pas trop de toutes les bonnes volontés, de tous les dévouements, que les leçons de morale ne perdraient pas toute leur efficacité pour n'être pas revêtues du caractère ecclésias-

tique; que les laïques pouvaient y concourir. Et quand
nous avons pris ainsi notre part de la tâche commune,
peut-être, au lieu de nous maudire comme des adversaires,
eût-il été plus équitable de nous remercier comme des
collaborateurs.

Nous ne nous découragerons pas. Nous continuerons
à appeler tous les enfants de nos collèges et de nos
écoles sur ce terrain neutre de l'enseignement de la
morale, où l'on n'attaque aucune religion, où l'on prêche
la justice, la charité, la tolérance, qui est la charité
envers les idées. Nous continuerons à bâtir sur ces
assises solides la cité humaine, en laissant aux ministres
de la religion le soin de bâtir à côté ce que saint
Augustin appelait la Cité de Dieu.

LEÇON IX

LE DESSIN — LA MUSIQUE — LE CHANT

Le dessin à l'école primaire. — Historique : Rousseau. — Pestalozzi,
Frœbel. — Définition des termes. — Programme actuel. — A quel
âge faut-il commencer l'enseignement du dessin? — Goût des
enfants pour le dessin. — Le goût de la coloration. — Deux méthodes différentes. — Opinion de M. Herbert Spencer. — Opinion
classique. — Conseils particuliers. — Le chant à l'école primaire.
— Le chant à l'école maternelle. — Le chant, enseignement obligatoire. — Influence morale de la musique. — Le chant et la
discipline. — Choix de morceaux. — Méthodes et procédés. —
L'intuition dans le chant. — Théorie musicale.

Le dessin à l'école primaire. — Le dessin a été
longtemps considéré comme un art d'agrément, comme
une étude de luxe, réservée aux gens de loisir ou aux
artistes de profession. Il en est résulté que le dessin a
été longtemps omis dans le programme de l'enseignement primaire. Mais aujourd'hui sa cause est gagnée.
Depuis quelques années l'enseignement du dessin est
obligatoire dans la plupart des écoles de l'Europe. « Il
y a, comme on l'a dit, avènement du dessin aussi bien
que de la science dans l'éducation. » De toutes parts
on comprend que le dessin n'est pas seulement une
récréation élevée, une préparation au sentiment du
beau, qu'il est aussi la condition première de tout progrès dans les diverses branches de l'industrie artistique.

« Sans dessin, point d'ouvriers habiles, point de bons chefs
d'ateliers; point de progrès et d'excellence dans les plus relevées des industries, celles qui rendent témoignage d'une civili
sation (1) ».

(1) Voyez l'article *Dessin* de M. E. Guillaume dans le *Dictionnaire de pédagogie*.

« Les avantages qu'on peut tirer du dessin par une heureuse application aux arts mécaniques sont infiniment précieux; il est l'âme de plusieurs branches du commerce; c'est lui qui fait donner la préférence à l'industrie d'une nation; il centuple la valeur des matières premières... Les étoffes, l'orfèvrerie, les bijoux, la porcelaine, les tapisseries, tous les métiers relatifs aux arts ne doivent opérer que par ses principes (1). »

Historique : Rousseau. — Rousseau est le premier en France qui ait recommandé l'étude du dessin, du dessin d'après nature d'ailleurs, et avec l'intention de faire plutôt des ouvriers habiles que des artistes élégants :

« On ne saurait apprendre à bien juger de l'étendue et de la grandeur des corps qu'on n'apprenne à connaître aussi leurs figures et même à les imiter; car au fond cette imitation ne tient absolument qu'aux lois de la perspective; et l'on ne peut estimer l'étendue sur ses apparences qu'on n'ait quelque sentiment de ses lois. Les enfants, grands imitateurs, essayent tous de dessiner : je voudrais que le mien cultivât cet art, non précisément pour l'art même, mais pour se rendre l'œil juste et la main flexible; et, en général, il importe fort peu qu'il sache tel ou tel exercice, pourvu qu'il acquière la perspicacité du sens et la bonne habitude du corps qu'on gagne par cet exercice. Je me garderai donc bien de lui donner un maître à dessiner, *qui ne lui donnerait à imiter que des imitations, et ne le ferait dessiner que sur des dessins:* je veux qu'il n'ait d'autre maître que la nature, ni d'autre modèle que des objets. Je veux qu'il ait sous les yeux l'original même, et non pas le papier qui le représente, qu'il crayonne une maison sur une maison, un arbre sur un arbre, un homme sur un homme, afin qu'il s'accoutume à bien observer les corps et leurs apparences, et non pas à prendre des imitations fausses et conventionnelles pour de véritables imitations. Je le détournerai même de rien tracer de mémoire en l'absence des objets, jusqu'à ce que, par des observations fréquentes, leurs figures exactes s'impriment bien dans son imagination; de peur que, substituant à la vérité des choses des figures bizarres et fantastiques, il ne perde la connaissance des proportions et le goût des beautés de la nature.

« Je sais bien que de cette manière il barbouillera longtemps sans rien faire de reconnaissable, qu'il prendra tard l'élégance des contours et le trait léger des dessinateurs, peut-être jamais le discernement des effets pittoresques et le bon goût du dessin;

(1) Bachelier, *Discours sur l'utilité des écoles élémentaires*, etc. 1766.

en revanche, il contractera certainement un coup d'œil plus juste, une main plus sûre, la connaissance des vrais rapports de grandeur et de figure qui sont entre les animaux, les plantes, les corps naturels, et une plus prompte expérience du jeu de la perspective... (1). »

Rousseau a le tort de proscrire d'une façon absolue l'imitation des modèles artificiels. Une autre erreur, c'est qu'il sépare très nettement le dessin de la géométrie : « La géométrie, dit-il, n'est pour nos élèves que l'art de se bien servir de la règle et du compas : il ne doit pas la confondre avec le dessin, où il n'emploiera ni l'un ni l'autre de ces instruments. »

Pestalozzi, Frœbel. — Pestalozzi et Frœbel sont, après Rousseau, ceux qui ont le plus fait pour populariser l'enseignement élémentaire du dessin.

Pour Pestalozzi, la forme géométrique constitue l'essence même du dessin. L'élève dessinera d'abord des lignes droites, des carrés, des triangles, des arcs de cercle. Plus tard, quand l'élément esthétique de la forme se sépare de l'élément purement mathématique, et que l'élève en a pris clairement conscience, succéderont aux exercices du dessin linéaire des leçons de perspective et de dessin artistique : le dessin des lignes n'est d'ailleurs qu'une préparation au dessin des objets.

« Ce ne sont pas des lignes, dit-il, que la nature donne à l'enfant ; elle ne lui donne que des objets ; et nous ne devons lui donner des lignes que pour l'aider à bien voir les objets, mais il faut se garder de lui enlever les objets et de ne lui faire voir que les lignes. »

Pestalozzi n'a guère fait que poser les principes ; Frœbel les a appliqués. Comme Pestalozzi, il prend les figures géométriques pour point de départ.

« Dès le début, l'enfant a devant lui une table quadrillée, puis une ardoise quadrillée. Les balles, puis les cubes, puis les petites lattes, le familiarisent avec les formes géométriques ; les laines et les bandelettes de papier l'exercent à distinguer les couleurs. Ce qu'il a vu, il le reproduira naturellement. Pour guider ses premiers essais, il suffit de le faire débuter par les formes élémentaires. Il commence par voir des lignes concrètes et tangibles, pour ainsi dire, figurées par les bâtonnets ; il n'a d'abord qu'à poser et à juxtaposer de diverses façons les lattes ou les cubes pour obtenir des figures régulières. Bientôt il produit lui-même, en entrelaçant les bandes de papier, des mosaïques de petits carreaux de plusieurs couleurs. Quand enfin il prend le crayon en main, il lui est facile de représenter sur l'ardoise ou sur le cahier les combinaisons qu'il a obtenues avec ces bâtonnets, ces cubes, ces bandes de papier, et, grâce aux sollicitations de l'analogie, grâce au secours du quadrillage, qui le guide sans l'enchaîner, grâce à l'instinct naissant d'harmonie et de symétrie que l'éducation frœbélienne développe merveilleusement, il ne peut pas se borner à imiter, il invente presque aussitôt des combinaisons nouvelles de lignes dont l'ordonnance régulière le ravit et l'encourage sans cesse à de nouveaux efforts (1). »

Définition des termes. — L'usage a consacré certaines expressions, d'après lesquelles le dessin comprendrait diverses parties tout à fait distinctes : le dessin linéaire, le dessin géométrique, le dessin d'ornement, le dessin d'art ou d'imitation. Le dessin linéaire, à vrai dire, n'est autre chose que le dessin géométrique, c'est-à-dire celui qui s'applique plus spécialement à la représentation des objets définis géométriquement. Le dessin d'ornement n'est qu'un développement du dessin géométrique. Enfin le dessin d'art ou d'imitation s'entend en général de la représentation de la figure humaine.

Programme actuel. — L'enseignement du dessin n'est obligatoire dans nos écoles primaires que depuis 1881. L'arrêté du 27 juillet 1882 porte que l'enseignement du dessin, commencé par des leçons très courtes dans le cours élémentaire, « occupera dans les deux autres cours deux ou trois leçons chaque semaine ».

Le programme indique, comme matière du cours élémentaire le tracé des lignes et les premiers principes du dessin d'ornement.

(1. M. Buisson, *Rapport sur l'exposition de Vienne*, p. 217,

Pour le cours moyen, le *dessin à main levée*, courbes géométriques usuelles, courbes empruntées au règne végétal : la copie de plâtres représentant des ornements, la première notion du dessin géométral (c'est-à-dire qui offre la dimension, la forme et la position des parties d'un ouvrage) ; enfin le dessin géométrique, avec l'emploi de la règle, du compas, de l'équerre et du rapporteur. Dans cette partie du cours on se bornera à faire comprendre aux élèves l'usage de ces instruments dont ils acquerront le maniement dans le cours supérieur.

Pour le cours supérieur, au dessin à main levée s'ajoutent des notions élémentaires sur les ordres d'architecture et le dessin de la tête humaine. Quant au dessin géométrique, on exécute sur le papier, avec l'aide des instruments, les tracés jusque-là exécutés au tableau. On donne les principes du lavis ; on pratique le lavis à l'encre de Chine et à la couleur, les dessins de décoration, etc.

A quel âge faut-il commencer l'enseignement du dessin ? — Lorsque l'enfant écrit bien et vite, disait Locke, je pense qu'il est à propos non seulement de continuer à exercer ses mains par l'écriture, mais encore de porter plus loin son habileté en lui apprenant le dessin (1). Il y a en effet de grands rapports entre l'écriture et le dessin, et ces deux exercices peuvent et doivent se prêter un naturel appui. Aussi ne saurions-nous trop encourager, à l'imitation de Frœbel, l'enseignement du dessin, même dans la classe enfantine.

« Rien ne saurait convenir mieux au petit enfant que le dessin, qui occupe ses yeux et sa main et qui le force, par la nature même du travail et sans qu'il soit nécessaire de l'y inviter, à observer attentivement, à comparer, à *combiner*. Nous soulignons avec intention ce dernier mot, parce qu'il marque bien la supériorité du dessin sur les autres exercices d'observation, où l'enfant regarde sans avoir à reproduire ce qu'il voit. Il y a dans les plus modestes essais de dessin une part de création, un

_____

(1) *Quelques Pensées sur l'éducation*, édit. Hachette, p. 251.

rôle actif, personnel, qui fait l'un des plus grands attraits de ce genre de travail. Le crayon à la main, l'enfant invente encore plus qu'il ne copie (1). »

Goût des enfants pour le dessin. — Tous les observateurs de la nature humaine, et M. H. Spencer notamment, ont noté le goût de l'enfant pour le dessin :

« L'opinion qui se répand que le dessin est un des éléments de l'éducation prouve que l'on commence a se faire une idée plus juste de ce qu'est la culture de l'esprit. C'est encore un signe que les maîtres adoptent enfin la marche que la nature leur indique constamment. Les efforts spontanément tentés par les enfants pour représenter les personnes, les maisons, les arbres, les animaux, qui les entourent, sur une ardoise, s'ils ne peuvent mieux faire, ou à la mine de plomb sur du papier, si on leur en donne, est un fait connu de tout le monde. Voir des images est un de leurs grands plaisirs : comme toujours, leur tendance marquée à l'imitation leur inspire le désir de faire des images. Les efforts pour rendre les objets qui frappent leur vue sont aussi un exercice utile de perception, un moyen de rendre ces perceptions plus exactes et plus complètes. Et en cherchant à nous intéresser à leurs découvertes sur les propriétés usuelles des objets, en s'efforçant d'appeler notre attention sur leur dessin, ils sollicitent précisément de notre part le genre de culture dont ils ont le plus besoin (2). »

Le goût de la coloration. — M. H. Spencer fait en outre remarquer, et avec raison, que le procédé de représentation qui charme et attire le plus l'enfant, c'est la coloration.

« Le crayon et le papier lui servent à défaut de mieux, mais une boîte de couleurs et un pinceau sont pour lui des trésors. Le dessin passe après le coloris. »

Mais est-il possible d'introduire l'usage des couleurs à l'école primaire ? Le programme l'admet dans une certaine mesure, puisqu'il est rédigé, pour les classes enfantines, dans les termes suivants :

« Combinaison de lignes. Représentation de ces combinaisons

---

(1) Mademoiselle Chalamet, l'École maternelle, p. 135.
(2) M. Spencer, De l'éducation, p 150.

sur l'ardoise et le papier au crayon ordinaire ou *aux traits de couleur*. »

De même, au cours supérieur de l'école primaire, le programme, nous l'avons vu, recommande des exercices de lavis à l'encre de Chine et à la couleur.

Deux méthodes différentes. — Il n'en est pas moins vrai que ce qui importe le plus dans le dessin, c'est la ligne et ses combinaisons, non la couleur et ses nuances.

Mais quelle méthode suivre pour familiariser l'enfant le plus sûrement et le plus rapidement possible avec l'étude des lignes? Deux systèmes sont en présence : d'une part celui qui ne veut pas que la géométrie soit la base de l'enseignement du dessin, qui prétend que, « la figure humaine étant ce qu'il y a de plus parfait et de plus harmonieux dans ses proportions, c'est par elle qu'il faut commencer les études » ; d'autre part, la méthode classique qui procède logiquement, analytiquement, pour ainsi parler, et qui, avant de présenter des ensembles à l'imitation de l'enfant, l'exerce à reproduire les éléments de toute figure et de toute forme, c'est-à-dire les lignes dans leurs diverses combinaisons.

Opinion de M. H. Spencer. — M. Spencer condamne avec énergie la méthode qui consiste « à faire commencer par des lignes droites, des lignes courbes et des lignes composées ». C'est, dit-il, renouveler dans l'enseignement du dessin les exercices abandonnés dans l'enseignement des langues ; c'est recommencer à mettre l'abstrait avant le concret.

Il est cependant difficile de soutenir que les lignes, bien qu'elles ne soient que les éléments des formes réelles, constituent quelque chose d'abstrait. C'est comme si l'on voulait, dans l'enseignement de la lecture, interdire à l'enfant d'apprendre d'abord les lettres, qui sont les éléments des mots. Nous pensons, quant à nous, qu'il y a avantage à placer en tête des études de dessin, comme l'exige d'ailleurs le programme de 1882, le tracé des lignes, leur division en parties égales, l'évaluation des rapports des lignes entre elles: c'est là, suivant l'expression de M. Spencer, une « grammaire », ou plutôt un alphabet de la forme, qu'il faut nécessairement apprendre avant d'aller plus loin.

L'opinion de M. H. Spencer est celle aussi que professe en France M. Ravaisson.

« Le dessin repose, dit-il, dans son opération la plus élémentaire, à laquelle toutes les autres peuvent être réduites, sur un jugement d'une nature spéciale, entièrement différent de ce jugement dont se servent les mathématiques... Le meilleur moyen de dessiner quelque objet que ce soit, ce sera donc d'étudier les objets où se trouvent au degré le plus élevé ces qualités qui font l'harmonie et la beauté, de manière à s'approprier, autant du moins qu'on en sera capable et que le temps dont on disposera le permettra, l'esprit dont elles procèdent : ce sera d'étudier les types accomplis de la plus haute perfection que la nature nous offre. Pour celui même qui n'aura, dans l'exercice de l'industrie à laquelle il se voue, qu'à exécuter le plus modeste métier d'imitation, la meilleure méthode pour arriver le plus promptement possible à s'en bien acquitter sera donc celle qu'ont toujours prescrite tous les maîtres, et qui consiste à étudier longtemps, et aussi longtemps qu'on le peut, les types où éclate l'unité qui imprime aux formes le caractère et surtout l'unité supérieure dans laquelle réside la beauté (1). »

La méthode prônée par M. Ravaisson est incontestablement la plus favorable au développement des facultés esthétiques et du sentiment du beau. C'est celle que nous recommanderions peut-être s'il s'agissait, à l'école primaire, de former des artistes. Mais, dans l'humble sphère où se meuvent les destinées de l'enseignement élémentaire, il nous paraît plus rationnel de suivre l'autre méthode, celle qui s'appuie sur des éléments solides empruntés aux représentations géométriques.

Opinion classique. — Cette méthode a été défendue avec éclat par M. E. Guillaume (2), et il est impos-

---

(1) Voyez l'article *Art* dans le *Dictionnaire de pédagogie.*
(2) Voyez l'article *Dessin* dans le *Dictionnaire de pédagogie.*

sible de mieux faire valoir les raisons qui justifient la
préférence que nous lui accordons. M. Guillaume fait
observer qu'il s'agit moins de sentiments que d'habitudes pratiques, que le dessin ne doit pas rester dans le
domaine de l'à peu près, qu'il lui faut des bases rationnelles.

« De ce que le dessin sert de mode d'expression aux beaux-
arts, on en conclut que l'art est son objet principal pour ne
pas dire unique, que c'est l'art qui doit être, avant tout, visé
dans son enseignement. Son côté général et utile, les moyens
de précision qu'il emprunte à la science et qui servent de support nécessaire même aux conceptions de l'artiste, sont dédai-
gnés ; avant de savoir tracer une ligne et reconnaître sa direction, on parle d'expression morale. D'emblée on sacrifie la
justesse au sentiment. On érige le goût en règle suprême et on
traite de haut les principes et les exercices fondamentaux sans
lesquels plus tard ni l'inspiration ni les formes ne peuvent se
produire avec sûreté. On exalte l'idéal, on s'enivre de théories
esthétiques avant de s'être rompu à la pratique et de s'être
rendu maître des lois qui la régissent. Enfin, on songe à des
vocations d'artistes qui sont l'exception, là où l'on doit
s'adresser à la masse, et où l'on agit sur des enfants dont l'intelligence s'ouvre progressivement et dont la plupart seront
des ouvriers. N'est-ce pas un danger de faire appel à l'initiative et à l'indépendance du sentiment, quand il ne conviendrait
que d'ordonner et de discipliner les esprits ? Si peu que l'enfant
suive un cours de dessin, il faut qu'il en emporte des notions
certaines et quelques habitudes pratiques qui lui servent durant
sa vie entière. »

M. Guillaume conclut que, dans la pratique comme
dans la théorie, c'est la géométrie qui est la base de la
science du dessin, qu'il s'agisse de dessin industriel ou
de dessin artistique. Si l'on procède autrement, il est
bien difficile d'arriver à l'exactitude, et le dessinateur
risquera fort de rester toujours dans l'indécision et le
vague.

Cette méthode rigoureuse et scientifique n'exclut pas
d'ailleurs la recherche du beau et l'éducation du sentiment artistique ; seulement, au lieu d'être le point de
départ, la figure humaine sera le couronnement des

études de dessin. Dans le cours supérieur, la copie des figures d'après l'antique exercera le goût.

« Sur ces admirables témoins d'un art qui n'a jamais été surpassé, l'élève développera les facultés artistiques qui peuvent exister en lui. Formé dès le début à un dessin d'exactitude et de précision, il ne restera pas impuissant à traduire les œuvres délicates ou puissantes que nous ont transmises les plus belles époques de l'art. »

Conseils particuliers. — Il serait trop long d'entrer ici dans le détail des pratiques scolaires qui conviennent le mieux à l'enseignement du dessin. Indiquons seulement quelques points essentiels.

I. Les premiers modèles doivent être des objets réels autant que possible. Le programme des écoles maternelles place avec raison, à côté des dessins faits par la maîtresse et que l'élève reproduit, « la représentation des objets usuels les plus simples ». En d'autres termes, l'enfant ne doit pas être exclusivement assujetti à l'étude des formes géométriques pures. Il est bon qu'il soit exercé de bonne heure à lire et à traduire les formes des objets naturels (1).

II. Il faut, au début, ne dessiner que des figures à deux dimensions, c'est-à-dire planes. Le relief doit être réservé pour une période ultérieure.

III. Le dessin d'ornement doit succéder au dessin géométrique.

IV. L'enseignement élémentaire du dessin, même lorsqu'on n'a en vue que le dessin industriel, ne doit pas négliger la figure humaine.

V. Les principes du dessin industriel doivent être enseignés parallèlement aux exercices de dessin. « L'acquisition de l'habileté technique de la main est accélérée plutôt que retardée par l'étude de ces principes (2). »

Le chant à l'école primaire. — Le chant et le

---

(1) On peut cependant, tout à fait au début, et pour guider l'enfant encore inexpérimenté, en même temps qu'on lui présente l'objet à imiter, en dessiner le croquis au tableau.

(2) Voyez l'article *Dessin* dans le *Dictionnaire de pédagogie.*

dessin, voilà à quoi se réduit l'enseignement des arts proprement dits à l'école primaire. Mais le dessin est surtout un art utile, dont l'étude prépare l'enfant du peuple à ses futurs travaux d'ouvrier et d'artisan : il n'est qu'accessoirement un élément d'éducation esthétique. Il tend plutôt à développer l'habileté manuelle qu'à cultiver le sentiment du beau. La musique au contraire et le chant n'ont pas la même utilité pratique. On les a introduits à l'école primaire surtout comme des moyens de favoriser les sentiments, de toucher les cœurs, d'exciter les émotions les plus élevées de l'âme. De là l'importance particulière du chant, qui semble résumer tout ce qu'on peut demander d'éducation esthétique à l'école primaire.

Le chant à l'école maternelle. — Nous ne saurions mieux faire que de reproduire sur ce point les très judicieuses observations de mademoiselle Chalamet.

« Le chant a eu de tout temps sa place dans nos salles d'asile, et c'est justice : il peut rendre de grands services dans l'éducation des petits enfants. Il apporte une précieuse contribution au développement physique en fortifiant les poumons et en assouplissant tous les organes vocaux ; ces organes sont moins sujets aux maladies nombreuses et graves qui pourront les atteindre, surtout dans le premier âge, s'ils ont été soumis à un exercice régulier. Par son moyen on pourvoit à l'éducation de l'oreille, on cultive, on affine un sens qui joue, avec celui de la vue, un rôle prépondérant dans l'existence intellectuelle de l'enfant. Enfin le chant possède sur l'état mental des enfants une influence qui en fait un puissant instrument d'éducation, un des plus sûrs et des plus salutaires moyens de discipline que l'on puisse employer. Qui ne sait l'effet que produit un chant introduit à propos sur une classe engourdie, languissante, ou bien au contraire agitée et distraite ? La musique a le don de calmer les enfants et, en même temps, de les pousser à l'activité par une excitation agréable. L'enfant aime la musique : chanter le rend heureux, et c'est pour lui un besoin naturel comme de sauter et de courir. Conçoit-on une assemblée de petits enfants où l'on ne chanterait pas ? Ce serait aussi peu normal et aussi funèbre qu'un jardin dont les plantes ne verraient jamais le soleil (1) ! »

(1) Mademoiselle Chalamet, *l'École maternelle*, p. 255.

Le chant, enseignement obligatoire. — Depuis 1882 le chant fait partie des matières obligatoires de l'enseignement primaire.

« Les leçons de chant, dit le règlement, occuperont de une à deux heures par semaine, indépendamment des exercices de chant qui auront lieu tous les jours, soit dans les intervalles qui séparent les autres exercices scolaires, soit à la rentrée et à la sortie des classes. »

Influence morale de la musique. — Les anciens attribuaient à la musique une influence souveraine dans l'éducation morale. Un Athénien bien élevé devait savoir chanter, et l'éducation de Thémistocle qui n'avait pas ce talent passait pour négligée. La musique était réputée le meilleur moyen d'habituer les citoyens à l'ordre, à l'harmonie sociale. « On ne saurait toucher à une règle de la musique, disait Platon, sans ébranler les lois fondamentales de l'État. » C'est dans le même sens que Napoléon Iᵉʳ disait : « Un morceau de musique morale, et fait de main de maître, touche immanquablement le sentiment et a beaucoup plus d'influence qu'un bon ouvrage qui convainc la raison sans influer sur nos habitudes (1). »

« Au point de vue intellectuel, dit un auteur contemporain, M. Dupaigne, la musique a pour résultat d'*élever* l'esprit, de donner le goût du beau dont elle est un exemple, le plus sensible peut-être, et de mener du *goût du beau* à l'amour de l'étude, qui donnera de plusieurs autres manières satisfaction à ce goût. A cet égard la musique est un auxiliaire des plus puissants, qui fait gagner du temps au lieu d'en perdre, parce qu'elle ouvre la voie aux choses de l'esprit, aux choses délicates et relevées. Dans l'instruction primaire, c'est elle qui représente la première le côté esthétique de l'éducation, si nécessaire à mêler au terre-à-terre des premiers éléments ; c'est elle qui, mieux comprise et plus vite saisie que la beauté littéraire, permet le plus facilement aux enfants de sentir le charme et l'émotion produits par ce qu'ils ont su *bien dire*, et la satisfaction délicieuse d'avoir eu leur part dans la production de quelque chose de *beau*. L'importance de telles impressions pour les pro-

---

(1) Voyez notre *Histoire des doctrines de l'éducation en France*, t. I, p. 38.

grès d'une intelligence d'enfant n'est pas nécessaire à démontrer pour des éducateurs sérieux, mais on comprend qu'elles exigent, chez celui qui veut les produire, au moins ce sentiment profond de l'art qu'on appelle le *goût*, et qu'elles excluent nécessairement la prétention et le charlatanisme.

« Au point de vue moral, les effets de la musique ne sont pas moins précieux. Elle peut devenir pour les jeunes gens le préservatif le plus puissant contre les dangers d'autres plaisirs, mais à la condition qu'on ait, en choisissant avec soin, dès le début, les exemples donnés, en ne laissant pénétrer dans l'école que les œuvres d'un sentiment pur et élevé, en ne craignant pas de s'adresser, autant que possible, aux grands maîtres, qu'on ait, dis-je, développé suffisamment la notion de la vraie beauté musicale, le goût de ce que l'on nomme avec raison la musique classique... »

Le chant et la discipline. — Il est inutile d'insister pour faire valoir le rôle que le chant peut jouer dans la discipline scolaire. Outre que le chant fait aimer l'école, il est un excellent moyen de régler les mouvements d'entrée et de sortie dans les classes, d'y introduire l'ordre et l'harmonie ; il est de plus une excellente récréation qui repose des études sérieuses et qui peut, dans le cours des classes, ranimer l'activité, l'entrain des élèves.

Choix des morceaux. — On peut se plaindre qu'il n'y ait pas encore un bon choix de morceaux à l'usage des écoles primaires. Et cependant ce choix a une importance capitale. Ces morceaux devraient être simples, amusants, avec des paroles appropriées à l'âge de l'enfant : de vieilles mélodies, des chants patriotiques, des hymnes aux grands hommes.

« Le succès de l'enseignement du chant dépend en grande partie du choix des morceaux qu'on fait exécuter à l'enfant. Ses premiers exercices de langage n'avaient été que l'expression de ses propres idées, de ses propres impressions... Il en sera de même de ses premiers exercices de chant : un recueil de morceaux simples et bien gradués est d'une extrême importance... Les paroles doivent être aussi rapprochées que possible du langage même des enfants, afin d'être parfaitement claires pour eux ; cette condition n'exclut pas d'ailleurs la vraie poésie. Les sujets choisis seront de divers caractères; ils varieront du sérieux au gai (1). »

Méthodes et procédés. — La première chose à faire, c'est de former d'abord l'oreille et la voix : l'oreille se formera en écoutant, la voix en chantant.

Au cours élémentaire, comme au cours moyen. comme au cours supérieur, les chants, dit le programme, seront appris par l'audition.

Dans les débuts on écartera de parti pris la théorie. C'est la pratique seule qui importe.

« Le chant, comme la parole, est affaire d'imitation... Il faut faire saisir le chant simplement par l'oreille, en le chantant aux enfants autant de fois qu'il sera nécessaire pour que les mieux organisés d'entre eux le retiennent d'une façon à peu près correcte (1). »

Les infirmités apparentes du sens de l'ouïe ne proviennent en général que du défaut d'exercice.

« Il n'y a pas d'infirmité irrémédiable, dit M. Dupaigne. Ce n'est jamais l'oreille, si l'on n'est pas sourd, c'est l'*exercice* qui manque. »

On commencera donc par exercer beaucoup les enfants. Quand ils seront arrivés à bien prendre l'unisson, c'est-à-dire à reproduire exactement les sons qu'ils entendent, ils auront fait la moitié du chemin.

Un conseil excellent donné par M. Dupaigne est de choisir parmi les enfants ceux qui ont une voix agréable et sûre et de les faire chanter seuls pour servir d'exemple aux autres.

L'intuition dans le chant. — Pestalozzi pensait avec raison que l'enfant, de même qu'il apprend à parler avant de savoir lire, doit apprendre à chanter avant de connaître les signes conventionnels qui servent à écrire la musique. L'enfant parle parce qu'il a

---

(1) Roger de Guimps, *Philosophie de l'éducation*, 2ᵉ partie, 'I, ᵀᵛ.

entendu parler; de même il chantera pour avoir
entendu chanter (1).

Théorie musicale. — Dans le cours élémentaire, la
théorie musicale se bornera à la lecture des notes. Dans
le cours moyen et supérieur au contraire on joindra
aux exercices pratiques l'étude de la *théorie* proprement
dite : notions des *intervalles, composition de la gamme,
modalité, mesures composées,* etc.

Mais il faudrait se garder de donner trop de développement à une étude théorique. L'arrêté du 23 juillet
1883 recommande avec raison aux instituteurs « d'épargner aux enfants les difficultés théoriques, de les former
à émettre nettement des sons, à ménager leur voix, à
observer les nuances, à avoir une prononciation nette
et correcte ».

L'important, c'est que l'enfant sorte de l'école primaire avec le goût du chant, que ses aptitudes musi-
cales soient assez développées pour qu'il puisse, devenu
jeune homme, rechercher les sociétés chorales, les or-
phéons, qui sont une des formes les plus recommand-
dables et les plus utiles de l'association populaire. Par
là l'étude du chant aura concouru à l'éducation générale : elle aura contribué à détourner les âmes des
plaisirs grossiers et des jouissances matérielles pour
les diriger vers des satisfactions innocentes et élevées

_____
(1) Mademoiselle Chalamet, *op. cit.*, p. 259

LEÇON X

LES AUTRES EXERCICES DE L'ÉCOLE

Le travail manuel à l'école primaire. — La gymnastique. — Importance du travail manuel. — Les travaux manuels dans les écoles de garçons. — Par qui doivent être données les leçons de travail manuel. — Ordre à suivre. — Enseignement de l'agriculture et de l'horticulture. — Autres exercices pratiques. — Exercices militaires. — Exercices de tir. — Les travaux manuels dans les écoles de filles. — Travaux à l'aiguille. — Couture domestique. — Abus du travail manuel. — Économie domestique. — Conclusion.

Le travail manuel à l'école primaire. — Toutes les études, tous les exercices scolaires que nous avons examinés jusqu'à présent, bien que quelques-uns d'entre eux puissent recevoir une application pratique immédiate, se rattachent à l'éducation intellectuelle et morale. Mais l'éducation physique, considérée soit comme le développement des forces du corps, soit comme l'apprentissage des qualités d'adresse, d'agilité, de dextérité de la main, de promptitude et de sûreté des mouvements qui importent particulièrement à de futurs travailleurs, réclame aussi sa place dans le programme des écoles primaires.

De là l'importance accordée, **dans ces** dernières années, d'une part à la gymnastique, d'autre part aux travaux manuels proprement dits.

« La gymnastique, dit l'arrêté du 27 juillet 1882, occupera tous les jours, ou au moins tous les deux jours, une séance dans le courant de l'après-midi.

« Pour les garçons, aussi bien que pour les filles, deux ou trois heures par semaine seront consacrées aux travaux manuels. »

La gymnastique. — Ce que nous avons dit dans la première partie de cet ouvrage nous dispense d'insister sur l'utilité et sur le caractère d'un enseignement normal de la gymnastique (1).

Importance du travail manuel. — « L'école nationale, dans une démocratie de travailleurs comme la nôtre, doit être essentiellement l'école du travail. »
Il s'agit non seulement de développer les facultés intellectuelles et morales, de donner une éducation générale dont on ne peut se passer dans aucune profession, mais de préparer des ouvriers pour l'atelier, de former les aptitudes manuelles. Sans rien perdre de son caractère, l'école primaire doit être en partie une préparation à l'école professionnelle.

Le temps n'est plus où le travail manuel était considéré comme une occupation vile. Le programme d'enseignement moral et civique, arrêté par le conseil supérieur de l'instruction publique, porte un article ainsi conçu : « Noblesse du travail manuel ». Depuis trois siècles, des pédagogues comme Locke, comme Rousseau, ont demandé que l'apprentissage d'un métier manuel fût introduit même dans l'enseignement des classes moyennes, et en général dans l'éducation de tous les hommes. Si nous n'en sommes pas encore là, du moins avons-nous placé le travail manuel dans le programme de l'école primaire ; et c'est assurément un progrès considérable.

« Croyez-le bien, dit M. Jules Ferry, lorsque le rabot et la lime auront pris, à côté du compas, de la carte géographique et du livre d'histoire, la même place, la place d'honneur, et qu'ils seront l'objet d'un enseignement raisonné et systématique, bien des préjugés disparaîtront, bien des oppositions de castes s'évanouiront : la paix sociale se préparera sur les bancs de l'école primaire, et la concorde éclairera de son jour radieux l'avenir de la société française. »

(1) Voir 1re partie, leçon II.

M. Gréard a exprimé énergiquement la même pensée :

« A notre sens, ce n'est pas sans fondement qu'on reproche
à nos études primaires d'être trop classiques au sens que la
tradition attache à ce mot. Qu'il s'agisse d'histoire, de géographie ou de langue, nous nous complaisons dans les méthodes
qui conviennent à une éducation de loisir. Tout amène les
classes élevées de la société à l'étude des grandes questions
d'histoire et de philosophie qui constituent le développement
de la civilisation humaine, et elles ont le temps de s'y livrer.
Telle n'est pas la condition de ceux qui vivent du travail de leurs
mains, et il semble que nous ne considérions pas assez les conditions spéciales du secours que l'école primaire a pour objet de
leur assurer, et qui doit être comme le viatique intellectuel et
moral de toute leur existence (1). »

Enfin le rapporteur de la loi de 1881 sur l'instruction primaire, M. Paul Bert, disait dans le même sens :

« Il ne faudrait pas qu'on se méprît sur le fond de notre
pensée. Nous ne demandons pas que l'école primaire devienne
une école professionnelle ; nous croyons qu'on n'en doit sortir ni
serrurier ni vigneron. C'est l'affaire des écoles ou des ateliers
d'apprentissage, qui doivent former des artisans, tandis que
l'école, accomplissant une œuvre bien plus générale, forme des
hommes et des citoyens. Mais nous croyons que l'enseignement
scientifique ne doit pas rester dans le domaine de la théorie
pure, que les applications pratiques aux diverses industries
doivent y tenir une grande place. Or, il nous a semblé nécessaire, pour que cet enseignement pratique porte tous ses fruits,
que l'enfant apprenne à manier lui-même les principaux outils
à l'aide desquels l'homme s'est rendu maître des matériaux que
lui fournissent la nature et les industries fondamentales : le
bois, les métaux, le cuir, etc. Nous avons vu, dans cette innovation, un triple avantage : avantage physique, car en apprenant
à se servir du rabot, de la scie, du marteau, du tour, etc., l'enfant complétera son éducation gymnastique et acquerra une
adresse manuelle qui lui sera toujours utile, quoi qu'il fasse plus
tard, et le tiendra prêt, d'ores et déjà, pour tous les apprentis-
sages ; avantage intellectuel, car les mille petites difficultés
qu'il rencontrera l'habitueront à l'observation et à la réflexion ;
avantage social, peut-on dire, car, après avoir apprécié, par sa
propre expérience, les qualités nécessaires pour réussir dans les
exercices professionnels et devenir un habile ouvrier, il n'y a

(1) M. Gréard, *l'Enseignement primaire à Paris*, de 1867 à 1877, p. 279.

nulle crainte que, si la fortune le favorise, à quelque position élevée qu'il puisse arriver par la suite, il dédaigne ceux de ses camarades qui travaillent toujours de leurs mains. »

Travaux manuels dans les écoles de garçons. — Voici comment les arrêtés et le programme de 1882 ont organisé le travail manuel dans les écoles primaires de garçons :

« Pour le travail manuel des garçons, les exercices se répartissent en deux groupes : l'un comprend les divers exercices destinés d'une façon générale à délier les doigts et à faire acquérir la dextérité, la souplesse, la rapidité et la justesse des mouvements; l'autre groupe comprend les exercices gradués de modelage qui servent de complément à l'étude correspondante du dessin, et particulièrement du dessin industriel.

« Cours élémentaire. — Exercices manuels destinés à former la dextérité de la main. — Découpage de carton-carte en forme de solides géométriques. — Vannerie : assemblage de brins de couleurs diverses. — Modelage : reproduction de solides géométriques et d'objets très simples.

« Cours moyen. — Construction d'objets de cartonnage revêtus de dessins coloriés et de papier de couleur. — Petits travaux en fil de fer; treillage. — Combinaisons de fil de fer et de bois : cages. — Modelage : ornements simples d'architecture. — Notions sur les outils les plus usuels.

« Cours supérieur. — Exercices combinés de dessin et de modelage ; croquis d'objets à exécuter et construction de ces objets d'après les croquis, ou *vice versâ*. — Étude des principaux outils employés au travail du bois. Exercices pratiques gradués. Rabotage, sciage des bois, assemblages simples. Boîtes clouées ou assemblées sans pointes. Tour à bois, tournage d'objets très simples. — Étude des principaux outils employés dans le travail du fer, exercices de lime, ébarbage ou finissage d'objets bruts de forge ou venus de fonte. »

Par qui doivent être données les leçons de travail manuel. — Dans l'état actuel des choses, les leçons élémentaires du travail manuel à l'école primaire sont données par l'instituteur. Dans les écoles primaires supérieures, on a recours le plus souvent à des ouvriers du dehors, qui apportent à l'école le concours d'une expérience consommée dans le métier qu'ils ont pratiqué toute leur vie. L'idéal serait cependant qu'à l'é-

cole primaire supérieure le travail manuel, comme les
autres exercices scolaires, fût confié à des professeurs
internes, aux instituteurs eux-mêmes ; et voilà pourquoi
un récent arrêté a exigé que l'examen du brevet supérieur comprît une épreuve obligatoire du travail manuel.

Ordre à suivre. — Dans les premières années de
l'école primaire, l'enfant, qui ignore tout, a tant de
choses à apprendre qu'il ne faut lui imposer qu'avec
discrétion les exercices de travail manuel ; mais dans
les cours supérieurs on pourra se montrer plus exigeant.

Dans la période de sept à dix ans, il ne faut pas demander un grand déploiement de force physique ; il faut
n'exercer l'enfant qu'à de petits travaux qui développent la dextérité de sa main. Le dessin, le découpage,
l'assemblage de morceaux de carton permettant d'obtenir des objets de forme et de couleur variées exerceront en même temps son attention, son intelligence
et son adresse. A ces travaux se joindront l'exécution
de petits objets de vannerie, la fabrication de treillages
métalliques, nécessitant l'emploi d'un outil léger. On
devra s'attacher dès cet âge à faire produire réellement
aux enfants des objets qu'ils puissent emporter chez eux
et montrer comme leur œuvre. Quelques spécimens
marqués au nom de chacun resteront à l'école et for-
meront les éléments du musée scolaire.

Dans la période de dix à douze ans, les enfants pourront être familiarisés avec la plupart des outils employés au travail du bois, être exercés à l'usage du tour,
initiés à la tenue de la lime.

Pendant toute la durée de la vie scolaire, la pratique
du modelage servira à entretenir l'habileté et la délicatesse de la main.

Bien entendu, cette éducation professionnelle doit être
maintenue dans de sages limites, afin de ne point porter
préjudice aux études générales. L'école ne doit pas
devenir un atelier ; elle doit seulement préparer aux
divers métiers manuels, en inspirer le goût et commencer
à former les aptitudes qu'ils exigent.

Enseignement de l'agriculture. — La majorité de nos écoles primaires sont des écoles rurales. Le plus grand nombre des enfants qui les fréquentent sont de futurs ouvriers des champs. De là l'importance particulière des leçons d'agriculture.

C'est dans le jardin de l'école que ces leçons doivent d'abord être données. Plus tard elles se continueront dans les promenades. Elles ne constitueront pas, du moins dans les premières années, un cours suivi et didactique. Elles porteront sur la nature du sol, sur les engrais, sur les instruments usuels de culture, sur les divers travaux de la campagne.

Dans le cours supérieur, on s'efforcera de donner à ces matières un caractère plus méthodique. On les étendra d'ailleurs en appelant l'attention des enfants sur les animaux domestiques, et même sur la comptabilité agricole.

On joindra à ces notions générales des indications précises sur l'arboriculture et l'horticulture ; sur les principaux procédés de multiplication des végétaux, sur les greffes les plus importantes.

En dehors des leçons spéciales, il sera aisé à un instituteur attentif de donner à son enseignement une couleur agricole, par le choix des dictées, des problèmes, des lectures. L'enseignement des sciences physiques et naturelles se prête particulièrement à ce dessein, et il faudra, le plus souvent possible, en faire sortir des conclusions pratiques qui se rattachent aux travaux des champs.

Exercices militaires. — L'enfant de nos écoles primaires n'est pas seulement un futur ouvrier, c'est un futur soldat. L'école manquerait à sa mission, qui est de préparer à la vie, à la vie complète, si elle ne consacrait quelques heures aux exercices militaires.

« La plupart de nos paysans conscrits arrivent au régiment gauches, maladroits, lourds de corps et parfois d'esprit, sans tenue, n'ayant jamais eu une épée en main, trop souvent sans avoir jamais tiré un coup de fusil : il faut à grand'peine leur apprendre pendant deux années ce que tout enfants ils eussent appris avec tant de plaisir : bien heureux quand les corvées, les punitions, la théorie sèche ne leur font pas prendre en haine le métier de militaire (1). »

Par les exercices militaires de l'école on permettra au législateur d'abréger la durée du service effectif sous les drapeaux, sans compromettre la force nationale : on aura dès l'entrée au régiment non des conscrits maladroits, mais des jeunes gens déjà rompus à certaines manœuvres, capables de manier le fusil et de s'en servir. Par là aussi on refera en partie le caractère militaire de la nation française qui, précisément parce qu'elle aime la paix et qu'elle veut la conserver, doit se préparer à être au jour du danger un peuple de soldats-citoyens.

Ce n'est donc pas une vaine parade que les exercices de ces bataillons scolaires qui entrent de plus en plus dans nos mœurs. Les enfants, qui y prennent grand plaisir, ne jouent pas au soldat, non, ils font sérieusement une chose sérieuse, une chose utile, et patriotique. Ils se préparent à être les défenseurs de la Patrie et de la République.

Exercices de tir. — C'est avec raison que le Programme officiel n'exige pas seulement des exercices de marches, de contremarches, d'alignement, etc., mais qu'il impose aussi des exercices préparatoires de tir et une étude pratique sur le mécanisme du fusil.

Il faut qu'au sortir de l'école, et dans l'intervalle qui sépare la treizième année de la vingt et unième, l'enfant puisse entrer dans les sociétés de tir qui se fondent un peu partout sur la surface du pays et qui sont appelées à rendre de grands services. Mais il ne le pourra que si, dès l'école elle-même, il a reçu une préparation suffisante.

Les exercices militaires ne doivent pas d'ailleurs empiéter sur les heures consacrées aux études ; et l'arrêté

(1) M. Paul Bert, *de l'Éducation civique*, conférence faite au Trocadéro, le 6 août 1882.

de 1882 dispose avec sagesse que les exercices de bataillon ne pourront avoir lieu que le jeudi et le dimanche, le temps à y consacrer devant être déterminé par l'instructeur militaire de concert avec le directeur de l'école.

Autres exercices pratiques. — Ce ne sont pas seulement les sciences naturelles ou physiques qui aboutissent à des applications pratiques. La géométrie, elle aussi, conduit les élèves de l'école primaire aux opérations les plus simples de l'arpentage et du nivellement; le calcul les achemine à l'apprentissage de la comptabilité.

En général il faut donner à chaque enseignement un tour pratique, et ne jamais oublier que l'instruction est l'apprentissage de la vie réelle.

Travaux manuels dans les écoles de filles. — C'est surtout dans les travaux manuels que la distinction des sexes doit apporter des différences notables. Voici comment s'exprime sur ce sujet le Programme de 1882 :

« Le travail manuel des filles, outre les ouvrages de couture et de coupe, comporte un certain nombre de leçons, de conseils, d'exercices au moyen desquels la maîtresse se proposera, non pas de faire un cours régulier d'économie domestique, mais d'inspirer aux jeunes filles, par un grand nombre d'exemples pratiques, l'amour de l'ordre, de leur faire acquérir les qualités sérieuses de la femme de ménage et de les mettre en garde contre les goûts frivoles ou dangereux. »

Travaux à l'aiguille. — Dès l'école maternelle, après avoir été initiée aux petits exercices Frœbel (tissage, pliage, tressage), la petite fille sera exercée à de petits ouvrages de tricot.

Le *tissage* consiste à faire, avec une chaîne et des trames en papier, un travail analogue à celui du tisserand.

« Au début, on entre-croise les bandelettes en en laissant chaque fois une dessus, une dessous, de façon à obtenir le damier qui offre la disposition de tours de la toile. Peu à peu, on aborde des dispositions moins simples, qui rappellent celles des étoffes connues dans l'industrie sous le nom de tissus croisés, sergés, etc. Enfin, on arrive à des dessins qui ne sont pas sans valeur décorative (1). »

Le *pliage* consiste à faire prendre différentes formes à un carré de papier.

Couture domestique. — Sans doute il ne faut pas dédaigner les travaux de broderie, de tapisserie, de dentelle, de couture fine, les ouvrages de luxe auxquels on s'exerce dans un grand nombre d'écoles; mais ce qui importe le plus cependant, ce qu'il convient d'encourager avant tout, ce sont les ouvrages courants, « les travaux simples, usuels, qui témoignent d'une direction toute pratique et qui ne visent pas à dépasser la mesure des besoins ordinaires du ménage (2) ». Un mot suffit à caractériser ce que doit être la couture à l'école primaire : « la couture domestique ».

Des instructions officielles ont été souvent données pour qu'il ne soit fait à l'école aucun travail de couture qui ne rentre dans la couture de ménage proprement dite.

Ajoutons qu'il importe moins de faire produire immédiatement à l'enfant des chefs-d'œuvre que de la mettre en état de se servir de ses doigts avec agilité et habileté dans ses travaux futurs.

M. Gréard estime qu'une lecture récréative devrait être faite pendant que les élèves se livrent au travail des mains.

Il demande en outre que l'on distingue le travail de l'ouvroir qui occupe les enfants plutôt qu'il ne les exerce, « l'ouvroir tirant parti de ses produits et les produits étant d'autant plus avantageux que les mêmes opérations sont toujours confiées aux mêmes mains qui y acquièrent une dextérité merveilleuse, et l'enseignement de l'école qui fait passer tous les élèves par la série progressive de tous les exercices utiles ».

Abus du travail manuel. — Nous ne saurions con-

1) Mademoiselle Chalamet, *op. cit.*, p. 350.
(2) M. Buisson, *l'Instruction primaire à Vienne*, p. 281

sentir, pour notre part, à citer comme des modèles à suivre les écoles dont l'institutrice fait exécuter par les enfants des travaux de couture qu'elle vend aux prix habituels, et dont elle partage le bénéfice entre les élèves (1). Cet esprit de lucre et ces habitudes mercantiles ne sont pas à leur place dans une école.

Madame Pape-Carpantier a vigoureusement flétri à ce point de vue l'abus du travail manuel chez les enfants ·

« Non, l'enfant ne peut équitablement devenir producteur, c'est-à-dire avoir quelque chose à donner en dehors de lui, qu'après avoir acquis préalablement tout ce dont il a besoin en lui-même et pour lui-même. Est-ce que le ver à soie file avant de s'être nourri des feuilles d'où il tire son tissu précieux? Ne faut-il pas que l'enfant, comme la terre, soit cultivé avant de produire? Et que peut produire un enfant à l'âge où tout chez lui est frêle, tendre et rempli encore du lait maternel? Ce qu'il produit, on vous l'écrit : « Quelques centimes par jour. » Quelques centimes! est-ce donc là un revenu indispensable? Et comment parvient-on à lui faire gagner ce misérable salaire? En le soumettant à remplir le rôle d'un instrument à vil prix; en contraignant sa jeune turbulence à n'exercer que tels muscles, à n'exécuter que tels mouvements qu'il devra répéter tous les jours de sa vie; en développant à l'excès chez lui le ressort dont le métier a besoin au préjudice de ceux dont il n'a que faire; enfin, en rompant sans scrupule, dans les jeunes organisations, cet équilibre, cette pondération des forces qui est la force elle-même, et la plus admirable manifestation de Dieu dans l'univers (2)! »

Économie domestique. — Le travail de la couture n'est pas la seule occupation de la ménagère, ni par conséquent le seul article de l'apprentissage scolaire des filles, au point de vue des travaux manuels. Des notions d'économie domestique en général, avec les exercices pratiques qui s'y rattachent, doivent faire partie aussi de leur instruction élémentaire.

« Pourquoi l'école primaire qui reçoit la fille de l'ouvrier, dit M. F. Cadet, n'est-elle pas assez pratique pour descendre jusqu'à l'enseignement, si peu relevé en apparence, mais si fécond en

(1) Voyez M. Vincent, *Cours de pédagogie*, p. 370.
(2) *Rapport sur l'exposition des travaux manuels de jeunes filles* 1867.

résultats hygiéniques et même moraux, de l'art de l'alimentation, de la cuisine, puisqu'il faut l'appeler par son nom (1).? »

Voici, à titre d'indication, le programme suivi en ces matières dans les écoles de Belgique : « 1° Conditions que doit réunir une habitation pour être saine. Ventilation. Propreté. — 2° Le mobilier et son entretien. — 3° Chauffage et éclairage. — 4° Blanchissage du linge. Savonnage au savon : emploi des chlorures liquides. Dégraissage. — 5° Entretien du linge, des literies et des vêtements. — 6° Conseils pratiques relatifs à l'alimentation : qualité des aliments, leur conservation. — 7° Instructions générales sur les préparations culinaires. — 8° Les boissons. — 9° Batterie de cuisine. — 10° Toilette des jeunes personnes. — 11° Recettes et dépenses de la famille.

Sans doute il peut y avoir quelques superfluités dans un programme aussi étendu ; mais d'une façon générale c'est bien sur ces différents objets que doit porter tour à tour l'enseignement de l'économie domestique.

Conclusion. — Nous sommes arrivé au terme de nos études sur les diverses parties du programme des écoles primaires. Pour en résumer l'esprit général, nous ne saurions mieux faire que de reproduire ici une ou deux pages de M. Gréard (2).

« Si tel est bien le but de l'enseignement primaire, il est évident qu'il vaut surtout par la méthode, et la méthode qui lui convient peut se résumer en quelques traits.

« Écarter tous les *devoirs* qui faussent la direction de l'enseignement sous prétexte d'en élever le caractère : modèles d'écriture compliqués et bizarres, textes de leçons démesurés, séries d'analyses et de conjugaisons écrites, définitions indigestes ; ménager les préceptes et multiplier les exercices ; ne jamais oublier que le meilleur livre pour l'enfant, c'est la parole du maître ;

---

(1) L'enseignement de l'économie domestique et du ménage est réglementaire dans les écoles de l'Angleterre et de la Russie.
(2) M. Gréard, *l'Instruction primaire à Paris.* 1872.

n'user de sa mémoire, si souple, si sûre, que comme d'un point d'appui, et faire en sorte que l'enseignement pénètre jusqu'à son intelligence qui seule peut en conserver l'empreinte féconde; le conduire du simple au composé, du facile au difficile, de l'application au principe; l'amener, par des questions bien enchaînées, à découvrir ce qu'on veut lui montrer; l'habituer à raisonner, faire qu'il trouve, qu'il voie; en un mot, tenir incessamment son raisonnement en mouvement, son intelligence en éveil; pour cela, ne rien laisser d'obscur qui mérite explication, pousser les démonstrations jusqu'à la figuration matérielle des choses, toutes les fois qu'il est possible; dans chaque matière, dégager des faits confus, qui encombrent l'intelligence, les faits caractéristiques, les règles simples qui l'éclairent; aboutir, en toute chose, à des applications judicieuses, utiles, morales: en lecture, par exemple, tirer du morceau lu toutes les explications instructives, tous les conseils de conduite qu'il comporte; en grammaire, partir de l'exemple pour arriver à la règle dépouillée des subtilités de la scolastique grammaticale; choisir les textes de dictée écrite parmi les morceaux les plus simples et les plus purs des œuvres classiques; tirer les sujets d'exercices oraux non des recueils fabriqués à plaisir pour compliquer les difficultés de la langue, mais des choses courantes, d'un incident de classe, des leçons du jour, des passages d'histoire sainte, d'histoire de France, de géographie récemment appris; inventer des exemples sous les yeux de l'élève, ce qui aiguise son attention, les lui laisser surtout inventer lui-même, et toujours les écrire au tableau noir; ramener toutes les opérations du calcul à des exercices pratiques empruntés aux usages de la vie; n'enseigner la géographie que par la carte, en étendant progressivement l'horizon de l'enfant, de la rue au quartier, du quartier à la commune, au canton, au département, à la France, au monde; animer la description topographique des lieux par la peinture des particularités de configuration qu'ils présentent, par l'explication des

productions naturelles ou industrielles qui leur sont
propres, par le souvenir des événements qu'ils rappellent ; en histoire, donner aux diverses époques une
attention en rapport avec leur importance relative, et
traverser plus rapidement les premiers siècles pour s'arrêter sur ceux dont nous procédons plus directement ;
sacrifier sans scrupule les détails de pure érudition pour
mettre en relief les grandes lignes du développement
de la nationalité française ; chercher la suite de ce développement moins dans la succession des faits de guerre
que dans l'enchaînement raisonné des institutions,
dans le progrès des idées sociales, dans les conquêtes de
l'esprit qui sont les vraies conquêtes de la civilisation
chrétienne ; placer sous les yeux de l'enfant les hommes
et les choses par des peintures qui agrandissent son
imagination et qui élèvent son âme ; faire de la France
ce que Pascal a dit de l'humanité, un grand être qui
subsiste perpétuellement, et donner par là même à l'enfant une idée de la patrie, des devoirs qu'elle impose,
des sacrifices qu'elle exige : tel doit être l'esprit des
leçons de l'école. »

LEÇON XI

LES RÉCOMPENSES ET LES PUNITIONS

La discipline scolaire. — Les moyens disciplinaires. — L'émulation. — Définition de l'émulation. — Les divers éléments de
l'émulation. — L'émulation dans l'histoire de l'éducation. —
L'émulation dans une démocratie. — Erreur de ceux qui condamnent l'émulation. — Écueils à éviter. — Les récompenses. —
Diverses espèces de récompenses. — Les récompenses sensibles
et les louanges. — Autres récompenses. — Les distributions de
prix. — Les punitions. — Les réprimandes. — Les menaces. —
Les punitions effectives. — Les pensums. — Les châtiments
corporels. — Règles générales. — Le système des réactions naturelles. — Critique de ce système. — Autres critiques.

La discipline scolaire. — La discipline est cette
partie de l'éducation qui d'une part assure immédiatement le travail des élèves en maintenant le bon ordre
dans la classe, en excitant leur zèle, et qui, d'autre part,
travaillant pour un but plus éloigné et plus élevé,
prévient ou réprime les écarts de conduite et tend à
former des volontés droites, des caractères énergiques,
capables de se suffire à eux-mêmes. Elle a ce double
but d'établir le gouvernement actuel de la classe, et
d'apprendre aux élèves à se gouverner eux-mêmes,
lorsqu'ils auront quitté l'école et auront échappé à la
tutelle de leurs maîtres.

Les moyens disciplinaires. — Les moyens disciplinaires sont aussi variés que les instincts de la
nature humaine. Les enfants peuvent être conduits
par des mobiles très différents, qui se rattachent à
trois ou quatre groupes principaux : 1° les sentiments

personnels, la peur, le plaisir, l'amour-propre ; 2° les
sentiments affectueux, l'amour des parents, l'affection
pour le maître ; 3° l'intérêt réfléchi, la crainte des
punitions, l'espoir des récompenses ; 4° l'idée du devoir.

A vrai dire, aucun de ces principes ne doit être exclu
du gouvernement intérieur des classes. Il serait impru-
dant de se priver des précieuses ressources que chacun
de ces mobiles fournit à l'instituteur pour obtenir le
silence, l'ordre et l'attention, pour encourager l'ardeur
au travail, pour corriger les défauts et développer les
qualités de ses élèves. Sans doute l'idéal serait que
l'enfant, ayant conscience de son intérêt et comprenant
son devoir, travaillât et obéît par un acte désintéressé
de sa volonté. Mais la nature de l'enfant ne se prête
pas à ce pur régime d'une liberté éclairée et vraiment
maîtresse d'elle-même. L'homme fait lui-même n'est
pas toujours capable de se conduire par la seule idée
du bien ; il a besoin des stimulants de l'émulation, de
l'appât des plaisirs, de la crainte salutaire des lois.
N'exigeons donc pas de l'enfant un effort qui dépasse
ses forces, et faisons appel tour à tour, pour le discipliner, aux diverses inclinations de son âme.

Les moyens disciplinaires consistent précisément à
agir sur ces inclinations ; ils font jouer les ressorts de
l'activité. Les meilleurs sont ceux qui intéressent à la
fois le plus grand nombre de sentiments et qui s'appuient sur le plus grand nombre d'idées. Il n'y aurait
rien de plus mauvais qu'un système de discipline
exclusive qui ne tendrait à développer qu'une seule
émotion, la peur, par exemple, ou l'amour-propre,
ou l'affection elle-même.

L'émulation. — De tous les principes d'action qui
font les écoliers studieux et les classes disciplinées,
il n'y en a pas de plus puissant que l'émulation. C'est
à l'émulation qu'est due l'efficacité des récompenses ;
c'est elle surtout qui anime une école et y entretient
le travail. Cette supériorité comme sentiment de
discipline, l'émulation la doit surtout à son caractère

complexe et à la multiplicité des sentiments qu'elle met en branle (1).

Définition de l'émulation. — L'émulation, comme tous les sentiments de l'âme, est chose malaisée à définir : il y entre des éléments divers qui en altèrent la simplicité et dont l'analyse est délicate. L'émulation est avant tout un sentiment personnel fondé sur l'amour-propre. Elle pourrait être définie un amour-propre agissant, qui ne se contente pas des avantages qu'il possède déjà et qui veut en acquérir de nouveaux. Elle se rapproche, par sa nature, de l'ambition, du désir de la gloire ; mais c'est une ambition qui se compare à autrui, qui rivalise avec des ambitions concurrentes, qui aspire au succès non pour le succès lui-même, mais afin de dépasser les autres.

Les divers éléments de l'émulation. — C'est à tort que certains pédagogues confondent l'émulation avec l'instinct d'imitation (2). « L'émulation, a-t-on dit, c'est la loi imitatrice mise en action. » Sans doute l'émule imite le plus souvent ses rivaux ; mais souvent aussi il veut faire autrement qu'eux afin de faire mieux. Nous ne contestons pas que l'imitation ne joue un grand rôle dans l'émulation ; mais elle n'en constitue pas le fond, elle n'est qu'un des moyens que l'émulation emploie pour arriver à ses fins.

Quoique faite surtout d'amour-propre, l'émulation n'est pourtant pas un désir exclusivement personnel et égoïste. Quand elle est ce qu'elle doit être, un sentiment noble et fier, il s'y mêle toujours une aspiration secrète vers le bien lui-même, quelque chose du pur amour de la perfection. Assurément l'émule veut avant tout égaler ou surpasser son concurrent, mais il poursuit aussi un idéal. En tout cas le

---

(1) Dans son excellent article *Émulation* du *Dictionnaire de pédagogie*, M. Jacoulet distingue l'émulation par l'affection, l'émulation par l'honneur, l'émulation pour l'argent, l'émulation pour le bien. Il y aurait aussi une émulation pour le mal.

(2) Voyez notamment l'article *Émulation* dans le *Dictionnaire de pédagogie* de M. Buisson.

rôle de l'éducateur doit être de développer l'émulation dans ce sens, en la détournant de ses tendances égoïstes pour la diriger vers la recherche du bien.

Diderot a nettement défini la double nature de l'émulation, sans négliger de mettre en relief la prédominance de l'amour-propre, lorsqu'il a dit :

« L'émulation n'est pas précisément l'envie de faire le mieux qu'il est possible ; ce serait une vertu pure ; mais c'est l'envie de faire mieux que les autres, ce qui tient de la vanité. Malgré ce côté défectueux, elle n'en est pas moins la source des plus belles choses dans la société. La supériorité est un goût général. Le plaisir le plus actif est celui de la gloire. L'affaire est de lui présenter des objets estimables ; et l'amour-propre sera toujours la plus grande ressource dans un État policé. »

L'émulation dans l'histoire de la pédagogie. —

De tout temps l'émulation a été connue et recommandée par les pédagogues comme un des ressorts essentiels de la discipline. A Sparte on peut dire que l'émulation était poussée jusqu'au fanatisme ; c'était à qui serait le plus courageux, le plus sobre, le plus insensible à la douleur. A Athènes, quel émule que Thémistocle dont les lauriers de Miltiade troublaient le sommeil ! Rabelais dit de son précepteur-modèle qu'il introduisait Gargantua en compagnie des gens savants, « à l'émulation desquels lui vint l'esprit et le désir de se faire valoir ». On sait que Bossuet, pour lutter contre la paresse du dauphin, le faisait concourir avec des enfants de son âge. « L'émulation, dit Fénelon, est un aiguillon à la vertu. » D'après Locke, tout est fait, tout est gagné, si l'on a pu faire naître l'émulation. Rousseau, qui isole Émile et ne lui donne pas de camarades, veut du moins qu'Émile rivalise avec lui-même, et imagine une sorte d'émulation personnelle (1). Dans

_____

(1) « Il y a, dit M. Feuillet dans un _Mémoire sur l'émulation_ couronné par l'Institut en 1801, il y a dans l'éducation solitaire une espèce d'émulation ou plutôt une image de l'émulation : c'est le résultat de la comparaison que l'on est conduit à faire de soi avec soi-même : d'où naît le désir de se surpasser, puis nos efforts quand le désir est lié à l'espoir d'une récompense. »

un article de l'*Encyclopédie* il écrivait d'ailleurs :
« L'émulation est une disposition dangereuse à la vérité,
mais que l'éducation peut transformer en une vertu
sublime. » Rollin voulait que l'on parlât raison aux
enfants, qu'on les piquât d'honneur ; qu'on fît usage
des louanges, des récompenses, **des caresses.**

« Les enfants, disait-il, sont sensibles à la louange. Il faut
profiter de ce faible et tâcher d'en faire en eux une vertu. On
courrait risque de les décourager, si on ne les louait jamais
lorsqu'ils font bien. Quoique les louanges soient à craindre à
cause de la vanité, il faut tâcher de s'en servir pour animer les
enfants sans les enivrer. Car de tous les motifs propres à
toucher une âme raisonnable, il n'y en a point de plus puissants que l'honneur et la honte, et quand on a su y rendre ces
enfants sensibles, on a tout gagné ! »

Madame Campan déclarait que « l'émulation faisait
la force de l'éducation publique ». Elle y règne sur les
jeunes esprits, disait-elle, et les dirige vers le bien, et
ne porte aucune atteinte aux sentiments généreux de
l'âme et du cœur.

L'émulation dans une démocratie. — Il est inu
tile de prolonger cette revue historique qui donnerait
presque toujours le même résultat : une approbation
plus ou moins complète de l'emploi de l'émulation dans
la discipline. Ajoutons seulement que dans une société
démocratique comme la nôtre, alors qu'il s'agit d'appeler au travail des millions d'enfants, l'émulation s'impose de plus en plus. C'est ce qu'a exprimé avec force,
dans un écrit d'ailleurs médiocre, M Feuillet, l'auteur
d'un mémoire déjà cité.

« L'émulation n'était jadis que la pire espèce des ambitions ;
il s'agissait d'arriver aux premières places, où pouvaient seuls
avoir accès un petit nombre de sujets. Ainsi on concentrait
l'émulation, au lieu de l'étendre.... Il doit en arriver autrement
dans une république.... On sent que le but principal de l'éducation ne peut plus être d'obtenir un petit nombre d'hommes
rares, mais supérieurs, mais qu'elle se propose essentiellement
de former cette immense majorité de bons, sages et utiles
citoyens qui, de toutes les places où les circonstances les ont

portés, se réunissent pour former ce qu'on nomme l'État. Les moyens de l'éducation changent alors nécessairement avec son but. L'émulation s'étend, en quelque sorte, pour embrasser tous les rangs, pour y atteindre tous les individus. »

Et Feuillet concluait ainsi :

« *Egalité*, et, par une suite nécessaire, *dépendance réciproque, émulation générale*, voilà les conditions auxquelles le bonheur des hommes est invariablement attaché dans toutes les circonstances dont se compose l'état de société, et, par conséquent, voilà les conditions que doit admettre la seule bonne, la seule véritable éducation, celle qui forme des citoyens. »

Erreur des pédagogues qui condamnent l'émulation. — Les pédagogues qui condamnent l'émulation se trompent deux fois. D'une part, ils se défient trop de la nature humaine; le sentiment de l'amour-propre est, à leurs yeux, comme une tige empoisonnée, qui ne peut porter que de mauvais fruits; ils croient que favoriser l'émulation, c'est par contre-coup engendrer sûrement l'envie, la rivalité jalouse et malveillante.

Il faut leur répondre avec La Bruyère, que, « quelque rapport qu'il paraisse de la jalousie à l'émulation, il y a entre elles le même éloignement que celui qui se trouve entre le vice et la vertu. L'émulation est un sentiment énergique, courageux..., qui rend l'âme féconde, qui la fait profiter des grands exemples, et la porte souvent au-dessus de ce qu'elle admire. »

D'autre part, et par une illusion contraire, se priver des secours de l'émulation, c'est trop compter sur les forces de l'âme humaine, c'est croire que l'enfant peut être excité au travail par des motifs purement désintéressés, par la seule idée du devoir à accomplir, sans qu'il soit besoin de mettre en jeu ses instincts personnels; c'est oublier ce que disait Pascal : « Les enfants de Port-Royal tombent dans la nonchalance par défaut d'ambition. »

Écueils à éviter. — Les pédagogues qui excluent l'émulation ont signalé les écueils auxquels on risque accidentellement de se heurter quand on en use mal, plutôt qu'ils n'ont découvert d'irrémédiables dangers auxquels seraient inévitablement exposés tous ceux qui l'emploient.

Ils lui reprochent : « 1° de détourner l'attention des enfants de la pensée du devoir pour la porter sur la récompense; 2° de faire honorer par les enfants non pas le mérite, mais le succès ; 3° de surexciter la vanité chez les uns, d'humilier et de décourager à tout jamais les autres; 4° de provoquer la haine et la jalousie entre camarades ; 5° de faire prendre pour toute la vie la détestable habitude de rechercher les distinctions, de briguer le premier rang, de poursuivre les honneurs et de ne pas se contenter d'une position moyenne et d'une obscure tranquillité. »

Ces inconvénients peuvent en effet résulter d'une émulation mal comprise, mal dirigée. Mais ils seront évités sans trop de peine par un maître habile qui aura soin de ne pas matérialiser l'émulation, de ne pas tenir compte seulement des qualités naturelles de ses élèves, qui n'abusera pas des récompenses extérieures, qui saura réconforter les vaincus et les empêcher de ressentir trop d'amertume de leur défaite, en même temps qu'il rappellera les vainqueurs à la modestie, qui enfin ne tendra pas outre mesure le ressort de l'émulation et ne la laissera pas tomber dans les surexcitations dangereuses de l'ambition.

Les récompenses. — Quand on admet l'émulation comme principe de discipline, on admet du même coup les récompenses. Les récompenses en effet sont le meilleur moyen de vivifier et d'animer le sentiment de l'émulation. Quelque désireux que l'on soit d'obtenir que l'enfant en arrive à trouver la meilleure des récompenses dans le sentiment du devoir accompli, dans la conscience de ses progrès, ce serait une duperie de se priver du secours que peuvent apporter à la discipline des récompenses discrètement distribuées et habilement choisies.

Diverses espèces de récompenses. — Il y a d'ailleurs récompenses et récompenses. Elles varient

surtout par la nature des sentiments qu'elles visent,
qu'elles atteignent chez l'enfant : tantôt, comme les caresses par exemple, elles ne s'adressent qu'aux sentiments
affectueux ; tantôt, comme les louanges, elles flattent
l'amour-propre et le besoin d'approbation ; tantôt,
comme les friandises, elles répondent seulement aux
goûts inférieurs de la sensibilité ; tantôt enfin, comme
les prix, elles éveillent les instincts intéressés. Ajoutons
que ces divers éléments peuvent se confondre dans les
récompenses accordées, et que, pour en apprécier la
valeur éducative, il faut tenir grand compte du caractère des divers sentiments qu'elles émeuvent.

Récompenses sensibles. — Il faut proscrire absolument les récompenses purement matérielles, qui ne
sont acceptables tout au plus qu'avec les tout petits
enfants, qu'on peut conduire par l'appât d'un gâteau (1).
Le plus tôt possible, l'élève doit être habitué à chercher la récompense de son travail et de ses efforts dans
la satisfaction de ses inclinations les plus élevées.

Les louanges. — « Les récompenses les meilleures,
dit avec raison M. Rendu, sont celles qui, dénuées de
valeur matérielle, mettent en jeu des sentiments
délicats, sans éveiller aucune idée d'intérêt. » De ce
genre sont les paroles d'approbation, les louanges du
maître. Elles excitent le sentiment de l'honneur. Elles
sont d'ailleurs d'autant plus efficaces que le maître a
su se faire plus aimer, plus respecter par ses élèves.
Dans une classe où l'autorité du maître est fortement
établie, et où les élèves ont de l'amour-propre, les
récompenses pourraient se réduire à l'éloge. Il faut
d'ailleurs n'user de ce moyen qu'avec circonspection,
de crainte d'exciter l'orgueil et la vanité.

« Les récompenses dont dispose le maître sont principalement
l'approbation et l'éloge, moyen d'action puissant et flexible,
mais qui demande à être manié avec tact. Certains genres de
mérite sont assez palpables pour être représentés par des chif-

---

(1) A ce point de vue aussi, il faut condamner, en règle générale, les récompenses en argent.

fres. Dire qu'une chose est bien ou mal, en tout ou en partie, est un jugement également clair ; c'est donc une approbation suffisante que de déclarer qu'une réponse est bonne, qu'un passage a été bien expliqué. Ce sont là des éloges que l'envie ne peut attaquer. Bien exprimer une louange est une affaire délicate ; il faut beaucoup de tact pour la rendre à la fois exacte et juste. Elle doit toujours s'appuyer sur des faits appréciables. Mais un mérite supérieur n'a pas toujours besoin d'éloges bruyants ; l'approbation expresse doit être motivée par des faits qui imposent l'admiration même aux plus jaloux. Le véritable régulateur est la présence de toute la classe réunie ; le maître ne parle pas en son propre nom ; il ne fait que diriger le jugement d'une multitude avec laquelle il ne doit jamais se trouver en désaccord ; son opinion particulière doit toujours être exprimée en particulier. L'opinion d'une classe, lorsqu'elle a toute sa valeur, est l'accord du jugement de la tête avec celui des membres, du maître et des élèves. »

Autres récompenses. — Les récompenses, en général, ne doivent être que les signes extérieurs de l'approbation du maître.

De ce nombre sont les bons points, le classement sur les bancs d'après les notes et les compositions, les billets de satisfaction, l'inscription au tableau d'honneur, les prix. Quelques pédagogues recommandent aussi les médailles et décorations.

Les distributions de prix. — On ne saurait trop encourager l'usage récemment introduit dans les écoles primaires des distributions solennelles de prix.

« Beaucoup d'écoles primaires, disait la circulaire ministérielle du 13 août 1864, n'ont point de ces fêtes de fin d'année, où la bonne conduite et le travail sont publiquement récompensés. Il en résulte qu'on trouve dans ces écoles peu d'émulation et qu'un certain nombre d'élèves les désertent une partie de l'année. Il serait bon cependant que chaque village eût sa fête annuelle de l'enfance et du travail. La dépense qu'elle entraînerait serait bien minime, et à défaut de la commune ou du département, des particuliers, j'en suis sûr, tiendraient à honneur de s'en charger. Il ne vous sera pas difficile de persuader aux maires et aux notables de chaque département que l'argent donné pour l'enfance, est, à tous les points de vue, de l'argent placé à gros intérêts. »

« Je persiste à croire, dit une autre instruction ministérielle du 14 juillet 1865, que cette coutume serait excellente, à la condition expresse que les prix seront délivrés avec discrétion, pour n'être donnés qu'aux élèves les plus méritants. »

Les punitions. — Les punitions reposent à peu près sur les mêmes principes que les récompenses. Les récompenses répondent surtout au sentiment de l'honneur, à l'amour-propre. Les punitions ont parfois le même caractère, elles tendent à humilier l'élève, à lui faire honte de ses fautes dénoncées publiquement. Mais, en général, elles ont pour but de mater la sensibilité de l'enfant en le privant des choses qu'il aime, de même que les récompenses l'excitent en lui accordant ce qui lui plaît.

Les réprimandes. — De même que les louanges et les paroles d'approbation sont la meilleure et la plus facile des récompenses, de même les réprimandes, les blâmes, les témoignages de désapprobation, sont la plus prompte et la plus sûre des punitions : à condition, bien entendu, que l'on ait su préalablement rendre les enfants sensibles à la honte, et obtenir qu'ils aiment et estiment leur maître.

Le fait seul de relever devant les camarades une faute commise et que le coupable ne peut nier est déjà une punition efficace. On y joindra, quand la nature de la faute l'exigera, des paroles de blâme qui feront rougir l'élève.

Ce qui importe le plus dans l'emploi des réprimandes et du blâme, c'est d'abord de ne pas en abuser. Des maîtres qui grondent sans cesse finissent par ne plus être écoutés. Si la réprimande est devenue banale, si l'on y a recours trop fréquemment, elle perd tout son effet. Il faut, en second lieu, qu'elle soit exactement proportionnée à la faute qu'elle signale et qu'elle veut corriger. Le maître ne sera plus respecté, si dans ses paroles il ne met pas le plus strict esprit de justice. En outre, le ton de la réprimande doit être toujours modéré, calme et digne. Si le maître s'emporte, sa colère, comme le fait remarquer M. Bain, « est une véritable victoire pour les mauvais élèves, quand bien même elle leur inspirerait une crainte momentanée ».

« Ne reprenez jamais l'enfant, dit Fénelon, ni dans son premier mouvement, ni dans le vôtre. Si vous le faites dans le vôtre, il s'aperçoit que vous agissez par humeur et par promptitude, non par raison et par amitié : vous perdez sans ressource votre autorité. Si vous le reprenez dans son premier mouvement, il n'a pas l'esprit assez libre pour avouer sa faute, pour vaincre sa passion, et pour sentir l'importance de vos avis : c'est même exposer l'enfant à perdre le respect qu'il vous doit. Montrez-lui toujours que vous vous possédez : rien ne le lui fera mieux voir que votre patience. »

Les menaces. — Avant d'en arriver aux punitions effectives, il est bon de prévenir l'enfant des conséquences qu'entraînerait le renouvellement de sa faute. Il ne faut pas le prendre en traître, et, avant de le punir, il est nécessaire de l'avoir menacé. Mais les menaces doivent toujours être suivies d'effet. L'élève se rit d'un maître qui ne va jamais plus loin que les paroles, et qui ne réalise jamais sa menace.

Les punitions effectives. — Le code pénal scolaire contient un grand nombre d'articles, surtout si on l'étudie dans les anciens systèmes d'éducation. Avec le progrès des mœurs il s'est peu à peu adouci.

Dans les écoles maternelles, l'arrêté du 2 mai 1881 établit que les seules punitions permises sont les suivantes : « Interdiction, pour un temps très court, du travail et du jeu en commun. Retrait des bons points. »

Dans les écoles primaires l'instituteur doit faire usage des mêmes punitions : privation partielle de la récréation ; retenue de l'élève après la classe du soir ; exclusion temporaire ou définitive.

La privation des récréations ne doit jamais être de longue durée. Il ne faut pas, sous prétexte de châtier l'enfant, lui interdire le repos et le jeu, dont sa santé physique a besoin aussi bien que son intelligence.

« La retenue ou privation de récréation, dit M. Bain, est fort désagréable aux enfants et devrait suffire même pour des fautes graves, surtout s'il s'agit de désordres et de désobéissances, fautes contre lesquelles cette punition est indiquée par sa nature même. Tout excès d'activité doit être réprimé par la suppression temporaire de l'exercice légitime de l'activité. »

L'exclusion définitive de l'élève est évidemment un remède extrême et une sorte d'aveu d'impuissance de la discipline scolaire. Mais la crainte de ce châtiment, si une fois ou deux il a atteint des élèves incorrigibles, est un exemple très efficace pour tous les autres.

Les pensums. — On a fait jadis un grand abus des *pensums* ou devoirs supplémentaires ; on aurait tort peut-être de les proscrire absolument.

« Les *pensums*, dit M. Bain, sont la punition ordinaire du manque de travail et peuvent aussi être employés contre l'insoumission. La peine réelle consiste dans l'ennui imposé à l'esprit, punition fort grave pour ceux qui n'aiment les livres sous aucune forme : les pensums entraînent aussi l'ennui de la réclusion et de l'exercice disciplinaire. On peut les ajouter à la honte, et la réunion de ces deux moyens constitue une punition redoutable. »

Les châtiments corporels. — Les règlements, aussi bien que les mœurs, condamnent absolument en France les châtiments corporels qui pendant tant de siècles ont été compris parmi les *legitima pœnarum genera*. Pestalozzi lui-même, le bon et doux Pestalozzi, usait et abusait des gifles, et en faisait sanctionner l'usage par l'approbation unanime de ses élèves. En Angleterre encore l'opinion publique est en général favorable aux punitions corporelles, et M. Bain les admet.

« Dans les maisons, dit-il, où l'on maintient les châtiments corporels, il faut les mettre tout au bout de la liste des punitions ; le moindre de ces châtiments doit être considéré comme un véritable déshonneur et accompagné de formes humiliantes. Tout châtiment corporel doit être présenté comme une injure grave pour la personne qui l'inflige et pour ceux qui sont forcés d'en être témoins, comme le comble de la honte et de l'infamie. Il ne doit pas se renouveler pour le même élève : si deux ou trois applications de cette peine ne suffisent pas, le renvoi est le seul moyen à adopter. »

Nous ne saurions entrer dans cette casuistique des châtiments corporels. Il faut les interdire absolument et dans tous les cas, parce que, selon l'expression de Locke, ils constituent une discipline servile qui rend les âmes serviles.

Règles générales. — Quelle que soit la punition employée, il faudra toujours s'inspirer de quelques principes généraux (1).

D'abord, que la punition soit toujours proportionnée à la faute commise, et aussi à la sensibilité du coupable. Tel élève peut être profondément ému par une punition légère qui laissera absolument insensibles des élèves moins délicats.

Qu'on ne prodigue pas la punition : la répétition en use vite l'efficacité, et il n'y a rien de bon à attendre d'un enfant blasé sur le châtiment. « Gardez-vous bien de punir toutes les fautes de vos filles, disait madame de Maintenon à ses directrices de Saint-Cyr : les pénitences deviendraient communes et ne feraient plus d'impression. »

Que l'on gradue les peines avec soin. « C'est une règle, dit M. Bain, de commencer d'abord par des punitions légères : pour les bonnes natures, la simple idée d'une punition suffit, et la sévérité n'est jamais nécessaire. »

Que l'on s'attache surtout à établir dans l'esprit de l'enfant une liaison intime entre la peine et le mal commis. Il faut pour cela que la punition soit le plus possible en rapport avec la faute : un enfant a menti, on l'humilie en ne croyant plus à sa parole ; un autre est indiscret, on ne lui fait plus de confidences; un autre querelle toujours, on l'éloigne de ses camarades. De cette façon la punition est mieux comprise, et elle est plus efficace, parce qu'elle apparaît à l'élève comme la conséquence naturelle de la faute.

(1) Il est bien entendu que ces règles générales ne suffisent pas pour guider l'instituteur qui, à vrai dire, en pareille matière ne doit avoir d'autre guide que son bon sens. « Il n'y a rien où il faille plus de diversité, disait madame de Maintenon : on ne peut là-dessus faire de règles : le bon sens en doit décider. »

Le système des réactions naturelles. —
M. Herbert Spencer a popularisé de notre temps le
système qui consisterait à supprimer tout l'appareil des
punitions artificielles, pour laisser un libre champ à
l'action de la nature. Il s'agit de faire sentir à l'enfant
les conséquences des actes qu'il accomplit : quelle
punition plus éclatante que ces conséquences mêmes !

Toutes les disciplines d'invention humaine sont impuissantes. Les seuls châtiments vraiment salutaires sont ceux que
la nature crée sur le coup et applique. Point de menaces, une
muette et rigoureuse exécution : la cendre chaude brûle celui
qui la touche une première fois ; elle le brûle une seconde, une
troisième fois, elle le brûle chaque fois : rien ne vaut cette correction immédiate, directe, inévitable. Ajoutez que la peine est
toujours proportionnée à la violation de l'ordre des choses, la
réaction étant en rapport avec l'action ; qu'elle introduit avec
elle dans l'esprit de l'enfant l'idée de la justice, le châtiment
n'étant qu'un effet ; enfin qu'il n'y a pas d'effet plus sûr : la langue universelle en dépose: l'expérience chèrement achetée, l'expérience amère est la grande leçon, la seule dont on profite (1). »

Critique de ce système. — Quelque séduisante
que soit au premier abord la doctrine des réactions
naturelles, il est évident, après réflexion, qu'elle ne
saurait suffire pour constituer, au point de vue de la
correction et de la répression des fautes commises, un
système de discipline scolaire. Pour un certain nombre
de cas auxquels elle s'applique utilement, combien
d'autres où elle serait absolument inefficace ! Admettons, ce qui n'est pas vrai d'ailleurs, que toute
faute, toute violation de l'ordre naturel entraîne à sa
suite et par une nécessité naturelle une conséquence
douloureuse. Ce ne sera le plus souvent qu'une conséquence lointaine, à longue échéance ; et le coupable
aura pu renouveler ses fautes des milliers de fois
avant que la punition éclate. Les manquements scolaires
sont pour la plupart de telle nature que l'enfant n'a
pas à souffrir immédiatement de s'y être laissé aller.

(1) Nous empruntons cette analyse de l'opinion de M. Spencer au mémoire
de M. Gréard sur l'*Esprit de discipline dans l'éducation*.

Le défaut d'application, la paresse, compromettront la vie entière de l'écolier négligent : devenu homme, il se repentira, à trente ans, dans le désœuvrement d'une existence qu'il ne pourra employer à rien de bon, d'avoir été un élève inattentif et irrégulier. Mais quand il s'apercevra des suites de sa paresse, il sera trop tard : le mal sera fait. La punition sera sans doute éclatante, impitoyable, justement méritée : le coupable sera obligé de s'incliner devant elle comme devant une inexorable mais juste fatalité. Mais les punitions ont encore plus pour but d'empêcher le mal, de le corriger à temps, que de le faire expier d'une façon exemplaire.

Autres critiques. — Il serait aisé de montrer qu'à d'autres points de vue encore, la théorie de M. Spencer ne répond pas à l'idéal de la punition.

« La peine que provoquent les réactions naturelles, dit M. Gréard, est le plus souvent énorme par rapport à la faute qui les a produites, et l'homme lui-même réclame pour sa conduite d'autres sanctions que celles de la dure réalité. Il veut qu'on juge l'intention en même temps que le fait : qu'on lui sache gré de ses efforts ; qu'on le frappe s'il le faut, mais sans l'abattre et en lui tendant la main pour le relever. »

Rien de plus brutal, en un mot, de plus inhumain, que le système qui, supprimant toute intervention réfléchie du maître dans la correction de l'enfant, laisse à la nature seule le soin de le châtier. Lente dans certains cas, la justice de la nature est bien souvent violente et meurtrière. Ajoutons enfin que le système des réactions naturelles supprime les idées morales, l'idée de l'obligation et du devoir ; il ne met l'enfant en présence que des forces aveugles et inconscientes de la nécessité. Aussi M. H. Spencer ne soutient-il pas jusqu'au bout sa théorie, et aux réactions de la nature il ajoute les réactions des sentiments qui se manifestent par l'estime et l'affection, par le blâme et le refroidissement de ceux qui entourent l'enfant et qu'il aime. La discipline de la nature ne peut être qu'une préparation à la discipline des sentiments et des idées.

LEÇON XII

LA DISCIPLINE EN GÉNÉRAL

Discipline préventive. — Conditions matérielles de la discipline. — Emploi du temps. — Principes généraux de l'emploi du temps. — Classement des élèves. — Conséquences au point de vue disciplinaire. — Nécessité d'une surveillance rigoureuse. — Travail des maîtres en dehors des classes. — Collaboration des maîtres avec la famille. — Influence morale de la famille. — Conditions morales de la discipline. — Qualités d'un bon maître. — Part à faire aux qualités physiques. — Autorité morale. — L'esprit de suite dans la discipline. — La souplesse dans les moyens. — But supérieur de la discipline.

Discipline préventive. — La discipline ne repose pas seulement sur un ensemble de récompenses et de punitions, qui viennent après coup, comme autant de sanctions, encourager au bien ou détourner du mal. La vraie discipline prévoit et prévient plus encore qu'elle ne réprime et qu'elle ne récompense. Dans une école bien organisée qui satisfait à certaines conditions matérielles, et où le maître remplit les conditions morales qui assurent son autorité, il ne sera presque pas nécessaire de recourir à la punition, et la récompense apparaîtra plutôt comme un acte désintéressé de justice que comme un moyen disciplinaire.

Conditions matérielles de la discipline. — Tous les instituteurs savent combien la régularité et la suite qu'ils introduisent dans les exercices scolaires facilitent leur tâche et aident au bon ordre de la classe. Pestalozzi, qui avait tant de qualités morales, qui possédait à un si haut degré l'art de se faire aimer des enfants, qui dépensait au service de ses élèves tant de dévouement et de zèle, n'a jamais su établir une discipline exacte, parce qu'il manquait de méthode, parce qu'il enseignait d'une façon désordonnée, sans s'assujettir à des règles fixes dans la durée de ses leçons, dans la suite des exercices, dans l'emploi du temps en un mot.

Emploi du temps. — « L'emploi du temps, dit M. E. Rendu, est le principal moyen d'établir la discipline... La question de la discipline est en grande partie une question d'enseignement et de méthode (1).

Grâce aux indications du programme qui détermine à la fois les objets d'enseignement et le nombre d'heures qu'il convient d'accorder à chaque étude dans les trois cours de l'école primaire, l'instituteur est aujourd'hui guidé dans l'emploi de son temps et ne risque plus de s'égarer.

Ajoutons cependant que les circonstances, les exigences de temps et de lieu, le nombre et la force relative des élèves doivent, d'une école à une autre, autoriser des différences notables. Nous ne sommes pas de ceux qui rêvent une uniformité absolue, et qui veulent qu'à la même minute les millions d'enfants qui fréquentent les écoles de France se livrent au même exercice.

« L'initiative d'un maître intelligent ne doit pas être paralysée par la rigide inflexibilité du cadre. Nous ne prétendons point imposer un *emploi du temps* aux instituteurs comme un étau qui les étreigne ; nous le leur proposons comme une règle qui les dirige. Sans doute, dans le domaine de l'enseignement primaire plus que dans toute autre sphère d'enseignement, il faut exiger la régularité, l'exactitude, l'esprit de suite ; mais, ici comme partout ailleurs, il convient de laisser quelque chose à la spontanéité, à la réflexion personnelle, au libre choix. Nous redoutons l'absence de méthode qui conduit à l'anarchie scolaire ; mais nous détestons la tyrannie minutieuse qui, anéantissant l'homme dans le maître, donne à l'éducation machinale la place due à l'intelligence (2). »

Principes généraux de l'emploi du temps. — L'emploi du temps ne doit pas seulement être réglé à l'avance par l'instituteur, il doit être porté à la connais-

(1) M. E. Rendu, *Manuel*, etc., p. 58
(2) *Ibid.*, p. 32.

sance des élèves, et les règlements exigent qu'on affich‑
dans la salle de classe le tableau où il est établi (1).

Sans entrer dans le détail de la distribution des
heures d'étude et des diverses matières du programme,
nous rappellerons les principes généraux qui résultent
de tout ce que nous avons dit dans les chapitres pré‑
cédents.

1° Chaque classe doit être partagée en plusieurs exer‑
cices différents. Il faut renoncer, avec les élèves des écoles
primaires surtout, aux leçons prolongées sur un même
sujet ; ces leçons ne sont possibles que dans les hautes
classes des lycées ou dans les cours de l'enseignement
supérieur.

2° Chaque séance doit être coupée soit par la récréa‑
tion réglementaire, soit par des mouvements et des
chants.

3° Dans les écoles à un seul maître, l'instituteur en‑
trera chaque jour en communication directe avec tous
ses élèves, par conséquent avec chacun des trois cours :
de là découle la nécessité des *leçons collectives*, qui
peuvent porter sur certaines parties de l'histoire, de la
morale, etc.

4° Chacune des parties du programme doit avoir
chaque jour sa part dans les exercices de l'école.
Aucune ne doit être sacrifiée, ne pût-on consacrer que
quelques minutes à certaines d'entre elles.

5° Les exercices les plus difficiles, ceux qui exigent le
plus d'attention, seront placés de préférence dans la
classe du matin.

6° La durée de chaque leçon et de chaque exercice
n'excédera pas habituellement vingt minutes ou une
demi-heure.

7° Toute leçon, toute lecture, tout devoir sera accom‑
pagné d'explications orales et d'interrogations. »

(1) « Au commencement de chaque année scolaire le tableau de l'emploi du
temps par jour et par heure est dressé par le directeur de l'école, et, après
approbation de l'inspecteur primaire, il est affiché dans la salle de classe. »
(Arrêté du 27 juillet 1882, art. 16.)

8° La correction des devoirs et la récitation des leçons ont lieu pendant les heures de classe auxquelles se rapportent ces devoirs et ces leçons. Dans la règle, les devoirs sont corrigés au tableau noir en même temps que se fait la visite des cahiers. Les rédactions sont corrigées par le maître en dehors de la classe (1).

Classement des élèves. —Ce qui nuit au maintien de la discipline aussi bien qu'au progrès des élèves, c'est que dans la même classe sont réunis par la force des choses des élèves très inégaux par l'âge, par le degré d'instruction, par le développement intellectuel. Le désordre est le résultat presque nécessaire de cette disproportion et de ces inégalités. Rien de plus important, par conséquent, que le classement des élèves.

« Chaque année, à la rentrée, dit l'arrêté de 1882, les élèves, suivant leur degré d'instruction, sont répartis par le directeur dans les diverses classes des trois cours, sous le contrôle de l'inspecteur primaire. »

La règle s'applique non seulement aux écoles nombreuses qui possèdent plusieurs maîtres, mais aussi aux écoles à un seul maître. Et dans celles-ci mêmes le classement doit être plus rigoureux encore, s'il est possible, parce que le maître unique, obligé de se partager entre les trois cours, doit pouvoir compter un peu plus, soit sur l'initiative des élèves, soit sur l'aide de quelques moniteurs intelligents.

Conséquences au point de vue disciplinaire. — Qui ne voit ce que la discipline gagnera à une organisation pédagogique ainsi réglée ? Convié à un enseignement qui répond exactement à ses forces et à ses besoins, soutenu par la variété des exercices, ranimé par des récréations fréquentes, toujours soumis à une règle invariable qu'il connaît, ne demeurant jamais inoccupé, instruit d'avance de ce qu'il doit faire aux diverses heures de la journée. l'élève se trouvera dans les meilleures conditions pour travailler avec ordre et avec profit.

(1) *Arrêté* du 27 juillet 1882, art. 16.

Nécessité d'une surveillance rigoureuse. — Les règles matérielles ne suffisent cependant pas. L'élève n'est pas encore assez maître de lui-même, assez énergique et assez bien intentionné pour suivre spontanément la marche qui lui est tracée par un règlement bien fait. Il faut compter avec les défaillances de la volonté, avec l'étourderie du jeune âge, avec la dissipation, avec la paresse, avec le mauvais vouloir. C'est à l'œil vigilant du maître d'assurer la pratique des lois scolaires. Comme la discipline devient plus aisée avec un instituteur actif, qui surveille tous les mouvements de ses élèves, qui épie et guette leurs dispositions, qui arrête d'un mot ou d'un regard le commencement d'une conversation, qui ranime l'attention au moment où elle s'endort, qui, en un mot, toujours présent aux quatre coins de la classe, est, pour ainsi dire, l'âme vivante de l'école!

Travail des maîtres en dehors des classes. — La vigilance et la sollicitude d'un bon maître ne s'arrêtent pas d'ailleurs au seuil de l'école, elles doivent suivre l'élève jusque dans sa famille, l'accompagner dans une certaine mesure sur le chemin qui le conduit de l'école à la maison. Il peut habilement s'enquérir de ce que font les enfants, une fois rentrés chez eux, s'informer comment ils se conduisent dans les rues ou sur les routes. Par l'action qu'il exercera discrètement sur la conduite de ses élèves en dehors de la classe, il assurera leur bonne tenue, le silence et l'ordre de la classe elle-même. Des enfants qui se sont trop dissipés à la maison, ou qui ont trop gaminé dans les rues, ont bien de la peine, quand la cloche sonne, à devenir, par une transformation instantanée, des élèves attentifs et tranquilles.

Par le travail personnel qu'il s'imposera à lui-même le maître contribuera aussi à maintenir la bonne discipline de sa classe. Une leçon bien préparée vaut mieux que beaucoup de punitions pour obtenir l'attention des écoliers. Quand le maître arrivera dans sa chaire sachant bien ce qu'il doit faire, ce qu'il veut dire ; quand, tout pénétré de son sujet, il pourra suivre sa pensée sans effort, il aura d'abord cette garantie qu'il intéressera plus aisément ses auditeurs, qu'il les conduira plus sûrement à son but ; et en même temps, affranchi de la préoccupation de chercher ses idées et ses mots, d'organiser sa classe sur l'heure et par une sorte d'improvisation, il pourra plus facilement surveiller son petit monde, être tout à tous, et ne rien laisser passer d'incorrect ou d'anormal dans la conduite de ses élèves.

Ajoutons que, pour assurer la discipline, en ce qui concerne l'assiduité et l'exactitude du travail des élèves, le travail du maître est particulièrement nécessaire. L'enfant le mieux intentionné se rebute, si les devoirs qu'il a faits avec le plus de soin ne sont jamais corrigés. Ce n'est pas seulement parce que les fautes qu'il a laissées échapper seront ignorées par lui que l'absence de correction est fâcheuse, c'est surtout parce que la négligence du maître enhardit et excuse en partie la négligence de l'élève.

Collaboration des maîtres avec la famille. — Les meilleurs maîtres ne peuvent rien, en fait de discipline, sans la collaboration des parents. « Il n'est point de mauvais système d'éducation, dit M. Gréard, qui ne s'améliore par l'intervention de la famille, point de bien qu'il n'ait à y gagner. » Rollin considérait la participation des parents à tout ce qui intéresse le développement moral comme l'un des ressorts essentiels du gouvernement intérieur des collèges. Ce qui est vrai de l'enseignement secondaire l'est aussi de l'enseignement primaire. Il faut donc que le maître soit en relations constantes avec les familles, qu'il les éclaire régulièrement sur le travail et le progrès des enfants, qu'il leur signale leurs défauts. De là l'utilité des livrets de correspondance (1).

Heureux les instituteurs qui peuvent collaborer avec

(1) Voyez sur ce sujet de longs et intéressants détails dans le *Manuel* de M. Rendu. p. 75.

les parents, et amener ceux-ci à les seconder, à veiller
eux-mêmes sur les leçons à apprendre, sur les devoirs
à écrire. A ce point de vue les travaux donnés à faire à
la maison, outre qu'ils forcent l'élève à travailler en
dehors des trente heures de classe que lui prend
l'école ont cet avantage qu'ils obligent les parents à
s'intéresser aux études de leurs enfants.

Les devoirs de la maison doivent d'ailleurs être
faciles et ne pas exiger un attirail d'installation qui ne
saurait être réalisé dans la plupart des familles.

« Les devoirs faits à la maison, dit M. Gréard, devront être
mesurés, comme les autres, non seulement au temps très limité
dont nos élèves disposent après la classe, mais aussi et surtout d'après l'intensité d'efforts utiles qu'un enfant peut fournir.
Je n'ignore pas qu'en donnant ces devoirs nos maîtres ne font
quelquefois que répondre aux demandes des parents qui redou-
tent le désœuvrement de la soirée ou qui apprécient le travail
à la quantité de papier remplie. Mais nous ne devons pas céder à
des désirs mal éclairés. Il est bon, sans doute, que les élèves du
cours supérieur puissent être occupés, le soir, dans la famille.
Qu'ils aient à faire une lecture d'histoire et de géographie, à
reproduire l'explication des mots tirés d'un devoir grammatical,
ou à résoudre quelques opérations de calcul, rien de mieux,
mais à la condition expresse que ces exercices n'offrent aucune
difficulté qui rebute l'enfant livré à lui-même, qu'ils se rattachent
à la leçon dont il a le souvenir présent, et surtout qu'ils soient
courts. »

Influence morale de la famille. — Ce que le maître doit surtout demander à la famille, c'est qu'elle ne
fasse pas dévier ses propres efforts, qu'elle ne contredise
pas ses enseignements, qu'elle ajoute aussi son action
plus secrète, plus intime, plus personnelle, à celle qu'il
exerce lui-même.

On est en droit d'attendre beaucoup du concours effectif des
parents pour peu qu'ils le veuillent. Nous n'ignorons pas ce que
leur perspicacité peut rencontrer de difficultés et d'obstacles;
nous faisons la part des illusions et des faiblesses : en raison
même de leur affection, ils sont exposés à porter trop haut
leurs espérances et à désespérer trop vite. L'avis désintéressé
et froid d'un maître habile est souvent nécessaire pour rétablir la

mesure. Qui est plus près d'ailleurs que le père et la mère du cœur de l'enfant? Qui peut mieux se rendre compte de ses propensions instinctives et de ses passions naissantes, démêler ses qualités de ses défauts, distinguer dans ses écarts la défaillance ou la révolte passagère de la faiblesse radicale et de la résistance opiniâtre, exciter souvent au besoin et connaître sa sensibilité, l'assujettir, selon les circonstances, aux nécessités qui s'imposent et le faire triompher des difficultés qui ne tiennent qu'à lui, suivre avec sagesse les crises qui arrêtent ou précipitent son développement; le traiter en un mot, dans toutes ses transformations, d'après son tempérament et lui donner le régime moral qui lui convient (1). »

Conditions morales de la discipline. — La collaboration des maîtres et des parents marchant d'accord, la main dans la main, pour corriger les défauts et développer les qualités des enfants, est déjà une des conditions morales de la discipline.

Une autre condition, c'est le caractère du maître, c'est son autorité, c'est sa valeur morale. Pour la discipline, les règlements, comme pour l'enseignement les programmes et les méthodes, ne valent que ce que valent ceux qui les appliquent. Quand il s'agit du gouvernement intérieur des classes, aussi bien que des autres institutions humaines, il faut toujours en revenir là. Commencez par avoir des hommes, et le reste vous sera donné par surcroît.

Qualités d'un bon maître. — Les traités de pédagogie dressent de longs tableaux des qualités d'un bon maître (2). Nous ne songeons pas à établir ici un de ces catalogues où les vertus pédagogiques sont numérotées et qui exigent que l'instituteur possède dix, douze qualités, pas une de plus, pas une de moins. L'éducation morale d'un maître n'a rien à gagner à ces nomenclatures fastidieuses. Nous dirons simplement que le meilleur maître est celui qui dispose au plus haut degré des qualités intellectuelles et des qualités morales, celui qui d'une part a le plus de savoir, de

---

(1) M. Gréard, *Mémoire sur l'esprit de discipline.*

(2) Dans son *Manuel* souvent cité, M. Braun demande, entre autres qualités, que « l'instituteur soit intelligent ».

méthode, de clarté et de vivacité dans l'exposition, et qui d'autre part est le plus énergique, le plus dévoué à sa tâche, le plus attaché à ses devoirs, en même temps que le plus affectueux pour ses élèves.

Chacune de ces qualités ou vertus, il serait facile de le montrer, est un élément de discipline.

Un maître dont la science n'est pas discutée, qui ne s'embrouille jamais dans ses leçons, qui parle avec netteté, se fera écouter religieusement.

Un maître dont on saura que tous ses actes sont inspirés par l'amour de ses élèves, n'aura qu'à parler pour être obéi. Il régnera par la persuasion.

Surtout un maître ferme, qui possède le calme de la force, inspirera à ses élèves un respect salutaire qui les détournera de manquer à leurs devoirs.

Voici comment M. Guizot, lors de la discussion de la loi de 1833, exposait les principales qualités qu'il souhaitait à un instituteur des nouvelles écoles :

« Tous les soins, tous les sacrifices seraient inutiles, si nous ne parvenons à procurer à l'école publique reconstituée un maître capable, digne de la noble mission d'instituteur du peuple. On ne saurait trop le répéter, tant vaut le maître, tant vaut l'école elle-même. Et quel heureux ensemble de qualités ne faut-il pas pour faire un bon maître d'école ! Un bon maître d'école est un homme qui doit savoir beaucoup plus qu'il n'en enseigne, afin de l'enseigner avec intelligence et avec goût; qui doit vivre dans une humble sphère, et qui pourtant doit avoir l'âme élevée pour conserver cette dignité de sentiments et même de manières sans laquelle il n'obtiendra jamais le respect et la confiance des familles; qui doit posséder un rare mélange de douceur et de fermeté, car il est l'inférieur de bien du monde dans une commune, et il ne doit être le serviteur dégradé de personne; n'ignorant pas ses droits, mais pensant beaucoup plus à ses devoirs; donnant à tous l'exemple, servant à tous de conseiller, surtout ne cherchant point à sortir de son état, content de sa situation, parce qu'il y fait du bien, décidé à vivre et à mourir dans le sein de l'école, au service de l'instruction primaire, qui est pour lui le service de Dieu et des hommes. Faire des maîtres qui approchent d'un pareil modèle, c'est une tâche difficile, et cependant il faut y réussir, ou nous n'avons rien fait pour l'instruction primaire. Un mauvais maître d'école, comme un mauvais curé, comme un mauvais maire, est un fléau pour une commune. Nous sommes bien réduits à nous contenter très souvent de maitres médiocres, mais il faut tâcher d'en former de bons, et pour cela des écoles normales primaires sont indispensables (1). »

Part à faire aux qualités physiques. — Les qualités physiques du maître ne sont pas elles-mêmes à dédaigner comme instrument de discipline. La taille, la physionomie, la voix jouent leur rôle dans les classes bien tenues. Mais il est inutile d'insister sur ces qualités qui ne dépendent que de la nature. Ce que la bonne volonté peut réaliser, c'est la tenue générale du corps, c'est l'air du visage, ce sont les mouvements et les gestes.

« Ne prenez jamais sans une extrême nécessité, disait Fénelon, un air austère et impérieux, qui fait trembler les enfants. Souvent, c'est affectation et pédanterie dans ceux qui gouvernent. »

Sans exiger, comme le voulait Fénelon, que le maître ait toujours un visage riant, un visage gai, il faut surtout qu'il soit en général aimable et affectueux, qu'il évite le pédantisme et les allures despotiques.

Autorité morale du maître. — Mais les qualités physiques sont peu de chose à côté des qualités morales, principal élément de l'autorité. A force de patience, d'énergie, d'activité, un maître, même physiquement disgracié, peut acquérir un véritable empire sur ses élèves. Un instituteur n'est véritablement digne de son nom de maître que quand il maîtrise sa classe par l'ascendant de son autorité. Les moyens de discipline, extérieurs et mécaniques en quelque sorte, ne servent à rien, s'ils ne sont pas doublés de la force morale dont disposent seuls les bons instituteurs, et dans les écoles où cette autorité morale est bien établie ils deviennent presque inutiles.

« Dominer la volonté des enfants, enraciner dans leur esprit cette conviction que les ordres, les conseils du maître, *ne peuvent*

(1) Guizot, Projet de loi du 2 janvier 1832.

pas ne pas être suivis, leur inspirer une confiance absolue dans son jugement. voilà la condition essentielle du bon gouvernement d'une école (1). »

L'instituteur doit d'abord se faire aimer. L'affection est un des grands ressorts de l'activité humaine. Que ne fait-on pas pour ceux que l'on aime! Comme on leur obéit aisément! Et le meilleur moyen de se faire aimer, c'est d'aimer soi-même. Mais l'instituteur doit aussi se faire respecter et se faire craindre. La vraie discipline est un mélange de douceur et de sévérité.

L'esprit de suite dans la discipline. — Une des raisons qui affaiblissent le plus souvent l'autorité du maître, c'est le désordre, c'est le décousu, ce sont les contradictions qu'il laisse introduire dans la discipline qu'il impose. Un gouvernement qui passe de l'extrême rigueur à l'extrême faiblesse, qui tantôt tolère l'excès de la liberté, tantôt sévit contre les fautes les plus légères, est le pire des gouvernements en éducation comme en politique. La règle une fois établie, qu'on ne s'en départisse jamais. Je sais bien que cette tenue invariable, cette uniformité qui ne se dément pas est chose difficile, mais elle est chose nécessaire. L'éducation actuelle, disait finement J. P. Richter, ressemble à l'Arlequin de la comédie italienne qui arrive sur la scène avec un paquet de papiers sous chaque bras. « Que portez-vous sous le bras droit ? — Des ordres, répond-il. — Et sous le bras gauche ? — Des contre-ordres. » Tiraillé ainsi en sens divers, énervé par des commandements qui se contredisent, pensant toujours échapper à un règlement qui n'est pas impérieusement suivi, l'élève s'abandonne lui-même, et va à la dérive.

La souplesse dans les moyens. — S'il est vrai d'une part que la discipline doit être inflexible dans les règles qu'elle impose, il n'est pas moins nécessaire, d'autre part, qu'elle soit souple et variable dans les moyens qu'elle emploie. Tous les élèves n'ont pas même

---

1. M. E. Rendu, *Manuel*, p. 91.

caractère, mêmes dispositions. Ce qui est douceur relative avec certains serait sévérité extrême avec d'autres. De même que le professeur étudie la diversité des intelligences pour en trouver l'accès et qu'il adapte son enseignement au degré d'ouverture de chaque esprit, de même l'éducateur doit se rendre compte de la différence des caractères, peser le degré de force et de faiblesse de chaque tempérament, « afin d'approprier le secours au besoin, » afin de mesurer équitablement, suivant les cas, la récompense ou la punition.

« Son objet, dit encore M. Gréard, est de suivre l'enfant à travers les phases diverses de sa vie morale, et, dans la vie commune dont il suit les règles, de lui assurer le développement de sa vie particulière. »

Avec les uns, il faudra être constamment affectueux et bon ; avec les autres, il faudra user de rigueur. Tantôt on devra multiplier les excitations pour éveiller la nature endormie ; tantôt il faudra modérer et contenir. Avec celui-ci on parlera toujours raison ; avec celui-là on fera sans cesse appel au sentiment.

But supérieur de la discipline. — La discipline ne tend pas seulement à établir le silence, la bonne tenue dans les classes, le travail assidu et exact : elle pense à l'avenir, elle veut préparer des hommes. Son but, en quelque sorte, est de se rendre inutile. On ne doit exercer l'autorité scolaire qu'avec l'intention de rendre l'enfant indépendant du joug de toute autorité extérieure. Non qu'il faille rêver un affranchissement absolu de la personne humaine. A tout âge et dans toutes les conditions, l'homme aura toujours à obéir, à ses chefs sous les drapeaux et dans l'atelier, à la loi et à ses représentants dans la société. Mais cette sujétion nécessaire n'empêche pas la liberté, qui est la discipline qu'on s'impose à soi-même, et l'objet de l'éducation à tous ses degrés est de faire des hommes libres.

De là les caractères d'une discipline vraiment libérale qui ne cherche pas à établir l'obéissance sur la peur, sur des habitudes passives, mais qui sans relâche s'adresse à l'activité personnelle, à la volonté, qui respecte la dignité de l'enfant, qui n'humilie pas, mais qui élève, qui n'étouffe pas les forces naturelles, mais qui les exerce à se gouverner elles-mêmes.

« Cet affranchissement réfléchi qui est le but de l'éducation, dit M. Gréard, exige chez l'enfant deux conditions de travail intérieur indispensables : la réflexion et l'activité, la réflexion qui se rend compte, l'activité qui se décide, nul n'arrivant à se conduire qu'à ce prix.

« Mettre à profit tout ce que la conscience de l'enfant recèle d'aptitudes morales, lui en faire connaître les directions, les mauvaises comme les bonnes ; l'accoutumer à voir clair dans son esprit et dans son cœur, à être sincère et vrai, lui faire faire peu à peu, dans sa conduite, l'essai et comme l'apprentissage de ses résolutions ; aux règles qu'on lui a données substituer insensiblement celles qu'il se donne, à la discipline du dehors celle du dedans ; l'affranchir non pas d'un coup de baguette, à la manière antique, mais jour à jour, en détachant, à chaque progrès, un des anneaux de la chaîne qui attachait sa raison à la raison d'autrui ; après l'avoir ainsi aidé à s'établir chez soi en maître, lui apprendre à sortir de soi, à se juger, à se gouverner comme il jugerait et gouvernerait les autres ; lui montrer enfin, au-dessus de lui, les grandes idées de devoir, public et privé, qui s'imposent à sa condition humaine et sociale : tels sont les principes de l'éducation qui de la discipline scolaire peut faire passer l'enfant sous la discipline de sa propre raison, et qui, en exerçant sa personnalité morale, la crée. »

FIN

TABLE DES MATIÈRES

PREMIÈRE PARTIE

PÉDAGOGIE THÉORIQUE

PREMIÈRE LEÇON
L'ÉDUCATION EN GÉNÉRAL

Origines du mot éducation. — L'éducation est le propre de
l'homme. — Y a-t-il une science de l'éducation? — Éducation
et pédagogie. — La pédagogie et ses principes scientifiques.
— Rapports de la pédagogie et de la psychologie. — Y a-t-il
une psychologie de l'enfant? — Rapports de la pédagogie
avec d'autres sciences. — Diverses définitions de l'éducation. — Division de l'éducation : éducation physique,
intellectuelle et morale. — Autre division fondée sur le
but de l'éducation : éducation générale, éducation professionnelle. — L'éducation libérale. — Le principe de la nature. — Que faut-il entendre par la nature? — Restrictions
au principe de la nature. — L'éducation œuvre de liberté.
— L'éducation œuvre d'autorité. — Puissance de l'éducation et ses limites. — L'éducation et l'école. — L'éducation
dans une république.   9

LEÇON II
L'ÉDUCATION PHYSIQUE

Un esprit sain dans un corps sain. — L'éducation physique
pour le bien du corps. — L'éducation physique pour le bien
de l'esprit. — L'éducation physique comme préparation à
la vie professionnelle. — Principes de l'éducation physique.
— Physiologie de l'enfant. — Importance des notions physiologiques. — Éducation négative et positive du corps :
hygiène et gymnastique. — Hygiène scolaire. — Principe

de l'endurcissement physique. — La propreté. — Les vêtements et l'alimentation. — Autres prescriptions de l'hygiène.
— La gymnastique en général. — Autres résultats de la
gymnastique. — La gymnastique militaire. — La gymnastique des filles. — Programmes scolaires. — Les jeux et la
gymnastique. — Nécessité des jeux. — Les exercices physiques en Angleterre. — Conclusion.   34

LEÇON III

L'ÉDUCATION INTELLECTUELLE. PRINCIPES GÉNÉRAUX

Y a-t-il une éducation intellectuelle ? — Rapports de l'éducation intellectuelle avec l'éducation physique et l'éducation
morale. — Définition de l'éducation intellectuelle. — L'instruction et l'éducation de l'esprit. — Méthodes de culture
et méthodes d'instruction. — Ordre du développement des
facultés. — L'intelligence chez l'enfant. — Éducation progressive. — Harmonie et équilibre des facultés. — Que les
facultés se prêtent un mutuel concours. — Caractères généraux de l'évolution intellectuelle. — L'esprit est un foyer
qu'il faut échauffer, non un vase qu'il faille remplir. —
Respect de la liberté, de l'initiative de l'enfant. — Il faut
savoir perdre du temps. — Travail attrayant. — Nécessité de l'effort. — Développement intérieur de l'esprit. —
Moyens à employer. — Inégalités intellectuelles. — Aptitudes particulières. — Que l'éducation intellectuelle elle-
même doit avoir un but pratique.   53

LEÇON IV

L'ÉDUCATION DES SENS

Commencements de l'intelligence. — Sensations et perceptions. — Importance des notions sensibles. — Culture générale des sens. — Opinion de Rousseau. — Méthodes de
Pestalozzi et de Frœbel. — Éducation spéciale de chaque
sens. — Le goût et l'odorat. — Éducation de l'ouïe. — Éducation du toucher. — Puissance de la vue chez l'enfant. —
Développement naturel du sens de la vue. — Importance des
perceptions visuelles. — Éducation du sens de la vue. —
Instruction du sens de la vue. — Exercice réfléchi des
perceptions. — Instruments pédagogiques. — Perception et
observation. — L'observation chez l'enfant. — Paradoxe
de M. H. Spencer. — Dangers de l'éducation des sens. —
Conséquences d'une bonne éducation des sens.   72

LEÇON V

CULTURE DE L'ATTENTION

Sens intime ou conscience. — Divers degrés de la conscience. —
Éducation de la conscience. — L'attention et l'éducation. — Dé-

finition de l'attention. — Importance générale de l'attention. — L'attention chez l'enfant — États intermédiaires. — Commencements de l'attention. — Attention imposée. — Autres caractères de l'attention chez l'enfant. — Peu de durée de l'attention. — Exercice de l'attention par les sens. — Signes extérieurs de l'attention. — Besoin de mouvement. — Stimulants de l'attention. — La curiosité. — Effets de la nouveauté. — Effets de la variété. — Peu de choses à la fois. — Conditions extérieures de l'attention. — Ne pas tolérer les distractions. — Cas où l'attention est rebelle. — Conséquences morales du défaut d'attention. 93

LEÇON VI

CULTURE DE LA MÉMOIRE

Importance de la mémoire. — La mémoire chez l'enfant. — Opinions de Rousseau et de madame Campan. — Caractères de la mémoire enfantine. — La culture de la mémoire. — Est-elle nécessaire ? — Est-elle possible ? — Exercice de la mémoire. — Diverses qualités de la mémoire: — 1º Promptitude à apprendre; — 2º Ténacité du souvenir; — 3º Promptitude à se rappeler. — Mémoire et jugement. — Mémoire et récitation. — Opinion de M. Herbert Spencer. — Arguments pour et contre. — Où la récitation littérale est nécessaire. — Les exercices de récitation. — Abus de la récitation. — Choix des exercices. — Résumé des conditions du développement de la mémoire. — Procédés mnémotechniques. — Association des idées. — Diverses formes de la mémoire.   108

LEÇON VII

CULTURE DE L'IMAGINATION

Rôle de l'imagination. — Ses bienfaits. — Ses dangers. — Sa puissance chez l'enfant. — Diverses formes de l'imagination. — Imagination représentative. — Culture de l'imagination représentative. — Les images proprement dites. — Imagination créatrice. — Existe-t-elle chez l'enfant? — Ses diverses manifestations. — Tendance mythologique. — Tendance poétique. — Les contes. — Les récits. — Nécessité de la poésie. — Les romans. — Les créations personnelles de l'imagination enfantine. — L'imagination dans les jeux. — Les exercices de composition littéraire. — Le dessin et les arts. — Discipline de l'imagination. — Quelques dangers particuliers à éviter. — La rêverie. — Importance de l'imagination.   131

LEÇON VIII

LES FACULTÉS DE RÉFLEXION, JUGEMENT, ABSTRACTION, RAISONNEMENT

Jugement et raisonnement. — Définition psychologique du jugement. — Divers sens de ce mot. — Importance de la justesse d'esprit. — Formation du jugement. — Le jugement chez l'enfant. — Première éducation. — Culture scolaire du jugement. — Méthode générale. — Règles particulières. — Liberté du jugement. — Discrétion du jugement. — Exactitude du jugement. — Le jugement et l'abstraction. — Abstraction et généralisation. — Formation des idées abstraites et générales. — Les idées générales avant le langage. — Tendance de l'enfant à généraliser. — Que faut-il penser de la répugnance de l'enfant pour l'abstraction ? — Abus de l'abstraction dans l'enseignement. — Importance des idées générales. — Difficultés de l'abstraction. — Règles pédagogiques. — Le raisonnement. — Importance du raisonnement. — Éducation du raisonnement. — Le raisonnement chez l'enfant. — Tendance particulière à l'induction. — Mesure à garder. — Exercices spéciaux du raisonnement 15A

LEÇON IX

CULTURE DE LA SENSIBILITÉ

Éducation morale. — Nature complexe de la sensibilité. — Division des inclinations. — Que l'éducation du cœur est trop souvent négligée. — Nécessité de cette éducation. — Difficultés particulières de l'éducation des sentiments. — Développement de la sympathie chez l'enfant. — Caractères généraux de la sensibilité enfantine. — Abus de la sensibilité dans l'éducation. — Fausses apparences de la sensibilité enfantine. — Règles générales de l'éducation de la sensibilité. — Rapports du sentiment et de l'idée. — Communication des sentiments. — Rapports du sentiment et de l'action. — Génération des sentiments les uns par les autres. — Les sentiments du plaisir et de la peine. — Excitation des sentiments personnels. — Les passions. 17B

LEÇON X

L'ÉDUCATION MORALE

Éducation morale proprement dite. — Les facultés morales. — L'éducation morale et l'enseignement de la morale. — Importance de l'éducation morale. — Supériorité de la grandeur morale. — L'enfant est-il bon ou mauvais? Opinions contraires. — L'enfant n'est ni bon ni mauvais : opinion de Kant. — Justification de certaines inclinations de l'enfant. — Ses mauvais instincts. — Répression des tendances vicieuses. — La conscience ou raison pratique. — Le sens moral chez l'enfant. — Développement de la conscience morale. — Premières manifestations de la moralité. — Éducation de la conscience morale. — Difficultés de cette éducation. — Puissance de l'instinct d'imitation chez l'enfant — Les exemples historiques. — Les exemples vivants. — Les préceptes et les exemples. — L'amour du bien. 19B

LEÇON XI

LA VOLONTÉ, LA LIBERTÉ ET LES HABITUDES

La connaissance et la volonté du bien. — Définition de la
volonté. — La volonté chez l'enfant. — Différence de la volonté
et du désir. — Différence de la volonté et de l'idée. — Rapports
de la volonté avec la sensibilité. — Rapports de la volonté
avec l'intelligence. — La volonté et la liberté. — Culture de
la volonté. — Sentiment pratique de la liberté. — Éducation
de la liberté. — Aucun acte n'est indifférent. — La volonté
et les habitudes. — Nécessité des habitudes. — Comment se
forment les habitudes. — Comment on corrige les mauvaises
habitudes. — La volonté et l'éducation publique ou privée.
— L'éducation personnelle. — Difficulté de l'éducation de la
volonté. — La bonne volonté. — Importance de la volonté dans
la vie 214

LEÇON XII

LES SENTIMENTS SUPÉRIEURS, L'ÉDUCATION ESTHÉTIQUE, L'ÉDUCATION RELIGIEUSE

Les sentiments supérieurs. — L'amour du vrai. — La véracité.
— La recherche de la vérité. — L'amour du beau. — Éduca-
tion esthétique. — L'éducation esthétique chez les anciens.
— Les arts et la morale. — Les arts source de plaisir. —
Témoignage de Stuart Mill. — Les arts à l'école primaire. —
Culture de l'amour du beau. — Moyens indirects. Exercice
spéciaux. — Culture du goût. — L'art moralisateur. —
— Excès à éviter. — Le sentiment religieux. — L'éducation
religieuse à l'école primaire. — La religion et la morale. . 232

SECONDE PARTIE

PÉDAGOGIE PRATIQUE

———

PREMIÈRE LEÇON

LES MÉTHODES EN GÉNÉRAL

Pédagogie pratique. — La méthode en général. — Les mé-
thodes d'enseignement. — Ce qu'on appelle méthodologie. —
Utilité des méthodes. — Abus de l'étude des méthodes.
— Méthodes et modes d'enseignement. — Méthodes et pro-
cédés. — Méthode générale. — Classification des méthodes.
— Ordre et enchaînement extérieur des vérités enseignées :

induction ou déduction. — Forme extérieure de l'enseignement : exposition suivie ou interrogations. — Énumération des quatre méthodes essentielles. — Réduction de diverses méthodes aux types indiqués. — Analyse et synthèse. — Emploi confus de ces mots. — Ce qu'on appelle méthodes analytique et synthétique. — Y a-t-il une méthode intuitive? — Divers sens du mot intuition. — L'intuition sensible et intellectuelle. — Méthode expérimentale. — Esprit général d'une bonne méthode. 249

LEÇON II

LA LECTURE ET L'ÉCRITURE

Subordination des différentes études. — La lecture et l'écriture. — Leur place dans le programme. — Divers degrés de la lecture. — Réserves sur l'importance des méthodes particulières. — Distinction des principales manières d'apprendre à lire. — Méthode d'épellation. — La vieille et la nouvelle épellation. — Méthode phonétique ou de syllabation. — Méthodes synthétique et analytique. — Enseignement simultané de la lecture et de l'écriture. — Applications diverses de cette méthode. — Procédés accessoires. — Procédé phonomimique. — Conseils généraux. — Lecture courante. — Lecture expressive. — Observations critiques sur l'enseignement de la lecture. — Progrès constatés. — L'enseignement de l'écriture. — Différents procédés. — Conditions nécessaires pour apprendre à bien écrire. — Conseils généraux. — Observations pratiques sur l'enseignement de l'écriture. — Conclusion. . . . .

LEÇON III

LES LEÇONS DE CHOSES

Origine des leçons de choses. — Malentendus sur le sens du mot. — Définition des leçons de choses. — Abus des leçons de choses. — Formalisme nouveau. — Diverses formes des leçons de choses. — Leur domaine propre. — Leurs caractères. — Règles des leçons de choses. — Nécessité d'un plan suivi. — Ordre à suivre dans l'étude des qualités des objets. — Préparation des leçons de choses. — Musées scolaires. — Principaux défauts à éviter. — Superfluité de certaines leçons de choses. — Les mots sans les choses. — Abus de la perception sensible. — Que les leçons de choses ne constituent pas un cours régulier. — Programmes actuels. — Ce qu'on peut appeler la méthode des leçons de choses. 293

LEÇON IV

L'ÉTUDE DE LA LANGUE MATERNELLE

Importance de l'étude de la langue française. — Difficultés de cet enseignement. — Le but. — Les principes. — Anciennes méthodes. — Reforme tentée. — Progrès réalisés. — Divers éléments d'un cours de langue. — Nécessité de l'enseignement grammatical. — Vraie méthode grammaticale. — Le livre de grammaire. — Qualités d'une bonne grammaire. — Grammaire historique. — Enseignement de l'orthographe. — Dictées. — Analyse logique et analyse grammaticale. — Ordre à suivre. — Exercices d'invention et de composition. — Rédactions sur images. — Exercices d'élocution. — Exercices littéraires. 303

LEÇON V

L'ENSEIGNEMENT DE L'HISTOIRE

L'histoire à l'école primaire. — But de l'enseignement de l'histoire. — Influence de l'histoire sur le développement de l'esprit. — Caractères et limites de cet enseignement. — Notions fondamentales de l'histoire. — Deux systèmes de distribution des matières. — Avantages et inconvénients de l'ancien système. — Programme actuel. — Ce qu'on appelle la méthode régressive. — Autrefois et aujourd'hui. — Méthode générale à suivre. — Défauts ordinaires de l'enseignement historique. — Vœux du corps enseignant. — Ce qu'on peut appeler l'intuition en histoire. — Une leçon sur la féodalité. — Le livre. — Les sommaires et les récits. — Le rôle du maître. — Le rôle de l'élève. — Procédés accessoires. — L'histoire et l'instruction civique. — L'histoire et la géographie. — Conclusion. 326

LEÇON VI

L'ENSEIGNEMENT DE LA GÉOGRAPHIE

Progrès des études géographiques. — Méthodes nouvelles : Rousseau, Pestalozzi. — Définition de la géographie. — Utilité de la géographie. — Division de la géographie. — Pourquoi on doit commencer cette étude de bonne heure. — La géographie à l'école primaire. — Programme actuel. — Deux méthodes possibles. — Géographie nationale. — La bonne méthode. — Part à faire à la mémoire. — Les cartes en général. — Cartes d'atlas. — Cartes murales. — Cartes en relief. — Cartes dessinées par l'élève. — Le globe. — Les livres de géographie. — Le rôle du maître. — Observations critiques. 349

LEÇON VII

L'ENSEIGNEMENT DES SCIENCES

L'enseignement des sciences à l'école primaire. — Importance de l'arithmétique. — Utilité pratique de l'arithmétique. — Goût de l'enfant pour le calcul. — Les trois cours d'arithmétique. — Méthode générale. — Moyens matériels. —

Passage du concret à l'abstrait. — Les bouliers compteurs. — Les arithmomètres. — Calcul mental. — Arithmétique économique. — Choix des problèmes. — Part à faire à la mémoire. — Le système métrique. — Le mal dans l'enseignement de l'arithmétique. — Le bien. — La géométrie à l'école primaire. — But de l'enseignement de la géométrie. — Méthode à suivre. — Cours élémentaire. — Cours moyen et supérieur. — La tachymétrie. — Y a-t-il des leçons de choses en arithmétique et en géométrie? — Les sciences physiques et naturelles. — Programmes et méthodes. — Nécessité d'un livre. — Caractère pratique de cet enseignement. — Promenades scolaires. . . . . 36?

LEÇON VIII

LA MORALE ET L'INSTRUCTION CIVIQUE

L'éducation morale et l'enseignement de la morale. — L'enseignement moral se mêle à tous les exercices. — Enseignement particulier de la morale. — Matière de l'enseignement moral. — Portée et limites de cet enseignement. — Division des cours. — Méthode inductive et déductive. — Caractères propres de l'enseignement moral. — Enseignement par le cœur. — Enseignement par la réflexion. — Enseignement par la pratique. — Exercices pratiques. — L'exemple du maître. — Moyens accessoires. — La lecture. — La poésie. — Morale théorique. — L'instruction civique. — Nécessité de l'instruction civique. — Méthode à suivre. — L'instruction civique et l'histoire. — L'instruction civique et la politique. — Du droit des laïques en matière d'éducation morale. 384

LEÇON IX

LE DESSIN, LA MUSIQUE, LE CHANT

Le dessin à l'école primaire. — Historique: Rousseau. — Pestalozzi, Frœbel. — Définition des termes. — Programme actuel. — A quel âge faut-il commencer l'enseignement du dessin ? — Goût des enfants pour le dessin. — Le goût de la coloration. — Deux méthodes différentes. — Opinion de M. Herbert Spencer. — Opinion classique. — Conseils particuliers. — Le chant à l'école primaire. — Le chant à l'école maternelle. — Le chant, enseignement obligatoire. — Influence morale de la musique. — Le chant et la discipline. — Choix des morceaux. — Méthodes et procédés. — L'intuition dans le chant. — Théorie musicale. 403

LEÇON X

LES AUTRES EXERCICES DE L'ÉCOLE

Le travail manuel à l'école primaire. — La gymnastique. — Importance du travail manuel. — Les travaux manuels dans les écoles de garçons. — Par qui doivent être données les leçons de travail manuel. — Ordre à suivre. — Enseignement de l'agriculture et de l'horticulture. — Autres exercices pratiques. — Exercices militaires. — Exercices de tir. — Les travaux manuels dans les écoles de filles. — Travaux à l'aiguille. — Couture domestique. — Abus du travail manuel. — Économie domestique. — Conclusion 413

LEÇON XI

LES RÉCOMPENSES ET LES PUNITIONS

La discipline scolaire. — Les moyens disciplinaires. — L'émulation. — Définition de l'émulation. — Les divers éléments de l'émulation. — L'émulation dans l'histoire de l'éducation. — L'émulation dans une démocratie. — Erreur de ceux qui condamnent l'émulation. — Écueils à éviter. — Les récompenses. — Diverses espèces de récompenses. — Les récompenses sensibles et les louanges. — Autres récompenses. — Les distributions de prix. — Les punitions. — Les réprimandes. — Les menaces. — Les punitions effectives. — Les pensums. — Les châtiments corporels. — Règles générales. — Le système des réactions naturelles. — Critique de ce système. — Autres critiques. 421

LEÇON XII

LA DISCIPLINE EN GÉNÉRAL

Discipline préventive. — Conditions matérielles de la discipline. — Emploi du temps. — Principes généraux de l'emploi du temps. — Classement des élèves. — Conséquences au point de vue disciplinaire. — Nécessité d'une surveillance rigoureuse. — Travail des maîtres en dehors des classes. — Collaboration des maîtres avec la famille. — Influence morale de la famille. — Conditions morales de la discipline. — Qualités d'un bon maître. — Part à faire aux qualités physiques. — Autorité morale. — L'esprit de suite dans la discipline. — La souplesse dans les moyens. — But supérieur de la discipline. 440

4202-96. — CORBEIL. Imprimerie CRÉTÉ.